心理診斷與人格測驗手冊

Psychodiagnostics and Personality Assessment: A Handbook

Donald P. Ogdon 著
陸雅青、劉同雪 譯

（正文頁邊數字係原文書旁碼，供索引檢索之用）

譯者簡介

陸雅青〈本書第壹、肆、伍篇及附錄表格6、7〉

台灣師範大學美術系文學士，美國路易維爾大學表達性治療研究所藝術碩士，西班牙馬德里大學藝術博士，美國藝術治療學會認證專業會員，台灣藝術治療學會認證藝術治療師，台灣藝術治療學會認證督導，中華民國諮商心理師，台灣藝術治療學會專業會員暨創會理事長，台北市立教育大學藝術治療研究所創辦人（台北市立大學藝術治療碩士學程前身），台灣心理治療學會終身會員兼理事，台北市立大學視覺藝術學系暨藝術治療碩士學程專任教授退休；現職為財團法人華人心理治療研究發展基金會藝術治療師／諮商心理師，從事治療、督導、諮詢與專業人員訓練等相關工作；出版品有《藝術治療》〈心理〉、《藝術治療團體實務研究》〈五南〉、《兒童藝術治療》〈譯作，五南〉、《藝術治療：心理專業者實務手冊》〈審閱、合譯，學富〉、《心理診斷與人格測驗手冊》〈合譯，心理〉、《藝術治療手冊》〈審閱、合譯，心理〉、《藝術治療取向大全：理論與技術》〈審閱、合譯，心理〉等。

劉同雪〈本書第貳、參篇及附錄表格1～5〉

美國加州大學爾灣分校心理及社會行為學士，美國加州專業心理學院舊金山灣區分校臨床心理學博士，持有中華民國臨床心理師證照；現職為輔仁大學醫學院臨床心理學系副教授，並兼任新北市臨床心理師公會理事、輔仁大學學生輔導中心兼任諮商老師、財團法人華人心理治療研究發展基金會兼任心理治療師。

譯者序——陸序

八〇年代在美求學時《心理診斷與人格測驗手冊》（*Psychodiagnostics and Personality Assessment: A Handbook*）是大多數心理治療及藝術治療衡鑑課程經典性的指導手冊（1986年出的第二版），使用條件嚴謹，且內容均為以研究為基礎、高度萃取過的資訊。投射性繪畫的學習總是帶有謎樣的色彩，稍微不慎易陷入主觀詮釋的陷阱中；從初學時的戰戰兢兢，到今日能即時「同理」案主的創作，本書是伴隨我專業成長最重要的一本參考書之一。

返國任教之後，有感於國內缺乏投射性測驗的專書，曾透過心理出版社向美方的出版商洽談翻譯事宜，但由於原出版商的條件過於嚴苛而作罷。近年來，坊間不乏投射性繪畫測驗的專書或專文介紹，甚至也有本土化的投射性繪畫測驗，但都為「符號—行為」式的著述，滿足了一般大眾對符號心理意義探索或自我「偷窺慾」的需求，但對號入座似的詮釋方式卻可能傷害了無辜的案主／畫者。

由於教學所需，早些年上藝術衡鑑課程的學生使用本書的原文版。由於本書內容所涉及的測驗大多數以視覺符號的方式呈現，在用文字表達與實際所形容的視覺現象間原本便存在著相當大的彈性；若再加上每個人對原文書中的特有名詞，尤其是涉及到一些繪畫技巧或視覺現象的專門術語可能有不同的認知，讓本書成為不容易使用的工具書。適值本書的第三版已於2001年問世，再次請求心理出版社與美方出版社洽商翻譯本書的可能性。雖經過多次的協商，版權的條件仍與多年前一樣嚴苛，最後合約終於簽定。此外感謝輔仁大學臨床心理系劉同雪助理教授在百忙中協助翻譯本書的第貳、參篇，更感謝心理出版社林敬堯總編輯的成全與一路走來的支持，林怡倩編輯專業的意見與不厭其煩的校訂，讓原本的不可能變為可能。

本書所論及的四種心理測驗均是最常為臨床工作者所使用的測驗，除了魏氏智力量表外，其餘皆為與投射性技巧有關的測驗。一般皆以為此類測驗的信、效度較為不足，對此議題，本書作者在第壹篇內有詳盡的描述。本人以為，此書對投射性測驗的最大貢獻，不只讓施測者透過施測的過程來明瞭符號形成可能的背景因素，更在於使投射性測驗的學習成為統整施測者所學的心理相關知識，及受試者在施測歷程中的言行舉止的重要訓練工具。這本手冊可以在幾乎任何參考架構或人格衡鑑取向中使用。在呈現一份統合式、質量並重之衡鑑報告歷程中所產生的洞察，將是同理任何投射性繪畫的重要基礎。誠如內文中所言，好的投射性繪畫的詮釋者有高度的同理心、直覺及創造力或認知彈性。期待本書中譯本的問世，對於臨床心理專業的訓練有更大的啟發與助益。

陸雅青 謹識
2008 年於台北市立教育大學
藝術治療研究所

譯者序——劉序

很榮幸受陸雅青教授之邀，參與本書的翻譯工作。兩年多前在呂旭立基金會遇到陸教授時，她問我對魏氏智力量表及羅氏墨跡測驗的熟悉度，並初次向我提及翻譯本書一事。我當時不假思索便答應了。隨後，兩人便迅速地分配工作。不過，她同時提到心理出版社仍在努力和態度強硬的美方出版社洽談版權事宜，此事尚無法進行，翻譯工作須暫時擱置一旁。

直至去年春天，我收到林敬堯總編輯的來信，才知道心理出版社終於順利取得版權，而我們即將動工。一年後的此刻，我很高興許多人所付出的心力即將開花結果，本書的中文版終於要問世了！我相信這對台灣的臨床工作者而言，會是一本相當好用、以實證為導向（evidence-based）的心理衡鑑指南。作者 Ogdon 博士鉅細靡遺地回顧所有相關文獻，並在書中以有系統的方式加以敘述。他對心理衡鑑的熱情與執著在書中更是展露無遺。

不過，應當提醒讀者的是，在此工具書的輔助下，彈性思考及審慎判斷仍是不可或缺的。誠如 Ogdon 博士在第二篇結語中所述：「『書中的』詮釋性假設有時會相互矛盾……『因此』，在運用這類型資料來進行個別評估時，也是在考驗臨床工作者的聰明才智。心理衡鑑仍然一部分為科學，而另一部分則為臨床技巧。」科學（以實證為基礎）與藝術（以臨床經驗或直覺為基礎）之整合，正是臨床心理專業人員的共同目標。衷心期盼本書中文版的問世對此目標的達成會有所貢獻。

劉同雪　謹誌

2008 年於輔仁大學臨床心理系

作者簡介

Donald P. Ogdon 在伊利諾州的橡園（Oak Park, Illinois）出生和成長。他與 Ernest Hemingway、Dave Tough 及 Frank Lloyd Wright 同鄉。他平凡地從橡園高中畢業。在二次世界大戰期間投入了三年半服役於B-29 的飛行聯隊，大戰結束後返回美國，後來從伊利諾州州立大學（University of Illinois）畢業。爾後，他又分別自德州大學（University of Texas）及密蘇里大學（University of Missouri）取得藝術碩士及哲學博士的學位。

他的專業生涯多半是在學術圈，雖然早年他也曾經在密蘇里州收容心智障礙患者的州立療養院擔任臨床心理師。在他任職大專教職期間，同時也擔任幾所精神醫療單位為智能不足者服務之機構和工業團體的顧問。在最後幾年的生涯中，他辭去大專院校的專職，而擔任一家私人醫院心理服務部門的主任。

他的興趣包括爵士樂（當專業音樂人的時間比心理師久）、天文學及地球科學和幽默家，尤其是詼諧的散文。他在維吉尼亞州的Norfolk定居，他是老道明大學的榮譽教授，而且他的居所和他已成年的二個兒子及二個孫子相距不遠。雖然已經退休，他仍然接受講座、工作坊的邀約，及偶爾一些樂團的演出。

誌謝

幾年前，當本書再版的工作變得緊鑼密鼓時，當時仍是研究生的 Michael Wright 在點燃行動的動機，及在整理一些流失的魏氏智力量表的相關文獻上，扮演了一個非常重要的角色，我確實心存感激。

Stuart Wilson 博士非常仁慈又大方地寄了一份他所著的 Exner 之 Rorch-ach（羅氏墨跡測驗）系統之詮釋指引的複本給我。

Stephen Safran 博士也非常慷慨地將不再發行的《國際投射畫公報》（*Bulletin of the International Network for Projective Drawings*），把 1996 到 1998 年間的期刊寄給我。我們對他已經停止編輯及出版此刊物感到惋惜。

Barbara Bryant Forbes 及 Trudy Manning Rauch 提供了寶貴的意見，讓投射畫的部分更豐富。一位日籍的交換學生 Harumi Tojo，好心地為我翻譯了一些《日本心理期刊》（*Japanese Journal of Psychology*）的文件。Kathy Babel 在對班達完形測驗的文獻蒐尋上有諸多協助。

本版修訂的後期，Fred Freeman 博士不吝詳閱了導言部分的初稿，並提供了寶貴的意見。Robin Lewis 博士在魏氏智力量表的部分亦是如此。我非常感激他們兩位。

沒有以上這些人，包括還有非常有耐心的老道明大學圖書館的員工們的援助，本書的第三版是不可能完成的。

最後，WPS 出版社的 Louise Warren 博士，隨著截稿日期的迫近，他一直出奇地沉著，並提供援助和鼓勵。Kathy Tootle 及 Alex Sanchez 兩位指導這個版本的原稿到現今的形式。謹向以上所提及和許多未提及的人士致上我最誠摯的謝意。

2. 對投射心理的充分了解，能使用本手冊中所含括的幾個心理測驗，它們的反應被分類詳列其中。

臨床工作者是否能妥善使用本手冊，有賴其是否能認知到施測時的異常特徵。為了能有助於這樣的歷程，本手冊的附錄包括了羅氏墨跡測驗中一些一般性的預期反應。要能恰當地使用這些文獻資料，心理學者必須已熟悉本手冊中大部分的詮釋性假設。大多數致力於心理診斷的心理學者將會發現，本手冊中大部分所陳列的訊息是似曾相識的。

若無這些前備限制，本手冊的用途將會非常有限。沒有哪些符號是應該被期待能產生適當的人格評估或適切的診斷印象。只有對所有的測驗結果、觀察，及其他相關資訊，能有一個統合式的、質量並重的評價，才能有如此的期待，然而，這並不意味著每一筆資料都會有一個確定的診斷。

使用須知

許多臨床的心理工作者，無論是事先計畫好或是環境使然，總會發現他們對特定種類的個案、特定形式、對男性或女性，或特定年齡層案主的問題特別專精。偶爾，這樣的一位心理專家會被徵調去提供意見，以便做決定或評估一個性格或問題超乎常人經驗之外的案主。假設符合倫理要求之資料的呈現有助於做這樣的決定，本手冊將能幫助這位專家對一些掌握到的資訊快速地溫故知新，以便能完成所交付的任務，或做一個合適的轉介，使案主能獲得恰當的諮詢。

隱晦不明的符號、較少使用到的詮釋，或是一位實務工作者較少接觸到的困擾徵兆，都可以在本手冊中發現或再確認。這樣的一本文獻可以幫助有經驗的心理專家去做統合式的評估及診斷。

本手冊能幫助學員或實習生，對臨床心理工作者在做人格評估時所涉及到的、廣泛的諸多微小訊息的學習有所幫助。這可以讓教授人格心理衡鑑與診斷的指導員或講師從平凡的、反覆述誦的眾多「徵兆－行為」期待關係的測驗假設中獲得解放。如此一來，則可讓指導員將更多的精力與上課時間投注在更困難的任務上，即是教導學生從一大堆測驗資料中做出統整式的人格評估。

本手冊中所提及的「情境」（setting）一詞，在此須做一個澄清。基本上，它意指「測驗指標的統合配置」（configuration of test indications）。舉例而言，「在精神病的情境中，可能是精神分裂症」的表述，指的是在種種的測驗跡象都指向精神病的情況下，精神分裂症是最可能的精神病。這裡所標示的重點是由一組跡象所做的詮釋性假設勝於單一標記所做的評估。

詮釋性假設的效度

所有聰明的讀者（當然在此只有這種人）將會注意到，本手冊中所陳列的許多詮釋性假設並未接受過我們所期待的嚴格驗證。然而，這些卻是臨床工作者在實務上常應用到的。非常少數的（假如存在的話）單一測驗在人格或行為上的指標被證實在個體的衡鑑或心理診斷上，是有效的評量或預估指標。因此，施測者必須就整體去考慮這些「建議的詮釋性假設」（suggested interpretive hypotheses）和「較／極可能的」（probable）或「可能的」（possible）診斷指標。一個與行為或人格特質相關的測驗跡象不會單獨出現，也不應脫離它所發生的情境去詮釋。

有一些撰寫到「符號－假設」關係研究的書籍，較本書中所陳述的語
法要有自信許多，例如，什麼和什麼的情況下便是精神分裂症的符號。有 2
一些案例只有在特定情境下，這樣的關係才會有意義。在少數特定的案例中，研究者或臨床工作者期待這樣一個特別的關係可以成立。多重原因的原則讓心理工作者幾世代以來探討許多人類行為及反應的致因要素。同樣地，任何特定的動機（致因要素）也可能透過各種不同的方式呈現出來。所以，這兒有許多不同的符號代表某一情況下要克服的，也有單一人格特質的許多不同表徵。顯而易見的，心理工作者看待各種建議的詮釋性假設的觀點是相當寬廣但又不失自信的。對某些群體來說，無論是一般或臨床

所見的，或是就一些測驗符號的整體感而言，這裡的某些詮釋性假設的確有不同程度的信效度，而這個說法可能是正確的。

有時候，所報告的關係並不見得有清晰的理論或合乎邏輯的理由。純粹實證的關係對我們之中的某些人而言可能較無趣，但即使看起來並無病理的因素滲在其中，有時還是能幫助我們去了解現代人格的運作。在詮釋一些這種「符號—假設」的關係時，最好可能把這些跡象當作適應不良的一般性指標。有些心理工作者會這樣做，尤其是在對兒童做評估時。

依據作者的經驗，當測驗的指標與重要的理論考量相同時，學生們會發現那些探討是有價值的，而促成討論的老師也將會發現這樣做是相當值得的。

與一位學有專精的老師透過課程、實習與駐院／機構實習的學習是無可取代的。對那些在做心理衡鑑工作，但並未修習過所推薦的那三、四門課或接受過充分指導的人，這本手冊應有顯著的幫助。

摘錄自文獻資料的這些詮釋性假設通常並非逐字的論述，除非是在大多數所提出的假設有不只一件文獻來佐證的情況時。每一個例證均盡可能用心地貼近字義，把握原出處的精神。

假設的陳述規則

在陳列每個測驗特質的詮釋性假設時，作者乃依據以下的一些規則及指導方針：

1. 第一個列出的通常是最具有效度的那一個。一、二個品質好的研究比一些控制不嚴謹的研究來得有份量。當有懷疑產生時，最廣受支持的假設會先列出來。任何特定符號的荒謬報導對作者都不會造成影響。
2. 當不只一個詮釋看起來是同樣有效且可以被引用時，有關人格動力的詮釋在陳列的順序上較優於只與診斷範圍有關者。心理工作者似乎較重視人格動力而非診斷本身，而事實上也應是如此。疾病分類學上專門用語的經常改變造成衡鑑術語的流行，也影響了這個策略的決定。

3. 當兩個於疾病分類上顯然同樣有效的指標（indices）須擇其高下時，較不嚴重的指標排列在前。當其他的考慮相當時，假設性的精神官能症（neurotic）將陳列在精神病（psychotic）的詮釋之前。這樣的做法是為了將學生們過度診斷所評估情況的嚴重度傾向降到最低。
4. 當效度和其他的條件顯然差不多時，一般性的詮釋較優於特定的詮釋。這也是反映作者的經驗：一般性的詮釋通常是比較可信、有效的，而學生們往往會過度解釋測驗的結果，使之指向特定的情況。當我們使用「較／極可能的」這個限定修辭時，即是建議它比「可能的」這一個說法有更高的可信度。

如我們所期待的，依據以上的這些規則，在條列詮釋性假設時做了一些修正，這當然也因為在本版中新增了一些最近研究結果的假設之故。

一個觀點

這本手冊幾乎可以在任何參考架構或人格衡鑑取向中使用，它似乎可以與所有的取向都配合得恰到好處，雖顯然但並非只局限於是一個符號（sign）的取向。即使它並未普遍獲得很高的評價，其使用卻是廣泛的。對臨床工作者而言，在衡鑑之初「什麼意味著什麼」（something means something），這些「什麼」必須標示出來。

這第二個「什麼」應該與一個可觀察得到的行為部分有關：一個行為的指示物。這個測驗的行為應該能讓我們了解到病人某部分的行為，而讓我們對他未來的行為能有所預估。自然而然地，「預測」可以成為我們對一個測驗的認知。「可觀察到的行為」這個用語是被用來強調在所考察的情境中，可以被公開觀察的重要性。從這個觀點來看，當態度、感情和傾向可由一些可觀察到的行為表現出來時，應該也包含在內。去預估一些無法觀察到的行為是沒有必要的課題。

第一個「什麼」指的是測驗執行或行為的部分可以被認為是一個符號或記號。在本文中，一個符號是被定義為能強調諸如某一疾病的病徵意義之事件（Chaplin, 1968 之後），同時也是一個可以代表任何事的記號（mark）或象徵（symbol）（引自 Webster's Unabridged Dictionary, 1983）。我們可以說，符號，如同它們在形式上被理解的，是記號或是刺激的統合配置（configuration）。它們典型是外在的，而且是可以客觀驗證的。它們符合 Wareen（1934）的心理學辭典中所提出的條件：「一個物體或反應暗示另一個物體或反應。」由測驗反應所組成的眾多符號可以描述，而且在心理診斷與人格評估的研究中，通常是可量化的獨立變項，就如同心理年齡（chronological age）的使用一般，即使它們無一經過心理學家控管。

要明瞭符號或記號，考慮它們所處的不同層次可能是恰當的。下面會描述主要的層次。然而我們需了解到，這些層次並不能道盡符號的描述性本質，而這些層次也並非完全不相干的。

第一個層次是質子—分子。在質子一端是被認為廣義或一般的符號。
3 質子端的記號是由行為的大量部分或多數的反應衍生而來。這類範例的符號包括一張投射畫中的整體情緒，或由整體測驗所得衍生出來的羅氏墨跡形狀層級（Rorshach form level）。一個質子端的記號可能是如此總括的，所以有時含括好幾個或甚至全部的測驗反應。Hammer（1958）有關質子端特質與羅氏墨跡表現之間的關係之建議，在此即是一例。相對於一些較特別或分子端的反應，這些是廣泛的、概括性的和一般性的。後者的例子則包括羅氏墨跡圖卡部分對一隻青蛙的反應、在人物畫測驗中鼻子的畫法，或與班達完形測驗圖 A 接觸時的困難度。所有心理測驗的符號都介於這個層次的某一點。

第二個層次與第一個有關，但又有所不同，即是反應的複雜度或是分數是如何獲得的。這個層次與符號的整體感有關，以有別於單一記號本身即有特定的意義。某些符號只有出現在特定的背景中，才會有不同的診斷意義，有些符號出現的解讀則與所呈現的情境背景毫無關聯。在其他條件相當時，代表與較多數的活動或反應有關的整體性符號是較可靠的。它們代表多數行為的案例。諸如複雜的整體性符號的例子，則包含 Piotrowski 有關預估精神分裂症患者的指標，及 Bruhn 和 Reed 對詐病現象在班達完形測驗中的表現。

第三個層次即 Titchener 所指的重度（attensity），我們所經驗到的符號清晰程度。一方面對測驗刺激的反應可能是顯而易見或清楚的，另一方面則是相對地模糊。其間的區野，部分在於測驗者的行為，部分在於觀看的人。毫無疑問地，若是每個記號都能被好好定義的話，將可以減少曖昧而變得較容易區辨。我相信這對投射畫測驗尤其是如此。這個層次的運筆力道依特質區分為重、中或輕。只有一些像 Handler 的人，嘗試將這一層次加以量化以做澄清。除了羅氏墨跡測驗堅持將所有的投射方法量化和分數化以外，大部分臨床工作者堅持持續這個趨勢。Tolor 及 Schulberg 的研究發現可以部分解釋這個觀點。這兩位學者在回顧早期班達的文獻資料以後，發現臨床工作者無論做得是好是壞，在解釋班達的仿畫時，並沒有像他們一樣依據客觀的打分數系統在工作。在投射方法上，只有羅氏墨跡測驗量化地去打分數，這是廣泛地被使用到，但並非普世都可以接受的。

第四個層次是一個符號與相關行為配組的發生頻率，至少就理論上來說，其範圍從總是如此表現，到經常表現，到很少如此表現。一個記號發生頻率本身未必與它的可用性有密切關聯。相對罕見但可信度高的詮釋或許與一些常見但具較低的不同診斷意義價值者等值，甚至更具價值。相對少見但具高診斷價值的例證之一，即是羅氏墨跡測驗中在彩色的部位畫上陰影為有自殺可能的表徵。

此外，一個外在—內在的層次也應被考慮在內。我們說這個記號可以是客觀而公開的，或者它也可以是相對主觀、內在而私密的。科學面向的心理學至少只考慮到在公共場合的現象，因為科學就此點來看是一個公眾的事業。一個客觀而公開的記號是任何人都可以受用的；反之，一些整體看起來私密而主觀的符號只有少數喜歡它們的個人才可受用。顯而易見地，許多臨床工作者在較私密性的詮釋性假設與個別但經常是非語言的（且具神祕印象的）符號上打轉。這個現象雖非只局限於與一些現象學取向的心理診斷者有關，但主要卻是如此。這些人顯然較傾向讓外在的刺激在他們身上起作用，而非只是像在一些情緒容易激動的場合再迎合反應。也因此，

文獻資料顯示，那些覺得投射性測驗已日漸式微，或其重要性已大不如前，或其不被研究所支持，全都是謬論。最近學生實習機構的主任認為，心理診斷技巧，尤其是羅氏墨跡、班達完形、TAT及投射畫「非常重要」，而許多學術課程的主任卻認為它們較不具價值（Durand, Blanchard, & Mindell, 1988; Hielsenroth & Handler, 1995; Watkins, 1991, 1994）。顯然有太多的「學界臨床工作者」並未如實習機構主管的期待般去訓練他們的研究生，使之能具備做衡鑑工作的能力，那是他們在職場上可能需要的。

這是什麼原因呢？為何如此多（雖非全部）的課程主事者不願多花時間訓練研究生哪些臨床機構主管期待他們所擁有的技術呢？

對一些心理師而言，專業興趣是治療，這是最重要的，有時幾乎是毫無例外的。兼職治療的學界人士通常對教衡鑑的興趣有限，甚至毫無興趣。他們有些人所使用的，例如行為改變或個人中心取向的治療法，並不那麼重視衡鑑。而其中某些臨床工作者認為，花一小時做測驗的報酬不如做一小時的治療來得高。這些心理師通常對做測驗的興趣有限。

另一個理由是，課程時間受心理學新興領域的排擠使然。經常原本應是核心課程的基礎課程被替換或排擠掉，而代之以 Meehl 所謂的「清涼飲料及胡說八道的課程，應是令人不齒的」（Meehl, 1987, p.14）。時尚的主題，包括那些「當今風行一時的疾病」也占了一部分（Silverstein, 1996）。

更進一步的原因是，學術研究取向的心理學者通常認為大多數的臨床研究是有「瑕疵」的。此瑕疵意味著不夠完美——經常因為並非所有想控制的都能做到。對那些在實驗室或其他大學校區工作，以大學生為對象的人來說，這是一個簡單的批判。在這個領域以臨床上有困難的族群來做研究，及以各式各樣一般自由生活的控制組群體為研究對象的研究之困難度，並未全然獲得賞識。傲慢地否定這類不盡完美（less-than-perfect）研究的價值，令人聯想到「嬰兒與洗澡水」的暗喻。完美而合適的控制群體在真實生活情節中幾乎是不存在的。研究者再怎麼說都是不盡完美的，而他們的某些研究亦是不盡完善的。排除此類的研究結果，認為它們毫無價值並非恰當的反應。舉例而言，D. Rapaport 在 1940 年代中期所做的許多研究，其結果起先被認為是有瑕疵的，近來卻被設計嚴謹的研究所支持（見以下）。

最後，Handler的一項率真的研究，同時可針對何以一些學界人士對投射測驗沒有興趣，及對一些研究只有負向的解讀提出解答。這些研究的結果使用較多「主觀的」或「經驗性」的詮釋技巧，諸如投射畫技法、明覺力測驗（apperception tests）、班達完形測驗，及羅氏墨跡測驗，這些因非用到心理計量策略，可能受到臨床工作者人格特質的影響。

在一項劃時代有關臨床工作者的人格特質對人物畫詮釋之影響的研究中，Burley及Handler（1997）繼續Scribner及Handler（1987）的研究，比較那些繪畫詮釋工作做得較好和那些能力較差者的人格特質。他們使用Myers-Briggs 式指標、遠端協同測驗（Remote Associates Test）及 Hogan 同理量表（Hogan Empathy Scale）（全為心理計量式測驗），發現三種工具均支持這樣的假設：那些能做實用又有效的繪畫詮釋者與那些能力較差的人，在人格特質上有顯著的不同。由這些測驗所測量到，好的詮釋者有較廣的認知彈性、同理心和直覺能力。這樣的結果不只可以解釋一些使用投射技術研究的負面性，也可以部分解釋為何有些學界人士對這些方式持敵視的態度。他們有可能不具備有效詮釋投射性反應資料的能力，也因此下了「投射技術不管用」的結論。一個較具體的結論應是投射技術對他們不管用。

對具某些人格特質的臨床工作者而言，也許宜遠離投射測驗，而使用 MMPI 式的問卷，或是以量化為主的羅氏墨跡測驗。然而，當臨床工作者如 Myers-Briggs 所測，具備認知彈性、同理心及直覺力，又願意精進自己的技巧時，則測驗的選擇便不是那麼的局限。

如同 Burley 及 Handler 的結論：「一個好的質化詮釋者是一個開放、有同理心的個體，他的思考是有彈性的……」（1997, p. 372）。他們的研究關注在「臨床工作者使用畫人測驗（DAP）」，而非只專注於繪畫的部分。能夠適切地區辨有效的及較無效的繪畫詮釋者的人格特質，可能與影響個人去詮釋其他投射性測驗的人格特質一樣。

結語

本手冊的內容是關於測驗符號及行為與適應之間關係的實證與理論的心理文獻資料。每一個詮釋都至少有一個出版資料來源。每一名所引註的作者並非一定要同意這裡所陳述的詮釋—符號關係。如同早先所提到的，在許多時候，這些作者比在這裡所引用到的下更決斷性或全面性的結論。在有些時候，他們所建議的詮釋並不那麼明確，或在一項詮釋中添加了某些限制，此點為了精簡呈現並未列入。然而，看起來引用已出版的，依據實驗、臨床和理論工作為基礎的資料是恰當的，作者本人願承擔組織這些所應對的關係之責任。

千萬不要忽略單一符號並非任何決斷性證明的事實；所有符號的整體感及它們所處的情境才是必須考慮到的。

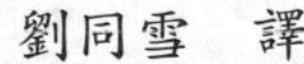

魏氏智力量表

本篇大綱

5

- 一般考量
- 語文及作業智商之比較
- 魏氏分測驗
  - 常識
  - 理解
  - 常識—理解之比較
  - 類同
  - 詞彙
  - 記憶廣度
  - 算術
  - 算術—記憶廣度之比較
  - 句子
  - 數字序列
  - 矩陣推理
  - 連環圖系
  - 圖畫補充
  - 圖形設計
  - 數—符替代及程序
  - 動物樁（動物屋）
  - 符號尋找
  - 迷津
  - 幾何圖形
- 結語

一般考量

魏氏曾提到：「首先，魏氏量表是一份臨床測驗，而非心理計量測驗。」（引自 Kaufman, 1994, p.xv）他的睿智在本篇中可獲得驗證。

我認為，本篇中的詮釋性假設同時受到理論及研究支持，因此，將之應用於新版魏氏智力量表的可信度頗高。所謂「可信度頗高」係指這些假設的基礎是各分測驗的相關理論。逾五十多年來，以理論為基礎的魏氏智力量表已累積了大量的研究資料，因此其建構效度著實令人刮目相看。許多針對人格特質及特定臨床狀況的研究相當嚴謹，增加了大家對此測驗的信心。

當然，當我們試圖將魏氏智力量表早年版本的研究結果與臨床經驗套用至最新版時，應當格外謹慎。Holt 建議大家謹記 Rapaport 理論中符合個人臨床經驗的部分即可。此建議至今仍適用。理論與臨床經驗之間的關係持續地受到檢驗（見 Kaufman, 1994; Matarazzo, 1972; Sattler, 1992; Sattler & Ryan, 1999）。部分分測驗臨床品質之變化將在以下討論。

證據顯示，針對智能不足者的智力衡鑑的確會因測驗版本的不同而有所差異。有些差異具有統計顯著性，但似乎僅有一小部分具有臨床相關性（clinically relevant）。相較於早年的版本，現在的作業智商及作業分測驗整體而言可能對於測量智能不足及思考過程混亂會是較為敏感的工具。證據同時顯示，對於慢性器質性智能不足者，或是一些其他類型的臨床患者而言，不同版本的魏氏分測驗可能不大相同（Fitzhugh & Fitzhugh, 1964; Guertin, Ladd, Frank, Rabin, & Hiester, 1966; Schafer, 1956; Sinnett & Mayman, 1960）。

語文和作業智商雖會受到許多因素影響，但仍具有令人滿意的信度。同時，語文及作業智商之間的差異若達 10 分或以上，可能是有意義的（Field, 1960; Lobello, 1991b；並見 Sattler 1992 表格及魏氏測驗的指導手冊）。就心理疾患而言，語文智商比作業智商或全量表智商更能反映出患者發病前的功能。

後續的詮釋性假設也包含各分測驗的相關位置，亦或「分佈」（scatter）。在文獻中可找到不少資料，確保大部分的詮釋性假設具有足夠的信度及特定性（見 Sattler, 1992; Sattler & Ryan, 1999）。

有關魏氏智力量表的因素分析研究持續在文獻中出現。以 Cohen（1952）早期的研究作為開端，後續研究的對象林林總總，包含成人與兒童、正常人與精神科患者、酗酒者、生涯諮商案主、資優兒童及受情緒困擾的兒童、患學習障礙的兒童及成人，以及腦傷患者（Atkinson et al., 1990; Atkinson & Cyr, 1984; Beck, Howrwitz, Seidenberg, Parker, & Frank, 1985; Blaha & Mandes, 1993; Blaha, Mandes, & Swisher, 1987; Blaha & Wallbrown, 1991; Brown, Hwang, Baron, & Yakimowski, 1991; Crawford, Jack, Morrison, Allan, & Nelson, 1990; Culbert, Hamer, & Klinge, 1989; Dennerll, Broeder, & Sokolov, 1964; Donders, 1993; Fowler, Zillmer, & Newman, 1988; Fraboni, Saltstone, Baines, & Cooper, 1988; Gomez, Piedmont, & Fleming, 1992; Hill, Reddon, & Jackson, 1985; Kaufman, McLean, & Reynolds, 1991; Lobello & Gulgoz, 1991; Ownby & Matthews, 1985; Sokolove & Fleming, 1992; Waller & Irwin, 1990; Wiese, Lamb, & Piersel, 1988）。

大部分針對魏氏—貝式智力量表（Wechsler-Bellevue）、魏氏兒童智力量表（WISC）、魏氏幼兒智力量表（WPPSI）及其修訂版的研究均發現，除了一般性因素（general factor）之外，熟悉的三因素模式（three-factor solution）亦存在於不同受試樣本中。只有少數例外（欲知五因素的研究，請見 Beck et al., 1989）。在此應當指出，許多臨床工作者，尤其是從事神經心理研究的臨床工作者，仍偏好這些早年的、有半個世紀年資之久的魏氏版本（Herring & Reitan, 1986; Kaufman, 1994）。

典型的因素分析結果通常會有一個語文因素、一個知覺動作因素，以
及一個較小的、免於分心或記憶因素。Hill 等人（1985）指出，三因素模 6
式不會比二因素模式來得更為適切。他提到：「如果簡約性（parsimony）
有被納入考量，那麼，或許我們應選擇二因素模式或甚至單一因素模式。」
（Hill et al., 1985, p. 301）Kaufman 及 McLean 等人（1991）似乎贊成他的
看法，他們認為研究資料支持魏氏的語文及作業分測驗之分類。

第三個因素——免於分心或工作記憶，主要落在記憶廣度及算術分測驗上。在兒童版中，數—符替代分測驗有時亦占了第三個因素的一部分（Donders, 1993; Ownby & Matthews, 1985）。數字序列分測驗也可能構成第三因素。Wielkiewicz（1990）曾提出數個可能促使這些分測驗表現不良的因素，其中包含了學習及動機的問題。這些對我們的衡鑑工作極為重要

D＝物型配置

呈現上述表徵的患者通常患有阿茲海默氏型失智症，或有可能因服用抗膽鹼藥物以致膽鹼功能不足。Fuld 的定論為：「這兩項指標或許可用來辨別那些可能由膽鹼補充治療（cholinergic booster therapy）中受益的患者。」（Fuld, 1984, p. 391）

後續的研究陸續提到Fuld指標不一致的特定性及敏感度。對於阿茲海默氏型失智症患者而言，此指標或許具備特定性，但它的敏感度則不如預期（Bornstein & Share, 1990; Filley, Kobayashi, & Heaton, 1987; Heinrichs & Celinski, 1987; Logsdon, Teri, Williams, Vitiello, & Prinz, 1989; Satz, Van Gorp, Soper, & Mitrushina, 1987; Tuokko & Crockett, 1987）。

Fuld 指標能夠有效區辨阿茲海默氏型失智症患者和重鬱症患者（Bornstein, Termeer, Longbrake, Heger, & North, 1989），以及愛滋病毒腦性病變患者（Van Gorp, Tulin, Evans, & Satz, 1990）。然而，Fuld 指標未能有效區辨阿茲海默氏型失智症患者及多發性腦血管梗塞型失智症（Brinkman & Braun, 1984; Gfeller & Rankin, 1991）。就某種程度而言，此指標或許反映出老化過程的普遍作用（Satz et al., 1990）。

在一個相關的研究中，Sullivan、Sagar、Gabrieli、Corkin 和 Growdon（1989）發現，阿茲海默氏型失智症患者在連環圖系及語文分測驗上表現較差，而帕金森氏症患者也在連環圖系上表現較差，但語文分數皆屬正常。

語文及作業智商之比較

A. 語文智商顯著高於作業智商

此為大部分心理疾患的特性，包括：

1. 器質性及失語症情況，尤其是右腦失能（Allen, 1947, 1948a, 1948b; Allison, Blatt, & Zimet, 1968; Andersen, 1951; Balthazar, 1963; Balthazar & Morrison, 1961; Balthazar, Todd, Morrison, & Ziebell, 1961; Beck & Lam,

1955; Blatt & Allison, 1968; Boll, 1978; Bornstein, 1984; Bruell & Albee, 7
1962; Davis, Becker, & DeWolfe, 1971; Davison, 1974; Dennerll, 1964; Fields & Whitmyre, 1969; Fisher, 1960; Fitzhugh, & Fitzhugh, 1964; Fitzhugh, Fitzhugh, & Reitan, 1962; Gilbert, 1969; Goldfarb, 1961; Guertin et al., 1966; Heaton et al., 1979; Heibrun, 1956; Hirt & Cook, 1962; Karlin, Eisenson, Hirschenfang, & Miller, 1959; Kaspar & Schulman, 1972; Klove, 1959, 1974; Klove & Fitzhugh, 1962; Klove & Reitan, 1958; Kohn & Dennis, 1974; Ladd, 1964; Lueger, Albott, Hilgendorf, & Gill, 1985; Matarazzo, 1972; Meier, 1974; Morrow & Mark, 1955; Philippus, 1969; Pope & Scott, 1967; Rabin & McKinney, 1972; Reed & Reitan, 1963; Reitan, 1955c, 1974, 1985; Russell, 1979; Sattler, 1982; Satz, 1966; Simpson & Vega, 1971; Sinnett & Mayman, 1960; Small, 1980; Smith, 1962, 1974; Smith & Smith, 1977; Smith, 1969; Zimmerman, Whitmyre, & Fields, 1970）；

2. 較可能是精神病（psychoses）及嚴重的問題，不論是成人或兒童，精神分裂症尤為可能（Curran & Marengo, 1990; Fuerst, Fisk, & Rourke, 1990; Garfield, 1949; Gilbert, 1969; Goldfarb, 1961; Guertin et al., 1966; Gurvitz, 1951; Kahn & Giffen, 1960; Pope & Scott, 1967; Rabin, 1942; Sinnett & Mayman, 1960; Wechsler, 1958）；
3. 較可能是精神官能症（neuroses），尤其是焦慮和緊張狀態、神經衰弱症（neurasthenia），以及強迫型狀況（Gilbert, 1969; Gurvitz, 1951; Maley, 1970; Mayman, Schafer, & Rapaport, 1951; Pope & Scott, 1967; Schafer, 1948; Wechsler, 1958）；
4. 憂鬱（Alexander, Crutchlow, & Hoffmann, 1947; Allison et al., 1968; Blatt & Allison, 1968; Gfeller & Margolis, 1990; Guertin et al., 1966; Gurvitz, 1951; Henrichs & Amolsch, 1978; Holt, 1968; Pernicano, 1986; Sackheim et al., 1992; Schafer, 1948; Sinnett & Mayman, 1960）；
5. 較年長的正常人（Eisdorfer, Busse, & Cohen, 1959; Wechsler, 1958）；
6. 傾向持續接受心理治療者（Hiler, 1958; Palmer, 1970）；

7. 高學業成就者或追求成就者（Coleman & Rasof, 1963; Imre, 1963）；
8. 較好的結晶智力能力（Kaufman, 1979; Kaufman, Kaufman-Packer, McLean, & Reynolds, 1991; Schoenthaler, Amos, Eysenck, Perity, & Yudkins, 1991）。

B. 作業智商顯著高於語文智商

1. 反社會病態者（psychopaths）、社會病態者（sociopaths）及自戀型人格疾患患者（narcissistic character disorders）（Allison et al., 1968; Blatt & Allison, 1968; Culberton, Feral, & Gabby, 1989; Gilbert, 1969; Guertin et al., 1966; Manne, Kandel, & Rosenthal, 1962; Panton, 1960; Rapaport, Gill, & Schafer, 1945; Schafer, 1948; Wechsler, 1958; Wiens, Matarazzo, & Gaver, 1959）；包括有暴力傾向者（Petee & Walsh, 1987; Roy, Herrera, Parent, & Costa, 1987; Saccuzzo & Lewandowski, 1976）；
2. 青少年罪犯及社會病態者，但可能不包括具備良好閱讀能力的青少年罪犯（Altus & Clark, 1949; Bernstein & Corsini, 1953; Blank, 1958; Blatt, 1965; Culberton et al., 1989; Diller, 1952; Franklin, 1945; Glueck & Glueck, 1964; Graham & Kamano, 1958; Harris, 1957; Hays, Solway, & Schreiner, 1978; Lewandowski, Saccuzzo, & Lewandowski, 1977; Manne et al., 1962; Pope & Scott, 1967; Sloan & Cutts, 1945; Walsh, Petee, & Beyer, 1987）；
3. 器質性左腦腦傷或擴散性腦傷（diffuse brain damage）（Andersen, 1951; Balthazar, 1963; Balthazar & Morrison, 1961; Balthazar et al., 1961; Boll, 1978; Bornstein, 1984; Fields & Whitmyre, 1969; Fitzhugh & Fitzhugh, 1964; Fitzhugh, Fitzhugh, & Reitan, 1962; Guertin et al., 1966; Heilbrun, 1956; Klove, 1959; Klove & Reitan, 1958; Maloney & Ward, 1976; Matarazzo, 1972; Meyer & Jones, 1957; Reitan, 1974, 1985; Russell, 1979; Satz, 1966; Satz, Richard, & Daniels, 1967; Simpson & Vega, 1971; Small, 1980; Smith, 1962; Snow & Sheese, 1985; Sundet, 1986）。
4. 智能不足，尤其是嚴重智能不足、遺傳型，但不見得會有行動化行為（Baumeister, 1965; Cotzin & Gallagher, 1949; Gilbert, 1969; Guertin et al.,

1966; Littell, 1960; Newman & Loos, 1955; Rabin & McKinney, 1972; Warren & Kraus, 1961）；

5. 學業成就不佳、閱讀能力不佳者，有可能被形容為「行動者」而非「思考者」的人（Belmont & Birch, 1966; Guertin et al., 1966; Heinicke, 1972; Imre, 1963; Kinsbourne & Warrington, 1966）；

6. 可能是精神官能性（neurotic）或類似精神官能症狀況（neurotic-like condition），如歇斯底里症、循環性人格疾患（cyclothymic character disorder），以及其他人格疾患（Allison et al., 1968; Gilbert, 1969; Holt, 1968; Pernicano, 1986; Pope & Scott, 1967; Rabin & McKinney, 1972; Schafer, 1948）；

7. 流體智力較佳（Kaufman, 1979; Kaufman, Kaufman-Packer et al., 1991; Schoenthaler et al., 1991）。

C. 作業智商正常而語文智商在正常值以下

此現象和下列兩者相關：

1. 學習障礙（Prentice & Kelley, 1963）；
2. 犯罪行為（Prentice & Kelley, 1963）。

魏氏分測驗

常識（Information）

此分測驗通常反映出：⑴個人與生俱來的智能；⑵早期環境的豐富性；⑶教育程度；⑷文化偏好（cultural predilections）；⑸語文能力（欲知更詳盡的討論，請見 Cohen, 1959; Glasser & Zimmerman, 1967; Gregory, 1999; Kaufman, 1994; Lacks, 1999; Matarazzo, 1972; Nicholson & Alcorn, 1994; Rapaport et al., 1945; Sattler, 1992; Sattler & Ryan, 1999; Schafer, 1948；以及理所當然地，魏氏智力量表指導手冊）。

常識分測驗測量長期記憶以及對環境保持警覺的能力。一般認為，這

8 種能力不大會因個人刻意努力而有所改變（Gilbert, 1969; Holt, 1968; Kaufman, 1994; Sattler & Ryan, 1999; Waugh & Bush, 1971）。此分測驗同時也有可能反映出理解、判斷、興趣及閱讀背景（Glasser & Zimmerman, 1967; Norman & Wilensky, 1961; Schafer, 1956）。

獲取這一類型的事實性常識（factual information）會比學習和關係（relationships）相關的知識（如類同分測驗所測）要來得容易。一旦形成後，常識（以及反映出較為抽象、概念性功能的詞彙）比較不易受損；同時，常識分測驗和詞彙分測驗是最不易受到新增腦傷所影響的分測驗（Lezak, 1983）。對於測量整體智力而言，常識是被認定為排名第二的分測驗（緊接在詞彙分測驗之後）（Cohen, 1952a, 1957b, 1959; Kaufman, 1979; Sattler, 1982）。

若受測者為兒童，同時考量常識分測驗和算術分測驗的分數，可能可以有效評估學業潛能。高分通常和優異的學業表現相關，反之，低分則和不佳的學業表現相關（Waugh & Bush, 1971）。

下列魏氏智力量表（WAIS）八個常識分測驗的題目對於精神分裂症患者尤其困難（Norman & Wilensky, 1961）：

第 4 題：什麼是溫度計？
第 5 題：橡膠來自哪裡？
第 6 題：說出在 1900 年後，四個曾任美國總統的人名。
第 9 題：如果你要從芝加哥到巴拿馬，你是往哪個方向？
第 11 題：美國女人平均多高？
第 13 題：為何深色衣服會比淺色衣服來得保暖？
第 19 題：酵母如何讓麵團發酵？
第 22 題：聖經的主旨為何？

註解：魏氏智力量表（WAIS）常識分測驗的題目 4、9、13、19 及 22 和魏氏修訂版的相同，雖然題號有所更動。在魏氏智力量表修訂版（WAIS-R）中，原版的第 6 題被改為「說出在 1950 年後，四個曾任美國總統的人名」。而第 5 題和第 11 題則被刪除了。到了魏氏智力量表第三版（WAIS-III），只有第 4 題和第 11 題被保留下來。

要正確回答這八道題目所需的不僅僅是單純回憶。若因答錯這幾題而導致常識分測驗得分低，且受試者來自精神疾病機構，則可考慮受試者患精神分裂症的可能性。若受試者答錯較簡單的題目但答對較困難的題目，則精神病的可能性又增加了（Holt, 1968; Rapaport et al., 1945; Wolman, 1970）。

A. 常識分測驗異常低分暗示：

1. 貧寂的早年環境，包括欠缺正式教育（Glasser & Zimmerman, 1967; Holt, 1968; Nocholson & Alcorn, 1994; Rapaport et al., 1945; Schafer, 1948; Wechsler, 1958）；
2. 學業潛能不佳（Belmont & Birch, 1966; Heinicke, 1972; Waugh & Bush, 1971）；包括閱讀和學習障礙（Kerns & Decker, 1985; Sandoval et al., 1988; Spafford, 1989）；
3. 可能是焦慮、歇斯底里症或人格疾患（Allison et al., 1968; Gilbert, 1969; Glasser & Zimmerman, 1967; Holt, 1968; Lanfeld & Saunders, 1961; Pernicano, 1986; Rapaport et al., 1945; Schafer, 1948）；
4. 壓抑性精神官能性狀況（Allison et al., 1968; Blatt & Allison, 1968; Hewson, 1949; Holt, 1968; Mayman et al., 1951; Pope & Scott, 1967; Rapaport et al., 1945; Schafer, 1948）；
5. 退縮傾向（Harrower, 1956; Wechsler, 1958）；
6. 有可能是犯罪或行動化傾向（Culberton et al., 1989; Franklin, 1945; Lewandowski et al., 1977; Panton, 1960; Rabin & McKinney, 1972; Saccuzzo & Lewandowski, 1976）；
7. 可能是器質性狀況（Kaspar & Schulman, 1972; Overall & Gorham, 1972; Rapaport, 1953; Stevens et al., 1967; Wechsler, 1958），特別是左腦（Fitzhugh et al., 1962; Lezak, 1983）；可能是左顳葉（Dobbins & Russell, 1990; Milberg, Greiffenstein, Lewis, & Rourke, 1980; Russell & Russell,

Wolfe, 1971）；

5. 犯罪或反社會傾向（Blatt, 1965; Culberton et al., 1989; Gilbert, 1969; Harris, 1957; Lewandowski et al., 1977; Schafer, 1948）；和藥物濫用者（Leon-Carrion, 1990）；
6. 憂鬱狀況（Alexander et al., 1947; Gilbert, 1969; Rapaport et al., 1945; Schafer, 1948）；
7. 可能是器質性狀況，或許是小腦受損（Jordan, 1970）或左腦受損（Fitzhugh et al., 1962; Heibrun, 1956; Lezak, 1983; Meyer & Jones, 1957; Smith, 1966; Smith, 1969）；
8. 邊緣型人格疾患（Berg, 1983）；
9. 若受試者為兒童，則有可能是表達能力不佳、有強烈的依賴需求，也有可能受到父母過度保護（Glasser & Zimmerman, 1967）。

B. 理解分測驗異常高分暗示：

1. 良好或高於平均的判斷力、基本常識或社交能力（Glasser & Zimmerman, 1967; Gurvitz, 1951; Kaufman, 1979; Krippner, 1964; Mayman et al., 1951; Rapaport et al., 1945; Schafer, 1948; Wechsler, 1958）；
2. 良好的自我發展（ego development），高於平均的延緩衝動能力，以及在有情緒的情況中應對得宜的能力（Browning & Quinlan, 1985; Fisher & Sunukjian, 1950; Gurvitz, 1951; Rapaport et al., 1945）；
3. 在嚴重心理異常患者中，有可能是妄想型精神分裂症、反社會或是邊緣性人格情形（Gilbert, 1969; Holt, 1968; Rabin, 1941, 1942; Sugarman, 1980; Wittenborn & Holzberg, 1951）；
4. 在兒童中，具備社交成熟度及良好的溝通能力（Glasser & Zimmerman, 1967）。

常識—理解分測驗分數之比較

A. 常識分測驗分數顯著低於理解分測驗分數暗示：

1. 可能是歇斯底里症，與壓抑有關（Allison et al., 1968; Blatt & Allison, 1968; Holt, 1968; McMulllen & Rogers, 1984）；

2. 可能是長期退化性妄想型精神病（chronic involutional paranoid psychosis）（Holt, 1968）；

3. 在兒童中，對事實性資訊的接觸有限（Sattler, 1982）。

B. 理解分測驗分數顯著低於常識分測驗分數暗示：

1. 判斷力受損，可能有精神官能症，伴隨強迫型特質（Allison et al., 1968; Blatt & Allison, 1968; Holt, 1968; McMullen & Rogers, 1984）；

2. 可能是精神病、邊緣性人格情形、精神分裂症或憂鬱狀況（Holt, 1968; Sugarman, Bloom-Feshbach, & Bloom-Feshback, 1980）。

類同分測驗（Similarities）

語文概念形成、邏輯性思考、長期記憶以及一般語文流暢度皆是此分測驗所測量的因素。這些因素之間的關係已在他處被深入討論（Gilbert, 1969; Glasser & Zimmerman, 1967; Gregory, 1999; Harrower, 1956; Kaufman, 1994; Mayman et al., 1951; Nicholson & Alcorn, 1994; Patterson, 1953; Rapaport et al., 1945; Rosenzweig & Kogan, 1949; Sattler, 1992; Sattler & Ryan, 1999; Waugh & Bush, 1971）。概念形成是和「歸屬於同類」（belonging together）或「物體／事件的相似性」（likenesses of objects or events）相關的智力功能。這是一種聯結的能力。相較於智力的其他層面，適應不良（maladjustment）對思考歷程的影響通常可以更早在概念形成中被發現。對於來自良好文化背景、帶著優異語文習慣的人而言，先天上的適應不良可以被掩藏起來，而語文概念的形成仍可以被保留下來。

仔細檢閱此分測驗的反應內容將有助於鑑別診斷。除非在受試者是智能不足者的情況下，受試者的拒答或無法回答簡單題目，曾和精神病有所聯結（Holt, 1968; Rapaport et al., 1945）。精神分裂症患者比腦傷患者更常有「它們沒有相似的地方」的答案。而另一方面，腦傷患者較常有「我不知道」的答案（Spence, 1963）。若反應涵蓋過廣，也就是提及一個非常廣泛、許多物體共有的屬性，導致分界的特性蕩然無存時，便有精神分裂症的可能（Jortner, 1970）。舉例而言，針對「空氣—水」這一題，類似「兩個都是物質」、「兩個都由分子所構成」、「兩個都有元素」等反應都在此範圍內。

10 在解釋類同分測驗的分數時，通常會考量此類同測驗和其他分測驗之關係。下列數個詮釋性假設便涉及此分測驗與其他分測驗間之關係。

A. 類同分測驗異常低分暗示：

1. 抽象思考的能力不足（Benton & Howell, 1941; Gilbert, 1969; Glasser & Zimmerman, 1967; Kunce, Ryan, & Eckelman, 1976; Patterson, 1953; Pope & Scott, 1967; Rapaport et al., 1945; Wechsler, 1958）；

2. 可能是精神分裂症（Allison et al., 1968; Bradway & Benson, 1955; Gilbert, 1969; Holt, 1968; Kahn & Giffen, 1960; Piedmont et al., 1989; Pope & Scott, 1967; Rapaport et al., 1945; Wechsler, 1958）；

3. 可能是器質性腦傷及／或癲癇症（Allison et al., 1968; Benton & Howell, 1941; Blatt & Allison, 1968; Fisher, 1958; Gilbert, 1969; Lewinski, 1947; Lezak, 1983; McFie, 1975; Millberg et al., 1980; Morrow & Mark, 1955; Overall & Gorham, 1972）；可能涉及左顳葉（Heilbrun, 1956; Kunce et al., 1976; Lezak, 1983; McFie, 1960; Philippus, 1969; Reitan, 1964; Russell, Neuringer, & Goldstein, 1970; Sattler, 1982; Small, 1980; Smith, 1966）；

4. 若作業智商高於語文智商，同時連環圖系得到高分，則可能增強反社會病態或行動化的診斷（Kunce et al., 1976; Schafer, 1948）；

5. 可能是憂鬱狀況（Alexander et al., 1947; Gilbert, 1969; Rapaport et al., 1945）；

6. 內因性心智缺陷（Baroff, 1959）；

7. 有可能是備受打擊、無家可歸，曾經歷被蹂躪（downtrodden）的情況（Levinson, 1964）；邊緣性人格疾患（Berg, 1983）；及酗酒（Tamkin & Dolenz, 1990; Wittenborn & Holzberg, 1951）；
8. 在兒童中，可能極易感覺恐懼，有罪惡感、否定論，或有過度僵化的思考（Glasser & Zimmerman, 1967; Gregory, 1999）。

B. 類同分測驗異常高分暗示：

1. 理智化防衛機制（Gilbert, 1969; Gurvitz, 1951; Holt, 1968; Rapaport et al., 1945; Schafer, 1948; Wechsler, 1958）；
2. 繼續心理治療的預後佳，較不會提早結束治療（Hiler, 1958; Windle, 1952）；
3. 不論受試者為兒童或成人，皆可能有強迫症（Allison et al., 1968; Gilbert, 1969; Glasser & Zimmerman, 1967）；不過，此分數也和學習能力相關（Waugh & Bush, 1971）；
4. 若算數分測驗及圖畫補充分測驗得高分，可能有妄想型傾向（Allison et al., 1968; Gilbert, 1969; Holt, 1968; Rapaport et al., 1945; Schafer, 1948）；
5. 若作業智商很高，則可能是反社會患者（Wittenborn & Holzberg, 1951）；
6. 若圖畫補充分測驗得低分，可能是精神分裂症或精神分裂症發病前的狀況（Davis, Dewolfe, & Gustafson, 1972; Rapaport et al., 1945; Wechsler, 1958; Wechsler & Jaros, 1965）。

詞彙分測驗（Vocabulary）

此分測驗是所有分測驗中，測量智力的最佳分測驗。詞彙分測驗分數主要和學習能力以及早年教育環境的豐富程度有關。Wakesfield（1985）指出，此分測驗亦反映出擴散思考的能力及創造力。在兒童中，詞彙分測驗分數，再加上常識及算數分測驗分數，可被視為學業成就的有效指標。詞彙分數似乎較難受到後來的教育及生活經驗所影響。但這並非意味一個人的詞彙絕對不會受到教育、廣泛的文化環境、不同的經驗、個人智力及人格功能的動態特質等因素所影響。除此，此測驗能測出個人的記憶和概念形成能力，以及語文資訊的貯藏與理解（Glasser & Zimmerman, 1967; Kaufman, 1994; Mayman et al., 1951; Sattler & Ryan, 1999; Waugh & Bush, 1971）。

個人的詞彙分測驗分數似乎不易受短暫或長期的心理因素或適應不良傾向所影響（Allison et al., 1968; Glasser & Zimmerman, 1967; Holt, 1968; Kaufman, 1994; Mayman et al., 1951; Nicholson & Alcorn, 1994; Rapaport et al., 1945; Sattler, 1992; Sattler & Ryan, 1999; Taulbee, 1955; Wechsler, 1958）。在患有精神病的案例中，此分測驗可能是反映出病前智力的最佳指標，也是測量一般智力的好測驗，但不包括部分器質性腦傷患者（Cohen, 1952a; Gilbert, 1969; Gregory, 1999; Holt, 1968; Taulbee, 1955）。

A. 詞彙分測驗異常低分暗示：

1. 貧乏的早年環境在受試者身上留下了永久的烙印（Glasser & Zimmerman, 1967; Holt, 1968; Kaufman, 1994; Rapaport et al., 1945）；
2. 若受試者為精神官能症患者，有可能是神經衰弱（Holt, 1968; Rapaport et al., 1945）；
3. 在精神病機構，有可能是精神分裂症，但非妄想型（Gilbert, 1969; Holt, 1968; Piedmont et al., 1989; Rapaport et al., 1945; Schafer, 1948; Yates, 1956）；特別是當記憶廣度分測驗分數也很高時（DeWolfe, 1971a）；
4. 可能是器質性狀況，有時是酒精中毒，或左腦或優勢半腦局部創傷，或顳葉局部創傷（Davison, 1974; Dobbins & Russell, 1990; Evans & Marmorston, 1963; Giordani et al., 1993; Jackson, 1955; Lezak, 1983; Milberg et al., 1980; Overall & Gorham, 1972; Parsons, Vega, & Burn, 1969; Reitan, Hom, & Wolfson, 1988; Russell et al., 1970; Russell & Russell, 1993; Tamkin & Dolenz, 1990; Yates, 1956）；及有可能是阿茲海默氏失智症（Sullivan et al., 1989）；
5. 可能是循環性或不當人格（Gilbert, 1969; Panton, 1960）；
6. 內因性的心智缺陷（Baroff, 1959）；

7. 在兒童中，尚未準備好開始閱讀（Waugh & Bush, 1971）。

B. 詞彙分測驗異常高分暗示：

1. 理智化或強迫型傾向（Gilbert, 1969; Glasser & Zimmerman, 1967; Gurvitz, 1951; Holt, 1968; Mayman et al., 1951; Rapaport et al., 1945）；
2. 可能是精神分裂症、緊張型，或精神分裂症發病前的過度理想化 11
（Bradway & Benson, 1955; Curran & Marengo, 1990; Gilbert, 1969; Holt, 1968; Magaret, 1942; Wechsler, 1958）；
3. 在兒童中，可能會在資優班中表現出色（Lustberg, Motta, & Naccari, 1990）。

記憶廣度分測驗（Digit Span）

此分測驗究竟是測量記憶、注意力、焦慮或分心程度，亦或測量這些和其他心理特質的組合，可謂眾說紛紜。很明顯地，立即性聽覺記憶涉及順序記憶廣度，但是記憶功能或多或少會受其他因素所干擾（Cohen, 1957a, 1957b; Frank, 1964; Gilbert, 1969; Glasser & Zimmerman, 1967; Gregory, 1999; Holt, 1968; Lacks, 1999; Mayman et al., 1951; Nicholson & Alcorn, 1994; Patterson, 1953; Rapaport et al., 1945; Sattler, 1992; Waugh & Bush, 1971）。

對於有聽力障礙、須依賴背景線索方能理解語句中完整思緒的受試者而言，此分測驗可能會難度相當高。

Rapaport 等人（1945）暗示個人的主觀經驗證實，此分測驗所測量的是注意力。當個人處於不費力且放鬆的狀態時，會有最好的表現。刻意費力似乎無法大幅度地改善個人的分數。

此分測驗所測量的注意力曾被定義為不費力的與現實的接觸不受阻礙，可被形容為自由的接收力（free receptivity）。此歷程絕大部分為被動的，不似在算數分測驗或逆序記憶廣度分測驗所需的專注力。易分心的人應該會表現不佳（Cohen, 1952a, 1952b, 1959; Dennerll et al., 1964）。

若受試者會將數字分類以提升分數，那麼他便是將某些意義注入此項作業，也許是發掘數字出現的模式或是覺察到數字大小的改變。這些都代表良好的智力功能，在此情況下，此分測驗也會變得更接近測量專注力。很明顯地，在解釋受試者的表現時，他在此分測驗中所採取的方式應當被考量。

就某程度而言，順序記憶廣度分測驗的相關因素可能和逆序記憶廣度分測驗的相關因素不同。順序記憶廣度分測驗主要和機械性、純靠背誦的學習方法及記憶有關（Lacks, 1999; Sattler, 1992）。它或許也可以測量序列處理（sequential processing）。Kaufman（1979）曾暗示，順序記憶廣度分測驗所需的記憶主要為左腦的作用，而逆序記憶廣度分測驗所需的記憶則較偏向右腦的作用。

逆序記憶廣度分測驗涉及對數字的短期記憶，再加上對資訊的心智操控（Gregory, 1999; Sattler, 1992）。序列處理及規劃能力可能也包含在其中。因此，除了注意力的接受能力，專注力也是不可或缺的一環。記憶廣度分測驗中的兩個測驗也許應被視為兩個獨立的分測驗。

A. 記憶廣度分測驗異常低分暗示：

1. 可能是已達臨床顯著的焦慮程度（Allison, 1978; Allison et al., 1968; Blatt, 1965; Gilbert, 1969; Glasser & Zimmerman, 1967; Gurvitz, 1951; Harrower, 1956; Holt, 1968; Kaufman, 1979, 1994; Lewinski, 1945a; Lezak, 1983; Mayman et al., 1951; Moldawsky & Moldawsky, 1952; Nicholson & Alcorn, 1994; Patterson, 1953; Pope & Scott, 1967; Rapaport et al., 1945; Sattler, 1992; Schafer, 1948; Siegman, 1956; Walker & Spence, 1964; Wechsler, 1958）；
2. 若此分測驗的分數低於理解和詞彙分測驗，則有可能是器質性右腦腦傷（Allen, 1947, 1948a, 1948b; Blatt & Allison, 1968; Dennerll et al., 1964; DeWolfe, 1971; DeWolfe et al., 1971; Evans & Marmorston, 1963; Fisher, 1958; Gass & Russell, 1986; Gilbert, 1969; Glasser & Zimmerman, 1967; Gonen, 1970; Heaton, Smith, Lehman, & Vogt, 1978; Heaton et al., 1979; Heilbrun, 1958; Hewson, 1949; Holland, Levi, & Watson, 1979; Holland & Watson, 1980; Kaspar & Schulman, 1972; Klove, 1959; Levi, Oppenheim,

& Wechsler, 1945; Levine & Feirstein, 1972; McFie, 1975; Morrow & Mark, 1955; Pope & Scott, 1967; Reitan, 1955a; Reitan & Reed, 1962; Stevens et al., 1967; Tolor, 1956, 1958; Wechsler, 1958）； also seen with damage in the left hemisphere（Heilbrun, 1956; McFie, 1960; Russell, 1972; Russell et al., 1970; Small, 1980; Smith, 1974; Tolor, 1956, 1958）；

3. 分心（Branningan, Ash, & Margolis, 1980; Cohen, 1959; Dennerll et al., 1964; Glasser & Zimmerman, 1967; Gurvitz, 1951; Harrower, 1956; Kaufman, 1994; Lufi & Cohen, 1985; Schafer, 1948; Waugh & Bush, 1971）；
4. 可能是躁鬱狀況（Alexander et al., 1947; Gilbert, 1969; Glasser & Zimmerman, 1967; Holt, 1968; Rabin, 1942; Schafer, 1948）；
5. 可能是癲癇症（Lewinski, 1947; Loveland, 1961）；
6. 可能是心身症之偏頭痛症狀（Lewinski, 1945b）；
7. 在兒童中，可能有閱讀或學習障礙（Kerns & Decker, 1985; Sandoval et al., 1988; Spafford, 1989; Wielkiewicz, 1990）或是注意力缺失／過動疾患（Lufi & Cohen, 1985; Wielkiewicz, 1990）。

B. 記憶廣度分測驗異常高分暗示：

1. 注意歷程（attentive processes）相當優異，包括不易分心、焦慮程度低、以沉著的、從容的、不費力的方式與個人的環境接觸（Cohen, 1952a, 1952b, 1959; Glasser & Zimmerman, 1967; Mayman et al., 1951; Rapaport et al., 1945; Sattler, 1992; Wechsler, 1958）；
2. 可能情感冷漠或情緒生活頗為貧乏，如同有時在具類分裂性人格傾向的「正常人」身上所見（Glasser & Zimmerman, 1967; Keiser, 1975）；
3. 可能是精神分裂症，或許是單純型。若記憶廣度分測驗分數高於詞彙分測驗分數，則此可能性更高（Allison et al., 1968; DeWolfe, 1971; Gilbert, 1969; Holt, 1968; Schafer, 1948; Watson, 1965）；
4. 可能有反社會傾向（Allison et al., 1968; Schafer, 1948）；
5. 可能有強迫型傾向（Gilbert, 1969）。

C. 順序記憶廣度分數顯著高於逆序記憶廣度分數暗示：

1. 無論是成人或兒童，皆有可能是腦傷（Evans & Marmorston, 1963; Holt, 1968; Kaufman, 1979; Lezak, 1983; Morrow & Mark, 1955; Sattler, 1982）；

12 2. 在兒童中，可能是刻意避免努力向上（Glasser & Zimmerman, 1967; Sattler, 1982）；

3. 可能有過度僵化的具體性思考，或在極端的情況下，可能會因為壓力而導致思考歷程瓦解（Glasser & Zimmerman, 1967; Nicholson & Alcorn, 1994）；
4. 記憶廣度較「針對符號模型的記憶」為佳（Waugh & Bush, 1971）；
5. 在七十歲以上的老年人族群中，這也許是正常的（Lezak, 1995）；
6. 在極端的情況下，可能患有精神病，如憂鬱型或精神分裂型（Holt, 1968）。

D. 逆序記憶廣度分數顯著高於順序記憶廣度分數暗示：

1. 在兒童中，可能在面對壓力時有良好的忍耐力，同時具備彈性及專注力（Glasser & Zimmerman, 1967; Sattler, 1982, 1992）；
2. 在兒童中，有可能對於作業的理解及掌握較為緩慢（Glasser & Zimmerman, 1967）；
3. 在兒童中，可能對於單純複誦數字的作業抱持否定的態度，但面對逆序記憶廣度分測驗時，則會感覺受到挑戰（Glasser & Zimmerman, 1967）；
4. 類分裂型或精神分裂症的成人（Gilbert, 1969; Holt, 1968）；
5. 可能很冷漠，或有著唱反調的態度（Allison et al., 1968）。

算數分測驗（Arithmetic）

這些題目似乎需要受試者的專注力及心理警覺性，同時也需要算數技巧之運用、數字推理，以及資訊處理等能力（Glasser & Zimmerman, 1967; Nicholson & Alcorn, 1994; Kaufman, 1994; Lacks, 1999; Rapaport et al., 1945; Sattler, 1992; Waugh & Bush, 1971）。這點似乎在社經地位較高的人身上較

能成立。在外在刺激相互干擾時，專注力理應是更為重要的。因此，在意義被隱藏起來或資料較為複雜的情況下，專注力更是變得不可或缺。

Rapaport 曾將此分測驗所測量的專注力和記憶廣度分測驗（尤其是順序記憶廣度）所測量的注意力做一番比較。專注力被描述為個人與環境之間的動態關係，而注意力則被描述為較為被動的、對個人環境的自由接收力。

職業、社會角色及刻板觀念等或多或少都會影響個人的算術分數，因此在每次的評估中這些因素都應該被考量（Patterson, 1953; Wechsler, 1958）。例如，在我們的文化中，有些人會將自己定義為「數字能力很糟的人」，而這樣的態度可能會降低他們的動機和分數。

Rapaport 等人（1945）曾指出，算數和記憶廣度分測驗比其他語文分測驗更容易受到適應不良所影響。不過，Cohen（1952a）卻發現，對於器質性腦傷患者而言，算數分測驗是測量一般智力的良好指標。

A. 算數分測驗異常低分暗示：

1. 專注能力不佳，不論是成人或兒童，皆易分心，包括注意力缺失／過動疾患的可能性（Branningan et al., 1980; Cohen, 1959; Dennerll et al., 1964; Gilbert, 1969; Glasser & Zimmerman, 1967; Kaufman, 1994; Lufi & Cohen, 1985; Lufi, Cohen, & Parish-Plass, 1990; Mayman et al., 1951; Nicholson & Alcorn, 1994; Patterson, 1953; Pope & Scott, 1967; Rapapor et al., 1945; Schafer, 1948; Wielkiewicz, 1990）；
2. 算術推理能力不佳，亦或缺乏簡易算數技巧的訓練（Gurvitz, 1951; Patterson, 1953; Waugh & Bush, 1971）；
3. 學業潛能不佳，或有學習障礙，有可能反映出對權威人士的反抗，特別是在常識分測驗也同樣得到低分的情況下（Belmont & Birch, 1966; Glasser & Zimmerman, 1967; Heinicke, 1972; Sandoval et al., 1988; Spafford, 1989; Waugh & Bush, 1971; Wielkiewicz, 1990）；
4. 焦慮（Gilbert, 1969; Glasser & Zimmerman, 1967; Harrower, 1956; Kauf-

man, 1979, 1994; Schafer, 1948; Siegman, 1956; Wechsler, 1958）；

5. 可能是青少年罪犯或具社會病態人格（Altus & Clark, 1949; Franklin, 1945; Lewandowski et al., 1977; Rabin & McKinney, 1972; Saccuzzo & Lewandowski, 1976; Schafer, 1948; Sloan & Cutts, 1945; Strother, 1944）；
6. 可能有器質性腦傷（Aita, Armitage, Reitan, & Rabinowitz, 1947; Gilbert, 1969; Hewson, 1949; Hopkins, 1964; Kaspar & Schulman, 1972; Levi et al., 1945; Lezak, 1983; Magaret, 1942; McFie, 1975; Morrow & Mark, 1955; O'Leary, Donovan, Chaney, Walker, & Shau, 1979; Overall, Hoffmann, & Levin, 1978）；可能靠近左頂葉（McFie, 1960; Small, 1973; Smith, 1969; Stevens et al., 1967）；
7. 有可能是精神病如精神分裂症，特別是在理解分測驗或連環圖系分測驗同樣得分很低的情況下（Glasser & Zimmerman, 1967; Gurvitz, 1951; Holt, 1968; Kahn & Giffen, 1960; Magaret, 1942; Rapaport et al., 1945; Schafer, 1948）；
8. 可能是酒精中毒（Plumeau, Machover, & Puzzo, 1960）；
9. 可能是歇斯底里性或自戀性人格情況（Allison et al., 1968; Blatt & Allison, 1968）；
10. 有自殺的可能性（Levenson, 1974; Levenson & Neuringer, 1971）；
11. 在兒童中，推理能力低於平均（Sattler, 1982）。

B. 算數分測驗異常高分暗示：

1. 可能適應正常（Bradway & Benson, 1955）；
2. 不易分心或良好的專注力（Cohen, 1952a, 1952b, 1959; Dennerll et al., 1964; Glasser & Zimmerman, 1967）；
3. 可能有常見於強迫性狀況中之理智化傾向（Rapaport et al., 1945）；
4. 可能有妄想性過度警覺（Gurvitz, 1951; Schafer, 1948）；
5. 在兒童中，可能是順從的、聽命於老師的學生（Glasser & Zimmerman, 1967）。

記憶廣度分測驗分數和算術分測驗分數之比較

這兩個分測驗的「語文」成分不若其他魏氏語文分測驗一般，這也為它們在另一個不同因素的考量提供了部分解釋。此節的敘述並非涉及被評估的知識，而是顯示某種數學程序的記憶或知識的方法。而人格因素也會 13
對這些能力的運作造成影響。

A. 記憶廣度分測驗分數顯著低於算數分測驗分數暗示：

常見於精神官能症、憂鬱症，及精神分裂症發病前所呈現的焦慮（請見「記憶廣度分測驗異常低分」小節）。

B. 記憶廣度分測驗分數顯著高於算數分測驗分數暗示：

當患者無法維持和環境的有效互動時，可能會藉由幻想或退縮來讓自己降低焦慮或免於分心，他可能看起來是面無表情或無法專心的樣子。若記憶廣度分測驗分數高於算數分測驗分數，則有可能經歷類分裂型歷程，此指標甚至有可能敏感到能夠察覺正常人格中的類分裂型歷程（見 Allison et al., 1968; Gurvitz, 1951; Holt, 1968; Rapaport et al., 1945; Schafer, 1948）。在大於十三歲的受試者身上，「免於分心」的解釋已獲得統計上的支持（Cohen, 1959）。

但如果記憶廣度甚至高於一般語文程度，則有可能反映出一些特殊的能力，或許和行政能力有關。

C. 算數及記憶廣度分測驗同時得高分暗示：

1. 免於分心（Lacks, 1999; Waugh & Bush, 1971）；
2. 可能有循環性人格（Gilbert, 1969）；
3. 可能有類分裂人格特質（Holt, 1968）。

D. 算數及記憶廣度分測驗同時得低分暗示：

1. 不論是成人或兒童，極易分心或注意力不佳（Allison et al., 1968; Brannigan et al., 1980; Waugh & Bush, 1971; Wielkiewicz, 1990）。
2. 可能有焦慮、思慮不周的歇斯底里症（Allison et al., 1968）；
3. 可能是腦傷（Allison et al., 1968）；

4. 可能有邊緣性人格情形（Sugarman, 1980）。

句子分測驗（Sentences）

此分測驗所測量的是注意力歷程及針對語句與思考的立即聽覺記憶。短期記憶、注意力、專注力，和聽力等因素都和優異的表現相關（Sattler, 1992）。除此，聽覺處理能力也會影響測驗表現。異常高分或低分似乎反映出這些能力的高低。在魏氏幼兒智力量表中，句子分測驗取代了記憶廣度分測驗。對年幼的受試者而言，它也是可靠性較高的分測驗之一。此分測驗所測量的回想輕鬆度（ease of recall）並非和個人的詞彙完全無關，反之，回想輕鬆度和詞彙之間具有心理相關性。對五歲以下的幼童而言，語文知識及理解能力可能更為重要（Lutey，引自 Sattler, 1982）。但對於五歲以上的兒童而言，記憶較可能是一個關鍵性因素（Sattler, 1992）。

在此分測驗中，不同的表現所蘊含的後續心理影響尚待觀察。雖然記憶廣度分測驗和此分測驗同樣是測量立即記憶或短期記憶的某些層面，但若要將和記憶廣度相關的研究結果類推到此分測驗上，則須格外謹慎。句子分測驗的成功表現似乎和語文知識、語文技巧，及記憶皆有關聯。

高分可能反映出良好的短期聽覺記憶或語文表達能力。

低分可能反映出短期聽覺記憶或語文能力不佳（Sattler, 1992）。

數字序列分測驗（Letter-Number Sequencing）

此程序涉及符號的心智操弄，同時，也涉及學習、短期記憶、立即回想、注意力及專注力等。另一個重要的因素是圖像（不論是聽覺的或視覺的，或是綜合兩者的圖像）。魏氏成人智力量表第三版（WAIS-III）計分手冊將此分測驗認定為測量「工作記憶」的分測驗。

較高的分數似乎能夠反映出部分上述因素所占的優勢，或許同時還能反映出免於分心因素（Gregory, 1999）。而低分似乎反映出可能存在的劣勢。

矩陣推理分測驗（Matrix Reasoning）

矩陣推理和圖形設計是魏氏成人智力量表第三版中測量一般智力（g）的最佳非語文分測驗。計分手冊將矩陣推理分測驗描述為一份適合測量知覺組織能力的測驗。知覺能力、序列推理和概念化等皆包含其中。在此分測驗中表現優異，需要對細節的注意力、專注力、類比之運用、非語文推理及概念化（Gregory, 1999）。此外，部分受試者有可能會運用內隱的語文概念來完成此作業。訊息處理亦可能扮演了一個重要角色。Sattler及Ryan（1999）提到「在不確定時自願有所回應」也可能會有幫助。

異常高分或低分可能暗示上述因素的暫時性優勢或劣勢。

連環圖系分測驗（Picture Arrangement）

此分測驗似乎能夠測量和社會智商（social intelligence）有關的規劃能力。如何理解視覺線索，進而覺知到事物的因果關係是重要的。魏氏稱此為理解及判斷一複雜情境並應對合宜的能力。Rapaport 稱此為準確預期的能力，並將之和「心向」（Einstellung）相提並論。預期、視覺組織、對細節的注意力、社會警覺性等都是重要的因素，有助於在此分測驗中表現良好。

個人的表現反映出他的規劃能力、預期，以及和人際關係相關情境的解讀。Wechsler（1958）、Rapaport等人（1945）、Gurvitz（1951）、Glasser和Zimmerman（1967）、Kaufman（1994）、Nicholson和Alcorn（1994）、Sattler（1992）、Sipps 等人（1987）、Waugh和Bush（1971）及其他學者曾詳細說明此分測驗和「社會智商」、社交能力、在社交情境中的規劃能力，及時間定序如何彼此關聯（如 Gregory, 1999）。對部分有心理困擾的受試者而言，此分測驗也許可以測出他們在發病前的社交能力（Edinger, 1976）。

連環圖系似乎和判斷力及注意力有關。在魏氏量表的不同版本中，此分測驗和理解分測驗及記憶廣度分測驗的統計關係有所不同。相較於理解分測驗所測量的判斷能力，連環圖系分測驗很明顯地是測量行為中心理複雜性較高的層面。這也許可以被稱為「社交的基本常識」。一個人也有可能欠缺判斷力及社會責任，但仍擁有連環圖系所測量的人際規劃能力或深思熟慮。

怪異的答案有可能意味邊緣性人格情形（Sugarman, 1980）。不過，正常的年長者在此分測驗不同題目中也會表現不一，因此表現不一致不應該作為病態的指標（Ryan, Paolo, & Brungardt, 1989）。許多研究發現了腦傷
14 和連環圖系低分之間的關係（見以下）。請注意，若受試者望著陳列在他面前的圖片沉思，但最後決定不做任何調整的話，便可假設是前額葉受損（McFie & Thompson, 1972）。

當時間不足，無法施測整份主題性測驗時，這些圖片可以被用來取得有用的主題材料（Craig, 1969; Glasser & Zimmerman, 1967; Kaufman, 1994; Nicholson & Alcorn, 1994; Segal, Westen, Lohr, & Silk, 1993; Waite, 1961）。Segal 等人依據這些主題，已發展出測量社會適應性的量表。

此分測驗被視為最能有效測量一般智力的作業分測驗。對於言語有障礙的人而言，這是能夠有效測量智力的分測驗，特別是同時採用圖形設計分測驗時（Cohen, 1959）。

A. 連環圖系分測驗異常低分暗示：

1. 與他人相處的能力可能較差，在人際關係中較為衝動、規劃不周（Blatt, 1965; Blatt & Quinlan, 1967; Edinger, 1976; Glasser & Zimmerman, 1967; Gurvitz, 1951; Pope & Scott, 1967; Rapaport et al., 1945; Sipps et al., 1987）；
2. 可能是器質性腦傷，特別是右腦；或者是擴散性失能，特別是在圖形設計同樣低分的情況下（Aita, Armitage et al., 1947; Anthony, Heaton, & Lehman, 1980; Fitzhugh et al., 1962; Greenblatt, Goldman, & Coon, 1946; Heilbrun, 1956, 1959; Hirt & Cook, 1962; Holland et al., 1979; Holland & Watson, 1980; Lezak, 1983; Matthews, Shaw, & Klove, 1966; McFie, 1975; Meier & French, 1965; Patterson, 1953; Simpson & Vega, 1971; Small,

1980; Smith, 1969; Zimmerman et al., 1970）；可能是右側前顳葉或右側前額葉受損（Lezak, 1983; McFie, 1960; Meier, 1974; Reitan, 1955b, 1974; Russell, 1979; Small, 1973）；有時在酒癮者的測驗反應中也會看到（O'Leary et al., 1979; Smith & Smith, 1977），也有可能是阿茲海默氏型失智症（Sullivan et al., 1989）；

3. 憂鬱狀況，伴隨死亡意念（Alexander et al., 1947; Blatt & Quinlan, 1967; Gfeller & Margolis, 1990; Holt, 1968; Rapaport et al., 1945）；
4. 來自貧乏文化環境的正常人，缺乏都市人的世故（Rapaport et al., 1945）；
5. 有臨時抱佛腳的傾向（Blatt & Quinlan, 1967）；
6. 若在精神病機構中，可能為精神分裂症（Alexander et al., 1947; Garfield, 1949; Gilbert, 1969; Gurvitz, 1951; Holt, 1968; Magaret, 1942; Olch, 1948; Rabin, 1942; Rapaport et al., 1945）；
7. 可能具強迫症或其他精神官能症傾向（Gilbert, 1969; Gurvitz, 1951; Hewson, 1949）；
8. 可能是心身症之偏頭痛症狀或癲癇症（Lewinski, 1945b, 1947）；
9. 在兒童中，學業成就低於平均（Nicholson & Alcorn, 1994）。

B. 連環圖系分測驗異常高分暗示：

1. 社交能手，可能是適應良好且正常的兒童或成人（Blatt & Quinlan, 1967; Glasser & Zimmerman, 1967; Nicholson & Alcorn, 1994; Rapaport et al., 1945; Sipps et al., 1987）；或發病前擁有良好的社交能力（Edinger, 1976）；
2. 良好的預後（Windle, 1952）；
3. 若作業智商顯著高於語文智商，則較可能為反社會或者犯罪行為；這暗示個人有陰謀的能力，但不在乎社會後果（Allison et al., 1968; Blank, 1958; Blatt, 1965; Culberton et al., 1989; Foster, 1959; Franklin, 1945; Gilbert, 1969; Graham & Kamano, 1958; Patterson, 1953; Saccuzzo & Lewandowski, 1976; Schafer, 1948; Wechsler, 1958; Wittenborn & Holzberg,

1951）；

4. 可能有妄想傾向（Allison et al., 1968; Blatt & Allison, 1968; Gilbert, 1969）。

圖畫補充分測驗（Picture Completion）

此分測驗被視為一般常識的非語文測驗。專注力、推理能力、對環境的注意力及深層記憶皆很重要，它們會決定受試者在此分測驗上的表現。魏氏認為：「一般而言，此分測驗測量了個人區分重要細節和不重要細節的能力。」（Wechsler, 1958, p. 78）魏氏在不同版本中設定的時間限制有些許差異，而 Rapaport 等人（1945）認為在時間限制下，專注力也是不可或缺的。

在此分測驗中，正確回答許多題目並不需要精確的資訊。Rapaport 曾暗示，較複雜的心智歷程中所包含的推理能力似乎對此分測驗是有必要的；而 Mayman 等人（1951）曾指出，此分測驗也會測出專注力和視覺組織能力（並請見 Glasser & Zimmerman, 1967）。

三種常見的障礙如下（Rapaport et al., 1945）：

1. 當圖片被受試者認為是陌生的、怪異的，或是被誤解時，障礙的發生乃源於受試者擴大了與刺激間之心理距離；
2. 當受試者給予不相關的答案，僅因他無法理解圖片是草圖時，障礙的發生乃源於受試者失去了與刺激間之心理距離；
3. 當受試者過於在意身體或功能的完整性時，圖片中所缺少的部分，特別是和人有關的部分會帶來強烈的焦慮。

有關此分測驗的因素分析的確發現了三個因素，也為 Rapaport 的說法提供一些支持（Saunders, 1960）。這三個因素分別被命名為：保持與現實的接觸（和 Rapaport 的擴大心理距離有關）、保持視角（和 Rapaport 的失去心理距離有關）、覺察未知的事物（可能和 Rapaport 提到對資訊的疑問使案主無法專注有關）。在評估不正常的表現時，主試者應將這些因素放在心上。

Glasser和Zimmerman（1967）指出投射有可能會導致兒童答錯。兒童將某些物體投射至圖片上，然後聲稱此圖片少了那個物體。例如，看到一件外套少了鈕釦孔的圖片，兒童可能會回答：「外套中少了一個人。」成人也可能會犯這類錯誤，尤其是智能不足者。不過，就較低的智力範圍而論，圖畫補充算是較有鑑別力的分測驗。它很適合當作第一個分測驗，因為它「……有趣、不會導致威脅，……是一個好的破冰活動（ice breaker）」（Kaufman, 1972）。

A. 圖畫補充分測驗異常低分暗示： 15

1. 情緒化障礙，或許是精神官能性困擾，使個人無法有效區分重要和不重要的細節（Fisher & Sunukjian, 1950; Gilbert, 1969; Glasser & Zimmerman, 1967; Hewson, 1949; Rapaport et al., 1945; Waugh & Bush, 1971; Wechsler, 1958）；
2. 基本的知覺及概念思考能力不佳，視覺專注力亦不佳（Brannigan et al., 1980; Glasser & Zimmerman, 1967; Kaufman, 1994; Rapaport et al., 1945; Sattler & Ryan, 1999; Wechsler, 1958）；
3. 焦慮：似乎是影響受試者在此分測驗表現的主要因素（Glasser & Zimmerman, 1967; Gurvitz, 1951; Lanfeld & Saunders, 1961; Nicholson & Alcorn, 1994）；
4. 在兒童中，過度投射、否定或衝動性（Brannigan et al., 1980; Gallser & Zimmerman, 1967; Kaufman, 1994; Nicholson & Alcorn, 1994）；
5. 不論是成人或兒童，皆有可能為精神分裂症（Crookes, 1984; Holt, 1968; Olch, 1948; Pope & Scott, 1967; Rapaport et al., 1945; Wechsler, 1958; Wechsler & Jaros, 1965）；
6. 可能是腦傷，也許是左顳葉受損，也有可能和酒精濫用有關（Hirt & Cook, 1962; Meyer & Jones, 1957; O'Leary et al., 1979）。

B. 圖畫補充分測驗異常高分暗示：

1. 一般常識高於平均，且適應良好（Fisher & Sunukjian, 1950; Rapaport et

1974; Russell, 1979; Russell et al., 1970; Sattler, 1982; Small, 1980; Smith, 1962, 1966; Smith & Smith, 1977; Smith, 1969; Symmes & Rapaport, 1972; Waugh & Bush, 1971; Wechsler, 1958; Zimerman et al., 1970）；

2. 可能是焦慮（Allison et al., 1968; Blatt, 1965; Correll, 1985; Glasser &
16 Zimmerman, 1967; Hewson, 1949; Mayman et al., 1951; Nicholson & Al-
corn, 1994; Rashkis & Welsh, 1946; Siegman, 1956; Schafer, 1948）；
3. 可能是壓力或緊張（Hardison & Purcell, 1959; Mayman et al., 1951; Rapaport et al., 1945）；
4. 過動或衝動傾向（Brannigan et al., 1980; Gurvitz, 1951; Rapaport et al., 1945）；
5. 憂鬱和喪失意志力的傾向（Correll, 1985; Henrichs & Amolsch, 1978; Holt, 1968; Rapaport et al., 1945; Schafer, 1948）；
6. 可能過度壓抑、有不安全感、強迫性或其他精神官能症傾向（Glasser & Zimmerman, 1967; Hewson, 1949）；
7. 可能有犯罪或反社會傾向（Foster, 1959; Franklin, 1945）；
8. 可能有妄想或精神分裂症（Bradway & Benson, 1955; Harder & Ritzler, 1979）。

B. 圖形設計分測驗異常高分暗示：

1. 不論是成人或兒童，皆可能有優異的視覺—運動協調及知覺組織能力（Cohen, 1959; Glasser & Zimmerman, 1967; Gurvitz, 1951）；
2. 心理治療及戒毒治療的預後良好（Fals-Stewart & Schafer, 1992; Windle, 1952）；
3. 可能具創造力（Wechsler, 1958）；在資優班會表現出色（Lustberg et al., 1990）；
4. 排除器質性腦傷的可能性（Gurvitz, 1951; Patterson, 1953; Wechsler, 1958）；
5. 若在精神病機構，可能是精神分裂症、邊緣性人格或精神分裂症發病前的暴力傾向（Alexander et al., 1947; Allison et al., 1968; Blatt & Allison,

1968; Bradway & Benson, 1955; Davis et al., 1972; Gilbert, 1969; Kahn & Giffen, 1960; Piedmont et al., 1989; Roy et al., 1987; Sugarman et al., 1980）；

6. 內因性心智缺陷（Baroff, 1959）。

數—符替代分測驗及程序（Digit Symbol-Coding & Procedures）

魏氏成人智力量表中的數—符替代分測驗的一般性基本原理和執行要求，似乎和兒童版本的相似。Glasser 和 immerman（1967）提出了一個針對數—符替代分測驗相關因素的臨床分析。他們對這些因素的描述相當接近那些會影響數—符替代分測驗表現的心理因素（並請見 Allison et al., 1968; Burik, 1950; Holt, 1968; Mayman et al., 1951; Rapaport et al., 1945; Sattler, 1992; Sattler & Ryan, 1999）。不過，若要將有關成人版本的研究結果類推到兒童身上，或將有關兒童版本的研究結果類推到成人身上，需要格外謹慎。並請見本篇後面針對動物樁／動物屋分測驗的相關提醒。

在數—符替代分測驗中所需的視覺—運動協調似乎較屬於模仿性質。若要表現得好，視覺活動、運動力、協調及學習能力等都是必要的，而其中運動因素尤其重要。雖然速度和準確度皆會影響測驗表現，但此分測驗主要是一份直接測量心理運動速度的測驗。所以，在此速度比能力或準確度更受到重視（Burik, 1950; Gregory, 1999; Kaufman, 1994; Mayman et al., 1951; Rapaport et al., 1945; Waugh & Bush, 1971）。而易分心的人應該會表現不佳（Cohen, 1952a, 1952b; Dennerll et al., 1964; Kaufman, 1994）。在所有魏氏智力量表版本中（除了未包含此分測驗的魏式幼兒智力量表），此分測驗對於器質性腦傷及智能不足患者都會頗具難度。

下列大部分的詮釋性假設釋似乎有助於數—符替代分測驗分數的解釋。

A. 數—符替代分測驗異常低分暗示：

1. 可能是腦傷，特別是靠近右腦運動區（Aita, Armitage et al., 1947; Allen, 1947, 1948a, 1948b; Anthony et al., 1980; Balthazar, 1963; Davison, 1974; Eickson et al., 1978; Fitzhugh & Fitzhugh, 1964; Gilbert, 1969; Glasser &

Zimmerman, 1967; Gonen, 1970; Guertin et al., 1966; Gurvitz, 1951; Heaton et al., 1979; Hirt & Cook, 1962; Holland et al., 1979; Holland & Watson, 1980; Hopkins, 1964; Jordan, 1970; Kaspar & Schulman, 1972; Ladd, 1964; Levi et al., 1945; Levine & Feirstein, 1972; Magaret, 1942; Maloney & Ward, 1976; Matthews et al., 1966; McFie, 1975; Morrow & Mark, 1955; O'Leary et al., 1979; Overall et al., 1978; Philippus, 1969; Pope & Scott, 1967; Reitan, 1955c; Reitan & Reed, 1962; Russell, 1972; Sattler, 1982; Simpson & Vega, 1971; Small, 1973; Smith, 1962, 1966, 1974; Smith & Smith, 1977; Stevens et al., 1967; Wechsler, 1958; Zimmerman et al., 1970）；

註解：數一符替代分測驗分數和阿茲海默氏失智症嚴重的程度相關（並請見「常識分測驗異常低分」小節）（Larrabee et al., 1985）；

2. 有憂鬱和喪失意志力的傾向（Allison et al., 1968; Blatt & Allison, 1968; Gilbert, 1969; Gurvitz, 1951; Henrichs & Amolsch, 1978; Holt, 1968; Pope & Scott, 1967; Rapaport et al., 1945; Schafer, 1948）；
3. 可能感到焦慮、受挫及緊張（Mandler & Sarason, 1951; Patterson, 1953; Siegman, 1956; Solkoff, 1964; Solkoff & Chrisien, 1963）；
4. 精神官能型或不當人格，可能伴隨焦慮或歇斯底里症（Gilbert, 1969; Holland et al., 1979; Ladd, 1964; Wechsler, 1958）；
5. 可能有解離性傾向或類分裂人格歷程（Garfield, 1959; Holland, 1979; Holt, 1968; Magaret, 1942; Olch, 1948; Rabin, 1942; Rapaport et al., 1945; Wechsler & Jaros, 1965）；有時會在緊張型精神分裂症患者的資料中看到（Curran & Marengo, 1990）；
6. 有可能備受打擊、無家可歸、曾經歷蹂躪的情況（Levinson, 1964）；
7. 可能有過動或躁症傾向（Rabin, 1942）；
8. 可能有癲癇症（Dennerll et al., 1964; Loveland, 1961）； 或長期酒癮（Tamkin & Dolenz, 1990）；
9. 若受試者為兒童，有可能（有）：

(1)閱讀或學習障礙（Kaufman, 1994; Sandoval et al., 1988; Sapfford, 1989; Waugh & Bush, 1971）；

(2)書寫流暢度不佳的問題（Williams, Zolten, Rickert, Spence, & Ashcraft, 1993）；

(3)腦傷（Hopkins, 1964; Kaspar & Schulman, 1972）； 17

(4)犯罪（Culberton et al., 1989）；

(5)注意力缺失／過動疾患（Kaufman, 1994; Lufi & Cohen, 1985; Lufi et al., 1990; Massman, Nussbaum, & Bigler, 1988; Wielkiewicz, 1990）；

(6)動機不足（Kaufman, 1994; Wielkiewicz, 1990）。

B. 數—符替代分測驗異常高分暗示：

1. 無論是成人或兒童，皆可能有較高的心理運動速度及視覺—運動靈敏度（Burik, 1950; Glasser & Zimmerman, 1967; Gurvitz, 1951; Murstein & Leipold, 1961; Rapaport et al., 1945; Wechsler, 1958）；
2. 可能純靠背誦學習的能力或視覺記憶較佳（Glasser & Zimmerman, 1967; Gurvitz, 1951; Patterson, 1953）；
3. 較能免於分心（Cohen, 1952a, 1952b, 1959; Glasser & Zimmerman, 1967）；
4. 若受試者為作業智商頗高的精神病患者，便有可能是反社會患者（Wittenborn & Holzberg, 1951）；
5. 不大可能是能量過低（Allison et al., 1968）。

數—符替代—偶發學習分測驗

偶發學習分測驗中的兩個回憶測驗主要是測量受試者學習及回憶相關的數字—符號配對，以及回憶符號（沒有數字）的能力。如果受試者在數—符替代分測驗及偶發學習分測驗中皆表現不佳，則記憶問題的可能性大增。但如果在偶發學習分測驗中表現正常，則數—符替代的困難較可能導因於知覺—運動層面，亦或一些可能干擾受試者表現的心理因素。

偶發學習分測驗中的配對部分是測量非語文記憶。高分暗示受試者有能力注意到、處理並記得這些符號，且有能力將其與正確的數字配對。低分暗示受試者的配對聯結學習能力不佳，且有可能有記憶障礙。

自由回想部分同樣是測量對非語文知覺體（non-verbal percepts）的記憶，以及受試者如何改變這些知覺體。若受試者無法回想這些不久前才複製過的符號，便有可能有記憶障礙。若回想的符號為虛構的，則為明顯的知覺障礙。兩者皆可能和中樞神經系統受損有關。

數—符替代——仿繪分測驗（Digit Symbol-Copy）

仿繪分測驗高分和知覺—運動準確度及速度相關。

仿繪分測驗低分和知覺—運作準確度不佳及速度過慢相關。

若數—符替代分測驗表現不佳，但仿繪分測驗分數正常，便有可能有正常的知覺—運動準確度及速度，但受到此分測驗其他方面或異常的心理狀況所干擾（見以下）。

數—符替代分測驗和仿繪分測驗表現皆不佳暗示知覺—運動技巧不足。

數—符替代分測驗低分而仿繪分測驗高分則有可能暗示學習障礙，而非知覺動作問題。

數—符替代、偶發學習及仿繪分測驗間之比較

若數—符替代分測驗和自由回想分測驗得低分，但仿繪分測驗表現正常，便有可能有記憶障礙，而非知覺動作的問題。

註解：在數—符替代及其相關選擇性測驗表現很差或不穩定的情況下，有時可能導因於易分心、不專心及憂鬱等因素。Sattler及Ryan（1999）指出這些程序會受到閃神、不專心、不穩定的動機等影響，因此這些因素應該被考量。

若數—符替代分測驗和偶發學習分測驗得低分，但仿繪分測驗分數中等，便較可能是記憶問題，而非知覺問題（Sattler & Ryan, 1999）。

若數—符替代分測驗表現正常，但在自由回想分測驗中畫出虛構的符號，便可能有嚴重的器質性或人格障礙，但能藉由良好的視覺—運動速度得到部分補償。

動物樁／動物屋分測驗及再測

正如魏氏智力量表其他版本中的數—符替代分測驗一般，受試者的表現會受到注意廣度（attention span）、對目標的覺察、專注力、記憶、手部靈敏度，以及學習能力等因素所影響。學習和動作能力，再加上在時間壓力下工作的能力似乎都是重要的（Sherman, Chinsky, & Maffeo, 1974; Sattler, 1992; Wechsler, 1967）。雖然此分測驗的內容和數—符替代分測驗有所不同，但似乎並不影響它對於心理運動速度及學習能力之測量。

低分可能代表學習能力差或是單純的反應慢，或兩者皆是。低分也有可能和憂鬱狀況、廣泛性焦慮或其他情感性障礙相關。另一方面，因為此分測驗不強調形狀或設計的知覺及複製，故有關數—符替代分測驗的研究結果在此可能無法成立。

高分較可能反映出良好的心理運動速度以及（但較不確定的）高於平均的學習能力。

符號尋找分測驗（Symbol Search）

知覺處理速度似乎是關鍵性因素。此分測驗測量的是知覺技巧、視覺—知覺能力等。Sattler（1992）將符號尋找分測驗概念化為一個「視覺區辨及視知覺掃描」（visual discrimination and visuoperceptual scanning）的作業。對細節的注意力以及在時間壓力下工作的能力也是此作業的一部分。專注力、分心程度或（較次要的）短期記憶都會影響測驗表現。符號尋找分測驗和數—符替代分測驗有高相關，因此此分測驗表現的好與壞，可用來支持數—符替代分測驗分數的解釋。

低分可被假設為反映出易分心、專注力不佳，或短期記憶不佳（Kaufman, 1994）。在兒童中，低分可能和閱讀障礙（Nicholson & Alcorn, 1994），或注意力缺失／過動疾患有關（Kaufman, 1994）。

高分有可能代表準確且快速的知覺處理能力（Kaufman, 1994; Sattler, 1992）。良好的專注力、在時間壓力下表現良好及堅持下去的能力、不易分心，以及（較次要的）良好的短期記憶，都是值得考慮的詮釋性假設。

18 物型配置分測驗（Object Assembly）

這是其中一個視覺—運動協調能力的分測驗，另外兩個分別是圖形設計及數—符替代分測驗。被視知覺（visual perception）及感覺—運動回饋（sensory-motor feedback）所導引的運動力（motor activity），似乎是這三個分測驗不可或缺的因素。就某種程度而言，適當的、發展良好的習慣可能會將受損的協調能力掩藏起來。

這三個分測驗中常見障礙可分為兩類型：

1. 感覺或者運動障礙，包括協調不良或執行不當；
2. 情緒或認知障礙，導致不易做決定、失去彈性，或誤解回饋。這些因素可能尚待探索。

Rapaport 等人（1945）指出，視覺組織是個動態的心智歷程，呈現於當我們看到某物體的一部分並認出它時，因此，視覺或認知組織意指辨認出某刺激並賦予其意義。這比純粹的心理運動速度在此分測驗中更為重要（Kaufman, 1979; Lanfeld & Saunders, 1961; Mayman et al., 1951; Patterson, 1953）。

當一份作業對受試者而言較為不熟悉、或較不具結構時，便是測量視覺—運動協調，而非視覺組織及後續的運動執行力。

物型配置分測驗主要被視為一份測量（非語文）知覺組織能力的測驗（Cohen, 1952a, 1952b, 1957a, 1957b, 1959; Glasser & Zimmerman, 1967; Sattler & Ryan, 1999）。這是一種整合，將不同部分組織成一個完整的物體。協調能力，特別是視覺組織，似乎扮演著有效的角色，使受試者能夠由無法立即辨識的局部開始，憑藉自己的力量拼出一個物體（Rapaport et al., 1945）。有些證據顯示，此分測驗的難度依據魏氏智力量表版本的不同而有所差異（Holt, 1968）。

若受試者為兒童，此分測驗的分數有可能準確反映出他們典型的工作習慣（Waugh & Bush, 1971）。

A. 物型配置分測驗異常低分暗示：

1. 可能會焦慮或緊張，進而造成可能和身體或閹割焦慮有關的不確定感（Allison et al., 1968; Blatt, Allison, & Baker, 1965; Gilbert, 1969; Glasser & Zimmerman, 1967; Gurvitz, 1951; Holt, 1968; Lanfeld & Saunders, 1961; Mayman et al., 1951; Nicholson & Alcorn, 1994; Rapaport et al., 1945; Schafer, 1948; Siegman, 1956）；
2. 可能有憂鬱傾向，同時伴隨意志力之喪失（Allison et al., 1968; Gurvitz, 1951; Henrichs & Amolsch, 1978; Holt, 1968; Rapaport et al., 1945）；
3. 可能有腦傷，靠近右腦（Allen, 1947, 1948a; Anthony et al., 1980; Black, 1976; Davis et al., 1971; Gilbert, 1969; Golden, 1976; Guertin et al., 1966; Heaton et al., 1979; Holland et al., 1979; Holland & Watson, 1980; Mattews et al., 1966; O'Leary et al., 1979; Russell, 1979; Sattler, 1982; Schafer, 1948; Simpson & Vega, 1971; Small, 1980; Smith, 1966, 1974; Smith & Smith, 1977; Wechsler, 1958; Zimmerman et al., 1970）；
4. 不論是成人或兒童，皆有可能有精神分裂症或邊緣性人格情形，特別是焦慮或急性類型（Halpern, 1965; Holt, 1968; Rabin, 1941; Sugarman, 1980; Welder, 1943）；
5. 過動或衝動傾向（Brannigan et al., 1980; Rapaport et al., 1945）；
6. 可能有神經衰弱症（Holt, 1968）。

B. 物型配置分測驗異常高分暗示：

1. 良好的知覺—運動協調（Glasser & Zimmerman, 1967; Sattler & Ryan, 1999; Wechsler, 1958）；
2. 可能具有創造力（Wechsler, 1958）；
3. 預後良好（Windle, 1952）；
4. 可能有管教問題或犯罪行為（Altus & Clark, 1949; Blank, 1958; Culberton et al., 1989; Franklin, 1945; Sloan & Cutts, 1945）；
5. 內因性心智缺陷（Baroff, 1959; Cotzin & Gallagher, 1949; Wechsler, 1958）；

6. 有可能精神分裂症或精神分裂症發病前的狀況（Bradway & Benson, 1955; Davis et al., 1972; Gilbert, 1969; Gurvitz, 1951; Holt, 1968; Rapaport et al., 1945; Wechsler & Jaros, 1965）。

迷津分測驗（Mazes）

對指導語的立即記憶、規劃能力或深思熟慮，尤其是視覺規劃、知覺組織及視覺—運動協調，皆是此分測驗所測量的因素（Cohen, 1959; Glasser & Zimmerman, 1967; Madden, 1974 引述自 Sattler, 1982; Nicholson & Alcorn, 1994; Porteus, 1950, 1965; Sattler, 1992; Waugh & Bush, 1971; Wechsler, 1949, 1967）。得分較高或較低可能可以被解釋為反映出這些能力的高低。雖然此分測驗在魏氏兒童智力量表修訂版（WISC-R）中不常被使用，但自從它被納入魏氏幼兒智力量表後，就變得廣為使用。此分測驗對於缺乏語文能力的兒童相當有用，它是知覺組織因素的一部分。但它無法有效測量一般智力（*g*）。

若要得到高分，速度或反應迅速以及視覺—運動協調活動的準確度是不可或缺的。但 Kaufman（1994）認為分測驗並不理想。

A. 迷津分測驗異常低分暗示：

1. 規劃效率差（Glasser & Zimmerman, 1967; Louttit, 1957; Porteus, 1950, 1965; Sattler, 1982）；
2. 視覺—運動協調不佳（Glasser & Zimmerman, 1967; Nicholson & Alcorn, 1994; Porteus, 1950, 1965）；
3. 衝動性（Glasser & Zimmerman, 1967; Louttit, 1957; Nicholson & Alcorn, 1994; Sattler, 1982）；
4. 若分數非常低，可能現實感很差（Glasser & Zimmerman, 1967; Nicholson & Alcorn, 1994）；
5. 無論是成人或兒童，皆可能有腦傷（Davison, 1974; Waugh & Bush, 1971）；尤其可能位於右後腦皮質、右頂葉，或前額葉等區域（Lezak, 1983）。

B. 迷津分測驗異常高分暗示：

1. 規劃效率佳（Glasser & Zimmerman, 1967; Louttit, 1957; Porteus, 1950, 1965）；
2. 視覺—運動協調良好（Glasser & Zimmerman, 1967; Nicholson & Alcorn, 1994; Porteus, 1950, 1965）；
3. 衝動控制良好（Glasser & Zimmerman, 1967; Louttit, 1957）； 19
4. 實用能力佳，同時性格穩定（Louttit, 1957）。

幾何圖形分測驗（Geometric Design）

此分測驗所測量的是知覺及視覺—運動技巧（Wechsler, 1989）。前面的題目測量視覺辨識（recognition）及區辨（discrimination）的能力。後面的題目則測量類似班達完形測驗所測量的視知覺能力及協調能力。後面的題目需要的是正常的視知覺能力、手—眼協調、精細動作發展如手指靈敏度及鉛筆控制，以及在刺激與複製間轉換注意力的能力。

幾何圖形分測驗低分暗示：

1. 心理運動發展遲緩（Sattler, 1992）；
2. 可能具衝動性（Sattler, 1992）；
3. 若有旋轉，可能是器質性狀況（Ogdon, 1975a）。

幾何圖形得到高分是不常見的。主要原因較可能是在此分測驗的好表現和成熟歷程（maturational processes）是息息相關的。這些歷程可能不見得和認知發展有高相關，因而也會造成限制，使個人在此分測驗的表現受阻（Sattler, 1982, 1992）。

結語

魏氏智力量表最好的診斷性價值來自於它能夠取得具信效度的評估，針對一般智力及智力功能的不同面向。同時，它能夠形成有關人格功能的假設。

（WISC-III）中，包含了不少修改過的、增加的及刪除的題目。很明顯地，少了魏氏提供較為平衡的觀點，WAIS-III 比它的任何一個前身（從魏氏—貝氏量表第一版到 WAIS-R）包含了更多的改變。此乃編修小組的作品。這當中有許多改變使這份測驗變得更好，但並非所有改變皆有助於這份臨床量表的豐富性。請記得魏氏最初的也是最重要的心意，就是將他的量表定位為「臨床測驗，而非心理計量測驗……」，欲詳讀魏氏量表內容變更的相關評論，請見 Kaufman（1994）。

劉同雪　譯

羅氏墨跡測驗

本章大綱

輯方式相同，臨床工作者仍將在本書中輕易找到所需的資料，毋須採用新的搜尋方式。不過，Exner系統將反射（reflection）認定為決定因子，但其他心理學家過去一直將其視為內容（content）（Ames, Metraux, & Walker, 1959, 1971; Bochner & Halpern, 1945）。在本篇中，便依慣例將反射納入內容一節。分類的方式並不會影響到它們的意義。

第二個從簡單開始的原因涉及「由簡入繁」在教學上極可能存在的優點。初學者以這種方式學習會比較自在、有效率。此編輯方式也可能讓沒有用過此書的讀者快速找到所需的資料。而置於本篇開端的大綱也可用來協助搜尋。

「高於平均」（greater than average）及「低於平均」（subnormal）等形容詞在本篇中常會見到，它們乃依據當下現有的數據作為基準。每一個羅氏墨跡系統都有自己的常模及預期值。但有趣的是，不論採用何種計分、編碼方式或常模，一個「高於」或「低於」平均的分數作為解測的意義基本上是一樣的。以從眾反應（P）為例，幾乎每個系統都有自己的P清單，雖然各系統 P 清單之間的重疊性相當高。Beck 系統的從眾反應有二十一個，Exner 系統有十三個，Klopfer 系統有十個，而國際的從眾反應（International Populars）則有九個。即使每個系統施測及評分準則不同，但從眾反應的多寡仍會指向與其相呼應的詮釋性假設。

Klopfer、Beck、Rapaport、Piotrowski、Phillips、Schachtel、Exner 的系統，以及像Levitt、Schafer、Aronow、Reznikoff、Moreland、Lerner等追隨者，均對羅氏墨跡測驗的各面向所透露的訊息有一致的見解。當然，還是會有一些見解不同之處（主要是重視的部分不同）。折衷取向致使本書成為一個有用的輔助工具，它不受限於任何一個特定的羅氏墨跡測驗解釋系統。

羅氏墨跡測驗的決定因子

人類運動反應

有關人類運動反應（M）的創造性思考以及研究結果，比任何其他類型的羅氏墨跡測驗反應都來得多。這種對人類運動反應的高度興趣多半始於早期墨跡圖形的測試。羅氏自己在他最初的專題著作中，便已詳述運動反應的心理意義及重要性（1921/1951）。他指出，這些反應和內向的生活方式、創造性智力以及幻想有關。後續的研究也傾向於支持羅氏的論點；請見 Piotrowski（1957, 1960, 1977）的回顧，Aronow、Reznikoff 及 Moreland（1994）的討論，以及 Lerner（1991）的討論。當然，人類運動反應的相關論述現已更為精確，例如，學者發現了一個可能存在的性別差異，即女性製造的 M 比男性多（Kleinman & Higgins, 1966）。

Cooking、Dana 與 Dana（1966）提供了統計數據，支持和 M 有關的三個建構：創造力、智力以及時間預估。這些因素和其他的因素亦受到其他研究結果所支持，而這些在以下會有詳述。

在合理的考量下，我們可以假定幻想或多或少和創造力有關。而創造力往往被視為智力的一個面向，當然此部分較難以測量。羅氏墨跡測驗常被用來測量此智力功能，如作為評量企業界高階主管之用途。

以臨床的角度視之，此考量遺漏了一個重要的部分，那就是常被提及的，人類運動反應與自我強度（ego strength）以及相關因素的關係。人類運動反應以及人類運動反應與其他反應間之關係提供了重要的資訊，特別是有關自我強度、洞察力，以及對自己與他人的態度。此資訊可用來評估個人適應的品質及風格，讓我們更了解受試者，並決定他是否需要心理治療。若確定心理治療是有必要的，此資訊可協助我們有效地規劃療程，並評估心理治療的預後。

人類運動反應數量的詮釋性假設

A. 高於平均的人類運動反應數量暗示：

1. 正常人的內向、深思熟慮及抑制性特質（Aronow et al., 1994; Barron, 1955; Bendick & Klopfer, 1964; Bochner & Halpern, 1945; Cooper, 1969; Dana & Cocking, 1968; Exner, 1969b; Furrer, 1960; Goldfried, Stricker, & Weiner, 1971; Kagan, 1960; Klopfer & Davidson, 1962; Kuhn, 1960; Kunce & Tamkin, 1981; Kurz, 1963; Levine & Meltzoff, 1956; Levine, Glass, & Meltzoff, 1957; Levine & Spivack, 1962; Mann, 1956; McCully, 1961; Meltzoff & Levine, 1954; Meltzoff & Litwin, 1956; Meltzoff, Singer, & Korchin, 1953; Murstein, 1960; Nickerson, 1969; Palmer & Lustgarten, 1962; Piotrowski, 1960; Piotrowski & Dudek, 1956; Rapaport et al., 1946; Rorschach, 1921/1951; Sarason, 1954; Schafer, 1948; Schumer, 1949; Singer & Herman, 1954; Singer & Spohn, 1954; Singer, Meltzoff, & Goldman, 1952; Singer, Wilensky, & McCraven, 1956; Wagner, 1971, 1978; Wilson,
23 1994）；不過，這並不一定適用於青少年（Spivack, Levine, Fuschillo, & Tavernier, 1959; Wilson, 1994）。
2. 在各年齡層、不同臨床及一般群體中均可發現，高於平均的智力與學業成就（Abrams, 1955; Alcock, 1963; Allen, 1954; Altus & Altus, 1952; Altus & Thompson, 1949; Ames, Learned, Metraux, & Walker, 1952, 1959, 1971; Aronow et al., 1994; Beck, 1945; Bochner & Halpern, 1945; Cocking et al., 1969; Consalvi & Canter, 1957; Dana, 1968; Dana & Cocking, 1968; Exner, 1986; Goldfried et al., 1971; Hathaway, 1982; Kahn & Giffen, 1960; Klopfer & Davidson, 1962; Levine et al., 1957; Levine, Spivack, & Wight, 1959; Levitt & Truumaa, 1972; Mons, 1950; Murstein, 1960; Piotrowski, 1937a, 1957; Piotrowski & Dudek, 1956; Rorschach, 1921/1951; Rossi & Neuman, 1961; Singer, 1960; Sommer, 1958; Sopchak, 1958; Spiegelman, 1956; Spivack, Levine, & Sprigle, 1959; Tucker, 1950; Wagner, 1978; Willi-

ams & Lawrence, 1953）。

3. 高創造力或是具創造潛能，尤其是在語文及藝術活動中（Adams, Cooper, & Carrera, 1963; Allen, 1958; Ames et al., 1959; Aronow et al., 1994; Barron, 1955; Beck, 1945; Bonifacio & Schaefer, 1969; Dana, 1968; Dana & Cocking, 1968; Dudek, 1968; Furrer, 1960; Goldfried et al., 1971; Halpern, 1953; Hersch, 1962; Kahn & Giffen, 1960; Klopfer & Davidson, 1962; Kuhn, 1960; Levine & Spivack, 1962; McCue, Rothenberg, Allen, & Jennings, 1963; Munroe, 1946; Piotrowski, 1957, 1960; Rawls & Slack, 1968; Raychaudhuri, 1971; Rickers-Ovsiankina, 1960; Rorschach, 1921/1951; Sarason, 1954; Schachtel, 1966; Schumer, 1949）；
4. 自我功能（ego functioning）良好：包括面對現實、規劃能力、衝動控制、挫折容忍力、正向且一致的自我取向（self-orientation）、極少的脆弱感，以及良好的治療預後（Adams et al, 1963; Allen, 1954, 1958; Barrell, 1953; Cooper & Caston, 1970; Dana, 1968; Davids & Talmadge, 1964; Frieswyk & Colson, 1980; Goldfried et al., 1971; Kaden & Lipton, 1960; Kahn, 1967; Kates & Schwartz, 1958; King, 1958, 1960; Klopfer & Davidson, 1962; Kurz, 1963; Levine et al., 1957; Levitt & Truumaa, 1972; Nickerson, 1969; Phillips & Smith, 1953; Piotrowski, 1937a, 1957, 1960, 1969, 1977; Piotrowski & Bricklin, 1961; Schumer, 1949; Sheehan & Tanaka, 1983; Singer, 1955, 1960; Singer et al., 1956; Singer & Herman, 1954; Singer & Sugarman, 1955; Spivack, Levine, Fuschillo, & Tavernier, 1959; Ulett, 1994; Wagner, 1971）；
5. 豐富的幻想或活躍的想像力（Allen, 1958; Allison et al., 1968; Dana & Cocking, 1968; Exner, 1986; Furrer, 1960; Halpern, 1953; Hertz, 1960b; King, 1958, 1960; Klopfer & Davidson, 1962; Lerner, 1966; Lerner, 1991; Levitt & Truumaa, 1972; Mayman, 1977; McCully, 1961; Murstein, 1960; Page, 1957; Palmer & Lustgarten, 1962; Piotrowski, 1937a, 1957; Rorschach, 1921/1951; Salmon, Arnold, & Collyer, 1972; Schumer, 1949; Singer,

1960; Singer & Herman, 1954; Wagner, 1971; Wagner & Young, 1994; Wilson, 1994）。

6. 對個人的人格及人格問題有所洞察（Kagan, 1960; King, 1958, 1960; Klopfer & Davidson, 1962; Piotrowski, 1957, 1960）；
7. 時間判斷精準，有良好的「時間概念」（time sense），或許和較悠閒的時間取向（a more leisurely time orientation）有關（Cocking et al., 1969; Dana, 1968; Dana & Cocking, 1968; Kahn, 1967; Kurz, 1963; Kurz, Cohen, & Starzynski, 1965; Levine et al., 1959; Spivack, Levine, Fuschillo et al., 1959; Singer et al., 1956; Spivack, Levine, & Sprigle, 1959）；
8. 其他研究顯示高於平均的M有時會伴隨下列情況：感官隔離（sensory isolation）（Bendick & Klopfer, 1964）；輕微物質中毒（Kikuchi, Kitamura, & Oyama, 1961; Kikuchi, Kitamura, Sato, & Oyama, 1962）；運動進行中或運動結束後（Cooper & Caston, 1970）；經歷一段無夢的時間後（Lerner, 1966）；或是肌肉覺察力的增加（Greenberg & Fisher, 1973）；當 M%接近 100 時，可能會有衝動行為（Levi, 1965）。

B. 低於平均的人類運動反應數量暗示：

1. 如同在許多精神官能性狀況中所見之自我強度低、正常彈性之缺乏，以及對於改變之抗拒（Alcock, 1963; Bohm, 1958; Fisher, 1950; Gacono & Meloy, 1992, 1994; Goldfried et al., 1971; Hertz, 1948, 1949; Kahn & Giffen, 1960; Klopfer & Davidson, 1962; Levine et al., 1957; Mayman, 1977; Miale & Harrower-Erickson, 1940; Munroe, 1945; Nickerson, 1969; Rapaport et al., 1946; Singer & Sugarman, 1955; Spivack, Levine, Fuschillo et al., 1959; Vinson, 1960）；
2. 焦慮、緊張或是歇斯底里，包括厭食症（Affleck & Mednick, 1959; Auerbach & Spielberger, 1972; Beck, 1960; Bohm, 1958; Fisher, 1951; Hertz, 1948; Kates & Schwartz, 1958; Neuringer, 1962; Phillips & Smith, 1953; Rapaport et al., 1946; Riessman & Miller, 1958; Schafer, 1948; Schwartz & Kates, 1957; Shapiro, 1977; Wagner & Wagner, 1978）；

3. 智力低、心智年齡低、可能智能不足（Affleck & Mednick, 1959; Alcock, 1963; Altus & Thompson, 1949; Ames et al., 1952; Consalvi & Canter, 1957; Dana & Cocking, 1968; Kahn & Giffen, 1960; Klopfer & Davidson, 1962; Levine et al., 1957; Murstein, 1960; Ogdon & Allee, 1959; Phillips & Smith, 1953; Piotrowski, 1957; Rorschach, 1921/1951; Sarason, 1954; Spivack, Levine, & Sprigle, 1959; Ulett, 1994）；
4. 缺乏運用內在資源或創造潛能的能力，在兒童中，與注意力不足及品行疾患等問題有關（Ames et al., 1959; Beck, 1945; Dana & Cocking, 1968; Dudek, 1968; Gacono & Meloy, 1994; Klopfer, Ainsworth, Klopfer, & Holt, 1954; Wilson, 1994）；
5. 極度抑制、壓抑、緊繃、謹慎或警戒，尤其是在測驗情境中（Affleck 24
& Mednick, 1959; Klopfer et al., 1954; Levine & Spivack, 1964; Phillips & Smith, 1953; Piotrowski, 1957）；
6. 曾見於謀殺犯（Perdue, 1964），包括殺夫的婦女及其他衝動控制極差的人（Cooper & Caston, 1970; Kahn, 1967; Kaser-Boyd, 1993; Nickerson, 1969; Piotrowski, 1969; Singer & Herman, 1954）；
7. 同理心和想像力較差，或是在受試者智力較高的情況下，個人的興趣集中於與人類無關的領域（Adams et al., 1963; Klopfer et al., 1954; Murstein, 1958; Phillips & Smith, 1953; Piotrowski, 1960, 1969; Ulett, 1994）；
8. 精神病症狀，包括器質性、精神分裂症及邊緣性人格情形（Alcock, 1963; Bohm, 1958; Brar, 1970; Evans & Marmorston, 1963, 1964; Gacono & Meloy, 1994; Goldfried et al., 1971; Halpern, 1960; Harrower-Erickson, 1941; Hughes, 1948, 1950; Kahn & Giffen, 1960; Kisker, 1944; Klopfer et al., 1954; Neiger, Slemon, & Quirk, 1962; Oberholzer, 1931; Phillips & Smith, 1953; Piotrowski, 1937b, 1960; Reitan, 1955a）；躁鬱症患者，特別是憂鬱類型（Alcock, 1963; Hertz, 1948, 1949; Piotrowski, 1957, 1960; Rapaport et al., 1946; Rorschach, 1921/1951; Schachtel, 1966; Schafer, 1948; Shapiro, 1977; Sugarman et al., 1980; Weiner, 1961b）；

9. 自閉兒的父母（Ogdon, Bass, Thomas, & Lordi, 1968）；
10. 在心理治療中的預後差（Affleck & Mednick, 1959; Davids & Talmadge, 1964; Goldfried et al., 1971; Kaden & Lipton, 1960; Klopfer et al., 1954; Piotrowski, 1960, 1969; Piotrowski & Bricklin, 1961）；
11. 時間判斷差（Kurz et al., 1965; Levine et al., 1959; Singer et al., 1956; Spivack, Levine, Fuschillo et al., 1959）；
12. 在高齡族群中，可能是衰老的狀況（Ames et al., 1952）。

C. 平均的人類運動反應數量暗示：

1. 與現實聯結良好，自由且合宜地在創造型活動中運用幻想及想像歷程（Adams et al., 1963; Klopfer & Davidson, 1962; Phillips & Smith, 1953; Piotrowski, 1957）；
2. 發展健全的自我，較可能符合現實原則的行為舉止，良好的內在穩定性、自我接納，包括能夠容忍原始衝動與挫折，以及良好的同理心（Adams et al., 1963; Aronow et al., 1994; Davidson, 1950; Klopfer & Davidson, 1962; Levine et al., 1957; Phillips & Smith, 1953; Piotrowski, 1957）。

   註解：適應良好的內向者至少會有五個M反應，而外向者至少會有三個 M 反應。

人類運動反應品質的詮釋性假設

A. 高於平均的人類運動反應品質（M＋）暗示：

1. 人格的穩定性與成熟度（Adams et al., 1963; Alcock, 1963; Hersch, 1962; Kagan, 1960; Klopfer & Davidson, 1962; Meyer, 1961; Ulett, 1994）；
2. 優異的創造力與智力（Allen, 1954; Altus & Altus, 1952; Barrell, 1953; Beck, 1945; Consalvi & Canter, 1957; Klopfer & Davidson, 1962; Piotrowski, 1960; Rorschach, 1921/1951; Rosenzweig & Kogan, 1949; Ulett, 1994）；
3. 自我強度良好：良好的挫折容忍力、有自我接納與自我領悟的能力，人際適應力佳，對個人本身及對環境的反應控制得當（Adam et al., 1963; Athey & Horowitz, 1980; Donahue & Tuber, 1993; Exner, 1974; Frieswyk & Colson, 1980; Klopfer & Davidson, 1962; Klopfer et al., 1954; Last & Weiss, 1976; Lerner & Shanan, 1972; Levine & Spivack, 1962; Meyer, 1961; Piotrowski & Bricklin, 1961; Ulett, 1994）。

B. 低於平均的人類運動反應品質（M－）暗示：

1. 與現實脫節（Beck, 1951; Exner, 1974, 1986; Exner & Weiner, 1982; Gurvitz, 1951; Hertz & Paolino, 1960; Klopfer et al., 1954; Phillips & Smith, 1953; Schachtel, 1966; Ulett, 1994; Wilson, 1994）；
2. 不健全的自我結構（ego organization），以及在品行疾患及反社會患者身上所見之社交技巧問題（Gacono & Meloy, 1992; Greenwald, 1990; Klopfer & Davidson, 1962; Meloy & Gacono, 1992; Schafer, 1960; Weiner, 1966; Wilson, 1994）；
3. 不論受試者是兒童或成人，皆可能是精神病、自閉症，或是精神分裂症，包括嫁接性精神分裂症（pfropfschizophrenia）（精神分裂症及智能不足症狀同時存在的情況）（Beck, 1945; Blatt, Brenneis, Shimek & Glick, 1976; Blatt & Lerner, 1983; Exner, 1978, 1993; Exner & Weiner, 1982; Gacono & Meloy, 1994; Hertz & Paolino, 1960; Hilsenroth, Fowler, & Padawer, 1998; Molish, 1967; Mundy, 1972; Peterson, 1992; Phillips & Smith, 1953; Schafer, 1960; Weiner, 1961b; Wilson, 1994）；
4. 退化（regressive）防衛機制（Beck, 1945, 1951, 1960; Klopfer et al., 1954; Mayman, 1977）；
5. 智力低或是智力效率受損（Barrell, 1953; Beck, 1945; Klopfer & Davidson, 1962）；
6. 類似精神官能性狀況，包括暴食症（Smith, Hillard, Walsh, Kuback, & Morgan, 1991）以及焦慮狀態（Levitt & Grosz, 1960）；
7. 當M－是M的三倍時，更可能是精神病（Beck, 1951; Phillips & Smith, 1953; Schafer, 1948）。

C. 平均的人類運動反應品質暗示：

1. 現實原則主導行為（Klopfer et al., 1954）；
2. 良好的自我接納及自我功能（Klopfer et al., 1954）；
25 3. 良好的同理心（Klopfer et al., 1954）；
4. 排除高智力的可能性（Altus & Altus, 1952）。

D. 屈肌（Flexor）人類運動反應暗示：

1. 被動、依賴及順從傾向（Allen, 1954; Beck, 1945; Bochner & Halpern, 1945; Levitt, Lubin, & Zuckerman, 1962; Mukerji, 1969; Piotrowski, 1960; Pope & Scott, 1967; Taulbee, 1961）；
2. 抱持自我放棄、悲觀或絕望的態度（Bochner & Halpern, 1945; Hertz, 1949; Pope & Scott, 1967; Taulbee, 1961）；
3. 感覺無能或不適任（Bochner & Halpern, 1945; Taulbee, 1961）；
4. 可能是神經衰弱（Pope & Scott, 1967）；
5. 預後不佳（Beck, 1945）；
6. 若是抓取或是握緊等動作，顯示較有進取心或有毅力的特質（Schachtel, 1966）。

E. 伸肌（Extensor）人類運動反應暗示：

1. 自我肯定、奮發向上、有自信的人（Allen, 1954; Beck, 1945; Bochner & Halpern, 1945; Mukerji, 1969; Piotrowski, 1960; Piotrowski & Dudek, 1956; Pope & Scott, 1967; Rorschach, 1921/1951; Taulbee, 1961）；若此反應數量異常地高，便可能有行動化的攻擊（Schlesinger, 1978）；
2. 預後良好：在心理治療中能有所改善（Beck, 1945; Rorschach, 1921/1951; Taulbee, 1961）；
3. 可能會尋求協助或是尋求憐憫（Schachtel, 1966）。

F. 動態人類運動反應（Ma）暗示：

1. 行動導向的決策者（Exner, 1986; Ulett, 1994; Wilson, 1994）；
2. 可能有邊緣性人格（Berg, 1983）；
3. 脫衣舞孃（豔舞女郎或是從事其他形式動態自我展演的人），但非模特兒（Wagner & Young, 1994）。

G. 靜態人類運動反應（Mp）暗示：

1. 被動，或有臨時抱佛腳傾向（Exner, 1986; Ulett, 1994; Wilson, 1994）；
2. 傾向於幻想，並希望別人會積極行動：有濫用幻想的傾向（Exner, 1986; Wilson, 1994）；
3. 具依賴及憂鬱傾向（Bornstein, Manning, Krukonis, Rossner, & Mastrosimone, 1993; Exner, 1974, 1986; Wilson, 1994）；
4. 可能有非妄想型精神分裂症（Blatt & Lerner, 1983）；
5. 模特兒，而非脫衣舞孃（如豔舞女郎或是從事動態自我展演的人）（Wagner & Young, 1994）；
6. Mp－暗示可能有妄想（Exner, 1986）。

H. 若 Ma = Mp，暗示有彈性（Exner, 1986）。

I. Mp ＞ Ma 暗示：

1. 被動及（或）依賴性人格（Exner, 1986; Ulett, 1994）；
2. 創傷後壓力疾患（PTSD）（Hartman et al., 1990; Swanson, Blount, & Bruno, 1990）；
3. 可能有人格疾患、憂鬱症或精神分裂症（Exner, 1986; Ulett, 1994）；
4. 可能有歇斯底里型人格特質（Ulett, 1994）。

J. Ma ＞ Mp 暗示：行動導向者，也可能是輕躁或是反社會型人格（Ulett, 1994）。

K. 合作性人類運動反應（Mcoop 或 COP）暗示：

1. 適於社交的行為（Exner, 1986; Piotrowski, 1957; Ulett, 1994）；
2. 受到他人喜愛（Exner, 1993; Wilson, 1994）；
3. 若合作性人類運動反應＝零，便可能有精神官能症、反社會人格（Gacono & Meloy, 1992; Weiner, 1991）；或有邊緣性人格（Peterson, 1993）。

L. 攻擊性人類運動反應（Magg）暗示：

1. 較可能產生語言或非語言的攻擊性行為（Exner, 1986; Ulett, 1994）；
2. 人際關係通常充滿攻擊性（Exner, 1986; Ulett, 1994）。

M. 曝露狂（Exhibitionistic）人類運動反應暗示：

常有自我表現的行為如演戲、啦啦隊或是脫衣舞表演（如跳豔舞等）（Wagner, 1965; Wagner & Hoover, 1971, 1972）。

動物運動反應

動物運動反應（FM）有時被稱為AM，可用來代表心理特質，此類型心理特質類似和M相關的心理特質，不過可能仍屬較不成熟的發展階段。FM和M一樣，必須出自於內在動機——畢竟羅氏墨跡圖型卡本身並沒有動作。數項研究顯示FM和M一樣，和智力相關，但是FM和智力間的相關偏低。類似的結果也在動作抑制（motor inhibition）的相關研究中被發現。但在其他方面，FM反應似乎和原始歷程行為（primary process behavior）較為相關，反映在不成熟、未受控的情緒衝動、未滿足的需求，以及輕微物質中毒的狀態中。而另一方面，M反應較常反映出和自我控制（ego control）相關的因素。

FM反應數量的詮釋性假設

A. 高於平均的FM反應數量暗示：

1. 自然流露、未受控制的情緒衝動（Adams et al., 1963; Alcock, 1963; Allen, 1954; Ames et al., 1959, 1971; Aronow et al., 1994; Halpern, 1953; Kahn & Giffen, 1960; Klopfer & Davidson, 1962; Levitt & Truumaa, 1972; Singer et al., 1956; Ulett, 1994; Wagner, 1971）；
2. 不成熟的個性，偏好立即的滿足，遵循享樂原則。在成人中，有適應不良、退化等傾向（Adams et al., 1963; Alcock, 1963; Allen, 1954, 1958; Aronow et al., 1994; Bochner & Halpern, 1945; Hertz, 1960a, 1960b; Kahn & Giffen, 1960; Klopfer & Davidson, 1962; Mons, 1950; Munroe, 1945;

Phillips & Smith, 1953; Piotrowski, 1937a, 1957, 1960; Rosenzweig & Kogan, 1949; Ulett, 1994; Wagner, 1971, 1978）；

3. 因酒精、大麻、海洛因或其他藥物而導致意識狀態有所變化（Exner, 26
1986; Exner, Wylie, Leura, & Parrill, 1977; Piotrowski & Abrahamsen, 1952; Warshaw, Leiser, Izner, & Sterne, 1954）；
4. 焦慮狀態（Adams et al., 1963; Cox & Sarason, 1954; Levitt & Grosz, 1960）；
5. 在心理治療中預後良好（Goldfried et al., 1971; Hathaway, 1982; Klopfer et al., 1954）；
6. 其他研究顯示，高於平均的FM反應數量可能會伴隨感官隔離（Bendick & Klopfer, 1964）；動作抑制或是動作停止（Bendick & Klopfer, 1964; Meltzoff et al., 1953; Neel, 1960; Spivack, Levine, Fuschillo et al., 1959）；同時發現其與智商呈現正向關係，此關係雖然不強但卻明顯的（Altus & Altus, 1952; Hathaway, 1982; Sommer, 1957; Tucker, 1950）。

B. 低於平均的 M 反應數量暗示：

1. 壓抑或抑制個人的情緒及基本需求，可能是對個人的衝動感到不安（Klopfer & Davidson, 1962; Levine & Spivack, 1964; Rosenzweig & Kogan, 1949; Ulett, 1994; Wilson, 1994）；
2. 在心理治療中預後不佳（Goldfried et al., 1971; Klopfer et. al., 1954）；
3. 在兒童中，暗示活力下降（Ames et al., 1952）；
4. 在高齡族群中，暗示生命即將走到盡頭（Shimonaka & Nakazato, 1991），以及衰老的狀況（Ames et al., 1954）。

C. 平均的 FM 反應數量暗示：

1. 自發性（spontaneity）以及對於立即滿足的一般衝動有所覺察（Ames et al., 1952, 1959; Aronow et al., 1994; Klopfer & Davidson, 1962）；
2. 正常強度的、自然的、未因文化而變化的驅力（Ames et al., 1952, 1959; Klopfer et al., 1954; Piotrowski, 1957）。

FM 反應品質的詮釋性假設

A. 高於平均的 FM 反應品質暗示：

1. 自我強度良好（Last & Weiss, 1976）；
2. 在遺傳性智能不足族群中，為智商較高者（Ogdon & Allee, 1959）；
3. 在兒童中，為智商較高者（Klopfer et al., 1954）。

B. 低於平均的 FM 反應品質暗示：

1. 現實感差，有不切實際的想法，常見於妄想型精神分裂症患者（Hertz & Paolino, 1960）；
2. 面臨壓力和挫折時，無法有效處理個人的驅力及衝動，尤常見於妄想型精神分裂症患者（Hertz & Paolino, 1960）；
3. 可能有心身症症狀（Wagner, 1978）。

C. 平均的 FM 反應品質暗示：

處理衝動及驅力的能力是正常的（Klopfer et al., 1954）。

非動物運動反應

非動物運動反應暗示憂慮不安的狀態。此類型反應通常反映出緊張或焦慮，通常導因於那些讓個人感到無法因應的衝突或危機。這通常意指那些威脅到自我的力量（ego-threatening forces），不論是來自個性本身或是環境中無法控制的壓力。

非動物運動反應數量的詮釋性假設

A. 高於平均的非動物運動反應數量暗示：

1. 緊張、苦惱以及（或是）焦慮。這些感覺通常和壓抑的衝突或是超出控制範圍以外的、威脅到自我的情況有關。可見於創傷後壓力疾患患者的測驗紀錄中（Allen, 1954, 1958; Ames et. al., 1952, 1959, 1971; Arnaud, 1959; Aronow et al., 1994; Bochner & Halpern, 1945; Cox & Sarason, 1954; Exner, 1974, 1993; Greenwald, 1990; Hafner & Rosen, 1964; Hatha-

way, 1982; Hertz, 1960a; Hertz & Paolino, 1960; Holaday & Whittenberg, 1994; Kahn & Giffen, 1960; Kates & Schwartz, 1958; Klopfer & Davidson, 1962; Lerner, 1991; Levitt & Truumaa, 1972; Mayman, 1977; McCown, Fink, Galina, & Johnson, 1992; Meyer, 1961; Munroe, 1945; Neel, 1960; Neuringer, 1962; Perry et al., 1995; Phillips & Smith, 1953; Piotrowski, 1937a, 1957; Reisman, 1961; Schwartz & Kates, 1957; Sloan, Arsenault, Hilsenroth, Harvill, & Handler, 1995; Spivack, Levine, Fuschillo et al., 1959; Swanson et al., 1990; Ulett, 1994; Wagner, 1971; Wilson, 1994; Zelen, 1970）；

2. 在嚴重受挫或創傷情境中所產生的無助感或無能感，包括創傷後壓力疾患（Adams et al., 1963; Alcock, 1963; Exner, 1986; Frueh & Leverett, 1995; Holaday & Whittenberg, 1994; Klopfer et al., 1954, 1956; Klopfer & Davidson, 1962; Phillips & Smith, 1953; Piotrowski, 1960; Schachtel, 1966; Sloan et al., 1995; Wilson, 1994）；
3. 嚴重的退化防衛機制（Adams et al., 1963; Allen, 1954; Ames et al., 1952; Klopfer et al., 1954; Piotrowski, 1957）；
4. 非精神病人格，排除精神病的可能性，可能有強迫型傾向、詐病，或是接近恐慌的隱性同性戀者（latent homosexuals approaching panic）（Kates, 1950; Klopfer et al., 1956; Phillips & Smith, 1953; Seamons, Howell, Carlisle, & Roe, 1981），或是邊緣性人格（Peterson, 1993）；
5. 行動化，甚至是殺人行為（Ames et al., 1952, 1954; Ames, Metraux, Rodell, & Walker, 1973; DeVos, 1952; Lester, Kendra, Thisted, & Perdue, 1975）；
6. 若受試者為兒童，代表有情緒問題（Ames et al., 1952; Elkins, 1958; Reisman, 1961）；
7. 若受試者為兒童或青少年，代表攻擊性及敵意（Ames et al., 1952, 1959, 1973; Greenwald, 1990）。

27 非動物運動反應品質的詮釋性假設

A. 非動物運動反應品質異常不佳暗示：

1. 情緒起伏會影響個人與現實的聯結（Allen, 1954）；
2. 不愉快的幻想或是人生經歷（Wagner, 1978）；
3. 得到妄想型精神分裂症比精神官能症更為可能（Hertz & Paolino, 1960）。

B. 非動物運動反應品質良好暗示：

1. 情緒起伏較不會導致個人與現實脫節（Allen, 1954）；
2. 愉快的幻想或人生經歷（Wagner, 1978）；
3. 可能會有預後良好（Hathaway, 1982）。

色彩濃度反應

色彩濃度（shading）之對比（diffuse）、色彩濃度之三度空間（three-dimensional）及色彩濃度之質感（surface shading）同屬一個類別，但各自的計分方式及解釋有所不同。文獻顯示這些不同的反應有其獨特的解釋，但也有共同點。在檢視過下列詮釋性假設之後，我們發現所謂「共同點」意指它們和焦慮的關係。著重於這類型色彩濃度的反應，可被解釋反映出現有焦慮的程度，以及個人如何因應焦慮。焦慮的控制有何不同，明顯地反映在色彩濃度反應的不同形式中。色彩濃度反應的質性層面提供了資訊，有關個人所運用的控制方式，以及此控制方式對個人而言是否有效等。因此，色彩濃度反應的評鑑為臨床工作者提供了不少關鍵性資訊，這些資訊有助於臨床工作者更加了解病患，進而擬定治療計畫。

曾經有人指出，色彩濃度在我們文化上所代表的意義可能正在逐漸改變中。它和反社會行為的關係或許已減弱，畢竟現在已不常聽見到如「陰暗的交易」（shady deals，譯按：意指可疑的交易）或「陰暗女郎」（shady ladies，譯按： 意指從事特種行業之女性）等形容詞。但這種改變是否會影響羅氏墨跡測驗的解釋，則尚待觀察（cf. Salmon et al., 1972）。

請注意，為方便討論，Exner的三度空間分類（但無色彩濃度）（Vista sans shading）在本篇中將和其他的三度空間反應一併討論（見以下）。

色彩濃度之對比及其詮釋性假設

A. 高於平均的色彩濃度之對比反應數量暗示：

1. 焦慮，尤其是那種無所不在的或廣泛性的，以及無法控制的壓力（Acker, 1963; Alcock, 1963; Allen, 1954, 1958; Arnaud, 1959; Aronow et al., 1994; Beck, 1951; Bochner & Halpern, 1945; Gurvitz, 1951; Hafner & Rosen, 1964; Halpern, 1953; Hertz, 1948; Klopfer & Davidson, 1962; Lebo et al., 1960; Lerner, 1991; Levitt, 1957; Levitt, & Grosz, 1960; McCown et al., 1992; Mons, 1950; Perry et al., 1995; Sarason, 1954; Schachtel, 1966; Schafer, 1948; Swanson et al., 1990; Ulett, 1994; Waller, 1960a）；
2. 憂鬱，常伴隨自我放棄及冷漠（Alcock, 1963; Bochner & Halpern, 1945; Sarason, 1954）；
3. 常見於有情緒困擾的兒童（Elkins, 1958），以及部分邊緣性人格疾患患者（Peterson, 1993）。

B. 少數或是無色彩濃度之對比反應數量暗示：

1. 不易感受極大的焦慮（Klopfer et al., 1954）；
2. 可能為反社會人格，或是當受試者為青少年時，代表品行疾患（Gacono & Meloy, 1994; Weber, Meloy, & Gacono, 1992）。

C. 平均的色彩濃度之對比反應數量暗示正常人格（Klopfer & Davidson, 1962）。

色彩濃度之三度空間反應及其詮釋性假設

A. 高於平均的色彩濃度之三度空間反應數量暗示：

1. 焦慮或緊張，或許曾試圖以客觀、自省且冷靜的方式處理這些感覺（Allen, 1954; Aronow et al., 1994; Beck, 1945; Bochner & Halpern, 1945; Brar, 1970; Ferguson, 1952; Hertz, 1948; Klopfer & Davidson, 1962; Lerner,

1991; Molish, 1967; Phillips & Smith, 1953; Swanson et al., 1990; Ulett, 1994; Waller, 1960a）；

2. 具自省和社會覺察力（social awareness）的人（Beck, 1951; Davidson, 1950; Exner, 1974; Kahn & Giffen, 1960; Klopfer, Davidson, 1962; Phillips & Smith, 1953）；
3. 消極主義、不安全感及自卑感（Allen, 1954; Beck, 1945, 1951, 1960; Bochner & Halpern, 1945; Hertz, 1948, 1949; Lord, 1950）；
4. 不快樂與憂鬱症狀，有自殺的可能（Arffa, 1982; Exner, 1969b, 1986, 1993; Exner & Wylie, 1977; Klopfer et al., 1954; Molish, 1967; Silberg & Armstrong, 1992; Ulett, 1994; Wilson, 1994）；
5. 具洞察力，且能夠將焦慮轉化為有用的動力（Aronow et al., 1994; Beck, 1945; Gurvitz, 1951）；
6. 在學問或是藝術上有強烈的成就需求（Beck, 1945; Gurvitz, 1951）；
7. 高於平均的智力（Beck, 1945; Consalvi & Canter, 1957; Phillips & Smith, 1953; William & Lawrence, 1953）；
8. 預後良好（Goldfried et al., 1971; Klopfer et al., 1954）；
9. 若受試者為兒童，可能為癲癇症（Shaw & Cruickshank, 1957）；
10. 當數量非常大時，代表無法由自閉性思考（autistic thinking）或堅固的自我評量取向（self-evaluative orientation）中抽離（Allen, 1954; Gurvitz, 1951; Phillips & Smith, 1953）。

B. 低於平均的數量或是沒有色彩濃度之三度空間反應暗示：

1. 情感焦慮（affectional anxiety）程度低（Klopfer et al., 1954; Piotrowski, 1957）；
2. 完全沒有或只有低程度的情感焦慮，此乃防衛機制的作用（Halpern, 1953; Klopfer et al., 1954）；

28 3. 可能有自殺傾向（Neuringer, 1974; Silberg & Armstrong, 1992; Weiner, 1961a）；

4. 常見於腦傷或邊緣性人格疾患患者的測驗紀錄（Peterson, 1993; Reitan,

1955c）。

C. 平均的色彩濃度之三度空間反應數量暗示：

1. 良好的適應能力（Klopfer & Davidson, 1962; Munroe, 1950）；
2. 容忍焦慮的能力（Klopfer & Davidson, 1962）；
3. 會嘗試以內省、客觀的方式來處理情感焦慮（Klopfer & Davidson, 1962）。

D. 高於平均的色彩濃度之三度空間反應品質，暗示健康的自我評估；在整體測驗反應良好的情況下，暗示暫時性的自卑感，為自我（ego）有建設性之運用（Beck, 1951）。

E. 低於平均的色彩濃度之三度空間反應品質暗示：

1. 內省的態度會導致個人逃避內在的問題（Miale, 1947）；
2. 焦慮（Hertz, 1948）；
3. 預後不佳（Goldfried et al., 1971; Klopfer et al., 1954）。

三度空間概念投射至二度空間面及其詮釋性假設

A. 高於平均的決定因子數量暗示：

1. 當形狀主導時：運用理智化或合理化等防衛機制來處理焦慮但不成功，如智商高者的假領悟（pseudo-insight）（Allen, 1954; Aronow et al., 1994; Consalvi & Canter, 1957; Gurvitz, 1951; Klopfer & Davidson, 1962; Mons, 1950; Wilson, 1994）；
2. 情感焦慮，雖然有時在良好的「外在控制」下，但仍會擾亂個人情緒及妨礙其適應能力（Arnaud, 1959; Hertz, 1948; Klopfer & Davidson, 1962）；
3. 「執行派」，強迫型工作（compulsive work）可能是對抗焦慮的一種防衛機制（Klopfer et al., 1954）；
4. 當非形狀主導時：個人努力發展出恰當的防衛機制（Allen, 1954; Aronow et al., 1994; Beck, 1951; Gurvitz, 1951; Halpern, 1953; Klopfer et al., 1954; Munroe, 1950）。

B. 平均的或完全這類型反應暗示：無情感焦慮困擾，如正常人一般（Klopfer et al., 1954）。

C. 三度空間反應（但無色彩濃度）暗示：

1. 可能為憂鬱症，有自殺的可能（Arffa, 1982; Exner, 1974, 1993; Exner & Wylie, 1977; Wilson, 1994）；
2. 過度沉浸於自我檢視（self-examination）（Exner, 1986）。

色彩濃度被當作表面質感及其詮釋性假設

A. 高於平均的形狀—質感反應數量暗示：

1. 焦慮，特別是在測驗反應中仍有其他焦慮指標的情況下，此結果在兒童及成人身上都可成立（Acker, 1963; Ames et al., 1952, 1959; Arnaud, 1959; Beck, 1951, 1960; Bochner & Halpern, 1945; Cox & Sarason, 1954; Eichler, 1951; Goodstein & Goldberger, 1955; Halpern, 1953; Hertz, 1948, 1949; Klopfer & Kelley, 1942; Levitt, 1957; Molish, 1967; Neuringer, 1962; Piotrowski, 1957; Rapaport et al., 1946; Sarason, 1954; Ulett, 1994; Wagner, 1971; Waller, 1960a, 1960b; Zelen, 1970）；
2. 情感需求異常地重要，這也暗示順從傾向或是過於依賴他人的情感，或是需要許多人的回應，也可能以上皆是（Acker, 1963; Aronow et al., 1994; Beck, 1951; Exner, 1986; Klopfer & Davidson, 1962; Phillips & Smith, 1953; Wagner & Slemboski, 1969; Wilson, 1994）；
3. 可能有精神官能症或創傷後壓力疾患（Bohm, 1960; Raifman, 1957; Sloan et al., 1995）；
4. 預後良好（Goldfried et al., 1971; Klopfer et al., 1954）；
5. 自主神經系統失調，交感神經活動主導（Acker, 1963）；
6. 智能不足者，尤其是智商較高的家族遺傳類型（Ogdon & Allee, 1959）；
7. 若受試者為兒童，代表有情緒問題（Ames et al., 1959; Halpern, 1953）；
8. 在數量極大的情況下，暗示在孩童時期缺乏關愛，因此對於接觸有如幼兒般的需求（infantile craving for contact）（Beck, 1960; Brown, Chase, & Wilson, 1961; Klopfer et al., 1954; Ulett, 1994）。

B. 低於正常的或是完全沒有形狀—質感反應數量暗示：

1. 未發展情感需求，常見於警戒心重、自我中心、自戀型、反社會人格（Exner, 1986; Gacono & Meloy, 1992; Klopfer & Davidson, 1962; Meyer, 1961; Munroe, 1945）；
2. 覺察力降低、壓抑及（或）否認個人的情感需求（Adams et al., 1963; Klopfer & Davidson, 1962）；
3. 若受試者為青少年，可能是品行疾患（Gacono & Meloy, 1994; Weber et al., 1992）。
4. 焦慮者（Cox & Sarason, 1954; Piotrowski, 1957; Rapaport et al., 1946; Sarason, 1954; Schwartz & Kates, 1957）；
5. 曾見於消化性潰瘍患者（Raifman, 1957）；部分精神病患者（如精神分裂症患者）（Gacono & Meloy, 1994; Rapaport et al., 1946）；以及邊緣性人格（Peterson, 1993）。

C. 平均的形狀—質感反應數量暗示：

1. 人際關係良好，對於他人需求的敏感度正常，富同理心（Adams et al., 1963; Bochner & Halpern, 1945; Hertz, 1948, 1949; Klopfer & Davidson, 1962; Mons, 1950; Munroe, 1950; Philips & Smith, 1953; Rapaport et al., 1946）；
2. 對於情感需求的覺察力及接受度皆正常，適度地渴望認可、歸屬感， 29
以及他人的回應（Klopfer & Davidson, 1962; Phillips & Smith, 1953）；
3. 合宜且有技巧地控制情緒（Bohm, 1960; Klopfer & Davidson, 1962）；
4. 安全需求有被滿足（Klopfer & Davidson, 1962）。

D. 高於平均的形狀—質感反應品質暗示對於情感需求有良好、健康的覺察力及接受度；並請見「平均的形狀—質感反應數量」小節（Allen, 1954; Klopfer & Davidson, 1962; Ulett, 1994）。

E. 低於平均的形狀—質感反應品質暗示：

1. 情感需求過於強烈，難以與人格中其他部分有效整合（Klopfer et al., 1954）；
2. 缺乏情感深度，因而嚴重影響個人適應能力（Klopfer et al., 1954）；
3. 預後不佳（Goldfried et al., 1971; Klopfer et al., 1954）。

F. 高於平均的質感—形狀反應數量暗示：

1. 不成熟的依賴需求，以及未獲控制的情感需求（Aronow et al., 1994; Beck, 1960; Klopfer & Davidson, 1962; Ulett, 1994）；
2. 在童年早期時，情感需求曾嚴重受挫（Klopfer et al., 1954）；
3. 感性（sensuousness）以及對性關係的需求較為原始（Allen, 1954; Klopfer & Davidson, 1962）；
4. 自卑感（Sarason, 1954）；
5. 無法有效控制情緒（Bohm, 1960）。

G. 平均的或是完全沒有質感—形狀反應數量暗示：

1. 正常發展的情感需求（Klopfer et al., 1954）；
2. 可能是反社會人格，完全沒有焦慮（Schafer, 1948）。

註解：若同時缺乏質感—形狀反應、形狀—質感反應及單純質感反應，請見決定因子的組合。

H. 高於平均的單純質感反應數量暗示：

1. 焦慮狀態（Allen, 1954; Halpern, 1953; Levitt, 1957; Levitt & Grosz, 1960; Neuringer, 1962; Piotrowski, 1957; Schafer, 1948, 1954; Wagner, 1971）；
2. 如同幼兒一般，情感需求是原始的（Allen, 1954; Aronow et al., 1994; Kahn & Giffen, 1960; Klopfer & Davidson, 1962）；
3. 預後不佳（Goldfried et al., 1971; Klopfer et al., 1954）；
4. 可能有嚴重腦傷（Alcock, 1963; Klopfer et al., 1954）。

單純形狀：F

單純形狀反應（F）是羅氏墨跡測驗中最常見的反應，大約占了一般成人整體測驗反應的25%到50%，而在兒童及老年人的測驗反應中所占的比例更高。這些反應的本質顯示出個人對行為及衝動傾向之控制程度及其品質，同時也反映出情緒因素對智力功能的影響。形狀層級（Form Level）意指墨跡與概念的符合程度，可以用來測量自我強度以及智力功能。從智能不足至智商非常優秀的族群，形狀層級與智商之間皆呈正相關。

Exner的Lambda（L）等於單純的形狀反應（F）數量除以非單純形狀反應（non-F）數量。它和F%之間顯然有高相關。Lambda的相關詮釋性假設可以和F%的相關詮釋性假設一同被考量；高Lambda與高F%相關，而低Lambda則與低F%相關。因此，與Lambda相關的研究結果在此和F%相關的研究結果並列。（雖然廣泛系統中的部分改革是有益的，但連帶而來的卻是專有名詞增加，頗令人惋惜。）

形狀百分比（F%）的詮釋性假設

註解：許多有關F%的解釋取決於F%與其他決定因子之間的關係；欲見更多詮釋性假設，請參考「決定因子的組合及關係」小節。

A. 高於平均的F%（或是高Lambda）暗示：

1. 只對平常、普通事物感興趣的傳統人格，想像力不佳，可能是貧乏、緊繃的，採取壓抑的防衛機制（Allen, 1958; Allison et al., 1968; Ames et al., 1952; Aronow et al., 1994; Beck, 1960; Bochner & Halpern, 1945; Consalvi & Canter, 1957; Canellen, 1994; Halpern, 1953; Hertz, 1948, 1949; Hertz & Paolino, 1960; Klopfer et al., 1954; Korchin, 1960; Korchin & Larson, 1977; McCue et al., 1963; Mons, 1950; Murstein, 1958; Piotrowski, 1957; Rossi & Neuman, 1961; Sarason, 1954; Schachtel, 1966; Schafer, 1954; Schwartz & Kates, 1957; Siegal, Rosen, & Ehrenreich, 1962; Singer, 1960; Ulett, 1994）；
2. 品行疾患、社會病態者、詐病者、被動攻擊型，以及其他有衝動行為的人（包括殺夫的婦女）（Adams et al., 1963; David & Talmadge, 1964; Exner, 1978; Gacono & Meloy, 1994; Kaser-Boyd, 1993; Meyer & Deitsch,

1995; Mundy, 1972; Wilson, 1994）；

3. 焦慮程度高以及／（或是）壓力，或是常見於恐慌症患者的低抗壓性（de Ruiter & Cohen, 1992; Kates, 1950; Kates & Schwartz, 1958; Klopfer et al., 1954; Lord, 1950; Neuringer, 1962; Perdue, 1964; Rapaport et al., 1946; Riessman & Miller, 1958; Schwartz & Kates, 1957; Singer, 1960）；
4. 成人與兒童的精神官能性狀況、罪惡感以及憂鬱（Alcock, 1963; Allison et al., 1968; Beck, 1945; Bochner & Halpern, 1945; Goldfried et al., 1971; Hertz, 1948; Holt, 1968; Kahn & Giffen, 1960; Klopfer et al., 1954; Korchin, 1960; Levi, 1951, 1965; Miale & Harrower-Erickson, 1940; Mundy, 1972; Munroe, 1945; Pope & Scott, 1967; Rapaport et al., 1946; Schafer, 1954）；
5. 缺乏想像力的人（Alcock, 1963; Allen, 1954, 1958; Kahn & Giffen, 1960; Klopfer et al., 1954; Levi, 1965; McCue et al., 1963; Piotrowski, 1957）；

30 6. 精神病狀況，包括緊張型精神分裂症（Adams et al., 1963; Allen, 1954; Beck, 1960; Curran & Marengo, 1990; Klopfer et al., 1954; Rapaport et al., 1946; Schafer, 1948; Vinson, 1960）；

7. 憂鬱，有自殺傾向（Alcock, 1963; Allison et al., 1968; Bohm, 1958; Exner, 1974; Goldfried et al., 1971; Hertz, 1965; Levitt & Truumaa, 1972）；
8. 妄想傾向或是過度警戒（Holt, 1968; Schafer, 1948; Ulett, 1994）；
9. 對敵意的反向作用：過度控制與過度嚴謹的防衛機制（Levitt & Truumaa, 1972; Schafer, 1954）；不過，此類型反應也曾見於謀殺犯的測驗紀錄（Perdue, 1964）；
10. 若受試者為兒童，代表有心理問題，也許具反社會傾向，不過一般正常兒童的 F 也常占 60%以上（Ames et al., 1959; Clemes, Tanous, & Kantor, 1963; Exner, 1978, 1986; Gacono & Meloy, 1994; Halpern, 1953; Mundy, 1972; Setze et al., 1957）；
11. 若受試者為青少年，他們的狀況可能是正常的（Ames et al., 1959, 1971; Exner, 1978, 1986）；
12. 在高齡族群中，代表人生即將走到盡頭（Schimonaka & Nakazato,

1991），或可能是衰老的狀況（Ames et al., 1954）；

13.其他有高 F%的族群，包括醫學院學生（Rossi & Neuman, 1961）及癲癇性人格（epileptic personalities）（Kikuchi et al., 1961）；

14.若 F%屬於 50 至 80 此範圍，便可能是僵化和緊繃的，但是，此結果應該和其他決定因子一同考量（Klopfer & Davidson, 1962; Schafer, 1948; Singer, 1960; Ulett, 1994）；

15.若 F% 大於 80，可能有人格疾患（Klopfer & Davidson, 1962）；

⑴若形狀層級合宜，代表高度緊繃或是欠缺自發性（Allison et al., 1968; Ames et al., 1952; Beck, 1951; Klopfer & Davidson, 1962; Korchin, 1960; Schafer, 1948, 1954）；

⑵若形狀層級是平凡的或不理想的，代表與現實脫節（Klopfer & Davidson, 1962）。

B. 低於平均的 F%（低於 20）暗示：

1. 可能不太注重人際關係的維持或是無法適當控制情緒（Allison et al., 1968; Klopfer & Davidson, 1962; Rosenzweig & Kogan, 1949; Sarason, 1954; Schafer, 1954）；
2. 不易感到壓力或是將個人的緊張或壓力隱藏起來（Adams et al., 1963）；
3. 嚴重的心理問題，且對環境的注意力不足（Alcock, 1963; Allen, 1954, 1958; Piotrowski, 1957）；
4. 可能是精神分裂症，有時伴隨著智能不足（Beck, 1945; Piotrowski, 1957; Rapaport et al., 1946; Talkington & Reed, 1969; Vinson, 1960）；
5. 神經衰弱以及反社會人格（Schafer, 1948）；
6. 輕微物質中毒（Kikuchi et al., 1962）及／（或是）躁狂型興奮（Beck, 1945, 1951）。

C. 平均的 F%（20 到 50 之間）暗示：

1. 對個人行為有足夠的理性及知性的控制，並伴隨良好的自發性（Ames et al., 1952; Davidson, 1950; Klopfer et al., 1954; Piotrowski, 1957; Salmon

et al., 1972）；

2. 視情況所需，能夠恰如其分地，以客觀且務實的態度來處理各種情況（Klopfer & Davidson, 1962; Piotrowski, 1957; Rapaport et al., 1946; Schachtel, 1966）。

F 反應品質的詮釋性假設

A. 高於平均的 F 反應品質暗示：

1. 不論受試者是成人或兒童，代表面對現實的能力及自我強度佳，以及積極的因應行為（Adams et al., 1963; Beck, 1945, 1968; Bohm, 1958; Exner, 1986; Goldman, 1960; Greenwald, 1991; Halpern, 1953; Harder & Ritzler, 1979; Hathaway, 1982; Hertz, 1960a, 1960b; Kodman & Waters, 1961; Korchin, 1960; Landisberg, 1953; Lerner & Shanan, 1972; Levitt & Truumaa, 1972; Mayman, 1970; Piotrowski, 1957; Rickers-Ovsiankina, 1960; Sarason, 1954; Schachtel, 1966; Schafer, 1954; Ulett, 1994; Wagner, 1978; Williams, 1947; Wilson, 1994）；
2. 高於平均的智力、概念形成能力，以及知覺清晰度（Abrams, 1955; Allen, 1954; Beck, 1945, 1951, 1968; Geertsma, 1962; Kahn & Giffen, 1960; Klopfer et al., 1954; Korchin, 1960; O'Neill, O'Neill, & Quinlan, 1976; Piotrowski, 1957; Rickers-Ovsiankina, 1960; Rorschach, 1921/1951; Sarason, 1954; Spiegelman, 1956; Wagner, 1978）；
3. 高於平均的概念形成能力：在魏氏智力測驗之類同分測驗中，得到高於平均的分數（Holzberg & Belmont, 1952）；
4. 憂鬱，在此可能反映出個人嚴謹的、強迫型謹慎，以及憂鬱者的恐懼、焦慮及罪惡感（Allison et al., 1968; Beck, 1945, 1951; Holt, 1968; Korchin, 1960; Levi, 1951; Rorschach, 1921/1951）；
5. 若有行為問題，可能有精神官能症或是嚴格的超我，而非精神病（Berkowitz & Levine, 1953; Levi, 1951; Mayman, 1970; Schafer, 1954）；
6. 較不易恐懼（Goldman, 1960）；

7. 排除腦傷的可能（Gottlieb & Parsons, 1960）。

B. 低於平均的 F 反應品質暗示：

1. 不論是兒童或成人，皆可能患有精神分裂症或精神病，與現實脫節；若F反應品質異常的差，暗示預後不佳（Allen, 1954; Beck, 1944, 1945, 1951, 1968; Berkowitz & Levine, 1953; Bohm, 1958; Curran & Marengo, 1990; Exner, 1974, 1986, 1993; Gottlieb & Parsons, 1960; Harder & Ritzler, 31
1979; Harrow, Quinlan, Wallington, & Pickett, 1976; Hertz & Paolino, 1960; Holt, 1968; Kahn & Giffen, 1960; Kalinowsky & Hoch, 1961; Kataguchi, 1959; Korchin, 1960; Lerner, 1991; Neiger et al., 1962; Phillips & Simth, 1953; Piotrowski, 1957; Piotrowski & Berg, 1955; Piotrowski & Bricklin, 1961; Piotrowski & Lewis, 1950; Quinlan, Harrow, Tucker, & Carlson, 1972; Rapaport et al., 1946; Schaeffer, 1977; Schafer, 1948, 1954, 1960; Ulett, 1994; Weiner, 1961b; Wolman, 1972）；
2. 低於平均的知覺清晰度及智力（Allen, 1954; Beck, 1944, 1945, 1951, 1968; Exner, 1986, 1993; Gacono & Meloy, 1994; Gottlieb & Parsons, 1960; Halpern, 1953; Kahn & Giffen, 1960; Klopfer & Davidson, 1962; Korchin, 1960; Mason, Cohen, & Exner, 1985; Mayman, 1970; O'Neill et al., 1976; Phillips & Smith, 1953; Piotrowski, 1957; Rorschach, 1921/1951; Wilson, 1994）；
3. 高焦慮及壓力，包括創傷後壓力疾患（Arnaud, 1959; Baker & Harris, 1949; Cox & Sarason, 1954; Eichler, 1951; Hartman et al., 1990; Holt, 1968; Korchin, 1960; Levitt & Grosz, 1960; Phillips & Smith, 1953; Piotrowski, 1957; Rapaport et al., 1946; Sarason, 1954; Schafer, 1948; Sloan, Arsenault, Hilsenroth, Handler, & Harvill, 1996; Swanson et al., 1990）；
4. 器質性狀況（organic conditions）（Allen, 1954; Beck, 1945, 1968; Birch & Diller, 1959; Evans & Marmorston, 1963, 1964; Gottlieb & Parsons, 1960; Halpern, 1953; Harrower-Erickson, 1941; Kahn & Giffen, 1960; Kisker, 1944; Korchin, 1960; Neiger et al., 1962; Oberholzer, 1931; Piotrowski,

1937b; Reitan, 1955a; Ross & Ross, 1944; Small, 1973）；

5. 自我強度較弱（Beck, 1945; Gottlieb & Parsons, 1960; Halpern, 1953）；
6. 低於平均的概念形成能力；在魏氏智力測驗之類同分測驗中得到低於平均的分數（Holzberg & Belmont, 1952）；
7. 曾見於輕躁或其他情緒不穩定者的測驗紀錄（Beck, 1945; Korchin, 1960; Pope & Scott, 1967; Rapaport et al., 1946）；解離性附身疾患（dissociative trance disorders）（Ferracuti, Sacco, & Lazzari, 1996）；癲癇性人格（Kikuchi et al., 1961）；反社會人格（Gacono & Meloy, 1992）；及輕微物質中毒或可能為酒精中毒（Kikuchi et al., 1962; Schafer, 1948; Shereshevski-Shere, Lasser, & Gottesfeld, 1953）；
8. 若受試者為兒童，有學習障礙（Acklin, 1990）；可能患有癲癇症（Piotrowski, 1957; Shaw & Cruickshank, 1957）；或可能患有精神分裂症（Wolman, 1972）；
9. 若受試者是青少年，可能有品行疾患（Gacono & Meloy, 1994）；
10. 在高齡族群中，則是衰老的狀況（Ames et al., 1954; Beck, 1968）。

C. 平均的 F 反應品質暗示：

1. 正常、良好、具適應力的人格（Beck, 1960; Klopfer & Davidson, 1962; Korchin, 1960）；
2. 平均水準的智力（Klopfer & Davidson, 1962; Korchin, 1960）。

註解：所有反應品質（X +、X，及 X －）或許能為形狀層級的詮釋性假設提供更可靠的指標（見以下）。

D. 古怪的（erratic）形狀層級品質暗示：

1. 可能患有功能性精神病（functional psychosis）（Allen, 1954; Kahn & Giffen, 1960）；
2. 強迫型人格結構，且有退化的空間（Mayman, 1970）。

E. 模糊（vague）、不明確的（indefinite）形狀反應品質暗示焦慮（Lerner, 1991）。

所有反應品質的詮釋性假設（衍生的形狀品質：X＋%與X－%）

A. 高於平均的X＋%暗示：

1. 正常；遵守規範地運作（Exner, 1986; Peterson & Horowitz, 1990）；
2. 與現實聯結良好（Harder & Ritzler, 1979; Ulett, 1994）；
3. 當X＋%非常高時，過於墨守成規，也有可能患有精神官能症（Acklin, 1994; Exner, 1986）。

B. 低於平均的X＋%暗示：

1. 嚴重的心理問題（Exner, 1974, 1978; Harder & Ritzler, 1979; Peterson & Horowitz, 1990）；
2. 若受試者為成人或青少年，有自殺的可能性（Arffa, 1982; Exner, 1978, 1993; Exner & Wylie, 1977; Wilson, 1994）；
3. 可能過度運用投射（Exner, 1993; Wilson, 1994）；
4. 可能是反社會或是邊緣性人格（Gacono & Meloy, 1992, 1994; Meloy & Gacono, 1992; Peterson, 1993）；
5. 可能患有精神分裂症（Bodoin & Pikunas, 1983; Exner, 1978, 1993; Exner & Weiner, 1982）；
6. 曾見於解離性附身患者（Ferracuti et al., 1996）；變性者、邊緣性人格疾患患者（Murray, 1985）；創傷後壓力疾患患者（Hartman et al., 1990; Swanson et al., 1990）；亂倫受害者之母親（Wald, Archer, & Winstead, 1990）；以及殺夫婦女的測驗紀錄（Kaser-Boyd, 1993）。

C. 高於平均的X－%暗示：

1. 明顯受損的適應能力及不恰當的行為（Exner, 1986）；
2. 可能過度運用投射（Exner, 1993; Wilson, 1994）；
3. 可能患有精神病、精神分裂症或是反社會人格（Exner, 1974, 1986, 1993; Ferracuti et al., 1996; Gacono & Meloy, 1994; Meloy & Gacono, 1992; Mol-

ish, 1967）；

4. 曾見於暴食症（bulimic）患者（Smith et al., 1991）、創傷後壓力疾患
患者（Hartman et al., 1990; Swanson et al., 1990）、亂倫受害者之母親
32 （Wald et al., 1990）、暴力罪犯（Keltikangas-Jarvinen, 1982），以及殺
夫婦女的測驗紀錄（Kaser-Boyd, 1993）。

黑灰白色彩反應

黑灰白色彩反應出許多不同的特質。不論是黑、灰或是白色反應，特定的解釋通常與反應的品質以及反應所產生的情境有關。若這些反應伴隨著相當多不同類型的決定因子，這可能反映出受試者對羅氏墨跡圖型卡的藝術敏感度（artistic sensitivity）。它們可能反映出那些導致彩色反應歷程的延伸，也應如此解釋。另一方面，當黑灰白色彩反應單獨出現而完全沒有彩色反應時，這可能意味個人對於環境抱持猶豫的態度，可能類似「被火紋身孩童症候群」中的創傷性退縮。

運用羅氏墨跡圖型卡的黑色而產生的反應，通常和憂鬱、焦慮及煩躁不安的心情相關。當灰色作為決定因子時，其象徵性意義較可能等同於黑色的象徵性意義。

若白色被視為彩色，其意義則大不相同。正如空白反應部位一樣，白色也可能是決定因子。就象徵性意義而言，這些反應反映了狂喜或得意洋洋的心情，可能和天真無邪、美好以及希望相關。此外，白色也曾和虛無與死亡的想法有所聯結〔請見 Fonda（1960, 1977）的回顧〕。不過這些反應極少發生，因此，極可能致使研究者不再針對其臨床意義進行深入的探索。

強調白色、灰色及黑色的反應和“ixothymic”正常人格以及癲癇症患者相關，尤其是那些對於人際情境會過度敏感或感到恐懼的人。“ixothyme”人格被形容為「剛強且麻煩的」（tough and sticky），介於精神分裂症及器質性狀況的僵化（rigidity）與脆弱性（brittleness），以及正常人的彈性（flexibility）之間（見 Bohm, 1958）。

註解：以下詮釋性假設的相關研究大部分將焦點放在黑色、灰色反應上，而非白色。

黑灰白色彩反應數量的詮釋性假設

A. 高於平均的黑灰白色彩反應數量暗示：

1. 成人及青少年的憂鬱、被動性、罪惡感及煩躁不安的心情，有自殺的可能性（Alcock, 1963; Allen, 1954; Allison et al., 1968; Ames et al., 1959; Arnaud, 1959; Aronow et al., 1994; Beck, 1945, 1951; Bochner & Halpern, 1945; Bohm, 1960; Brown et al., 1961; Campo, 1993; Exner, 1974, 1986; Hafner & Rosen, 1964; Halpern, 1953; Kahn & Giffen, 1960; Kendra, 1979; Klopfer et al., 1954; Landisberg, 1953; Lerner, 1991; Molish, 1967; Piotrowski, 1957; Rosenzweig & Kogan, 1949; Schafer, 1954; Ulett, 1994; Viglione, Brager, & Haller, 1988; Wagner, 1971）；
2. 焦慮、恐懼及緊張（Ames et al., 1952; Arnaud, 1959; Beck, 1951, 1960; Bohm, 1960; Campo, 1993; Exner, 1974; Hertz, 1948; Piotrowski, 1957; Rapaport et al., 1946; Rorschach, 1921/1951; Rosenzweig & Kogan, 1949; Wagner, 1971; Wilson, 1994）；
3. 創傷性退縮，或是被火紋身孩童症候群以及創傷後壓力疾患；若完全沒有彩色反應，代表面對環境刺激時會延遲反應（Bohm, 1960; Halpern, 1953; Klopfer & Davidson, 1962; Mons, 1950; Rapaport et al., 1946; Sloan et al., 1995; Wagner, 1971）；
4. 懷疑、不確定感及無望感，可能會對威脅性環境感到恐懼（Ames et al., 1952; Molish, 1967; Phillips & Smith, 1953; Piotrowski, 1957; Wagner, 1971）；
5. 被拒絕、寂寞以及情緒剝奪（Allison et al., 1968; Gurvitz, 1951）；
6. 藝術性、敏感的個性，特別是在許多其他決定因子同時發生的情況下（Klopfer et al., 1954）；
7. 同樣的結果也曾見於“ixothymic”者（人格界於精神異常者的僵化／

脆弱及正常人的彈性之間）（Bohm, 1958, 1960）；癲癇人格（Alcock, 1963）；以及患有精神病的智能不足者（Talkington & Reed, 1969）的測驗紀錄。

8. 若受試者為兒童，代表有情緒問題，通常是憂鬱（Halpern, 1953, 1960）；
9. 排除衝動性行動化的可能性（Phillips & Smith, 1953）；
10. 若除了彩色反應外還有黑灰白色彩反應，其結果為對多種刺激的豐富反應。這些反應和 FC、CF 以及 C 的解釋有關（Klopfer & Davidson, 1962; Mons, 1950; Sarason, 1954）。

B. 平均的黑灰白色彩反應數量或是完全沒有黑白色反應暗示：

1. 正常，但是無法排除異常狀態的可能性（Ames et al., 1959; Klopfer et al., 1954）；
2. 可能會極度抑制自我表現（Phillips & Smith, 1953）；
3. 若黑灰白色彩反應數量為零，可能會有自殺傾向（Neuringer, 1974; Weiner, 1961a）。

C. FC' 反應和自我肯定傾向相關（Wagner & Slemboski, 1969）。

黑灰白色彩反應品質的詮釋性假設

A. 高於平均的反應品質暗示自我能夠有效地控制煩躁不安的心情（Bohm, 1960）。

B. 低於平均的反應品質暗示自我無法有效地控制煩躁不安的心情（Bohm, 1960）。

彩色反應（FC、CF、C）以及其他運用色彩的反應

依據或運用羅氏墨跡圖型卡的彩色品質而產生的反應，反映出個人對
33 環境中情緒刺激的反應。墨跡上的色調會增加受試者的反應時間，且在反應過程中，似乎可能會引發愉快或不愉快的感覺〔可參考 Siipola（1950）的研究〕。彩色反應的質性與量化特性似乎顯示出個人的情緒性、個人處

理情緒刺激的能力，以及個人採用哪些方法以處理情緒刺激。彩色反應通常顯示個人的情緒風格，並指向一個有關情緒控制的類型，以及其適切性的假設。彩色刺激可能會影響以形狀為主的反應，但會以選擇性且較為不明顯的方式展現。彩色愈為主導，受試者的反應歷程愈會受到干擾，也更可能產生症狀性概念與情緒的衝突（symptomatic conceptual and emotional conflict），以及（或是）行為錯亂。

若彩色反應係以形狀為主，可能暗示自我控制正在發揮作用。然而，當這類型的反應數量相當多，且同時沒有其他色彩反應時，個人可能會對情緒過度控制，甚至會有所壓抑。在彩色反應中，當色調的特質主導形狀的特性時，便暗示較為自我中心以及控制不良的情緒反應傾向。若此類型反應數量很多，但無其他彩色反應，此受試者便可能被形容為衝動的、常會過度反應的，且會受控於個人情緒的人。若此類型反應數量適中，同時伴隨其他以形狀為主的反應時，這些以色彩為主的反應可能意指受試者有健康的自發性，以及正常的彈性。

臨床理論預測：所有類型的彩色反應皆和年齡相關，至少由兒童時期至青少年時期如此。研究顯示，以人生的前二十年而言，CF 與 C 反應和年齡呈負相關，而FC反應則和年齡呈正相關，不過這些相關都不高（Ames et al., 1971; Exner, 1986; Exner, Weiner, & Schuyler, 1976; Levitt & Truumaa, 1972; Rabin & Beck, 1950）。

單純彩色反應，特別是色彩命名反應（color-naming responses），似乎奠基於非常原始的知覺歷程。除非受試者是幼兒或智能不足者，這些異常的反應可能反映出嚴重的行為疾患，以及常見於精神病患者的原始人格特性（primitive personality characteristics）。

彩色反應和其他反應特性間的關係須先經過檢視，方能產生可靠、有效的解釋。特定類型彩色反應的詮釋性假設，以及它們在不同測驗反應中的呈現方式，將在以下討論。然而，當代（但不持久）的流行也可能會影響個人對彩色墨跡的反應〔請參考Sloan（1970）的討論〕。這種短暫的影響亦可能改變詮釋性假設。

FC 反應數量的詮釋性假設

A. 高於平均的 FC 反應數量暗示：

1. 努力以正常、含蓄、優雅的方式來滿足情感的需求；自我功能良好（Allen, 1954; Beck, 1945; Goldman, 1960; Klopfer et al., 1954; Kunce & Tamkin, 1981; Lerner, 1991; Phillips & Smith, 1953; Pope & Scott, 1967; Schafer, 1954; Shapiro, 1960, 1977）；
2. 依賴他人（Klopfer et al., 1954; Schafer, 1954）；
3. 在兒童中，暗示過度訓練或是過早社會化；可能會抑制天生的自發性，並且過度服從（Arnaud, 1959; Halpern, 1953; Klopfer et al., 1954; Phillips & Smith, 1953; Schafer, 1954; Shapiro, 1960）；
4. 有精神官能症及強迫症的成人及兒童，並非單純有焦慮反應的人（Haworth, 1962; Kates, 1950; Rapaport et al., 1946; Shapiro, 1960）；
5. 預後良好（Cartwright, 1958; Goldfried et al., 1971; Klopfer et al., 1954）；
6. 努力和他人相處融洽（Allison et al., 1968; Beck, 1945; Schafer, 1954）；
7. 在壓力下學習的能力（Phillips & Smith, 1953）；
8. 排除精神分裂症的可能性（Beck, 1945）。

B. 低於平均的 FC 反應數量暗示：

1. 適應不良的情感，情緒控制不當（Klopfer et al., 1954; Murstein, 1958; Piotrowski, 1957; Rorschach, 1921/1951; Schafer, 1948, 1954）；
2. 人際關係差（Klopfer et al., 1954; Piotrowski, 1957; Rickers-Ovsiankina, 1954; Sarason, 1954; Schafer, 1948）；
3. 精神官能型焦慮狀況（Fisher, 1950; Goldfried et al., 1971; Hertz, 1948; Kahn & Giffen, 1960; Kates, 1950; Miale & Harrower-Ericken, 1940; Munroe, 1945; Piotrowski, 1957; Rapaport et al., 1946）；
4. 若受試者為兒童，FC 數量少可能是正常的，或反映出焦慮（Doris, Sarason, & Berkowitz, 1963; Halpern, 1953; Levitt & Truumaa, 1972; Piotrowski, 1957; Setze et al., 1957）；

5. 可能為精神分裂或是器質性狀況（Beck, 1945; Hughes, 1948, 1950; Molish, 1967; Rickers-Ovsiankina, 1954; Thiesen, 1952）；
6. 在高齡族群中，代表衰老的狀況（Ames et al., 1954）；
7. 同樣的反應亦曾見於輕微物質中毒者（Kikuchi et al., 1962）以及患有轉化症的女性（Fisher, 1951）。

C. 平均的 FC 反應數量暗示：

1. 面對情緒衝擊時能夠控制得當，不會失去正常的彈性；會有情緒合宜的反應（Aronow et al., 1994; Beck, 1945, 1951; Bochner & Halpern, 1945; Exner, 1993; Geertsma, 1962; Halpern, 1953; Hertz, 1960a, 1960b; Kahn & Giffen, 1960; Klopfer & Davidson, 1962; Levitt & Truumaa, 1972; Phillips & Smith, 1953; Salmon et al., 1972; Sarason, 1954; Schachtel, 1966; Shapiro, 1960, 1977; Wilson, 1994）；
2. 良好的人際關係以及社會適應力（Beck, 1951; Davidson, 1950; Klopfer & Davidson, 1962; Mons, 1950; Phillips & Smith, 1953; Piotrowski, 1957; Shapiro, 1960, 1977）；
3. 健康、一致的廣泛性適應能力：此乃一個可靠的解釋（Ames et al., 1952, 1959; Beck, 1952; Klopfer & Davidson, 1962; Rorschach, 1921/1951; Schachtel, 1966; Shapiro, 1960）。

FC 反應品質的詮釋性假設 34

A. 高於平均的 FC 反應品質（FC＋）暗示良好的自我強度以及正常的適應力（Beck, 1945, 1951, 1960; Bochner & Halpern, 1945; Bodoin & Pikunas, 1983; Klopfer et al., 1954; Klopfer & Davidson, 1962; Last & Weiss, 1976; Piotrowski, 1957; Shapiro, 1960）。

B. 低於平均的 FC 反應品質（ FC－）、任意或強制的 FC（Arbitrary or Forced FC）暗示：

1. 情緒控制瓦解（Beck, 1945, 1960; Bochner & Halpern, 1945; Klopfer & Davidson, 1962; Klopfer & Kelley, 1942; Lerner, 1991; Rapaport et al.,

1946; Ulett, 1994）；

2. 努力控制情緒反應卻未成功（Bohm, 1958; Klopfer & Davidson, 1962）；
3. 可能有邊緣性人格或精神分裂症（Molish, 1967; Shapiro, 1977; Smith, 1980; Sugarman, 1980）；
4. 預後不佳（Goldfried et al., 1971; Klopfer et al., 1954）；
5. 任意或強制的 FC 可能反映出個人任性多變的順從性（arbitray compliance）（Lerner, 1991）。

CF 反應數量的詮釋性假設

A. 高於平均的 CF 反應數量暗示：

1. 衝動、情緒化，會因情緒反應而行動化（Adams et al., 1963; Allison et al., 1968; Ames et al., 1952, 1971; Aronow et al., 1994; Beck, 1945, 1951, 1960; Bochner & Halpern, 1945; Exner, 1993; Klopfer et al., 1954; Lerner, 1991; Levitt & Truumaa, 1972; Mons, 1950; Mundy, 1972; Munroe, 1945; Phillips & Smith, 1953; Piotrowski, 1957; Pope & Scott, 1967; Rapaport et al., 1946; Rorschach, 1921/1951; Sarason, 1954; Schachtel, 1966; Schafer, 1948, 1954; Shapiro, 1960, 1977; Wilson, 1994）；
2. 攻擊性、可能有社會病態的傾向（Beck, 1960; Exner, 1969a; Finney, 1955; Rapaport et al., 1946）；
3. 過度敏感且易怒（Allen, 1954; Beck, 1945; Rorschach, 1921/1951; Shapiro, 1960, 1977; Wilson, 1994）；
4. 可能為歇斯底里（Bochner & Halpern, 1945; Kahn & Giffen, 1960; Schafer, 1948; Shapiro, 1960）；
5. 不論受試者是成人或兒童，皆有焦慮的可能（Sarason, 1954）；
6. 耳根較軟（易受影響）的智能不足者，因而也可能成為犯罪者（Beck, 1945, 1951）；
7. 過分要求又愛抱怨的人，可能是自戀者（Exner, 1969a; Phillips & Smith, 1953）。

B. 低於平均的 CF 反應數量暗示：

1. 低於平均的自發性，也可能有適應不良的傾向（Alcock, 1963; Klopfer & Davidson, 1962; Munroe, 1945; Schachtel, 1966; Shapiro, 1960）；
2. 非常嚴格的情緒控制、詐病，或是情緒反應嚴重受阻（Adams et al., 1963; Allen, 1954; Klopfer et al., 1954; Meyer & Deitsch, 1995; Piotrowski, 1957; Shapiro, 1960）；
3. 可能有自殺傾向（Daston & Sakheim, 1960; Goldfried et al., 1971; Weiner, 1961a）；
4. 退化至原始程度的自我結構（Schafer, 1960）；
5. 在高齡族群中，代表衰老的狀況（Ames et al., 1954）。

C. 平均的 CF 反應數量暗示：

1. 正常的自發性（Allen, 1954; Aronow et al., 1994; Klopfer & Davidson, 1962; Phillips & Smith, 1953; Piotrowski, 1957; Shapiro, 1960, 1977）；
2. 當 FC 很少時，代表情緒反應有點不受控制，但為恰當、實際且真誠的（Allen, 1954; Halpern, 1953; Klopfer & Davidson, 1962; Piotrowski, 1957; Shapiro, 1960, 1977）；
3. 若是在精神病的機構中，可能為精神分裂症，而非精神官能症或人格疾患（Beck, 1945; Lambley, 1973; Weiner, 1961b, 1964; Neuringer, 1974）。

D. CF 介於 0 及 3 之間，暗示有自殺的可能性（Cutter, Jorgenson, & Farberow, 1968）。

CF 反應品質的詮釋性假設

A. 高於平均或平均的 CF 反應品質之解釋與平均的 CF 反應數量之解釋是相同的。

B. 低於平均的 CF 反應品質：CF－、C/F、C－F 暗示：

1. 情緒反應控制失效或瓦解（Allen, 1954; Aronow et al., 1994; Beck, 1945; Klopfer & Davidson, 1962; Shapiro, 1960, 1977）；

2. 非理性的衝動行為、判斷力差、容易被興奮情緒沖昏頭的人（Allen, 1954; Klopfer & Davidson, 1962; Phillips & Smith, 1953; Schafer, 1948; Shapiro, 1960, 1977）；
3. 缺乏情緒控制的動機以及（或）努力（Klopfer et al., 1954）；
4. 成人及兒童的精神分裂症；若為成人，則較可能為妄想型（Halpern, 1953; Hertz & Paolino, 1960; Mundy, 1972; Piotrowski, 1957; Shapiro, 1960）；
5. 可能為輕躁（Shapiro, 1960, 1977）；
6. 預後不佳（Goldfried et al., 1971; Klopfer et al., 1954）。

C 反應的詮釋性假設

A. 單純 C（Pure C）或原始 C 反應（Crude C）暗示：

1. 情緒控制異常缺乏；成年、青少年及兒童的品性疾患，症狀包括攻擊性行動化，以及一觸即發的情緒（Alcock, 1963; Allen, 1954; Allison et al., 1968; Ames et al., 1971; Aronow et al., 1994; Beck, 1945, 1960; Bochner
35 & Halpern, 1945; Exner, 1986; Gacono & Meloy. 1994; Klopfer & Davidson, 1962; Levi, 1965; Levitt & Truumaa, 1972; Mons, 1950; Piotrowski, 1957; Rapaport et al., 1946; Rorschach, 1921/1951; Rosenzweig & Kogan, 1949; Sarason, 1954; Schachtel, 1943; Shapiro, 1960, 1977; Sommer & Sommer, 1958; Stavrianos, 1971; Ulett, 1994; Wilson, 1994）；
2. 成人及兒童的精神分裂症（Alcock, 1963; Allen, 1954; Beck, 1945; Exner, 1978; Kahn & Giffen, 1960; Molish, 1967; Mundy, 1972; Neuringer, 1962; Orme, 1966; Phillips & Smith, 1953; Powers & Hamlin, 1955; Rapaport et al., 1946; Rorschach, 1921, 1951; Schachtel, 1966; Schafer, 1948; Shapiro, 1960, 1977; Vinson, 1960; Watkins & Stauffacher, 1952; Weiner, 1961b, 1964）；
3. 妄想型精神分裂症，而非精神官能症（Hertz & Paolino, 1960; Rapaport et al., 1946; Shapiro, 1960）；

4. 惡化的器質性狀況（Beck, 1945; Klopfer et al., 1954; Rorschach, 1921/1951; Shapiro, 1960, 1977）；
5. 有自殺傾向，尤其是在這些反應第一次出現在第Ⅷ張或第Ⅹ張卡片中的情況下（Kendra, 1979; Neuringer, 1974; Weiner, 1961a; White & Schreiber, 1952）；
6. 嚴重智能不足（Allen, 1954; Beck, 1945; Bochner & Halpern, 1945; Kahn, & Giffen, 1960; Ogdon & Allen, 1959; Rorschach, 1921/1951）；曾見於因遺傳或腦傷而導致智能不足的患者（Ogdon & Allee, 1959; Werner, 1945）；
7. 若受試者為兒童，代表有情緒問題（Ames et al., 1952, 1959; Elkins, 1958; Halpern, 1953; Haworth, 1962）；
8. 極度焦慮且有精神官能性狀況，可能為歇斯底里（Beck, 1945; Fisher, 1950; Goldfried et al., 1971; Phillips & Smith, 1953; Schafer, 1948）；
9. 不負責任、為所欲為者，可能是自戀型或社會病態人格（Beck, 1945; Exner, 1969a; Molish, 1967; Rorschach, 1921/1951）；也曾見於殺夫婦女的測驗紀錄（Kaser-Boyd, 1993）；
10. 預後不佳（Goldfried et al., 1971; Klopfer et al., 1954）。

B. 色彩命名反應（Color Naming; Cn）暗示：

1. 人格疾患（Alcock, 1963; Allen, 1954; Allison et al., 1968; Bochner & Halpern, 1945; Exner, 1986; Kahn & Giffen, 1960; Klopfer et al., 1954; Klopfer & Davidson, 1962; Neiger et al., 1962; Piotrowski, 1957; Wilson, 1994）；
2. 可能為精神分裂症、邊緣性人格或器質性狀況（Alcock, 1963; Allen, 1954; Allison et al., 1968; Baker, 1956; Beck, 1945; Bohm, 1958; Brar, 1970; Halpern, 1953; Hughes, 1948, 1950; Kahn & Giffen, 1960; Lezak, 1983; Molish, 1967; Neiger et al., 1962; Piotrowski, 1937b, 1957; Ross & Ross, 1944; Schachtel, 1966; Shapiro, 1977; Sugarman, 1980; Sugarman et al., 1980; Vinson, 1960; Wilson, 1994）；
3. 智能不足者（Alcock, 1963; Klopfer et al., 1954; Ogdon & Allee, 1959; Pi-

otrowski, 1957）；

4. 若受試者為幼兒，這些反應可能只是對顏色名稱知識的正常表達（Schachtel, 1966）。若受試者為年齡較長的兒童，這些反應可能代表有退化傾向的心理問題（Ames et al., 1952; Ames, 1959; Dudek, 1972; Haworth, 1962）；
5. 即使努力控制情緒，但仍無法有效控制自己的情感，因而容易被情緒刺激所淹沒（Aronow et al., 1994; Klopfer et al., 1954; Shapiro, 1960）；
6. 可能會產生破壞性行動化（Phillips & Smith, 1953）；
7. 預後不佳（Goldfried et al., 1971; Klopfer et al., 1954）。

C. 色彩描述反應（Color Description; Cdes）暗示：

1. 深受情緒刺激影響，雖難以控制，但卻能將情緒的表達壓抑下來，進而維持外在控制的人。但這種人有時會顯得過度抑制且冷淡（Allen, 1954; Aronow et al., 1994; Klopfer & Davidson, 1962）；
2. 在面對引發情緒的情境時，會採取理智的態度（Klopfer & Davidson, 1962）；
3. 對美的評估能力正常（Alcock, 1963; Phillips & Smith, 1953）。

D. 色彩象徵反應（Color Symbolism; Csym）暗示：

1. 受試者對於情緒刺激過於敏感，以致情緒控制困難，不過也許能夠維持外在或知性的控制（Aronow et al., 1994; Klopfer & Davidson, 1962; Lerner, 1991）；
2. 從正常人到精神病患者，也許是任何人（Alcock, 1963）；
3. 有歇斯底里及妄想傾向（Miale, 1947）。

E. 色彩投射反應（Color Projection; Cp 或 CP）暗示：

1. 憂鬱，可能會嘗試讓自己有平靜的感覺，但同時會否認或壓抑悲傷（Exner, 1986; Piotrowski, 1957; Wilson, 1994）；
2. 過度運用防禦性的拒絕（Exner, 1986）；
3. 精神官能性狀況，可能有強迫型或做作型人格特性，或是歇斯底里性人格疾患（Acklin, 1994; Blatt & Lerner, 1983; Exner, 1986; Wilson, 1994）；

4. 可能有輕躁狀況（Exner, 1986; Wilson, 1994）；
5. 器質性及輕微的精神分裂狀況（Piotrowski, 1957）；
6. 若受試者為青少年，可能患有品性疾患（Gacono & Meloy, 1994）。

其他雜項決定因子及組合其他雜項決定因子的詮釋性假設 36

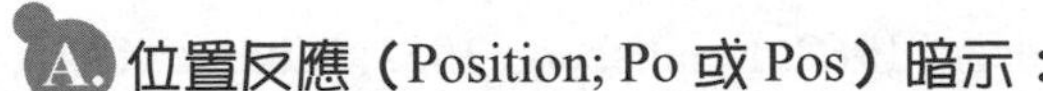

A. 位置反應（Position; Po 或 Pos）暗示：

1. 精神分裂症（Alcock, 1963; Allison et al., 1968; Beck, 1944, 1945; Bohm, 1958; Dudek, 1969; Kelley & Klopfer, 1939; Kocan, 1991; Piotrowski, 1957; Rorschach, 1921/1951; Watkins & Stauffacher, 1952; Weiner & Exner, 1978）；
2. 有問題的兒童（Ames, 1959）。

B. 在彩色區域中產生色彩濃度反應暗示：

1. 不論是成人或青少年，皆有自殺傾向的可能性（Appelbaum & Colson, 1968; Appelbaum & Holzman, 1962; Arffa, 1982; Colson & Hurwitz, 1973; Exner, 1978; Goldfried et al., 1971; Hertz, 1965）；
2. 或許可排除殺人傾向（Lester & Perdue, 1972）。

C. 成對（Pairs; 2）以及反射（Reflectons; Fr and rF）暗示：

1. 自我中心（Exner, 1969a, 1978; Wilson, 1994）；
2. 內向性、內省性，以及具適應性的因應能力（Brems & Johnson, 1990）；
3. 亦曾見於同性戀者、反社會人格及精神分裂症患者的測驗紀錄（Exner, 1969a, 1974）。

註解：這些反應可被歸類為內容反應，如同部分心理學家的做法。它們共同的根據或決定因子極可能是墨跡的對稱性。也請參考「其他雜項內容」小節。

運動反應組合的詮釋性假設

A. FM 大於 M，特別是在 FM > 2M，且 M=3 或 3 以上時暗示：

1. 自我中心，偏好立即的滿足，不成熟、心理適應不良者，享樂原則主導一切，會過度防衛（Alcock, 1963; Hain, 1964; Hertz, 1948; Kahn & Giffen, 1960; Klopfer & Davidson, 1962; Landisberg, 1953; Munroe, 1945; Piotrowski, 1960; Ulett, 1994; Zelen, 1970）；
2. 有精神官能性或心身性狀況（Acklin, 1994; Alcock, 1963; Goldfried et al., 1971; Klopfer et al., 1954; Miale & Harrower-Erickson, 1940）；
3. 不成熟的幻想生活（Levitt & Truumaa, 1972; Rosenzweig & Kogan, 1949）；
4. 攻擊性行為（Kaswan, Wasman, & Freedman, 1960; Sarason, 1954）；
5. 自閉兒的父母（Ogdon et al., 1968）；
6. 醫學院學生（Rossi & Neuman, 1961）；
7. 可能為精神分裂症（Exner & Murillo, 1973; Vinson, 1960）；
8. 排除器質性狀況的可能性（Goldfried et al., 1971; Hughes, 1948, 1950）；
9. 若受試者為二歲到十歲的兒童，便屬正常（Ames et al., 1952, 1971; Klopfer et al., 1954; Levitt & Truumaa, 1972; Setze et al., 1957）；
10. 若受試者為年長者，可能是正常的（Ames et al., 1959）。

B. M > FM，且 FM = 3 或 3 以上時暗示：

1. 正常的適應力、穩定性及成熟度，個人衝動通常會受到價值觀所約束（Allen, 1954; Davidson, 1950; Klopfer et al., 1954; Klopfer & Davidson, 1962; Vinson, 1960）；
2. 良好的自我發展、自我接納，以及挫折容忍力（Klopfer et al., 1954）；
3. 排除暴發性行動化的可能性（Klopfer et al., 1954; Meyer, 1961）；
4. 若受試者為幼兒，便較為早熟；但可能是健康的亦或不健康的（Halpern, 1953）。

C. M > FM，且 FM = 1 或 0 時暗示：

1. 可能會因為意識層面的價值觀而過度抑制個人的自發性（Klopfer & Davidson, 1962; Rosenzweig & Kogan, 1949）；
2. 緊張及內在衝突（Klopfer et al., 1954）；
3. 排除暴發性行動化的可能性（Klopfer et al., 1954; Meyer, 1961）。

D. M = FM，且 M = 3 或 3 以上時暗示：

1. 有正常的適應力及穩定性，以及良好的自我發展。同時，個人的衝動並不會與其價值觀產生衝突（Klopfer & Davidson, 1962）；
2. 成熟的彈性，以及控制得宜的自發性（Klopfer & Davidson, 1962）。

E. 高於平均的 M ＋ FM ＋ m 暗示可能為多重人格疾患（Wagner, Allison, & Wagner, 1983; Wagner & Heise, 1974）。

F. M ＋ FM =1 暗示：

1. 壓抑（Klopfer & Davidson, 1962; Levine & Spivack, 1964）；
2. 自我強度極弱，常見於精神病患者、反社會患者以及幼兒。此詮釋性假設若伴隨著極差的形狀層級，則更能成立（Klopfer & Davidson, 1962）；
3. 嚴重神經緊繃（Klopfer et al., 1954）。

G. M ＋ FM = 0 暗示：

1. 過度壓抑個人的衝動、內在資源以及（或是）想像力：內在生活頗為貧乏（Klopfer & Davidson, 1962; Levine & Spivack, 1964）；
2. 可能是器質性狀況（Ross & Ross, 1944）。

H. FM ＋ m = 2M 或 FM ＋ m > 2M 暗示：

1. 因緊張而導致個人正常的適應力受到影響（Klopfer & Davidson, 1962）；
2. 常見於邊緣性人格患者（Peterson, 1993），以及自閉兒父母的測驗紀錄（Ogdon et al., 1968）。

I. M = FM ＋ m 或 M > FM ＋ m 暗示受試者有正常的適應力及穩定性，並有良好的自我強度（Klopfer & Davidson, 1962）；

37 **J.** M＋m＞2 暗示：

1. 排除器質性狀況的可能性（Dorken & Kral, 1952; Goldfried et al., 1971）；
2. 若遠大於 2，暗示預後良好（Goldfried et al., 1971; Klopfer et al., 1954）。

K. Fm＋m＞M＋FM 暗示：有自殺的可能性（Hertz, 1965; White & Schreiber, 1952）。

L. M＋FM＋m 的加總值若相當高，暗示可能為多重人格疾患（Young, Wagner, & Finn, 1994）。

M. （Ma＋FMa＋ma）：（Mp＋FMp＋mp）or *a*: *p*

1. 2*a*: 1*p* 為正常（Exner, 1993; Wilson, 1994）；
2. 若動態反應（*a*）遠大於靜態反應（*p*），或是靜態反應（*p*）遠大於動態反應（*a*），暗示缺乏彈性（Exner, 1986, 1993; Wilson, 1994）；
3. *p*＞（*a*＋1）暗示：
   (1)會運用幻想來逃避現實，而不會積極地規劃（Weiner & Exner, 1991; Wilson, 1994）；
   (2)被動的人際風格（Exner, 1993; Wilson, 1994）；
   (3)可能為創傷後壓力疾患（Hartman et al., 1990）；
4. *a*＝*p* 暗示有彈性（Exner, 1986）。

彩色反應組合的詮釋性假設

A. FC＞CF，而 CF＝2 或 CF＞2 暗示：

1. 適應良好的人格（Ames et al., 1971; Davidson, 1950; Exner, 1986; Ulett, 1994）；
2. 展現出來的情緒反應是社會化、令人滿意的（Klopfer et al., 1954; Rorschach, 1921, 1951; Ulett, 1994）。

B. FC＞CF＋C 暗示：

1. 對情緒衝動能夠控制得當的正常人。排除暴發性行動化的可能性（Klopfer & Davidson, 1962; Meyer, 1961; Piotrowski, 1957; Ulett, 1994;

Vinson, 1960）；

2. 恰當的人際關係（Klopfer & Davidson, 1962; Piotrowski, 1957）；

3. 若受試者為九歲或十歲以上便代表正常（Halpern, 1960）。若為年紀較小的兒童則代表早熟（Arnaud, 1959）；

4. 當FC遠大於CF＋C時，代表過度控制（Ames et al., 1971; Exner, 1993; Klopfer & Davidson, 1962; Piotrowski, 1957; Wilson, 1994）。

C. FC＋CF＋C 的反應數量相當多，但其他決定因子卻相當少暗示：

1. 常見於歇斯底里症的壓抑及否認（Sherman, 1955）；

2. 容易發生意外（Kikuchi, 1964）。

D. 色彩反應的加總值（Sum C）= 0 暗示：

1. 情感冷漠，可能為精神分裂症（Piotrowski & Berg, 1955; Piotrowski & Lewis, 1950; Shapiro, 1977）；

2. 精神分裂症發作前的壓縮緊繃感（Schachtel, 1966）。

E. 色彩反應的加總值（Sum C）= 1 ~ 3.5 暗示：

1. 憂鬱，通常有自殺傾向（Cerbus & Nichols, 1963; Cutter et al., 1968; Daston & Sakheim, 1960; Exner, 1974; Goldfried et al., 1971; Rapaport et al., 1946; Weiner, 1961a）；

2. 精神分裂症，而非精神官能症或人格疾患（Lambley, 1973; Weiner, 1961b, 1964）；

3. 可能會有殺人行為（Perdue, 1964）。

F. 色彩反應的加總值（Sum C）＞ 3 暗示：

1. 精神官能性狀況，包括強迫症傾向及焦慮性歇斯底里症候群（anxiety-hysteria syndromes）（Haworth, 1962; Hertz, 1948; Murstein, 1960; Rapaport et al., 1946），以及做作性人格疾患（Blais, Hilsenroth, & Fowler, 1998）；

2. 心身性狀況以及激發自主神經快速（Shatin, 1952; Singer, 1960）；

3. 攻擊性行為，特別是在 CF 反應數量相當多的情況下（Finney, 1955; Rose & Bitter, 1980）；

4. 情緒不穩定及輕躁（Beck & Molish, 1967; Beck, Beck, Levitt, & Molish, 1961; Cerbus & Nichols, 1963; Shapiro, 1977; Singer & Brabender, 1993; Wagner & Heise, 1981）；

5. 可能會惡意誹謗（Frueh & Kinder, 1994）；

6. 時間判斷不正確、「時間概念」不佳（Kurz et al., 1965）。

G. CF > FC 暗示：

1. 情緒不成熟及行動化，不過若受試者為兒童，這可能是正常的（Alcock, 1963; Allison et al., 1968; Klopfer et al., 1954; Palmer, 1970; Piotrowski, 1957; Rorschach, 1921, 1951; Schafer, 1948; Ulett, 1994）；

2. 情感控制較弱，因而在壓力下可能會產生較不協調的行為（Baker & Harris, 1949; Klopfer & Davidson, 1962）；

3. 精神官能性適應不良，可能有歇斯底里症狀（Allison et al., 1968; Beck, 1945; Hertz, 1948; Munroe, 1945）；

4. 亦曾見於精神分裂症（Vinson, 1960）、器質性狀況（Evan & Marmorston, 1963），以及容易發生意外者的測驗紀錄（Kikuchi, 1964）。

H. （CF＋C）值高且（CF＋C）> FC 暗示：

1. 對情緒反應的控制弱，有衝動行為傾向，尤其是攻擊性行為（Bochner & Halpern, 1945; Exner, 1969b, 1978, 1993; Gacono & Meloy, 1992, 1994; Gordon, 1980; Haskell, 1961; Klopfer & Davidson, 1962; Korchin, 1960; Meloy & Gacono, 1992; Murstein, 1958, 1960; Pantle, Ebner, & Hynan, 1994; Phillips & Smith, 1953; Rorschach, 1921/1951; Rosenzweig & Kogan, 1949; Sarason, 1954; Schachtel, 1943; Siegal et al., 1962; Singer, 1960; Swanson et al., 1990; Wagner, 1978; Wilson, 1994）；

38 2. 自戀、自我中心的衝動性（Allison et al., 1968; Brown et al., 1961; Exner, 1969a; Phillips & Smith, 1953; Rorschach, 1921/1951; Rosenzweig & Kogan, 1949; Sarason, 1954; Shapiro, 1960）；

3. 令人憂鬱的想法不斷出現，並有自殺的可能（Arffa, 1982; Exner, 1978, 1993; Siegal et al., 1962; Silberg & Armstrong, 1992; Wilson, 1994）；

4. 亦曾見於多重人格疾患（Wagner & Heise, 1974; Wagner et al., 1983; Young et al., 1994）、厭食症（Wagner & Wagner, 1978）、自閉兒之父母（Ogdon et al., 1968）、詐病者（Frueh & Kinder, 1994）、多重藥物使用者（Gordon, 1980），以及部分邊緣性人格者的測驗紀錄（Gartner et al., 1989; Peterson, 1993）。

I. **CF ＋ C = 0 暗示：**

1. 情緒控制過度，可能導因於焦慮。常見於不願或無法以深切的情緒回應的人（Exner, 1974; Klopofer & Davidson, 1962; Neuringer, 1962; Piotrowski, 1957; Piotrowski & Dudek, 1956; Schafer, 1954; Shapiro, 1960）；
2. 表面的社交回應（Klopfer & Davidson, 1962）；
3. 情緒經驗貧乏（Schafer, 1960）。

J. **FC ＋ CF ＋ C = 0 暗示：**

1. 缺乏具適應性的反應，強烈自我抑制，預後不佳（Adams et al., 1963; Arnaud, 1959; Davids & Talmadge, 1964; Harrower-Erickson, 1941; Levine et al., 1957; Sarason, 1954; Schachtel, 1943; Wagner, 1971; Wilson, 1994）；
2. 焦慮及壓力（Bohm, 1958; Kates, 1950; Riessman & Miller, 1958）；
3. 如同在精神官能症中所見之嚴重情感壓抑；有時會強迫性地運用理智化此防衛機制（Alcock, 1963; Allen, 1954; Hertz, 1965; Klopfer et al., 1954; Palmer, 1970; Phillips & Smith, 1953）；
4. 功能性精神病：同時有憂鬱症及精神分裂症的患者（Bochner & Halpern, 1945; Bohm, 1958; Hertz, 1948, 1949; Piotrowski & Levine, 1959; Rapaport et al., 1946; Rorschach, 1921/1951; Schafer, 1960; Schapiro, 1960）；
5. 憂鬱，通常有自殺傾向（Cerbus & Nichols, 1963; Hertiz, 1965; Weiner, 1961a）；
6. 曾見於慢性病患者及衰老者（Ames et al., 1954; Olch, 1971），器質性狀況（Harrower-Erickson, 1941; Kisker, 1944; Reitan, 1955a; Shapiro,

1960; Shapiro, 1977），以及不擅表露情感的同性戀者測驗紀錄（Armon, 1960）；

7. 若受試者為兒童，代表教育障礙（educational disability）（Alcock, 1963），或可能具反社會傾向（Mundy, 1972），但對幼兒而言，這可能是正常的情況（Halpern, 1960）。

運動彩色組合或運動黑灰白色彩組合的詮釋性假設

A. M＞（Sum C）的 2 倍暗示：

1. 不論任何年齡層，均為內向人格（Alcock, 1963; Allen, 1954; Aronow et al., 1994; Beck, 1951; Ferguson, 1952; Hertz, 1960a, 1960b; Khan & Giffen, 1960; Klopfer & Davidson, 1962; Palmer, 1970; Palmer & Lustgarten, 1962; Piotrowski, 1957; Pope & Scott, 1967; Rorschach, 1921/1951; Sarason, 1954; Schachtel, 1943; Setze, 1957; Singer, 1960; Ulett, 1994）；
2. 謹慎與深思熟慮者，能夠忍受延遲的反應（Kurz et al., 1965; Rosenthal, 1962; Singer, 1960）；
3. 較不好動，對他人也可能會較為順從（Mukerji, 1969; Rosenthal, 1962; Singer, 1960）。

B. （Sum C）＞2M 暗示：

1. 不論任何年齡層，均為外向人格（Alcock, 1963; Allen, 1954; Aronow et al., 1994; Beck, 1951; Ferguson, 1952; Hertz, 1960a, 1960b; Kahn & Giffen, 1960; Klopfer & Davidson, 1962; Mann, 1956; Palmer, 1970; Piotrowski, 1957, 1960; Pope & Scott, 1967; Rorschach, 1921/1951; Sarason, 1954; Schachtel, 1943; Ulett, 1994）；
2. 自發性地回應、自我肯定，不太謹慎，無法忍受延遲的反應（Kurz et al., 1965; Mann, 1956; Mukerji, 1969; Rorschach, 1921/1951; Rosenthal, 1962; Singer, 1960）；
3. 神經緊張，如同在等候室中，等候的時間愈長，便愈易坐立不安（Singer & Spohn, 1954）；

4. 精神分裂症及邊緣性人格情形，預後不佳，尤其是在 M: Sum C 比值超過 1:3，且 M = 0 或 M = 1 時（Peterson, 1993; Piotrowski & Bricklin, 1961; Rapaport et al., 1946; Schafer, 1948, 1954; Vinson, 1960）；
5. Sum C > M + 3，且 M 為 0 或 1，暗示預後不佳（Piotrowski, 1969）；
6. 若受試者為兒童，代表缺乏自信（Palmer, 1970）。

C. Sum C = M 暗示：

1. 若兩數值皆屬正常範圍，代表受試者能夠在外向人格與內向人格之間取得平衡（Gurvitz, 1951; Klopfer et al., 1954; Palmer & Lustgarten, 1962; Singer, 1960）；不過在此族群中，有些人可能會比內向者或外向者在因應上遭遇更多的困難（Exner, 1986; Mason et al., 1985）；
2. 若兩者皆被過度強調，即為誇張人格或躁狂狀況（Beck, 1960; Gurvitz, 1951; Rorschach, 1921/1951; Singer, 1960）；
3. 若兩者皆不被強調，即為閉縮型人格（constricted personality），可能同時有憂鬱症及（或）自殺傾向（Beck, 1960; Gurvitz, 1951; Neuringer, 1974; Palmer & Lustgarten, 1962; Rapaport et al., 1946; Rickers-Ovsiankina, 1960; Rorschach, 1921/1951; Schafer, 1948; Weiner, 1961a）；並屬暴力型（Palmer & Lustgarten, 1962）；
4. 非外向或內向，為中性向者（ambitensive），可能會較沒效率，且較不一致，如同腦神經受損病患一般（Exner, 1993; Wilson, 1994）；
5. 請注意，閉縮型中性向者（constricted ambitensive）的測驗紀錄和多重 39
人格有所關聯（Lovitt & Lefkof, 1985; Wilson, 1994）。

D. M 伴隨著 FC 暗示：

1. 彈性（Meyer, 1961）；
2. 有聯結內在資源與感覺的能力（Meyer, 1961）；
3. 當 m 很高，M > FM，且 FC > CF 時，可能有心身性狀況（Meyer, 1961）。

E. M ＋ FC = 0 暗示：

1. 普遍性的人格貧乏及抑制（Allison et al., 1968）；

2. 可能為精神分裂症（Thiesen, 1952）。

F. **同時有M與黑灰白色彩反應，暗示其幻想通常帶有憂鬱的意涵（Allison et al., 1968）。**

G. **M＋Sum C，或是經驗的真實性（Experience Actual; EA）為正常值或大約＝8，暗示：自我強度、智力運作及因應能力良好（Exner, 1986; Ulett, 1994; Wilson, 1994）。**

H. **M＋Sum C，或是EA，異常低分暗示：**

1. 個性緊繃、抑制與壓抑（Aronow et al., 1994; Exner, 1986; Klopfer et al., 1954）；
2. 可能為腦神經受損或是棘手的精神病（Exner, 1986; Wilson, 1994）；
3. 若受試者為青少年，可能有品行疾患（Gacono & Meloy, 1994）；
4. 曾見於殺夫婦女的測驗紀錄（Kaser-Boyd, 1993）。

I. **M＝Sum C，或是EA，異常高分暗示：**

1. 自我強度、智力，以及因應能力良好（Exner, 1986; Ulett, 1994; Wilson, 1994）；
2. 可能有罪惡感與焦慮（Greenwald, 1991）；
3. 有豐富多變的生活風格（Aronow et al., 1994）。

運動色彩濃度組合的詮釋性假設〔包括經驗基礎（Experience Base; eb）的關係以及經驗刺激〕

A. **FM＝m，且FM＞色彩濃度（Shading）＋質感（Texture）＋黑灰白色彩（C'）的加總值暗示：**

1. 尚未完全被自己所接納的內向人格傾向（Aronow et al., 1994; Klopfer & Davidson, 1962）；
2. 若和 M：Sum C 比值呈相反方向，便暗示個性正在轉變（Klopfer & Davidson, 1962）。

B. Sum（質感＋色彩濃度＋C'）＞FM＋m暗示：

1. 尚未完全被自己所接納的外向人格傾向（Exner, 1986; Klopfer & Davidson, 1962）；
2. 不明顯的情緒反應，反映出較多隱藏起來的感覺，而非外顯的反應（Klopfer et al., 1954）。

C. **（質感＋黑灰白色彩）= FM＋m 暗示：不論受試者為成人或是兒童，人格皆為正常的（Klopfer et al., 1954; Setze et al., 1957）。**

D. Fm＋m＞（黑灰白色彩＋色彩濃度）暗示：

1. 內向人格傾向，但個人對此人格傾向未有明白的意識（Exner, 1993; Ulett, 1994; Wilson, 1994）；
2. 緊張狀況影響到個人的適應力（Wilson, 1994）。

E. **（Fm＋m＋C'＋Vista＋Shading＋Texture），或是es，高分暗示：緊張與混亂已達有害的程度（Exner, 1986; Ulett, 1994; Wilson, 1994）；常見於創傷後壓力疾患患者的測驗紀錄（Sloan et al., 1996）。**

F. **（黑灰白色彩＋色彩濃度＋質感）＞（Fm＋m）暗示：**

1. 外向人格傾向，但個人對此人格傾向未有明白的意識（Exner, 1986; Ulett, 1994; Wilson, 1994）；
2. 苦惱或是煩躁不安（Exner, 1986; Ulett, 1994; Wilson, 1994）。

G. **（FM＋m＋Sum Y＋T＋V＋C'）＞M＋Sum C；es＞EA，暗示：**

1. 在面臨挫折時仍能堅持下去（Wiener-Levy & Exner, 1981）；
2. 可能是多重藥物使用者，無法延後個人享樂（Gordon, 1980）。

H. **抗壓值：（M＋Sum C）－（FM＋m＋C'＋色彩濃度）EA－es，暗示：**

1. 抗壓值＞ 0：可能有足夠的資源與自我強度，能以謹慎且有意義的方式來面對挫折（Exner, 1978, 1982, 1986; Wiener-Levy & Exner, 1981）；
2. 抗壓值＞1暗示：抗壓性佳（Exner, 1986; Ulett, 1994; Wilson, 1994）；
3. 抗壓值＜－1或－2暗示：

(1)抗壓性及適應能力有限，常見於部分邊緣性人格患者的測驗紀錄

（Exner, 1986; Peterson, 1993; Ulett, 1994; Wilson, 1994）；

⑵情境壓力高，常見於創傷後壓力疾患患者的測驗紀錄（Sloan et al., 1995; Swanson et al., 1990）。

彩色、黑白色彩及（或）質感組合的詮釋性假設

A. 黑灰白色彩＋質感＞（FC＋CF＋C）的兩倍時暗示：

1. 環境似乎是充滿壓力的，而個人的反應能力受到創傷性經驗所抑制，如同「被火紋身的孩童」一般，會採取過於敏感的情緒性退縮反應（Bohm, 1960; Klopfer & Davidson, 1962; Sloan et al., 1995; Wagner, 1971）；
2. 過於需要他人的情感回應，但因害怕被拒絕以及害怕受傷而予以抑制（Arnaud, 1959; Klopfer et al., 1954）；
3. 在情感關係中會過度謹慎與緊繃（Arnaud, 1959; Klopfer et al., 1954; Piotrowski, 1957）；
4. 迴避情感涉入，以作為防衛（Klopfer et al., 1954）；
5. 精神分裂症（Piotrowski & Levine, 1959; Piotrowski & Lewis, 1950）；

40 6. 憂鬱狀況（Klopfer & Kelley, 1942; Sarason, 1954）。

B. （FC＋CF＋C）＞（黑灰白色彩＋質感）的兩倍以上時暗示：

1. 視 FC：CF 比值以及 M：FM 比值的關係而定，有衝動行為的傾向（Hertz, 1965; Klopfer & Davidson, 1962）；
2. 不太需要他人的認可及情感（Klopfer & Davidson, 1962）；
3. 在以精神官能症為主的機構中，代表是轉化症症狀（Klopfer et al., 1954）以及做作性人格疾患（Blais et al., 1998）；
4. 有自殺的可能（Hertz, 1965）。

C. （FC＋CF＋C）=（黑灰白色彩＋質感）的兩倍時暗示：

1. 對情緒刺激有自然的反應，情感需求合宜（Klopfer & Davidson, 1962）；
2. 適應良好的人格（Davidson, 1950; Klopfer & Davidson, 1962）。

D. 有 CF 或是 C，但沒有 C' 暗示：可能患有精神分裂症（Weiner, 1961b, 1964）。

E. CF ＋ C ＋ 色彩濃度的加總值（Sum of Shading）= 0 暗示：有自殺的可能（Cutter et al., 1968）。

F. 黑灰白色彩加總值（Sum of Achromatic）＋ 質感 = 0 暗示：

1. 有自殺的可能（Daston & Sakheim, 1960）；
2. 若受試者為六到八歲的兒童，則可能是正常的（Setze et al., 1957）。

G. FK ＋ K ＋ k ＞ 0 暗示：排除器質性狀況的可能性（Dorken & Kral, 1952; Goldfried et al., 1971）。

H. 高於平均的各種色彩濃度反應暗示：

1. 若受試者為成人或兒童，即為焦慮（Acker, 1963; Allen 1954; Allison et al., 1968; Aronow et al., 1994; Auerbach & Spielberger, 1972; Beck, 1960; Bochner & Halpern, 1945; Eicher, 1951; Exner, 1974; Halpern, 1953; Hertz, 1948, 1949, 1960a, 1960b; Kahn & Giffen, 1960; Rosenzweig & Kogan, 1949; Sarason, 1954; Schachtel, 1943, 1966; Schwartz, & Kates, 1957; Wagner, 1971, 1978; Wager & Slemboski, 1969; Waller, 1960a, 1960b）；焦慮卻可能和良好的預後有關（Sheehan & Tanaka, 1983）；
2. 自卑感與不適（Hertz, 1948, 1949; Sarason, 1954）；有時會以追求權力的行為加以補償，尤其常見於男性（McCue et al., 1963）；
3. 在人際關係中會感到拘束或退縮（Arnaud, 1959; Exner, 1974）；
4. 情緒上處於矛盾的狀態（Wagner, 1971）；
5. 自我懲罰的行為，包括自殺的可能（Hertz, 1965; White & Schreiber, 1952），以及容易發生意外的傾向（Kikuchi, 1964）；
6. 精神官能症患者；呈現許多症狀，如：潰瘍（Raifman, 1957）；自戀（Mukerji, 1969）；憂鬱、自我放棄及不安（Elstein, 1965; Rickers-Ovsiankina, 1960）；詐病（Seamons et al., 1981）；及創傷後壓力疾患（Sloan et al., 1995）。

I. 完全沒有色彩濃度反應暗示：

1. 無焦慮（Wagner, 1971）；
2. 有自殺的可能（Goldfried et al., 1971; Neuringer, 1974）；
3. 可能為品行疾患或是反社會人格（Gacono & Meloy, 1994）；
4. 可能為器質性狀況（Hertz & Loehrke, 1954）。

J. 色彩濃度的加總值＞（FM ＋ m）暗示：有負面的情緒經驗，包括煩躁不安、寂寞、無助感或是自我貶低（Exner, 1993; Weiner & Exner, 1991; Wilson, 1994）。

K. 形狀—質感反應（Form Texture）＋形狀色彩反應（Form Color）＞2 暗示：排除器質性狀況的可能性（Dorken & Kral, 1952; Goldfried et al., 1971）。

L. 針對彩色區域（Chromatic Areas）的色彩濃度質感反應（Surface Shading）或是色彩濃度—彩色多重決定因子反應（Shading-Chromatic Blends）暗示：

1. 憂鬱，有自殺傾向（Appelbaum & Colson, 1968; Appelbaum & Holzman, 1962; Colson & Hurwitz, 1973; Exner & Wylie, 1977; Goldfried et al., 1971; Hertz, 1965; Lerner, 1991; Mason et al., 1985; Silberg & Armstrong, 1992; Weiner, 1977; Wilson, 1994）；
2. 或許可排除殺人傾向（Lester & Perdue, 1972）；
3. 混亂的情緒狀態（Exner, 1978），可能導因於一種悲喜交集的感覺，也就是「甜蜜的悲傷」，對於「希望曾有過但現實條件不允許的」事物充滿憧憬（Sanders DeCato, & Smolen, 1984, p. 477）；
4. 更容易受壓力所影響（Klatskin, 1952）。

M. 質感反應的加總值（Sum Texture）—色彩反應的加總值（Sum C）＞3 暗示：可能有精神分裂症（Piotrowski & Berg, 1955; Piotrowski & Lewis, 1950）。

N. 高於平均的質感—色彩濃度反應暗示：

1. 對於情感的需求過度、性飢渴（Beck, 1968; Eichler, 1951; Klopfer & Davidson, 1962）；

2. 如創傷後兒童及成人一般，會過度敏感（Allen, 1958; Holaday & Whittenberg, 1994; Kahn & Giffen, 1960; Palmer, 1970）；

3. 觸覺靈敏且易感動者（Marsh & Viglione, 1992）；

4. 做作性人格疾患（Blais et al., 1998）。

O. 低於平均的質感—色彩濃度反應暗示：

1. 情緒控制、客體關係處理能力差，可能有精神分裂症（Kahn & Giffen, 1960; Piotrowski & Berg, 1955; Ulett, 1994）；

2. 可能為反社會人格（Gacono & Meloy, 1992, 1994）；

3. 可能為器質性狀況（Hertz & Loehrke, 1954）；

4. 若受試者為兒童，代表教育障礙（Alcock, 1963）； 41

5. 曾見於亂倫受害者母親的測驗紀錄（Wald et al., 1990）。

其他決定因子及形狀組合的詮釋性假設

A. FK ＋ Fc ＞ F 的 75%暗示：

1. 對於情感過度需求，進而引發焦慮（Aronow et al., 1994; Eichler, 1951; Klopfer & Davidson, 1962）；

2. 在生命早期所感受到的拒絕導致個人對情感的追求擴大（Klopfer et al., 1954）；

3. 對於人際關係會採取焦慮、過於敏感且小心翼翼的態度（Allison et al., 1968; Aronow et al., 1994）。

B. FK ＋ Fc 介於 F 的 25%至 75%之間暗示：正常的人格，有發展健全且整合良好的情感需求（Klopfer & Davidson, 1962）。

C. FK ＋ Fc ＜ F 的 25%暗示：

1. 壓抑、否認及（或）未發展情感需求（Klopfer & Davidson, 1962）；

2. 被拒絕的經驗損害個人發展，並阻礙適應（Klopfer et al., 1954）；

3. 在社交關係中傾向於冷漠與不近人情（Klopfer et al., 1954）。

D. 任何多重色彩濃度決定因子、色彩濃度多重決定因子的綜合使用暗示：可能有憂鬱狀況（Exner, 1986）。

E. **F ＞（M ＋ FM）的 3 倍暗示：**

1. 個人衝動生活（impulse life）的壓抑（Klopfer et al., 1954）；
2. 內在資源貧乏（Klopfer et al., 1954）。

F. **F ＞（FC ＋ CF ＋ C）的 3 倍暗示：**

1. 個人情感生活（affect life）的壓抑（Klopfer et al., 1954; Schafer, 1954）；
2. 對於環境中的情緒刺激不太敏感（Klopfer et al., 1954）。

G. **F ＞（M ＋ FM ＋ FC ＋ CF ＋ C ＋ 質感）的 3 倍暗示：**

1. 極度壓抑、緊繃及退縮：這些是主要的適應模式（Klopfer et al., 1954）；
2. 憂鬱的智能不足者（Beck, 1960）。

H. **F ＞（XF ＋ X），X 代表非形狀主導的決定因子，暗示：**

1. 可能是正常的（Goldfried et al., 1971）；
2. 可能有不正常的與性相關的想法，但不是性變態（Goldfried et al., 1971）；
3. 會以非法的暴力行動，如攻擊或自殺等作為威脅，但不會實際行動（Goldfried et al., 1971）。

I. **高 Lambda（單純形狀反應數量／非形狀反應數量）值：成人為大於 1.2；七歲以上兒童為大於 1.5，暗示：**

1. 此份羅氏墨跡測驗的效度令人懷疑（Exner, 1986; Wilson, 1994）；
2. 衝動控制可能較弱（Wilson, 1994）；
3. 曾見於心身症患者以及反社會人格疾患患者的測驗紀錄（Exner, 1986; Wilson, 1994）。

J. **低 Lambda 暗示：**

1. 思考極易受到意象及情感所影響（Wilson, 1994）；
2. 極可能經歷衝突及情感混亂的情況（Exner, 1986; Wilson, 1994）；
3. 可能抗壓性較低（Exner, 1986）。

K. **高（3r ＋（2））／ R 值暗示：**

1. 自我中心型的自我關注（Exner, 1993; Wilson, 1994）；
2. 自我膨脹（Exner, 1986; Wilson, 1994）；
3. 合理化與否認為主要的防衛機制（Exner, 1993; Wilson, 1994）。

L. 低（3r＋（2）／R 值暗示：

1. 自我概念差（Exner, 1993; Wilson, 1994）；
2. 可能為憂鬱症（Caputo-Sacco & Lewis, 1991; Exner, 1986）。

羅氏墨跡測驗反應部位

羅氏墨跡測驗反應部位有多種不同的計分方式，而不同計分方式之間最大的差異在於，如何歸類那些比較不常被使用的墨跡圖形部位。為求便利，我們可將反應部位歸類為兩大主要群組：常見的反應部位以及不常見的反應部位。

常見的反應部位包括整個或幾乎整個墨跡圖形的使用，以及那些通常會被受試者注意到的細節，而這類細節通常是（不過也不見得總是）刺激圖形中較大，或較為明顯、獨特的部分。運用常見部位所產生的反應和智力、推理、推論能力、野心以及現實感相關。在反應數量、品質以及情境皆適切的情況下，此類型反應部位反映出正常人的個人特質。後面將描述更多和不常見頻率及反應品質相關的具體詮釋性假設。

異常反應部位包括不常使用的墨跡圖形細節、墨跡圖形邊緣、微小的突出部分，或其他異常的指標，以及墨跡圖形間和周遭的空白。這些反應部位較常見於精神官能型的測驗紀錄，如：焦慮、恐懼、強迫傾向等。在數量極端或是品質極差的情況下，這些反應也和較嚴重的行為疾患有關。

不過，撇開上述觀察不談，反應部位的使用似乎和智力因素有較直接的關係，而非情緒或人格因素。有些證據顯示，反應部位的計分與比值在羅氏墨跡測驗中屬於較為穩定的反應類別。除此，反應部位似乎也比較不會受到施測者的影響（Sanders & Cleveland, 1965）。然而，整體反應部位對細節反應部位的比值和羅氏墨跡圖型卡的總反應量有關。在總反應量較少的情況下，整體反應部位應該會較為普遍，但是在總反應量較多的情況下，細節反應部位也應該會較多（Holt, 1968）。

42 空白反應部位和前述的白色色彩反應有關。雖然幾乎所有的白色反應都涉及空白反應部位的使用，但是只有部分空白反應部位會以白色作為其刺激特性。正因如此，這兩種反應類別的詮釋性假設明顯不同也不會令人感到意外。空白反應部位的相關詮釋性假設和自我肯定以及攻擊行為傾向有關，包括抗拒、反抗、批評性行為；對於個人主義色彩強烈且傾向於自我滿足的人而言，這代表自我肯定且堅定的行為。這和高數量黑灰白色彩反應的相關詮釋性假設（包含恐懼、憂鬱、不確定感）大不相同。但需要注意的是，大部分黑灰白色彩反應的相關研究焦點為黑色與灰色的特性，而非白色。

各類型連續性反應部位的詮釋性假設將在以下的「序列分析」小節中呈現。

整體反應部位：W

W 反應數量的詮釋性假設

A. 高於平均的 W 反應數量暗示：

1. 智力高，且問題解決問題或是藝術能力良好，尤其是在整體反應部位的品質佳的情況下（Abrams, 1955; Allen, 1954; Allison & Blatt, 1964; Altus & Thompson, 1949; Ames et al., 1971; Beck, 1945; Blatt & Allison, 1963; Geertsma, 1962; Hertz, 1960a, 1960b; Kahn & Giffen, 1960; Klopfer et al., 1954; Levitt & Truumaa, 1972; Phillips & Smith, 1953; Piotrowski, 1957; Rawls & Slack, 1968; Rossi & Neuman, 1961; Sarason, 1954; Schafer, 1954; Taulbee 1955; Ulett, 1994; William & Lawrence, 1953; Wishner, 1948）；
2. 有雄心壯志，在極端的情況下，對於學術成就有強迫性的需求。這極可能反映出補償性防衛機制（Alcock, 1963; Allen, 1954; Exner, 1993;

Hertz, 1960a, 1960b; Klopfer & Davidson, 1962; Kuhn, 1960; Piotrowski 1957; Rosenzweig & Kogan, 1949; Schachtel, 1966; Schafer, 1954; Wilson, 1994）；

3. 組織健全且整合良好的知覺場（perceptual fields）（Ames et al., 1952; Beck, 1951; Blatt & Allison, 1963; Halpern, 1953; Hertz, 1960a, 1960b; Klopfer & Davidson, 1962; Levitt & Truumaa, 1972）；
4. 精力旺盛（Hertz, 1960a, 1960b; Piotrowski, 1957; Piotrowski & Levine, 1959; Wilson, 1994）；
5. 可能有焦慮及壓力（Goodstein & Goldberger, 1955; Kates & Schwartz, 1958; Lucas, 1961; Phillips & Smith, 1953; Schafer, 1954）；
6. 狂躁或輕微物質中毒者，而非正常人，亦非憂鬱症或精神分裂症患者（Beck, 1945; Bohm, 1958; Hertz, 1960a, 1960b; Kikuchi et al., 1962; Piotrowski, 1957）；
7. 具雄心壯志的消化性潰瘍患者（Raifman, 1957）；
8. 癲癇症患者（Kikuchi et al., 1961）；
9. 對讚美及批評的敏感度有所增加（Piotrowski, 1957）；
10. 老年人疾病或其他慢性病患者（Ames et al., 1954; Klopfer et al., 1954; Olch, 1971）；
11. 若受試者為女性，傾向於廣泛性推論、具雄心壯志，有如男性一般奮發向上（Brown et al., 1961; Ferguson, 1952）；
12. 若受試者為兒童，可能是正常的情況（Friedman, 1952; Halpern, 1960）。

B. 低於平均的 W 反應數量暗示：

1. 焦慮及壓力，通常會導致行為上的退縮（Bohm, 1958; Cox & Sarason, 1954; Doris et al., 1963; Eichler, 1951; Exner, 1974; Levitt & Grosz, 1960; Neuringer, 1962; Phillips & Smith, 1953; Rapaport et al., 1946; Riessman & Miller, 1958; Sarason, 1954; Schachtel, 1966; Schafer, 1954; Schwartz & Kates, 1957）；

2. 智商低，可能是智能不足和其他知覺場組織不健全的狀況（Allison & Blatt, 1964; Altus & Thompson, 1949; Beck, 1945; Bohm, 1958; Klopfer et al., 1954; Piotrowski, 1957; Rorschach, 1921/1951; Schafer, 1948）；
3. 憂鬱狀況，通常和缺乏主動性以及缺乏抱負有關（Aronow et al., 1994; Beck, 1960; Bohm, 1958; Exner, 1974; Holt, 1968; Piotrowski, 1957; Rapaport et al., 1946; Rorschach, 1921/1951; Schafer, 1948）；
4. 壓抑（Schafer, 1954）；
5. 腦傷（Goldfried et al., 1971; Piotrowski & Berg, 1955; Piotrowski & Lewis, 1950; Rorschach, 1921/1951）；
6. 精神分裂症（Goldfried et al., 1971; Piotrowski & Berg, 1955; Piotrowski & Levine, 1959; Siegel, 1953）。

C. 平均的 W 反應數量暗示：

1. 人格正常，智力及知覺亦發展均衡（Klopfer & Davidson, 1962; Phillips & Smith, 1953）；
2. 有能力以實事求事的方式來處理日常生活中的問題（Phillips & Smith, 1953）。

W 反應品質的詮釋性假設

A. 截斷的 W 反應（Cut-Off W）暗示：

1. 對於智識的要求嚴苛，在極端的情況下會有吹毛求疵及完美主義者傾向（Aronow et al., 1994; Klopfer & Davidson, 1962）；
2. 焦慮、緊張及自我懷疑（Phillips & Smith, 1953）。

B. DW 反應暗示：

1. 有人格問題，與現實的聯結弱，現實感不佳（Allen, 1954; Ames et al., 1952; Bochner & Halpern, 1945; Klopfer & Davidson, 1962; Piotrowski, 1957）；
2. 過度類化，過於衝動，以致做出錯誤的決定（Allison et al., 1968; Klopfer & Davidson, 1962; Piotrowski, 1957）；

3. 精神病、精神分裂症及躁鬱症（Alcock, 1963; Beck, 1945; Bochner & 43
Halpern, 1945; Exner, 1974; Friedman, 1953; Goldfried et al., 1971; Klopfer et al., 1954; Phillips & Smith, 1953; Piotrowski, 1957; Powers & Hamlin, 1955; Rapaport et al., 1946; Rorschach, 1921/1951; Schafer, 1948; Thiesen, 1952; Ulett, 1994; Vinson, 1960; Watkins & Stauffacher, 1952）；
4. 推理能力不佳，常見於一般正常兒童以及有反社會人格的成人（Alock, 1963; Palmer, 1970; Piotrowski, 1957; Schafer, 1948）；
5. 器質性狀況（Bochner & Halpern, 1945; Exner, 1974; Oberholzer, 1931; Rorschach, 1921/1951）；
6. 智能不足（Beck, 1945; Bochner & Halpern, 1945; Kahn & Giffen, 1960; Rorschach, 1921/1951; Ulett, 1994）；
7. 癲癇症患者（Kikuchi et al., 1961）；
8. 若受試者為兒童，這可能是正常的（Friedman, 1953; Goldfried et al., 1971; Halpern, 1960），雖然他們可能有退化的傾向（Dudek, 1972）。

C. W＋反應暗示：

1. 不論受試者為成人或兒童，皆代表優秀的智力（Alcock, 1963; Allen, 1954, 1958; Allison & Blatt, 1964; Beck, 1944, 1945; Consalvi & Canter, 1957; Klopfer & Davidson, 1962; Goldfried et al., 1971; Hertz, 1960a; Holt, 1968; Levitt & Truumaa, 1972; Marsden, 1970; Piotrowski, 1957; Rapaport et al., 1946; Rorschach, 1921/1951）；
2. 概念及抽象思考能力佳（Alcock, 1963; Aronow et al., 1994; Beck, 1945; Blatt & Allison, 1963; Gurvitz, 1951; Klopfer & Davidson, 1962; Rapaport et al., 1946）；
3. 排除焦慮或是嚴重憂鬱的可能性（Bochner & Halpern, 1945; Holt, 1968）；
4. 正常人，有良好的因應行為（Allen, 1954; Goldfried et al., 1971; Lerner, & Shanan, 1972）。

D. W－與 Wv 反應暗示：

1. 智力功能差（Alcock, 1963; Allen, 1954; Beck, 1945; Bochner & Halpern, 1945; Holt, 1968; Klopfer & Davidson, 1962; Ogdon & Allee, 1959; Sarason, 1954）；
2. 理想抱負過高，可能反映出補償性或強迫性的奮發向上（Allen, 1954; Aronow et al., 1994; Bochner & Halpern, 1945; Gurvitz, 1951; Klopfer & Davidson, 1962; Sarason, 1954; Schafer, 1954）；
3. 適應不良的人格（Beck, 1944, 1945; Hertz, 1960a, 1960b; Holt, 1968; Klopfer et al., 1954; Munroe, 1945; Schafer, 1954）；
4. 可能有腦傷（Beck, 1944; Bohm, 1958; Goldfried et al., 1971; Gottlieb & Parsons, 1960; Oberholzer, 1931; Sarason, 1954）；
5. 可能為任何類型的精神分裂症（Bohm, 1958; Friedman, 1952, 1953; Goldfried et al., 1971; Hertz, 1960a; Holt, 1968; Kataguchi, 1959; Kelley & Klopfer, 1939; Mundy, 1972; Piotrowski, 1957; Rapaport et al., 1946; Siegel, 1953）；
6. 可能是癲癇症患者（Kikuchi, 1961）；
7. 若受試者為兒童，可能是正常的（Friedman, 1952, 1953; Goldfried et al., 1971; Halpern, 1960）。

常見的、大的細節反應部位：D

D 反應數量的詮釋性假設

A. 高於平均的 D 反應數量暗示：

1. 實用性基本常識，正常平凡人的能力以及墨守成規的取向（Alcock, 1963; Allen, 1958; Allison et al., 1968; Ames et al., 1952; Beck, 1945, 1951; Bochner & Halpern, 1945; Gurvitz, 1951; Halpern, 1953; Klopfer & Davidson, 1962; McCue et al., 1963; Mons, 1950; Murstein, 1958; Piotrowski, 1957; Sarason, 1954; Ulett, 1994）；
2. 閉縮型防衛性人格，只會注意到顯而易見的事物（Beck, 1945, 1960,

1968; Levitt & Truumaa, 1972）；

3. 焦慮、缺乏安全感（Aronow et al., 1994; Beck, 1945; Klopfer & Davidson, 1962）；

4. 憂慮、有自殺傾向（Alcock, 1963; Beck, 1945; Neuringer, 1974; Weiner, 1961a）；

5. 不論受試者為成人或兒童，皆可能為精神分裂症（Halpern, 1960; Kalinowsky & Hoch, 1961），包括緊張型患者（Curran & Marengo, 1990），以及處於緩解期的精神分裂症患者（Exner & Murillo, 1973; Murillo & Exner, 1973）；

6. 智力正常的成人，但個性不成熟（Alock, 1963）；

7. 若受試者為兒童，因安全感的需求過於強烈而有強迫型傾向（Halpern, 1953），不過，此指標也和良好的閱讀能力相關（Ames & Walker, 1964）。

B. 低於平均的 D 反應數量暗示：

1. 情緒問題以及精神官能性狀況（Alcock, 1963; Holt, 1968; Klopfer et al., 1954; Klopfer & Davidson, 1962; Raifman, 1957）；

2. 常見於自閉兒的父母（Ogdon et al., 1968）、情緒失常嬰兒的母親（Lipgar & Waehler, 1991）、腦傷（Reitan, 1955a, 1955b）、消化性潰瘍患者（Raifman, 1957），以及部分邊緣性人格者的測驗紀錄（Gartner et al., 1989）。

C. 平均的 D 反應數量暗示：

1. 適應良好的人格（Klopfer & Davidson, 1962; Piotrowski, 1957）；

2. 有能力處理一個問題的基本常識面（Allen, 1958; Aronow et al., 1994; Klopfer & Davidson, 1962; Piotrowski, 1957; Sarason, 1954）。

D 反應品質的詮釋性假設 44

A. 高於平均的 D 反應品質暗示：

1. 智力優異但缺乏安全感的人（Klopfer & Davidson, 1962）；

2. 有能力妥善處理日常生活中的問題（Allen, 1954; Goldfried et al., 1971）。

B. 低於平均的 D 反應品質暗示：

1. 各類型的精神分裂症（Bohm, 1958; Friedman, 1953; Goldfried et al., 1971; Hertz & Paolino, 1960; Klopfer et al., 1954）；
2. 嚴重的情緒問題，尤其是在D數量很少的情況下（Allen, 1954; Klopfer et al., 1954; Rapaport et al., 1946）；
3. 低於平均的智力（Allen, 1954; Klopfer et al., 1954）；
4. 可能有腦傷（Goldfried et al., 1971）；
5. 若受試者為兒童，可能是正常的（Goldfried et al., 1971）。

C. 平均的 D 反應品質暗示：適應良好的人格（Klopfer & Davidson, 1962）。

常見的、小的細節反應部位：d

d 反應數量的詮釋性假設

1. 過於重視 d 反應和缺乏安全感以及焦慮相關，如強迫型人格（Aronow et al., 1994; Gurvitz, 1951; Halpern, 1953; Klopfer & Davidson, 1962; Levitt & Truumaa, 1972; Piotrowski, 1957; Schafer, 1954）；
2. 若有許多 d 反應，但卻很少 W 反應暗示：被動以及缺乏主動性，和精神分裂症患者及腦傷病患有關聯（Piotrowski, 1957）；
3. 藝術家通常只會有少許 d 反應（Rawls & Slack, 1968），幼童也極少使用 d（Levitt & Truumaa, 1972）。

不常見的細節以及空白反應部位（Space）

強調不常見細節反應部位的詮釋性假設

A. 重視 Dd 暗示：

1. 不論受試者為成人或兒童，皆為焦慮，尤其是在同時重視空白反應部位的情況下（Ames et al., 1952; Davidson, 1950; Doris et al., 1963; Hammes & Osborne, 1962; Holt, 1968; Klopfer et al., 1954; Piotrowski, 1957; Sarason, 1954; Schachtel, 1966）；
2. 精神官能症，較可能對細節有強迫性或完美主義式的執著（Allen, 1954; Allison et al., 1968; Ames et al., 1952; Aronow et al., 1994; Beck, 1945; Bochner & Halpern, 1945; Bohm, 1958; Exner, 1974, 1986, 1993; Fisher, 1950; Goldfarb, 1943; Goldfried et al., 1971; Gurvitz, 1951; Hertz, 1948; Holt, 1968; Kahn & Giffen, 1960; Klopfer et al., 1954; Levi, 1965; Piotrowski, 1957; Sarason, 1954; Ulett, 1994; Weiner, 1977; Wilson, 1994）；
3. 固著於性心理發展階段的肛門期，有時會以嘮叨、挑毛病、反社會行動化或慮病行為呈現（Bochner & Halpern, 1945; Bohm, 1958; Gacono & Meloy, 1994; Kahn & Giffen, 1960; Levi, 1965）；
4. 精神分裂症症狀，尤其是在 Dd 反應形狀較差的情況下（Bohm, 1958; Exner, 1974; Hertz & Paolino, 1960; Klopfer & Davidson, 1962; Piotrowski, 1957; Siegal, 1953; Vincent & Harman, 1991; Vinson, 1960）；包括緊張型精神分裂症患者（Curran & Marengo, 1990）；
5. 多產的因素之一，尤其是針對學者而言（Holt, 1968; Klopfer & Davidson, 1962; Murstein, 1960; Schachtel, 1966）；
6. 排除正常人格的可能（Munroe, 1945; Rorschach, 1921, 1951）；不過若是在形狀良好的情況下，也曾見於原創藝術工作者（Gurvitz, 1951; Klopfer & Davidson, 1962）；
7. 不願直接面對問題（Phillips & Smith, 1953）；
8. 魏氏算術分測驗分數高（Holzberg & Belmont, 1952）；
9. 在高齡族群中，代表衰老的狀況（Ames et al., 1954）。

B. 重視 dd 暗示：

1. 強迫型、一絲不苟的老學究症候群（pedantic syndromes）（Alcock, 1963; Aronow et al., 1994; Beck, 1945; Ferguson, 1952; Gacono, Meloy, &

Heaven, 1990; Goldfarb, 1943; Klopfer & Davidson, 1962; Piotrowski, 1957; Rosenzweig & Kogan, 1949）；

2. 不安全感，尤其是在個人以抑制行為以及抑制知覺歷程來防衛的情況下（Klopfer et al., 1954; Schachtel, 1966; Schafer, 1954）。

C. 重視 de 暗示：

1. 內向人格者的焦慮症狀（Aronow et al., 1994; Bochner & Halpern, 1945; Klopfer & Davidson, 1962; Lerner, 1991; Rapaport et al., 1946）；
2. 害怕接觸不可控制的情境，尤其是社交情境（Alcok, 1963; Allen, 1954, 1958; Aronow et al., 1994; Klopfer & Davidson, 1962）；
3. 過於一絲不苟，如強迫型防衛、反向作用，以及孤立（Bochner & Halpern, 1945; Holt, 1968; Phillips & Smith, 1953; Schafer, 1954）；
4. 可能有妄想型精神分裂症（Phillips & Smith, 1953）。

D. 重視內部細節（Inside Details; di）暗示：

1. 焦慮，有時會執著於人際關係（Alcock, 1963; Aronow et al., 1994; Bochner & Halpern, 1945; Klopfer & Davidson, 1962）；
2. 類分裂性人格，尤其是在形狀層級很差的情況下，會試圖避免人格結構瓦解（Klopfer & Davidson, 1962; Phillips & Smith, 1953）；

45 3. 若形狀層級良好，便是具藝術才能者，特別是在受試者對於色彩濃度敏感的情況下（Alcock, 1963; Klopfer et al., 1954; Piotrowski, 1957）；

4. 分心或輕躁者的易分心傾向（Allen, 1954）。

E. 重視罕見細節（Rare Details; dr）暗示：

1. 迅速、靈活的知覺能力；若在形狀層級良好及反應部位達到適度平衡的情況下，便是適應良好、想像力佳或相當聰慧的人（Aronow et al., 1994; Klopfer & Davidson, 1962）；
2. 強迫型一絲不苟、吹毛求疵、完美主義人格，常有過多的 dd 或是 de 反應部位（Alcock, 1963; Allison et al., 1968; Holt, 1968; Kates, 1950; Klopfer et al., 1954; Rapaport et al., 1946; Rosenzweig & Kogan, 1949; Schafer, 1948, 1954）；

3. 在形狀層級很差的情況下，代表精神分裂症、精神分裂症發病前狀態、自閉症或是邊緣性人格情形，而非精神官能症。但若受試者智能不足，則可能有精神官能症（Allen, 1954, 1958; Aronow et al., 1994; Hertz & Paolino, 1960; Holt, 1968; Klopfer et al., 1956; Knopf, 1956, 1965; Rapaport et al., 1946; Schafer, 1948, 1954; Siegel, 1953; Sugarman, 1980; Sugarman et al., 1980）；
4. 對成功的需求非常強烈，會顯現於總反應數量（Klopfer et al., 1954; Rapaport et al., 1946）；
5. 在形狀層級良好的情況下，代表智力佳以及想像力豐富（Allen, 1954）。

F. 智能不足細節（Oligophrenic; DO or do）反應暗示：

1. 焦慮、抑制、憂鬱症候群（Allen, 1954; Allison et al., 1968; Ames et al., 1952; Auerbach & Spielberger, 1972; Beck, 1945; Bochner & Halpern, 1945; Bohm, 1958; Eichler, 1951; Holt, 1968; Piotrowski, 1957; Rapaport et al., 1946; Rorschach, 1921/1951; Sarason, 1954）；
2. 智能不足（Alcock, 1963; Allen, 1954, 1958; Allison et al., 1968; Beck, 1945; Bohm, 1958; Holt, 1968; Klopfer et al., 1954; Rorschach, 1921/1951）；尤其是腦傷、智能不足者（Werner, 1945）；
3. 與現實脫節，思考解構（Holt, 1968; Klopfer et al., 1954）；
4. 過度的聰明謹慎，有時會在強迫症患者身上看到此特質（Holt, 1968; Piotrowski, 1957）；
5. 可能為器質性精神病（Allen, 1954; Allison et al., 1968）。

空白反應部位的詮釋性假設

A. 重視大空白反應部位（Large Space; S）暗示：

1. 不論任何年齡層，皆為對抗、反抗、消極主義者，可能會有適應不良的特性以及自我失和（ego alien）的衝動（Allen, 1954, 1958; Alcock, 1963; Allison et al., 1968; Ames et al., 1952; Aronow et al., 1994; Beck,

1945, 1951; Bochner & Halpern, 1945; Exner, 1974, 1986; Ferguson, 1952; Finn & Neuringer, 1968; Fonda, 1951, 1960, 1977; Halpern, 1953; Holt, 1968; Klopfer & Davidson, 1962; Lerner, 1966; Lord, 1950; Molish, 1967; Mons, 1950; Mukerji, 1969; Munroe, 1945; Palmer, 1970; Phillips & Smith, 1953; Piotrowski, 1957; Rapaport et al., 1946; Ray, 1963; Rorschach, 1921/1951; Rosen, 1952; Sarason, 1954; Schafer, 1954; Ulett, 1994; Weltman & Wolfson, 1964; Wilson, 1994）；

2. 具攻擊性，有時是反社會人格或是具破壞心態的邊緣性人格（Ames et al., 1952; Aronow et al., 1994; Beck, 1951, 1960; Bochner & Halpern, 1945; Exner, 1986; Fonda, 1960, 1977; Gacono & Meloy, 1992, 1994; Ingram, 1954; Klopfer et al., 1954; Meloy & Gacono, 1992; Molish, 1967; Mukerji, 1969; Peterson, 1993; Wilson, 1994）；
3. 自我肯定、堅持、好勝者，可能會奮發向上，努力成為獨立且自給自足的人（Allison et al., 1968; Aronow et al., 1994; Beck, 1945; Exner, 1986; Fonda, 1960, 1977; Klopfer & Davidson, 1962; McCue et al., 1963; Phillips & Smith, 1953; Piotrowski, 1957）；
4. 妄想性的投射以及精神分裂症，尤常見於閉縮型人格的測驗紀錄（Beck, 1945, 1960; Exner, 1986; Fonda, 1960; Hertz, 1948; Holt, 1968; Rapaport et al., 1946; Schafer, 1954）；
5. 在形狀層級良好的情況下，代表有活力、吹毛求疵、不易受到鼓動的取向（Beck, 1945; Piotrowski, 1957）；
6. 焦慮程度低（Greenwald, 1991; Hammas & Osborne, 1962）；
7. 可能有心身性或精神官能性狀況，尤其是在小空白反應（s）也被重視的情況下（Shatin, 1952; Weiner, 1991）；
8. 排除器質性狀況的可能（Dorken & Kral, 1952）；
9. 其他研究顯示，對 S 的重視可能和自殺（Arffa, 1982; Exner, 1978, 1986）；與他人不和（Lord, 1950）；男性左撇子（Finn & Neuringer, 1968）；以及有理智化傾向的場地依賴型（field-dependent）（De-

Koninck & Crabbe-Decleve, 1971）相關。

B. S＋反應暗示：

1. 自我強度佳（Last & Weiss, 1976）；
2. 能夠表達具建設性的反對意見，此乃積極的因應行為（Lerner & Shanan, 1972）。

C. S－反應暗示：

1. 憤怒及消極主義（Exner, 1993; Wilson, 1994）；
2. 可能為反社會人格（Fonda, 1977; Gacono & Meloy, 1992）。

D. 低於平均或完全沒有S反應數量暗示：

1. 消極依賴（Passive-Dependent）取向、順從聽話傾向（Beck, 1945; Fonda, 1960）；
2. 自我放棄（Hertz, 1949）。

E. Dd＋Dr＋S等於0暗示：可能為器質性狀況（Evans & Marmorston, 1963, 1964）。

F. 重視Dd＋S暗示：

1. 焦慮（Ames et al, 1952; Davidson, 1950; Klopfer et al., 1954）；
2. 與現實脫節（Fonda, 1960; Klopfer et al., 1954; Neuringer, 1962）； 46
3. 妄想傾向（Alcock, 1963; Phillips & Smith, 1953）；
4. 強迫人格傾向（Alcock, 1963; Fonda, 1977）。

G. 重視小空白（Small Space; s）反應部位暗示：

1. 基本上和S反應的假設相同，尤其是有關反抗的部分（Beck, 1945; Holt, 1968; Rapaport et al., 1946）；
2. 心身症反應，尤其是在S也被重視的情況下（Shatin, 1952）。

H. W: D關係：

1. D＞W的2倍暗示：為了不讓自己過度勞累，會避免竭盡全力的傾向（Wilson, 1994）；
2. D＞W的3倍暗示：可能為器質性狀況或精神分裂症（Wagner & Frye, 1990）。

羅氏墨跡測驗的反應內容

一直以來，反應內容被視為個人興趣的投射，例如職業、嗜好、個人，或其他有關健康與家庭等個人關切的事物。此類型解釋顯然是恰當的。但除此之外，精神分析取向的心理學家成功地將焦點轉移至反應內容的象徵性解釋。Schafer、Phillips、Smith和Lindner以及追隨他們的學者在這方面有可觀的成就。正如 Lerner（1991）所指出的，沒有任何一個羅氏墨跡測驗的面向「比反應內容更常被誤用或更少被充分運用」（p.107）。這種情況背後的原因可能是在訓練過程中，臨床工作者對心理動力的理論不夠重視，以致無法有效地解釋測驗反應的象徵性意義。人很容易誤用那些未經訓練的概念，同時，象徵性意義也非常容易被過度解讀。「每個測驗反應都可以被賦予有意義的解釋，此乃錯誤的信念。」（Levitt, 1980, p.58）除此，有些訓練課程幾乎只著重於心理計量衡鑑。這些臨床工作者不會誤用象徵性的方法來解釋，因為他們連試都不會試。

許多羅氏墨跡測驗的解測者很明顯地在象徵性解釋上表現得相當好。審慎的反應內容分析法，如：Lerner（1991）以及Levitt（1980）的方析法延續自早期Mayman、Schafer及Rapaport的做法。這兩種方法皆能有系統地減少對於反應內容過度解釋或是解釋不足的可能性。

Aronow、Reznikoff及Moreland（1994）區分了制式的（Nomothetic）以及獨特的（Idiographic）反應內容分析。制式研究的結果提供了資料，有關哪些族群或特質可形容一個人。這些資料同時顯示，在與常模資料相較之下，受試者擁有某種特質的程度。例如，Elizur（1949）的焦慮與攻擊性內容量表、Wheeler（1949）的同性戀量表、Holt（1977）的初級思考歷程量表，以及（但程度較低）Exner 針對自我中心的研究（1978）。這類型研究的結果為制式的資訊。當反應內容量表分數被使用時，它們便可作為補充及輔助一般計分程序之用。如同 Holt（1977）所提到的：「羅氏墨跡測驗反應是非常豐富及多面向的，因此，許多不相斥的計分系統通常可以同時派上用場……」（p.382）。

獨特的內容解釋著重於個人有特色的面向，或甚至是個人獨有的特質。測驗反應的質性分析有助於更進一步了解受試者這個人。Aronow 等人（1994）適時地針對此取向提供了出色的論述。

反應內容類別

人類整體內容的詮釋性假設：H

（請參考以下「有特定情緒表現或行動的人類反應」小節）

A. 高於平均的 H 數量暗示：

1. 廣泛的興趣（Aronow et al., 1994; Beck, 1968）；
2. 智商高，有時藝術能力亦佳（Beck, 1968; Rawls & Slack, 1968; Sommer, 1958）；
3. 自我概念良好，很少有脆弱感（Fisher, 1962）；
4. 治療的預後良好（Goldfried et al., 1971; Klopfer et al., 1954）；
5. 可能有吹毛求疵的傾向（Phillips & Smith, 1953）；
6. 高H%值曾見於那些即將過世年長者的測驗紀錄（Shimonaka & Nakazato, 1991）。

B. 低於平均的 H 數量，尤其是完全沒有 H，暗示：

1. 社交性孤立、退縮、在人際關係中感到壓迫，或對於認同他人不感興趣（Allen, 1954; Allison et al., 1968; Arnaud, 1959; Klopfer et al., 1954; Phillips & Smith, 1953; Weiner & Exner, 1991; Wilson, 1994）；
2. 同理心的減損或缺乏（Kahn & Giffen, 1960; Klopfer et al., 1954; Phillips & Smith, 1953; Piotrowski, 1957）；
3. 不論是成人或青少年，有自我形象問題、孤獨感及自殺的可能（Arffa, 1982; Exner, 1978, 1993; Wilson, 1994）；
4. 會突然結束治療的患者，尤其是在同時有 H 與 M 反應的情況下，極可能因為有貧乏的智力或背景；會有嚴重焦慮，或者會極度抑制（Af-

fleck & Mednick, 1959; Rapaport et al., 1946）；

5. 不成熟，與易脆弱感，以及可能對性別角色感到困惑（Fisher, 1962; Palmer, 1970; Rosenzweig & Kogan, 1949）；

6. 可能為精神分裂症或是邊緣性人格情形，預後不佳（Allison et al., 1968; Exner, 1978; Gacono & Meloy, 1994; Lerner & St. Peter, 1984; Peterson, 1993; Piotrowski & Bricklin, 1961; Sugarman et al., 1980）；

7. 在兒童中，代表有情緒問題，並常有學習障礙。若受試者為青少年，代表品行疾患（Acklin, 1990; Ames, 1959; Gacono & Meloy, 1994; Halpern, 1953; Haworth, 1962; Mundy, 1972; Weber et al., 1992）。

C. 平均的 H 數量暗示：

1. 有同理心，對他人感興趣，敏感度高（Ames et al., 1952; Klopfer et al.,
47 1954; Levitt & Truumaa, 1972; Phillips & Smith, 1953; Piotrowski, 1957;
Rapaport et al., 1946）；

2. 正常、適應良好的人格（Beck, 1945; Klopfer et al., 1954; Phillips & Smith, 1953）。

D. 不常見的 H 反應內容暗示：

1. 若H反應內容的性認同混亂、逃避或猶豫不決，可能為同性戀（Andersen & Seitz, 1969; Due & Wright, 1945; Fein, 1950; Klopfer & Davidson, 1962; Lindner, 1946, 1947, 1950; Miale, 1947; Phillips & Smith, 1953; Piotrowski, 1957; Schafer, 1954）；

2. 背靠背的人體圖形暗示可能是同性戀（Goldfried, 1966; Goldfried et al., 1971; Hooker, 1958; Kwawer, 1977; Reitzell, 1949; Wheeler, 1949; Stone & Schneider, 1975; Yamahiro & Griffith, 1960）；

3. AH 反應暗示：

⑴自閉性的心理歷程，自我整合差，可能是同性戀（Armon, 1960）；

⑵在人際關係中感到不安（Meyer, 1961）；

⑶可能為精神分裂症（Brar, 1970）；

4. 暹羅雙胞胎（Siamese Twins；譯按：意指連體嬰）暗示可能為精神分

裂症（Halpern, 1953）；

5. 警察、士兵或是外科醫生的反應內容暗示攻擊性（Pope & Scott, 1967）；

6. 帶有惡意（malevolence）的 H 反應內容暗示：

⑴可能為邊緣性人格或其他嚴重的思想疾患（Acklin, 1993; Blatt et al., 1976; Blatt, Tuber, & Auerbach, 1990; Lerner & St. Peter, 1984; Ritzler, Zambianco, Harder, & Kaskey, 1980）；

⑵可能有依賴型憂鬱（anaclitic depression）（Blatt & Lerner, 1983）；

⑶敵意（Elizur, 1949）；

⑷在男孩中，暗示可能有女性特質（Lerner, 1991）。

E.（H）代表虛擬或神話的人類整體反應內容；（H）反應內容暗示：

1. 依賴需求（Arnaud, 1959; Levitt et al., 1962; Phillips & Smith, 1953）；
2. 傾向避免社交互動，偏向社交性孤立（Allen, 1954; Klopfer & Davidson, 1962; Phillips & Smith, 1953）；
3. 對人際關係感到焦慮，不過仍對他人有興趣及具敏感度（Phillips & Smith, 1953）；
4. 性別角色的問題，包括同性戀傾向及依賴型憂鬱。尤其是在卡片IX的 D3 部位出現如女巫、魔鬼或怪獸等反應內容，及卡片 V 出現人性化動物，如兔寶寶邦尼（Bugs Bunny）等反應內容（Blatt & Lerner, 1983; Due & Wright, 1945; Klopfer & Davidson, 1962; Lerner, 1991; Piotrowski, 1957; Wheeler, 1949）；
5. 精神分裂症與邊緣性人格（Blatt et al., 1976; Blatt & Lerner, 1983; Brar, 1970; DeCourcy, 1971; Exner, 1978; Lindner, 1947; Ritzler et al., 1980; Spiro & Spiro, 1980; Sugarman, Quinlan, & Devenis, 1982; Bochner & Halpern, 1945; Halpern, 1953）；
6. 在兒童中，代表不成熟，不過亦可能屬於正常發展的歷程（Ames et al., 1952; Bochner & Halpern, 1945; Halpern, 1953）；
7. 在青少年中，可能為品行疾患（Gacono & Meloy, 1994）。

F. 高於平均的人類部分（Hd）反應數量暗示：

（也請參考「不常見細節及空白反應部位」小節中有關do或DO的部分）

1. 焦慮，尤其是社交焦慮（Ames et al., 1952, 1959; Aronow et al., 1994; Phillips & Smith, 1953; Piotrowski, 1957; Rapaport et al., 1946）；
2. 有戒心，或是可能帶有反社會人格型敵意的謹慎，亦或會阻礙同理關係的批評性傾向（Aronow et al., 1994; Exner, 1986; Gacono & Meloy, 1992; Klopfer et al., 1954; Schafer, 1954; Thompson, 1965）；
3. 理智化防衛，常見於強迫型人格者（Klopfer & Davidson, 1962; Molish, 1967; Phillips & Smith, 1953）；
4. 無法有效與他人互動（Exner, 1986; Klopfer et al., 1954; Phillips & Smith, 1953）；
5. 反應型憂鬱（reactive depression）及自殺傾向（Neuringer, 1974; Phillips & Smith, 1953; Weiner, 1961a）；
6. 在兒童中，代表有情緒問題、可能為精神分裂症，尤其是在Hd是H兩倍的情況下（Ames et al., 1952, 1959; Mundy, 1972）；以及癲癇症（Shaw & Cruickshank, 1957）；
7. 在青少年中，可能為品行疾患（Gacono & Meloy, 1994）或是邊緣性人格（Sugarman, 1980; Sugarman et al., 1980）。

G. 低於平均的Hd數量，或是完全沒有Hd，暗示：

1. 在人際關係感到壓迫（Arnaud, 1959）；
2. 在兒童中，代表有情緒問題（Ames et al., 1952）。

H. 不常見的Hd反應內容暗示：

1. Hd－反應內容暗示：可能為歇斯底里性人格疾患或是內攝型憂鬱（introjective depression）（Blatt & Lerner, 1983）；
2. （Hd）反應內容暗示：非妄想型精神分裂症，或是歇斯底里性人格疾患（Blatt & Lerner, 1983）；
3. 沒有頭的人類圖案暗示：對於人際關係的理智層面感到困難，傾向於較原始的攻擊性行為，或可能有同性戀傾向（Bochner & Halpern, 1945; Due & Wright, 1945; Klopfer et al., 1954）；

4. 生殖器反應暗示對生殖器性徵的關注，極可能曾經歷失敗的異性戀或有同性戀傾向（Brar, 1970; Klopfer & Davidson, 1962; Wheeler, 1949）；
5. 嘴部反應內容暗示缺乏安全感，帶有報復性敵意的依賴需求。肥胖者
與邊緣性人格患者也曾有此類型反應內容（Arnaud, 1959; Berg, 1983;
Bornstein et al., 1993; Duberstein & Talbot, 1993; Fowler, Hilsenroth, &
Handler, 1996; Levitt et al., 1962; Lindner, 1947; Masling, Rabie, & 48
Blondheim, 1967; Phillips & Smith, 1953; Schafer, 1954; Wiener, 1956）；
6. 強調嘴部內容與神經質憂鬱（neurotic depression）以及酒癮相關（Bochner & Halpern, 1945; Bornstein et al., 1993; Schafer, 1948, 1954; Wiener, 1956）；
7. 乳房內容暗示情感需求或依賴需求受挫，尤其是欲自具母親形象的女性身上獲得情感但受挫（Klopfer & Davidson, 1962; Levitt et al., 1962）；
8. 口腔細節內容暗示依賴性（Bornstein et al., 1993; Fowler et al., 1996），若同時有肛門細節，則可能指向同性戀（Andersen & Seitz, 1969; Armon, 1960; Goldfried, 1966; Hooker, 1958; Schafer, 1954; Wheeler, 1949）；
9. 肛門細節暗示強迫型人格、神經衰弱，但以同性戀傾向尤為可能（Anderson & Seitz, 1969; Brar, 1970; Goldfried, 1966; Goldfried et al., 1971; Hooker, 1958; Lindner, 1946, 1947, 1950; Miale, 1947; Phillips & Smith, 1953; Piotrowski, 1957; Reitzell, 1949; Schafer, 1948, 1954; Weiner, 1977; Wheeler, 1949; Yamahiro & Griffith, 1960）；
10. 肛門或臀部，若和凝視的雙眼相關，暗示有妄想傾向（Beck, 1945; Klopfer & Davidson, 1962; Miale, 1947; Pascal, Ruesch, Devine, & Suttell, 1950; Piotrowski, 1957）；
11. 若受試者為妄想型精神分裂症患者，臉的正面（front-view faces）與猜疑相關（Bochner & Halpern, 1945; DuBrin, 1962; Phillips & Smith, 1953;

Piotrowski, 1957）；

12.肢臂暗示對身體形象完整性的敏感度，同時會以自我再保證作為補償，以避免恐懼或受到他人傷害（Phillips & Smith, 1953）；

13.眼睛，尤其是凝視或是銳利的眼神，暗示偏執者，包括多疑的正常人、妄想型精神分裂症患者、精神病的反社會人格，以及有同性戀傾向的人（Alcock, 1963; Allen, 1954; Aronow et al., 1994; Beck, 1960; Bochner & Halpern, 1945; Bradway & Heisler, 1953; DeCourcy, 1971; DuBrin, 1962; Due & Wright, 1945; Endicott, Jortner, & Abramoff, 1969; Fonda, 1960; Kahn & Giffen, 1960; Klopfer et al., 1954; Lindner, 1946, 1947; Meloy & Gacono, 1992; Miale, 1947; Phillips & Smith, 1953; Piotrowski, 1957; Pope & Scott, 1967）；

14.耳朵暗示有妄想傾向（Miale, 1947）；

15.牙齒暗示忿恨或攻擊性的態度（Klopfer & Davidson, 1962）；咬著的牙齒暗示可能為妄想型精神分裂症（DeCourcy, 1971）。

I. Hdx 與 Adx 內容暗示：

1. 嚴重、顯著的焦慮（Allen, 1954; Beck, 1944, 1945; Phillips & Smith, 1953）；
2. 智能不足，與創傷性腦傷有關（Allen, 1954; Beck, 1945; Phillips & Smith, 1953; Werner, 1945）；
3. 精神分裂症：妄想型、緊張型及青春型（hebephrenic）（Phillips & Smith, 1953; Siegel, 1953）；
4. 額葉受損（Phillips & Smith, 1953）；
5. 在兒童中，為癲癇症（Klopfer et al., 1954; Shaw & Cruickshank, 1957）；
6. 若在卡片Ⅲ出現從眾人像反應，代表在人際關係中感到壓迫（Arnaud, 1959）；
7. 介於六歲至十歲間的正常兒童（Phillips & Smith, 1953）。

動物整體反應內容（Animal Content; A）的詮釋性假設

（請參考以下說明，有關「特定動物以及特定情緒表現或行動的動物」）

A. 高於平均的動物整體反應內容（A）數量暗示：

1. 刻板印象型思考（Allen, 1954; Ames et al., 1952, 1959; Beck, 1945, 1951, 1960; Bochner & Halpern, 1945; Bohm, 1958; Ferguson, 1952; Holt, 1968; Klopfer & Davidson, 1962; Levitt & Truumaa, 1972; Phillips & Smith, 1953; Piotrowski, 1957; Rapaport et al., 1946; Rorschach, 1921, 1951; Sarason, 1954; Ulett, 1994）；
2. 智商或心智年齡較低（Alcock, 1963; Allen, 1954; Beck, 1945; Bochner & Halpern, 1945; Consalvi & Canter, 1957; Halpern, 1953; Kahn & Giffen, 1960; Klopfer & Davidson, 1962; Levitt & Truumaa, 1972; Phillips & Smith, 1953; Piotrowski, 1957; Rapaport et al., 1946; Sarason, 1954）；
3. 焦慮（Beck, 1945; Phillips & Smith, 1953; Piotrowski, 1957）；
4. 興趣的缺乏（Klopfer & Davidson, 1962; Sarason, 1954）；
5. 對各年齡層而言，皆代表不成熟，但在使用年齡常模時須謹慎（Alcock, 1963; Ames & Gillespie, 1973; Halpern, 1960; Palmer, 1970; Phillips & Smith, 1953; Ulett, 1994）；
6. 可能為正常的年長者（Ames et al., 1954; Bohm, 1958; Klopfer et al., 1956）；
7. 運用壓抑、閉縮或順從等防衛機制（Beck, 1960; Schafer, 1954; Ulett, 1994）；
8. 與他人保持距離（Klopfer et al., 1954）；
9. 精神官能症，可能有強迫型特質（Goldfried et al., 1971; Kahn & Giffen, 1960; Miale & Harrower-Erickson, 1940; Ross & Ross, 1944; Schafer, 1948）；
10. 在成人中，代表精神分裂症，尤其是在此類型反應超過 50%的情況下

（Beck, 1945; Rapaport et al., 1946; Schafer, 1948; Vinson, 1960）；

11. 器質性腦傷（Allen, 1954; Beck, 1945; Evans & Marmorston, 1963; Goldfried et al., 1971; Kral & Dorken, 1953; Oberholzer, 1931）；

12. 反社會人格、妄想型，以及具殺人傾向者（Perdue, 1964; Schafer, 1948）；

13. 憂鬱狀況（Beck, 1945; Bochner & Halpern, 1945; Exner, 1974; Rorschach, 1921/1951）；

49 14. 在兒童中，若此類型反應超過 70%，代表有情緒問題（Ames, 1959; Haworth, 1962）；

15. 其他研究顯示高於平均的 A 數量也會發生在下列類型的人：自閉兒的父母（Ogdon et al., 1968）、行為失常嬰兒的母親（Lipgar & Waehler, 1991）、自主神經系統失調、副交感神經活動主導（Acker, 1963）、警戒心重（Phillips & Smith, 1953; Ulett, 1994），以及對心理治療反應不佳（Davids & Talmadge, 1964）。

B. 低於平均的 A 數量，或完全沒有 A，暗示：

1. 具優異的智能以及自發性，但有可能是健康的人，也有可能是有情緒困擾的人（Allen, 1954; Beck, 1945; Kahn & Giffen, 1960）；

2. 精神分裂症，尤其是在只有很少或完全沒有大型動物反應內容的情況下（Beck, 1945; Goldfried et al., 1971; Phillips & Smith, 1953; Rapaport et al., 1946; Thiesen, 1952）。

C. 特定的 A 內容：

1. 短吻鱷／鱷魚／鬣蜥／蜥蜴以及其他類似的內容暗示：廣泛性否定的態度，具攻擊性、敵意及破壞取向。此類型的人可能會為了達到自己的目的而不擇手段（DeVos, 1952; Gacono & Meloy, 1994; Phillips & Smith, 1953; Rose & Bitter, 1980）。

2. 人猿／大猩猩／猴子內容暗示：與一位具威脅性、如父親般的男性有未解決的關係（Phillips & Smith, 1953）。

3. 細菌／病菌內容：雖然在正常人的反應中相當罕見，但可在極端退化病患的反應中見到，有些是嚴重的慮病症患者，有些則是精神分裂症患者（Phillips & Smith, 1953）。

4. 蝙蝠內容暗示：如果是從眾反應，代表良性；但若非從眾反應，則暗示不安、預期會不愉快，或是焦慮（Aron, 1982; Elizur, 1949; Phillips & Smith, 1953）。
5. 熊的內容暗示：與一位慈祥但強勢，如父親般的男性有未解決的關係（Phillips & Smith, 1953）；北極熊內容曾見於精神異常的男扮女裝者（gynemimetic）的測驗紀錄（Peterson, 1992）。
6. 蜜蜂／蒼蠅內容：為罕見的反應內容，在兒童的紀錄中應被視為良性反應，但亦曾見於患有妄想症及精神分裂症成人的測驗紀錄（Phillips & Smith, 1953）。
7. 鳥類的內容暗示：不成熟、不健全的人格，曾見於性無能、不成熟男性，及其他反社會人格疾患患者的測驗紀錄（Phillips & Smith, 1953）。
8. 野牛／水牛的內容暗示：攻擊性，有可能與一位強壯的、具威脅性、如父親般的男性有未解決的關係（Brown, 1953; Phillips & Smith, 1953）。
9. 蟲子的內容暗示：不成熟、不健全的人格，也許會習慣性地有被拒絕的期待，可能反映出一個拒絕型、懲罰型的母親形象；亦曾見於有衝動行為及反社會人格者的測驗紀錄（Meloy & Gacono, 1992; Phillips & Smith, 1953）。
10. 公牛的內容暗示：與一位強壯的、具威脅性、如父親般的男性有未解決的關係（Phillips & Smith, 1953）。
11. 蝴蝶內容：若為從眾反應便屬良性，但若非從眾反應則暗示一個被動的、女孩子氣的態度；有幸福的感覺（Phillips & Smith, 1953; Thompson, 1965）。
12. 貓／龍／大象內容暗示：不成熟的人格；懷舊的童年記憶對受試者而言是重要的（Phillips & Smith, 1953）。
13. 雞的內容暗示：感覺被拒絕以及常見於不成熟人格中的情感剝奪（af-

fective deprivation）（Phillips & Smith, 1953）。

14. 蟑螂的內容暗示：不成熟，曾見於具攻擊性人格及反社會人格者的測驗紀錄（Gacono & Meloy, 1994; Phillips & Smith, 1953）。

15. 牛／鹿／羊和其他被馴養的動物暗示：一位仁慈、被動、非強勢型的，如母親一般的長者（Miale, 1977; Phillips & Smith, 1953）；不過，也和不安全感和依賴需求相關（Bochner & Halpern, 1945; Klopfer & Davidson, 1962; Levitt et al., 1962; Masling et al., 1967）。

16. 螃蟹內容：若為從眾反應便屬良性。若非從眾反應則暗示憎恨及敵意；可見於酗酒者、遺尿症患者，及反社會人格患者的測驗紀錄（Phillips & Smith, 1953）。

17. 老鷹的內容暗示：與一個具威脅性、如父親般的男性有未解決的關係；對男性帶有懷疑（Miale, 1977; Phillips & Smith, 1953）；曾見於患有精神病的男扮女裝者之測驗紀錄（Peterson, 1992）。

18. 魚類的內容暗示：冷淡的、有所保留的人際關係（Brown, 1953）；人格特質傾向為被動、遲鈍和依賴，這通常和一位占有欲強、過度保護的母親有關；曾見於酗酒者及遺尿症患者的測驗紀錄（Phillips & Smith, 1953）。

19. 青蛙的內容：曾見於如厭食症與暴食症等飲食疾患患者的測驗紀錄（McCully, Glucksman, & Hirsch, 1968; Sapolsky, 1964）。

20. 未成年動物和（或是）填充動物玩具（如小牛、小羊、小狗或泰迪熊）的內容暗示：帶有冷漠的不成熟取向（immature orientation with apathy）及軟弱感；若在男性中，可能具女性特質（Phillips & Smith, 1953）。

21. 水母／蛾／老鼠／兔子的內容：和軟弱感、自卑感、不適任感、膽怯、被動性，以及強烈的無能感相關；曾見於酗酒者、遺尿症患者及患有精神病的男扮女裝者之測驗紀錄（Peterson, 1992; Phillips & Smith, 1953）。

22. 章魚的內容暗示：努力要擺脫一個強勢且占有欲強的母親，以尋求獨立；曾見於酗酒者、遺尿症患者的測驗紀錄（Phillips & Smith, 1953）。

23.老鼠的內容：若非從眾反應，便代表有焦慮及（或是）畏懼傾向（Brown, 1953）。

24.火蜥蜴／變色龍的內容暗示：順從、被動的個性（Brown, 1953）。

25.蠍子的內容暗示：針對母親的拒絕（maternal rejection）與過度保護 50
（overprotection）予以反抗，但反抗極可能是無效的（Phillips & Smith, 1953）；曾見於攻擊性人格、反社會人格及精神病患者的測驗紀錄（Gacono & Meloy, 1994; Meloy & Gacono, 1992）。

26.海馬的內容：若非從眾反應便代表個性不成熟、帶有懷舊童年記憶的人。酗酒者及遺尿症患者也會有此反應（Phillips & Smith, 1953）。

27.蝸牛的內容：曾見於害怕性能力不足男性的測驗紀錄，或許曾經歷失敗的男女關係；軟弱感與自卑感；亦曾見於酗酒者及遺尿症患者的測驗紀錄（Phillips & Smith, 1953）。

28.蛇的內容暗示：焦慮及（或是）害怕；可能有畏懼傾向（Aron, 1982; Elizur, 1949），以及攻擊性傾向（Gacono & Meloy, 1994）。

29.蜘蛛的內容暗示：與一位具母親形象者的關係不佳，且無法有效地反抗她的過度保護（Beck, 1960; Brown, 1953; Kahn & Giffen, 1960; Klopfer & Davidson, 1962; Phillips & Smith, 1953），或可能有畏懼傾向（Pope & Scott, 1967）。

30.老虎、獅子和其他兇猛、肉食性動物的內容：請參考以下有關野生、兇猛動物的部分。

31.火雞的內容暗示：不成熟、不健全的人格，通常在個人史中曾多次經歷拒絕及情感剝奪，是「饑渴於愛」（love starved）的人（Phillips & Smith, 1953）。

32.野生、兇猛動物的內容可能反映：

(1)個人可能會試圖控制大膽的、具攻擊性的或反社會傾向（Klopfer & Davidson, 1962; Mundy, 1972）；

(2)對於被征服或被擊倒感到恐懼，主因可能是和一位強壯的、如父親般的男性有未解決的關係（Phillips & Smith, 1953）；

(3)亦曾見於好肢體攻擊的男性（Rose & Bitter, 1980）；或其他攻擊性人格者的測驗紀錄（Gacono & Meloy, 1994）。

33. 蠕蟲的內容暗示：帶有冷漠、軟弱感、不適任感的不成熟人格：一個被動的、女性化的取向，亦曾見於有失敗異性關係的男性受試者以及同性戀者的測驗紀錄（Phillips & Smith, 1953）。

34. 背靠背的動物內容暗示：有同性戀傾向（Goldfried, 1966; Hooker, 1958; Piotrowski, 1957; Wheeler, 1949）。

35. 緊握的爪內容：是一個不常見的動物部分反應內容（Ad），這與妄想型精神分裂症有關（DeCourcy, 1971）。

36. 有粗糙或異常皮膚的動物內容暗示：可能有心身症症狀（Fisher & Cleveland, 1955）。

37. 小動物、蝴蝶或昆蟲獨自出現的內容暗示：在人際關係中是被動的（Thompson, 1965）。

D. Adx 反應內容：

請參考 Hdx 及 Adx 小節。

E. 高於平均的 Ad 反應數量暗示：

1. 焦慮（Allen, 1954; Aronow et al., 1994; Bochner & Halpern, 1945; Piotrowski, 1957; Rorschach, 1921/1951）；
2. 吹毛求疵，或許是強迫型批評，通常反映在滿懷敵意的人際關係中，並可能是對自卑感的反向作用（Allison et al., 1968; Bell, 1948; Klopfer & Davidson, 1962; Thompson, 1965）；
3. 可能會過度敏感、小心謹慎或是猜疑，可見於一些正常人或部分精神分裂症患者（Allen, 1954; Aronow et al., 1994）；
4. 與現實脫節，常見於躁狂與憂鬱症患者（Allen, 1954; Bohm, 1958）；
5. 可能智能較低（Bohm, 1958）。

F. 高於平均的 A 物體（A Object）反應數量暗示：

1. 依賴需求（Allen, 1954）；
2. 喜好感官享受（Allen, 1954）。

解剖內容（Anatomy Content）的詮釋性假設

A. 高於平均的解剖反應內容（At）數量暗示：

1. 不論是成人或兒童，有慮病傾向、對身體廣泛性的關切。亦可見於許多適應不良的患者，尤其是精神官能症、厭食症與暴食症（Allen, 1954; Allison et al., 1968; Ames et al., 1952; Arnaud, 1959; Aronow et al., 1994; Beck, 1945; Bochner & Halpern, 1945; Bohm, 1958; Brar, 1970; Carnes & Bates, 1971; Goldfried et al., 1971; Halpern, 1953; Kahn & Giffen, 1960; Klopfer & Davidson, 1962; Knopf, 1956, 1965; Lerner, 1991; Levi, 1965; Levitt & Truumaa, 1972; Lindner, 1946; Mons, 1950; Munroe, 1945; Phillips & Smith, 1953; Piotrowski, 1957; Pope & Scott, 1967; Rapaport et al., 1946; Ross, 1940; Ross & Ross, 1944; Schachtel, 1966; Schafer, 1948; Ulett, 1994; Wagner, 1973）；
2. 攻擊性與破壞性衝動，受試者本身可能也會感到害怕（Arnaud, 1959; Murstein, 1960; Phillips & Smith, 1953; Thompson, 1965; Wagner, 1961）；
3. 理智化防衛，可能會浮誇炫耀（Allison et al., 1968; Aronow et al., 1994; Bochner & Halpern, 1945; Klopfer & Davidson, 1962; Schachtel, 1966）；
4. 焦慮（Allen, 1954; Allison et al., 1968; Aron, 1982; Elizur, 1949; Neuringer, 1962; Rav, 1951; Sandler & Ackner, 1951; Wagner, 1961）；
5. 排除因敵意與破壞性衝動而行動化的可能性（Phillips & Smith, 1953; Rapaport et al., 1946）；
6. 若在八張以上的卡片皆產生解剖反應內容，便可能患有精神分裂症或邊緣性人格疾患（Brar, 1970; Exner, 1974; Goldfried et al., 1971; Knopf,
1956, 1965; Peterson, 1993; Shereshevski-Shere et al., 1953; Spiro & Spiro, 51
1980; Sugarman, 1980; Sugarman et al., 1980; Taulbee & Sisson, 1954; Thiesen, 1952）；

7. 在以復健為主的機構中，若受試者的狀況正在改善中，代表高度自戀；若受試者的狀況未獲改善，有時可能意味著身體的惡化（Carnes & Bates, 1971）；
8. 在高齡族群中，代表衰老的狀況（Ames et al., 1954）；
9. 其他研究顯示高於平均的At反應數量也可能和下列情況有關：同性戀傾向（Due & Wright, 1945）、癲癇症（Kikuchi, 1961）、強迫型人格（Exner, 1974）、心身症症狀（Shatin, 1952）、酒癮（Shereshevski-Shere et al., 1953）、解離性附身疾患（Ferracuti et al., 1996），以及亂倫受害者的母親（Wald et al., 1990）。

B. 神經解剖反應內容（Neural Anatomy）暗示：

1. 因預期自己的身體會受傷而感到不安（Phillips & Smith, 1953）；
2. 有受過醫學訓練或相關訓練的人（Beck, 1945; Phillips & Smith, 1953）。

C. 多骨的、堅硬的解剖反應內容暗示：

1. 當數量少時，代表正常人格（Phillips & Smith, 1953）；
2. 心身症（Klopfer et al., 1954; Phillips & Smith, 1953）；
3. 嘗試以壓抑和反向作用來處理敵意以及否認敵意衝動的存在（Levitt & Truumaa, 1972; Phillips & Smith, 1953; Rapaport et al., 1946）；
4. 醫療專業人員（Phillips & Smith, 1953; Rapaport et al., 1946; Schafer, 1954）；
5. 寂寞、情感冷漠（Levitt & Truumaa, 1972）。

D. 內臟類的、軟性的解剖反應內容暗示：

1. 言語上的敵意及肢體攻擊行為（Kaswan et al., 1960; Levitt & Truumaa, 1972; Phillips & Smith, 1953; Piotrowski, 1957; Rapaport et al., 1946; Rose & Bitter, 1980）；
2. 常常抱怨、發牢騷；且敵意的對象往往是具母親形象的人（Kaswan et al., 1960; Phillips & Smith, 1953）；
3. 不成熟（Phillips & Smith, 1953）；
4. 外科病人（Phillips & Smith, 1953）；

5. 精神分裂症（Beck, 1945; Levitt & Truumaa, 1972; Phillips & Smith, 1953）；
6. 反社會人格（Phillips & Smith, 1953）。

E. 牙齦與牙齒的反應內容暗示：

1. 由受挫的依賴需求而發展出來的攻擊性態度，尤其會憎恨兒童與兄弟姐妹（Klopfer & Davidson, 1962; Phillips & Smith, 1953; Piotrowski, 1957; Towbin, 1959）；
2. 自慰性內疚（masturbatory guilt）（Phillips & Smith, 1953; Piotrowski, 1957）；
3. 精神分裂症（Phillips & Smith, 1953）；
4. 在兒童中，代表手足間的競爭（Phillips & Smith, 1953）。

F. 粗野的解剖反應內容（例如：「你的腸子」、「你的內部」）暗示：

1. 精神分裂症（Beck, 1945; Kalinowsky & Hoch, 1961; Phillips & Smith, 1953）；
2. 焦慮、畏懼或歇斯底里傾向（Lindner, 1946; Pope & Scott, 1967）；
3. 生肉（raw flesh）的解剖反應內容暗示自主神經系統失調，副交感神經活動主導（Acker, 1963）。

G. 複雜的解剖與X光反應內容（例如：脊髓橫切片、腦下垂體切片）暗示：

1. 知識分子，通常是正常的；其中一部分可能患有精神官能症，但不太可能有精神病（Klopfer & Davidson, 1962; Phillips & Smith, 1953）；
2. 焦慮及敵意，而敵意通常隱藏在吹毛求疵與其他帶有侮辱的語言行為中（Allen, 1954; Brar, 1970; Lindner, 1946; Phillips & Smith, 1953）；
3. 橫切面暗示有自殺可能性（Rierdan, Lang, & Eddy, 1978）。

其他雜項類型的內容及其詮釋性假設

A. 抽象反應內容暗示：

1. 智力優異，有時也會富有藝術能力（Klopfer & Davidson, 1962; Phillips

& Smith, 1953; Rawls & Slack, 1968）；

2. 精神分裂症（Bohm, 1958; Brar, 1970; Kalinowsky & Hoch, 1961; Phillips & Smith, 1953; Quirk, Quarrington, Neiger, & Slemon, 1962）；
3. 可排除直接的、反社會行動化的可能性（Phillips & Smith, 1953）；
4. 視內容而定，可發現情緒的指標（Klopfer & Davidson, 1962; Phillips & Smith, 1953）；
5. 可能為輕躁的狀態（Brar, 1970）。

B. 字母、數字、標點符號以及幾何圖形反應內容暗示：

1. 逃避、焦慮（Arnaud, 1959; Halpern, 1953）；
2. 嚴重病態及精神分裂症（Bohm, 1958; Brar, 1970; Klopfer & Davidson, 1962; Orme, 1963; Phillips & Smith, 1953; Piotrowski, 1957; Schafer, 1948, 1954）；
3. 正常的小學低年級兒童（Orme, 1963; Phillips & Smith, 1953）。

C. 建築反應內容暗示：

1. 個人所知覺到的建築物特性通常是自我概念的直接投射（Beck, 1960; Klopfer et al., 1954）；
2. 不論受試者是成人或兒童，家可能反映其依賴需求（Arnaud, 1959; Halpern, 1953; Levitt et al., 1962）；
3. 塔樓象徵男性認同以及野心（Phillips & Smith, 1953）；

52 4. 橋樑暗示缺乏安全感者，與父母的關係有問題（Halpern, 1953; Phillips & Smith, 1953）。

D. 藝術與設計反應內容暗示：

1. 智力優異（Phillips & Smith, 1953; Piotrowski, 1957）；
2. 苛求的、具敏銳度的美學喜好以及生活模式（Klopfer & Davidson, 1962; Phillips & Smith, 1953）；
3. 警戒心重、逃避，有時和社會病態人格有關（Kahn & Giffen, 1960; Klopfer & Davidson, 1962; Phillips & Smith, 1953）；
4. 若受試者為男性，代表有女性化的興趣及行為模式，可能有同性戀傾向（Phillips & Smith, 1953; Piotrowski, 1957）；

5. 無法面對問題（Phillips & Smith, 1953）。

E. 血液反應內容暗示：

1. 攻擊及敵意，有時會與詐病、邊緣性人格或是反社會人格相關（Allison et al., 1968; Aronow et al., 1994; Berg, 1983; Ganellen, Wasyliw, Haywood, & Grossman, 1996; Kaswan et al., 1960; Lindner, 1947; Meloy & Gacono, 1992; Meyer & Deitsch, 1995; Mons, 1950; Phillips & Smith, 1953; Rapaport et al., 1946; Seamons et al., 1981; Stavrianos, 1971; Sugarman, 1980）；
2. 不論是成人或兒童，皆有表達情緒的能力（Allen, 1954; Bochner & Halpern, 1945; Klopfer & Davidson, 1962; Phillips & Smith, 1953; Schafer, 1948）；
3. 如精神官能症中的焦慮及畏懼傾向（Aron, 1982; Brar, 1970; Elizur, 1949; Goldfried, 1966; Haworth, 1962; Lindner, 1946; Phillips & Smith, 1953; Ulett, 1994）；
4. 精神分裂症（Brar, 1970; Rapaport et al., 1946; Schafer, 1948; Vinson, 1960）；
5. 憂鬱傾向（Brar, 1970; Phillips & Smith, 1953; Schafer, 1948）；
6. 若此反應產生於黑灰白色彩區域，便可能有歇斯底里症狀（Phillips & Smith, 1953; Rapaport et al., 1946）。

F. 衣服反應內容：

1. 若男性受試者特別強調女性衣服，暗示有同性戀傾向（Andersen & Seitz, 1969; Due & Wright, 1945; Fein, 1950; Goldfried, 1966; Goldfried et al., 1971; Halpern, 1953; Hooker, 1958; Klopfer et al., 1954; Kwawer, 1977; Piotrowski, 1957; Reitzell, 1949; Schafer, 1954; Stone & Schneider, 1975; Wheeler, 1949; Yamahiro & Giffith, 1960）；
2. 若只有看到衣服但衣服並非穿著在人身上，暗示人際關係膚淺以及只重視外表（Klopfer et al., 1954; Miale, 1977）；
3. 長靴的反應常見於快樂的、愛說話的兒童（Rychlak & Guinouard,

1961）；

4. 若受試者為女性，女性衣服反應內容可能反映了正常的女性自戀（Phillips & Smith, 1953; Piotrowski, 1957; Schafer, 1954）；
5. 若特別強調衣服，暗示可能有心身性狀況（Fisher & Cleveland, 1955）。

G. 雲的反應內容暗示：

1. 焦慮（Allen, 1954; Aron, 1982; Brar, 1970; Elizur, 1949; Goldfried, 1966）；
2. 在男性中，暗示抱負（Rychlak, 1959）以及逃避（Phillips & Smith, 1953）；
3. 在女性中，暗示愛的需求（Rychlak, 1959）；
4. 若受試者為男孩，暗示有審慎的、沉著的、自我謙遜的的特質（Rychlak & Guinouard, 1961）；
5. 若受試者為女孩，暗示有現實的、順應的、堅強的特質（Rychlak & Guinouard, 1961）。

H. 徽章反應內容暗示：

1. 會將自己的需求屈服於權威人士之下（Klopfer & Davidson, 1962; Levitt et al., 1962; Phillips & Smith, 1953; Schafer, 1954）；
2. 自卑感被表面的虛張聲勢所掩蓋（Lindner, 1947, 1950; Phillips & Smith, 1953）；
3. 擔心個人聲望（Bochner & Halpern, 1945; Lindner, 1947, 1950）。

I. 爆炸反應內容暗示：不論受試者為成人或小孩，皆可能有動力攻擊性（dynamic aggression）（Allen, 1954; Halpern, 1953; Kagan, 1960; Klopfer et al., 1954; Schafer, 1954）；亦可能為詐病（Ganellen et al., 1996）。

J. 眼睛反應內容：請參考之前的異常 Hd 小節。

K. 火的反應內容暗示：

1. 不論任何年齡層，皆代表焦慮及緊張（Aron, 1982; Brar, 1970; Elizur,

1949; Palmer, 1970; Phillips & Smith, 1953; Rychlak & Guinouard, 1961）;

2. 情緒化及易興奮性（excitability）（Allen, 1954; Klopfer et al., 1954; Rychlak & Guinouard, 1961）；

3. 遺尿症患者、放火狂、精神官能症患者，以及缺乏耐力且容易被擺佈的人（Phillips & Smith, 1953; Ulett, 1994）；

4. 可能有精神分裂症（Brar, 1970）、邊緣性人格（Berg, 1983）、其他精神病（Peterson, 1992）或詐病（Ganellen et al., 1996）。

L. 食物或飲食反應內容暗示：

1. 如常見於厭食症與肥胖症病患的缺乏安全感、被動及依賴性人格（Arnaud, 1959; Bornstein et al., 1993; Duberstein & Talbot, 1993; Exner, 1986; Fowler et al., 1996; Kagan, 1960; Klopfer & Davidson, 1962; Lerner, 1991; Levitt et al., 1962; Masling et al., 1967; McCully et al., 1968; Phillips & Smith, 1953; Schafer, 1954; Smith, 1980; Sugarman et al., 1980; Wiener, 1956）；

2. 酒癮、智能不足、神精質憂鬱、精神分裂症及邊緣性人格（Bornstein et al., 1993; Phillips & Smith, 1953; Schafer, 1948; Smith, 1980; Sugarman et al., 1980; Wiener, 1956）。

M. 刀子、使用獵刀戰鬥以及其他類似的反應內容暗示：與攻擊性有關，有時也和虐待狂的反社會人格有關（Elizur, 1949; Kagan, 1960; Kaswan et al., 1960; Phillips & Smith, 1953**）。**

N. 地圖及地理反應內容： 53

1. 地圖反應內容暗示：

(1)警戒心重、有逃避傾向，有時與社會病態人格相關（Halpern, 1953; Kahn & Giffen, 1960; Klopfer & Davidson, 1962; Phillips & Smith, 1953）；

(2)依賴需求受挫（Phillips & Smith, 1953; Schafer, 1948）；

(3)焦慮狀況（Allen, 1954; Brar, 1970）；

(4)有無望感和怨恨的感覺（Phillips & Smith, 1953）；

⑸長期不快樂，缺少活力，有自殺傾向（Costello, 1958; Phillips & Smith, 1953）。

2. 半島反應內容暗示：

⑴高於平均的智力（Phillips & Smith, 1953）；

⑵有自信（Phillips & Smith, 1953）。

3. 海灣和港口反應內容暗示：

⑴在社交方面一帆風順、有能力者（Phillips & Smith, 1953）；

⑵希望能逃離成年人的壓力（Phillips & Smith, 1953）；

⑶高於平均的智力（Phillips & Smith, 1953）。

4. 島嶼反應內容暗示：

⑴被拒絕、孤立，及缺乏安全的感覺（Phillips & Smith, 1953）；

⑵堅強、自己自足的兒童（Rychlak & Guinouard, 1961）。

O. 面具反應內容暗示：

1. 重視外表者（Klopfer et al., 1954）；
2. 精神分裂症，尤其是妄想型或反社會人格型（Beck, 1960; DuBrin, 1962; Endicott et al., 1969; Meloy & Gacono, 1992; Vinson, 1960）；
3. 試圖降低針對具母親形象者的敵意（Brown, 1953）；
4. 會扮演不同的角色，以避免洩露出自己的個性（Allen, 1954; Phillips & Smith, 1953）；
5. 可能有同性戀傾向（Due & Wright, 1945; Kwawer, 1977; Wheeler, 1949）。

P. 破壞性（MOR），死的、垂死的、受傷的、殘缺的、破損的、毀壞的反應內容暗示：

1. 憂鬱，有自殺的可能性，悲觀、自我形象差（Aronow & Reznikoff, 1976; Exner, 1986, 1993; Goldfried et al., 1971; Haaga, Dyck, & Ernst, 1991; Hertz, 1965; Ulett, 1994; Viglione et al., 1988; Wilson, 1994）；
2. 不論受試者為成人或小孩，皆代表焦慮（Ames, 1959; Arnaud, 1959; Aronow & Reznikoff, 1976; Elizur, 1949; Goldfried et al., 1971; Haworth,

1962）；

3. 可能患有精神分裂症（Brar, 1970; Mundy, 1972）；

4. 可能有同性戀傾向（Andersen & Seitz, 1969; Due & Wright, 1945）；

5. 可能有攻擊性行為，例如監獄犯人之詐病行為（Arnaud, 1959; Elizur, 1949; Goldfried et al., 1971; Meyer & Deitsch, 1995; Rader, 1957）。

Q. 自然及地形反應內容暗示：

1. 在正常人中，代表優異的智力（Phillips & Smith, 1953; Piotrowski, 1957）；
2. 自卑感（Phillips & Smith, 1953）；
3. 因吝於付出的母親角色而產生被拒絕感（Phillips & Smith, 1953）；
4. 面對龐大的力量時會感到無力和無助（Phillips & Smith, 1953）；
5. 在兒童中，可能有反社會人格傾向（Ames et al., 1952; Bochner & Halpern, 1945）；
6. 水地形反應內容暗示：

   (1)酒癮（Bohm, 1958; Phillips & Smith, 1953; Piotrowski, 1957）；

   (2)遲鈍感或無力感（Phillips & Smith, 1953）；

   (3)依賴傾向（Phillips & Smith, 1953）；

   (4)感覺不安全、孤立、憂鬱；在男性中，有時代表性無能（Phillips & Smith, 1953）；

   (5)可能為精神分裂症（Brar, 1970）。
7. 懸崖、峽谷或深淵地形反應內容暗示：

   (1)感覺被拒絕或是被拋棄（Phillips & Smith, 1953）；

   (2)壓抑下來的孤獨感以及沒安全感（Phillips & Smith, 1953）。
8. 高山及丘陵地形反應內容暗示：

   (1)自卑感（Phillips & Smith, 1953; Piotrowski, 1957）；

   (2)精神病患的恐懼（Rychlak, 1959）；

   (3)未實現的依賴需求（Phillips & Smith, 1953）。
9. 岩石反應內容暗示：

(1)不論受試者為成人或小孩，皆代表安全需求（Halpern, 1953; Potkay, 1971; Rychlak, 1959）；

(2)強勢、獨立、外向的人（Rychlak & Guinouard, 1961）。

R. 強調物體內容（Object Content Emphasis）的反應內容暗示：

1. 立即性的擔憂（Klopfer et al., 1954; Rapaport et al., 1946）；
2. 合群的、適應良好的人（Sandler & Ackner, 1951）；
3. 可能有抽象的興趣，或者可能對人不感興趣（Aronow et al., 1994）；
4. 不想給予承諾的人（Allen, 1954）。

54 **S. 成對反應（2）數量大時暗示：**

1. 自我中心、自戀傾向（Exner, 1974, 1978, 1986; Wilson, 1994）；
2. 可能為同性戀（Exner, 1986）。

T. 強調植物或植物學的反應內容暗示：

1. 被動性及女性特質，且有依賴傾向（Phillips & Smith, 1953）；
2. 慮病傾向（Kahn & Giffen, 1960）；
3. 「樹和葉子」類型：在異性關係中可能會有困難（Phillips & Smith, 1953; Piotrowski, 1957）；
4. 兒童的「數和葉子」類型：可能有情緒問題，尤其是男孩（Ames, 1959; Halpern, 1953; Piotrowski, 1957）。

U. 反射反應內容暗示：

1. 自我中心、自戀以及自我聚焦的傾向（Ames et al., 1959, 1971; Bochner & Halpern, 1945; Exner, 1969a, 1986; Gacono & Meloy, 1992; Lerner, 1991; Wilson, 1994）；
2. 有內向、內省傾向，以及具適應性的因應能力（Brems & Johnson, 1990）；
3. 可能有反社會、社會病態人格傾向（Bochner & Halpern, 1945; Exner, 1974, 1986; Gacono & Meloy, 1992, 1994; Gacono et al., 1990; Weber et al., 1992）；
4. 可能為飲食疾患（Lerner, 1991）；

5. 可能為同性戀（Exner, 1969a, 1974, 1986; Wilson, 1994）；
6. 可能為精神分裂症（Exner, 1974）。

註解：少量或完全沒有反射反應內容暗示可能有憂鬱症（Exner, 1974; Viglione et al., 1988）。

V. 宗教反應內容暗示：

1. 強烈的依賴需求（Levitt et al., 1962; Phillips & Smith, 1953）；
2. 妄想傾向（Aronson, 1952; Miale, 1947）；
3. 可能為同性戀（Kwawer, 1977; Reitzell, 1949; Stone & Schneider, 1975）；
4. 可能有精神分裂症，且有和宗教相關的錯覺（Phillips & Smith, 1953）。

W. 性的反應內容暗示：

1. 假解放（pseudoliberated）、非壓抑者展現他們自社會常規中解放（Beck, 1945; Klopfer et al., 1954; Levine & Spivack, 1964; Phillips & Smith, 1953; Piotrowski, 1957; Rapaport et al., 1946）；
2. 不適任的異性戀者藉由性自戀（sexual narcissistic）的方式來調適（Allen, 1954; Andersen & Seitz, 1969; Armon, 1960; Aronow et al., 1994; Beck, 1945; Bochner & Halpern, 1945; Brar, 1970; Due & Wright, 1945; Klopfer & Davidson, 1962; Mukerji, 1969; Phillips & Smith, 1953; Piotrowski, 1957; Schafer, 1954; Ulett, 1994）；
3. 精神分裂症，類分裂性人格以及邊緣性人格情形（Beck, 1945; Carlson, Quinlan, Tucker, & Harrow, 1973; Due & Wright, 1945; Gacono & Meloy, 1994; Goldfried et al., 1971; Harrow et al., 1976; Knopf, 1956, 1965; Meloy & Gacono, 1992; Molish, 1967; Orme, 1962; Phillips & Smith, 1953; Piotrowski, 1957; Potkay, 1971; Rapaport et al., 1946; Schafer, 1948; Smith, 1980; Sugarman, 1980; Sugarman et al., 1980; Taulbee & Sisson, 1954; Thiesen, 1952; Vincent & Harman, 1991; Vinson, 1960）；
4. 接受精神分析的人（Beck, 1945; Klopfer & Davidson, 1962; Phillips & Smith, 1953; Piotrowski, 1957）；
5. 和主試者是朋友的正常人（Phillips & Smith, 1953）；

6. 藝術家（Rawls & Slack, 1968）；
7. 有情緒困擾的小孩，且可能和排泄反應有關（Ames, 1959; Halpern, 1953）；以及可能為亂倫受害者的母親（Wald et al., 1990）；
8. 防衛性地否認個人潛在的被動性（Charney, 1959; Klopfer et al., 1954）；
9. 酒癮（Orme, 1962）、焦慮狀況（Neuringer, 1962）、躁症（Beck, 1945）；並有可能是詐病（Ganellen et al., 1996）。

X. 強調吸菸的反應內容暗示：

1. 恐懼、焦慮、憂鬱及緊張，因此常見於神經官能症患者的測驗紀錄（Aron, 1982; Brar, 1970; Elizur, 1949; Phillips & Smith, 1953; Schafer, 1954; Ulett, 1994）；
2. 缺乏成熟度，有邊緣性人格情形（Berg, 1983; Phillips & Smith, 1953）；
3. 心智年齡低（Phillips & Smith, 1953）；
4. 在聰明的成人中，暗示社會適應力明顯不佳（Phillips & Smith, 1953）。

Y. 尿漬反應內容，若針對卡片十中黃色的部分，暗示可能為精神分裂症（Holt, 1968）。

Z. 戰爭反應內容暗示：

1. 強烈的攻擊性及敵意傾向（Arnaud, 1959; Elizur, 1949; Goldfried et al., 1971; Phillips & Smith, 1953; Rader, 1957）；
2. 害怕同性戀發作（homosexual attack）的強迫症患者，尤其是在 m 為決定因子的情況下（Phillips & Smith, 1953）；
3. 若混雜著友善的、內疚的、被動的或憂鬱的內容時，代表會抑制其攻擊性傾向（Rader, 1957）；
4. 虐待型反社會人格，尤其是在有「戰鬥」（fighting）反應以及 M 決定因子的情況下（Phillips & Smith, 1953; Schafer, 1954）。

反應內容中的各種情緒行為及表達

極少或完全沒有表達出情緒、感覺或心情的測驗紀錄可能反映出個人的壓抑型生活風格（Levine & Spivack, 1964）。在羅氏墨跡測驗反應中，

受試者常會以各種不同的方式來表達他們的感覺。許多心理學家皆採取一
個簡單的做法，將重要的情緒行為解釋為個人外顯行為或行為傾向之表徵； 55
情緒由於受到抑制或壓抑而未直接表達。以下列出一部分這類型的假設，
以及文獻中的實徵關係討論。

A. 攻擊性、敵意反應內容

1. 當內容為人類反應時，代表對他人有嚴重的敵意及攻擊性；亦曾見於品行疾患、反社會人格，以及部分精神分裂症及邊緣性人格疾患患者的測驗紀錄（Arnaud, 1959; Beck, 1945; Blatt et al., 1976; Elizur, 1949; Gacono & Meloy, 1994; Gartner et al., 1989; Goldfried et al., 1971; Harrow et al., 1976; Haskell, 1961; Kagan, 1960; Klopfer & Davidson, 1962; Meloy & Gacono, 1992; Peterson, 1993; Rader, 1957; Rapaport et al., 1946; Rose & Bitter, 1980）；
2. 不論是成人或兒童，若內容為動物反應，暗示大膽的、具攻擊性或敵意傾向；成人可能會嘗試克服這些傾向（Arnaud, 1959; DeVos, 1952; Klopfer et al., 1954; Palmer, 1970）；
3. 若內容為形狀層級高的動物反應，暗示精神官能性狀況，有強烈的罪惡感，但復原狀況良好（Levi, 1951）；
4. 若敵意—攻擊性和被動、友善、罪惡感或憂鬱等內容相關時，代表攻擊性傾向受到抑制（Moylan, Shaw, & Appleman, 1960; Rader, 1957; Rapaport et al., 1946）；
5. 女性受試者的反應內容中有驚恐或攻擊性的女性形象，暗示有同性戀傾向，並以敵意—害怕—罪惡感（hostility-fear-guilt）作為防衛（Anderson & Seitz, 1969; Armon, 1960; Schafer, 1954）；
6. 帶有彩色反應時，暗示具攻擊性行為的傾向（Sommer & Sommer, 1958）；
7. 若內容中含有惡意，再加上F－，便可能有邊緣性人格（Lerner, 1991）。

B. 愉悅氛圍的反應，帶著快樂的口吻，與輕躁狀態相關（Brar, 1970）。

C. 不愉悅、煩躁不安的口吻或情緒與以下相關：

1. 焦慮（Arnaud, 1959; Elizur, 1949; Goldfried et al., 1971）；
2. 可能為憂鬱（Hertz, 1965）；
3. 可能為精神分裂症（Brar, 1970）。

註解：陰沉的、憂鬱的及煩躁不安的反應亦可被視為破壞反應內容（MOR）（請參考以下）。

D. 破壞反應內容（MOR），如生病、死亡、恐怖、惡化、毀壞、毀滅、受傷或破裂，暗示：

1. 焦慮（Ames, 1959; Arnaud, 1959; Aron, 1982; Beck, 1960; Elizur, 1949; Goldfried et al., 1971; Haworth, 1962; Kagan, 1960; Neuringer, 1962）；
2. 憂鬱症，有自殺的可能性（Arffa, 1982; Endicott & Jortner, 1966; Exner, 1986, 1993; Hertz, 1965; Piotrowski, 1977; Silberg & Armstrong, 1992; Ulett, 1994; Wilson, 1994）；
3. 不論是成人或兒童，可能有精神分裂症或邊緣性人格（Brar, 1970; Gartner et al., 1989; Leichtman & Shapiro, 1980; Mundy, 1972; Sugarman, 1980）；
4. 感覺被剝削、利用；是悲觀的；曾見於創傷後壓力疾患的測驗紀錄（Exner, 1986; 1993; Frueh & Leverett, 1995; Hartman et al., 1990; Swanson et al., 1990; Wilson, 1994）；
5. 消極的自我形象（Exner, 1986）；可能為詐病（Ganellen et al., 1996）；
6. 常見於有肢體攻擊傾向的男性（Rose & Bitter, 1980）；以及殺夫婦女的測驗紀錄（Kaser-Boyd, 1993）。

內容類別的組合與關係

A. H ＋ Hd = 0 暗示：

1. 對他人的退縮、漠不關心或敵意，精神分裂症的預後不佳（Piotrowski, 1969）；
2. 精神病理狀況，且有認同問題（Exner, 1986）；

3. 曾見於有器質性狀況的成人罪犯的測驗紀錄（Prandoni & Swartz, 1978）。

B. H + A <（Hd + Ad）的兩倍暗示：

1. 焦慮（Allen, 1954; Ames et al., 1959; Aronow et al., 1994; Beck, 1945; Bochner & Halpern, 1945; Bohm, 1958; Klopfer & Davidson, 1962; Phillips & Smith, 1953; Piotrowski, 1957; Potkay, 1971; Rorschach, 1921, 1951）；
2. 強迫性、一絲不苟的傾向（Alcock, 1963; Allison et al., 1968; Klopfer & Davidson, 1962; Phillips & Smith, 1953; Schafer, 1948; Ulett, 1994）；
3. 吹毛求疵的態度，此乃發洩敵意衝動的一個途徑（Allen, 1954; Allison et al., 1968; Klopfer & Davidson, 1962; Thompson, 1965）；
4. 多疑、謹慎的人（Exner, 1993; Wilson, 1994）；
5. 可能為精神分裂症（Rorschach, 1921, 1951; Vinson, 1960）；
6. 在兒童中，代表有情緒問題（Ames, 1959; Haworth, 1962）。

C. H + A >（Hd + Ad）的兩倍暗示：

1. 適應良好的個性，排除有吹毛求疵態度的可能性（Klopfer & Davidson, 1962; Vinson, 1960）；
2. 傾向不注重細節的人（Allen, 1954）。

D. H <（H）+（Hd）+ Hd 暗示：

1. 在與真實的、功能良好者的關係中會感到不安（Weiner & Exner, 1991; Wilson, 1994）；
2. 可能為邊緣性人格情形（Sugarman, 1980）；
3. 在青少年中，可能為品行疾患（Gacono & Meloy, 1994）。

E. Hd + Ad 值高暗示謹慎或多疑（Exner, 1986）。

F. H + Hd 值高暗示預後良好（Exner, 1986）。 56

G. A + Ad > H + Hd 可見於多重藥物使用者以及無法延後享樂者的測驗紀錄（Gordon, 1980）。

H. 高數量的解剖 + X 光的反應內容暗示：

1. 自我聚焦傾向以及對身體的擔憂（Exner, 1986, 1993; Wilson, 1994）；
2. 可能有生理問題（Exner, 1993; Wilson, 1994）；
3. 曾見於憂鬱症與心身症患者（Exner, 1974），以及部分邊緣性人格者的測驗紀錄（Peterson, 1993）。

I. 高數量的植物＋雲＋地理＋地形＋自然的反應內容暗示：

1. 傾向於社交性孤立、逃避，常見於寂寞的人（Exner, 1993; Wilson, 1994）；
2. 可能為邊緣性人格情形（Peterson, 1993）。

J. 高數量的抽象＋藝術的反應內容暗示：

1. 理智化防衛機制（Exner, 1986）；
2. 可能為妄想型精神分裂症（Exner, 1986）。

K. 高數量的反射＋成對的反應內容，r＋（2），暗示：

1. 自我中心、自戀，可能自尊心很高（Exner, 1993; Greenwald, 1990; Simon, 1985; Wilson, 1994）；
2. 可見於反社會人格者（Gacono & Meloy, 1992, 1994）及精神分裂症患者的測驗紀錄（Exner, 1978）。

L. 低數量的反射＋成對的反應內容，r＋（2），暗示：

1. 不論是青少年或成人，有憂鬱並有自殺的可能性（Caputo-Sacco & Lewis, 1991; Exner, 1978）；
2. 亦曾見於強迫症、畏懼症及心身症（Exner, 1978）、部分邊緣性人格者（Peterson, 1993），以及低自尊心年輕人的測驗紀錄（Holaday & Whittenberg, 1994）。

M. 高數量的解剖＋性的反應內容暗示可能為精神分裂症（Taulbee & Sisson, 1954）。

反應內容類別數量的詮釋性假設

A. 使用的反應內容類別數量高暗示：

1. 興趣廣泛（Allen, 1954, 1958; Piotrowski, 1957; Schafer, 1954; Ulett,

1994）；

2. 高智力高（Beck, 1945; Consalvi & Canter, 1957; Pauker, 1963）。

B. 使用的反應內容類別數量低暗示：

1. 興趣很少，且智力低（Allen, 1954, 1958; Allison et al., 1968; Beck, 1945; Consalvi & Canter, 1957; Kahn & Giffen, 1960; Pauker, 1963; Piotrowski, 1957; Schachtel, 1966; Schafer, 1954）；
2. 高度自我防衛，且具閉縮性、焦慮或僵化（Allen, 1958; Allison et al., 1968; Beck, 1945; Exner, 1974; Hertz, 1948, 1949; Munroe, 1945; Piotrowski, 1969; Schachtel, 1966）；
3. 可能患有慢性人格疾患，預後不佳，例如精神分裂型或器質性狀況（Allison et al., 1968; Evans & Marmorston, 1963; Olch, 1971; Piotrowski, & Bricklin, 1961; Sherman, 1955）；
4. 可能為憂鬱症（Hertz, 1948, 1949）；
5. 若僅用到一個反應內容類別，可能為智能不足或精神分裂症（Allison et al., 1968; Beck, 1945; Brar, 1970）；
6. 在高齡族群中，這可能是正常的（Ames et al., 1954），尤其是生命即將走到盡頭者（Shimonaka & Nakazato, 1991）。

從眾反應及原創反應

有些臨床工作者認為從眾反應（Popular Responses; P）與原創反應（Originial Responses; O）的解釋意義不大。這可能是因為不同的羅氏墨跡測驗解測系統對從眾反應的評分標準不同，並且，其中兩個主要的系統並未針對原創反應評分。不過，仍有為數不少的研究支持這些反應類別之使用，認為它們頗具解釋意義。這方面的知識也不斷在增加中。

從眾、共同或接近從眾的反應顯示出受試者和一般人的相似之處。P反應使用的程度代表了受試者在想法與外在行為上的從眾程度以及社會順從度。一般而言，人與人之間有許多共同點，而此共通性會顯示在P反應的數量及品質。這些反應乃大家所共同認定的、合宜的羅氏墨跡概念，因此，會反映出大家共同認定的、合宜的行為反應傾向。在任何完整的人格敘述中，描述個人和他人如何相似，和描述其獨特的特質一樣重要。從眾反應的確切總量，就某程度而言，可能取決於臨床工作者所使用的計分系統。雖然不同的羅氏墨跡測驗解測系統在從眾反應列表中有所不同，但在合理的範圍內，還是可以依照以下的敘述來詮釋不少的從眾反應。大部分的從眾反應都會出現在卡片Ⅰ、Ⅲ、Ⅴ、Ⅵ、Ⅷ。

原創反應基本上是罕見的反應。羅氏對原創反應的定義是最多在每一百份測驗紀錄中，不會出現超過一次的發生率。此定義也被廣為使用。原創反應可評估個人的原創性，或甚至是創造力的程度及品質。O 反應的數量愈高，形狀層級便愈好，代表此人的創造力與生產力愈佳。唯一的例外是在原創反應形狀層級很差（F－）的情況下。獨特性意指沒有兩個人是完全相同的，而原創反應便是羅氏墨跡測驗顯示個人特質的方法之一。

一般認為，潛意識的傾向也很可能會顯現在原創反應中。原創反應可能會透露出重要的個人態度、感覺，甚至是困擾個人的事物。因此，我們須特別注意原創反應，以及它們的外形與質性特徵。

P 反應數量及其詮釋性假設

A. 高於平均的 P 反應數量暗示：

1. 從眾行為，強調以平凡、傳統的角度來看世界（Allen, 1954; Aronow et
57 al., 1994; Beck, 1978; Hertz, 1960b; Klopfer & Davidson, 1962; Levitt & Truumaa, 1972; Mons, 1950; Rapaport et al., 1946; Rosenzweig & Kogan, 1949; Sarason, 1954; Wilson, 1994）；
2. 過度墨守成規，有優異智力的人可能會服從，或可能是訓練出來的，或是害怕犯錯（Allen, 1954; Ames et al., 1959; Aronow et al., 1994; Beck, 1945; Klopfer et al., 1954; Levitt & Truumaa, 1972; Murstein, 1958; Piotrowski, 1957; Rapaport et al., 1946; Schafer, 1948; Wilson, 1994）；
3. 不論是成人或兒童，精神官能性狀況，極可能是強迫症。排除精神病的可能性（Acklin, 1994; Beck, 1960; Berkowitz & Levine, 1953; Bradway & Heisler, 1953; Exner, 1993; Hertz, 1948; Mundy, 1972; Piotrowski, 1957; Rapaport et al., 1946; Wilson, 1994）；

4. 憂鬱症，有時有自殺傾向（Allison et al., 1968; Exner, 1978, 1993; Weiner, 1961a; Wilson, 1994）；
5. 警戒心重的個性；詐病者（Leventhal, Gluck, Slepian, & Rosenblatt, 1962; Meyer & Deitsch, 1995; Rapaport et al., 1946; Seamons et al., 1981）；
6. 現實生活中的焦慮（Neuringer, 1962）；
7. 在兒童中，可能同儕關係不佳（Halpern, 1953）；
8. 在高齡族群中，可能是衰老的狀況（Ames et al., 1954）。

B. 低於平均的 P 反應數量暗示：

1. 無法或不喜歡以普通或傳統的角度來看世界（Allison et al., 1968; Ames et al., 1959; Beck, 1945; 1951; Exner, 1974, 1986; Ferguson, 1952; Klopfer & Davidson, 1962; Mons, 1950; Rosenzweig & Kogan, 1949; Schafer, 1960）；
2. 常見於精神官能性狀況之焦慮及／或是壓力（Allen, 1954; Cox & Sarason, 1954; Fisher, 1950; Goldfried et al., 1971; Neuringer, 1962; Schwartz, & Kates, 1957）；
3. 適應不良，與現實脫節（Allen, 1954; Ames et al., 1959; Beck, 1960; Klopfer & Davidson, 1962; Rapaport et al., 1946; Schwartz & Giacoman, 1972; Wilson, 1994）；
4. 精神病，較可能為精神分裂症（Alcock, 1963; Allen, 1954; Beck, 1945; Berkowitz & Levine, 1953; Bloom, 1962; Bochner & Halpern, 1945; Bohm, 1958; Exner, 1974, 1986; Goldfried et al., 1971; Kataguchi, 1959; Knopf, 1956, 1965; Pierce, Cooke, & Frahm, 1973; Schafer, 1948, 1960; Thiesen, 1952; Vinson, 1960; Wilson, 1994）；亦曾見於緊張型精神分裂症患者（Curran & Marengo, 1990）及殺夫者（Kaser-Boyd, 1993）的測驗紀錄；

5. 器質性腦傷、癲癇症、其他慢性病，以及生命即將走到盡頭的老年人（Alcock, 1963; Birch & Diller, 1959; Bohm, 1958; Goldfried et al., 1971; Kahn & Giffen, 1960; Lezak, 1983; Olch, 1971; Piotrowski, 1937b; Reitan, 1955c; Shaw & Cruickshank, 1957; Shimonaka & Nakazato, 1991; Small, 1973, 1980）；
6. 憂鬱症，有自殺傾向（Bradway & Heisler, 1953; Exner, 1986, 1993; Goldfried et al., 1971; Neuringer, 1974; Weiner, 1961a; Wilson, 1994）；
7. 輕微物質中毒（Kikuchi et al., 1961）；
8. 智能不足（Allen, 1954; Beck, 1945; Sarason, 1954）。

C. 平均的 P 反應數量暗示：

1. 對世界的知覺是正常的（Beck, 1945, 1951; Cox & Sarason, 1954; Davidson, 1950; Klopfer et al., 1954; Levitt & Truumaa, 1972; Vinson, 1960）；
2. 適應能力良好（Schwartz & Giacoman, 1972）；
3. 與現實有適當的聯結（Klopfer & Davidson, 1962; Schafer, 1954）。

O 反應數量

A. 高於平均的 O 反應數量暗示：

1. 若有 25%的 O，暗示為有藝術天賦、有創意者（Aronow et al., 1994; Klopfer & Davidson, 1962; Rapaport et al., 1946）；
2. 若形狀層級良好，排除器質性狀況的可能性（Dorken & Kral, 1952; Goldfried et al., 1971）；
3. 若 O 大於或等於 50%，暗示受試者極為怪異（Klopfer & Davidson, 1962）；
4. 在兒童中，可能為氣喘（Alcock, 1963）。

B. 低於平均的 P 反應數量暗示：

1. 閉縮性／密閉性人格（Hertz, 1948, 1949）；
2. 可能為正常的老人家（Beck, 1951）；
3. 可能為精神分裂症（Pierce, Cooke, & Frahm, 1973）；

4. 可能為智能不足或是器質性狀況惡化（Beck, 1951）。

O 的品質及其詮釋性假設

A. 若在詢問階段後新增 O 反應，暗示受試者沒有足夠的自信或勇氣來運用他／她的創造力（Allen, 1954; Klopfer et al., 1954）。

B. O －反應暗示嚴重的心理問題以及與現實嚴重脫節，可能為急性精神病、精神分裂症（Alcock, 1963; Allen, 1954, 1958; Aronow et al., 1994; Bochner & Halpern, 1945; Bohm, 1958; Hertz & Paolino, 1960; Kalinowski & Hoch, 1961; Klopfer et al., 1954; Miale, 1947; Pierce et al., 1973; Quirk et al., 1962; Rapaport et al., 1946; Rorschach, 1921/1951）；或有腦傷的智能不足者（Allen, 1954; Kahn & Giffen, 1960; Werner, 1945）。

C. 在兒童中，二歲至四歲兒童的 O——反應可能是正常的（Clemes et al., 1963）。

D. O ＋反映出動力佳、智力優異，至少智力潛能是優異的（Allen, 1954,
1958; Aronow et al., 1994; Kahn & Giffen, 1960; Klopfer & Davidson, 1962; 58
Rapaport et al., 1946; Rorschach, 1921/1951）。

E. 若 O ＋與 O －出現在同一份測驗紀錄中，暗示可能為精神分裂症的歷程（Kelley & Klopfer, 1939）。

決定因子、反應部位、反應內容、從眾反應及原創反應間之關係

W：M 比值及其詮釋性假設

A. W: M 比值約為 2: 1，且 M 至少是 3，暗示：

1. 正常（Aronow et al., 1994; Exner, 1986; Klopfer & Davidson, 1962）；
2. 適應良好（Davidson, 1950）；
3. 聰明但成就不高者（Klopfer et al., 1954）；

4. 創造潛能佳（Klopfer & Davidson, 1962）。

B. W ＞ M 的 2 倍或 3 倍，暗示：

1. 理想抱負過高，或是生產性資源過低（Allen, 1954; Aronow et al., 1994; Exner, 1986, 1993; Klopfer & Davidson, 1962; Phillips & Smith, 1953; Piotrowski, 1957; Wilson, 1994）；
2. 智力不成熟，不過在兒童中，這或許是正常的（Ames et al., 1971, 1974; Exner, 1986; Rosenzweig & Kogan, 1949）；
3. 自閉兒的父母（Ogdon et al., 1968）；
4. 可能有殺人傾向（Perdue, 1964）；
5. 可能為輕躁（Wilson, 1994）或厭食症（Wagner & Wagner, 1978）；
6. 在兒童及青少年中，可能為品行疾患（Gacono & Meloy, 1992, 1994）。

C. W ＜ M 的 2 倍，暗示：

1. 有創造潛能，但未能適當表現（Allen, 1954; Klopfer & Davidson, 1962; Phillips & Smith, 1953）；
2. 謹慎或是懶惰者，不會力爭上游，只會做白日夢（Aronow et al., 1994; Exner, 1986; Wilson, 1994）；
3. 智力高的男性與女性（Klopfer et al., 1954）。

D. W ＞ M 的 2 倍時，各形狀層級的考量如下：

1. 若形狀層級高，且 M 數量正常，代表受試者相當優異，且成就需求非常強烈（Klopfer et al., 1954）；
2. 若形狀層級高，且 M 數量低於平均，代表受試者無法善用其創作能量讓自己有好的成就（Klopfer et al., 1954）；
3. 若形狀層級低，且 M 數量低於平均，代表受試者的智力功能受到廣泛性阻礙（Klopfer et al., 1954）。

E. Wv 與 At 反應內容暗示具破壞性的精神病理（Sherman, 1955）。

M 以及各種不同類型的反應內容與反應部位的組合

A. M 與 H 暗示：

1. 同理心正常，對他人感興趣以及具敏感度（Allen, 1954; Klopfer et al., 1954; Mukerji, 1969; Phillips & Smith, 1953; Piotrowski, 1957）；
2. 人際關係良好且成熟（Klopfer et al., 1954; Phillips & Smith, 1953）。

B. M 與（H）暗示：

1. 與他人保持距離（Klopfer & Davidson, 1962）；
2. 對人際關係感到焦慮（Phillips & Smith, 1953）；
3. 敵意過高，吹毛求疵（Klopfer et al., 1954）；
4. 妄想、同性戀（Phillips & Smith, 1953）。

C. M 與 Hd 暗示：

1. 對人際關係感到焦慮（Phillips & Smith, 1953）；
2. 精神官能症，尤其是強迫型或是焦慮型（Phillips & Smith, 1953）；
3. 反應型憂鬱症（Beck, 1945; Phillips & Smith, 1953）；
4. 對個人的擔憂（Klopfer et al., 1954）；
5. 退化的防衛機制（Beck, 1960）；可能是智能不足（Molish, 1967）；
6. 當 Hd 是臉或是眼睛時，代表有妄想傾向（Phillips & Smith, 1953）；
7. 排除成熟度佳及適應良好的可能性（Phillips & Smith, 1953; Piotrowski, 1957）；
8. 對他人抱持敵意與吹毛求疵的態度（Phillips & Smith, 1953）。

D. M 與 A 暗示：

1. 不成熟的人格，包括精神官能症患者，以及害怕長大的成人與小孩（Acklin, 1994; Klopfer et al., 1954; Phillips & Smith, 1953）；
2. 在人際關係中缺乏親密感（Klopfer et al., 1954; Phillips & Smith, 1953）；
3. 感覺現在或未來都是危險的，因而採取退化的態度（Beck, 1945, 1960; Phillips & Smith, 1953）；
4. 運用逃避型幻想（Klopfer et al., 1954; Philips & Smith, 1953）；
5. 自我批評，且有自殺的可能性（Klopfer et al., 1954; Sakheim, 1955）；
6. 自我失和的幻想與壓抑（Beck, 1945, 1951）。

E. M 與抽象反應內容暗示：

1. 智力極為優異者，有社會退縮傾向，容易看起來害羞和孤僻（Phillips & Smith, 1953）；
2. 內心的不協調感、不安及緊張（Miale, 1947; Phillips & Smith, 1953）；
3. 排除精神病、反社會人格，及廣泛性不成熟人格的可能性（Phillips & Smith, 1953）。

59 **F. M 與 W 反應部位暗示：**

1. 自我力量良好、鎮定、實際的及適度的自我肯定（Kuhn, 1960; Phillips & Smith, 1953）；
2. 智力優異（Phillips & Smith, 1953）。

G. M 與 Dd 反應部位及 Hd 反應內容暗示：

1. 長期扭曲的人際關係（Beck, 1945; Molish, 1967; Phillips & Smith, 1953; Piotrowski, 1957）；
2. 在自閉性適應架構（framework of autistic adjusting）中的投射（Beck, 1945, 1960; Phillips & Smith, 1953; Piotrowski, 1957）；
3. 頑固、僵化、心胸狹窄、吹毛求疵的行為（Phillips & Smith, 1953）；
4. 退化的防衛機制（Beck, 1960）。

H. M 與 S 反應部位暗示：有自殺的可能性（Bohm, 1958; Hertz, 1965）。

I. M 與 D 反應部位暗示：對人際關係採取實際的、就事論事的、實在的態度（Phillips & Smith, 1953）。

J. M 與敵意反應內容暗示：有自殺的可能性（Hertz, 1965; Piotrowski, 1957; Piotrowski, 1977）。

K. S 與 M > Sum C 暗示：內責、自我貶低的行為。若 S 與 M < Sum C 暗示：會怪罪他人，有固執的行為（Allen, 1954）。

FM 與 m 以及不同類型的反應內容與活動的組合

A. FM 與取得食物或飲食的反應內容暗示：依賴的渴望（Arnaud, 1959）。

B. FM 與被動的滿足、被照顧，暗示：依賴的渴望（Arnaud, 1959）。

C. FM與敵意反應內容暗示：有自殺的可能性（Hertz, M., 1965; Piotrowski, 1957）。

D. m與令人恐懼或不平衡的反應內容暗示廣泛的焦慮（Arnaud, 1959）。

FC 與 CF 及不同類型的反應內容與反應部位

A. FC與攻擊性反應內容暗示：以幻想來疏解敵意的非攻擊性人格（Sommer & Sommer, 1958）。

B. CF 與攻擊性內容暗示：不受控制的攻擊性衝動行為（Klopfer et al., 1954）。

C. CF與被動反應內容暗示：被動反應型人格，容易被社會情境的情緒需求所擺佈（Klopfer et al., 1954）。

D. CF 與 S 反應暗示：對負面、衝動及自戀傾向的防衛不佳（Schafer, 1954）。

E. 彩色反應與適宜、無害的反應內容暗示：溫暖、慈愛、依賴型取向（Mukerji, 1969）。

其他雜項關係

A. D%低與形狀層級不佳，P 也很少，暗示：可加強與現實脫節的假設（Klopfer et al., 1954）。

B. 平均的P數量，2倍P數量的O，再加上4倍P數量的新增O（Additional O），暗示：可加強智力優異的假設（Klopfer & Davidson, 1962）。

C. H 反應內容與 Dd 反應部位暗示：

1. 富想像力者（Beck, 1945, 1960）；
2. 接受精神分析者（Beck, 1945, 1960）；
3. 有自閉傾向，可能為精神分裂症（Beck, 1945, 1960）。

D. A 反應內容豐富與 D 反應部位暗示：可能為務實型者的具體性思考（Beck, 1945）。

E. 優異品質的 FC 反應與 dr 反應部位暗示：對敵意及情感孤立的強迫型防衛之反向作用（Schafer, 1954）。

F. 若 F%＞60，且 P＜3，暗示有自殺的傾向（Weiner, 1961a）。

G. F－反應與 dr 反應暗示：在服從良心（submissive conscientiousness）與混亂的自戀（disorderly narcissism）之間游移不定（Schafer, 1954）。

H. 性反應內容與色彩濃度決定因子暗示：成熟的人格功能（Potkay, 1971）。

I. dr 與 DdS 數量大暗示：強迫型傾向（Alcock, 1963）。

J. 若 R＞40，且 P＞7，暗示：並非精神病狀況（Bradway & Heisler, 1953）。

羅氏墨跡測驗問題的異常處理

羅氏墨跡卡片的異常使用

A. 受試者將墨跡一部分遮住暗示：器質性狀況，明顯源於知覺清晰度的缺乏（Aita, Reitan et al., 1947; Baker, 1956; Halpern, 1953; Klopfer et al., 1954; Lezak, 1983）。

B. 受試者玩弄卡片邊緣或折邊暗示：

1. 可能為精神分裂症，或其他精神病，或是嚴重的精神官能症；但是太多正常人也會有這樣的行為，因此並非可靠的病態指標（Allen, 1954; Baker, 1956; Beck, 1945; Klopfer et al., 1954; Phillips & Smith, 1953）；
2. 可能是器質性狀況（Aita, Reitan et al., 1947）。

C. 受試者看著卡片的背面暗示：

1. 多疑，但或許仍在正常的範圍內（Allen, 1954; Klopfer et al., 1954; Phillips & Smith, 1953）；
2. 好奇心重（Phillips & Smith, 1953）；

3. 可能有妄想（Klopfer et al., 1954; Phillips & Smith, 1953）；

4. 可能是精神分裂症發病前的過度理想化，或是精神分裂症（Klopfer et al., 1954; Phillips & Smith, 1953; Rapaport et al., 1946）。

D. 受試者拒絕將羅氏墨跡卡片拿在手中暗示：

1. 不願透露出自己的個性，因此也不願受測（Phillips & Smith, 1953）；

2. 因敵對與破壞性衝動而產生的焦慮（Phillips & Smith, 1953）。

E. 受試者一看到卡片便立即旋轉卡片暗示：

1. 否定的取向，從不願合作到外顯的敵意皆有可能（Ames et al., 1959, 1971; Beck, 1960; Klopfer et al., 1954; Mons, 1950; Phillips & Smith, 1953）；

2. 非常不成熟的人格（Phillips & Smith, 1953）；

3. 在兒童中，可能有明顯的罪惡感及焦慮，但對八到十六歲的受試者而 60
言，這不一定是病態的（Ames et al., 1959, 1971; Beck, 1945; Halpern, 1953; Haworth, 1962; Stein, 1958）；

4. 可能為嚴重的精神官能症（Beck, 1945）。

F. 沒有旋轉卡片暗示：受試者對於環境中的例行性處理方式感到滿意（Allen, 1954）。

G. 受試者對卡片的粗魯對待暗示：

1. 強烈敵意、攻擊性的衝動，可見於行動化及反社會人格傾向（Klopfer et al., 1954; Towbin, 1959）；

2. 多重人格疾患（Young et al., 1994）；

3. 消極主義（Klopfer et al., 1954）；

4. 在青少年中，可能為邊緣性人格（Sugarman et al., 1980）。

H. 敲擊或輕拍墨跡圖型暗示：

1. 強烈的情感需求，尤其是觸覺性的情色需求（erotic needs）（Klopfer et al., 1954; Phillips & Smith, 1953）；

2. 不成熟的人格（Klopfer et al., 1954; Phillips & Smith, 1953）；

3. 心理距離之喪失，需要現實感測試（Klopfer et al., 1954）；

4. 被動的依賴需求（Phillips & Smith, 1953）。

I. 過度地翻轉及翻弄卡片暗示：

1. 情緒不安、緊張、無法專心，或是傾向於逃避（Allen, 1954; Ames, 1959; Bochner & Halpern, 1945; Phillips & Smith, 1953）；
2. 若緩慢地翻轉卡片，暗示憂鬱（Beck, 1945）；
3. 若快速地翻轉卡片，暗示嚴重的精神官能性狀況（Beck, 1945）；
4. 若受試者為年紀較輕的青少年，這樣的舉動或許是正常的（Stein, 1958）。

異常的反應模式及其詮釋性假設

此小節將包括 Fabcom、Incom、Confab、偏差反應、奇怪、怪異，以及偏差語言表達等名詞解釋。每一個都很容易定義，而且也都是精神病理學的穩定指標（Hartung, McKenna, & Baxter, 1969）；但在此潛藏了一個溝通問題，因不同的羅氏墨跡測驗學者對這些名詞的定義不大相同。在 1946 年，Rapaport 等人注意到羅氏墨跡測驗反應的這個層面。到了 1986 年，Exner 也將這些層面納入他的系統，置於「特殊評分」中。Meloy 與 Singer（1991）比較了這兩個系統對這些名詞的用法。他們一部分的研究結果摘要如下：

使用的名詞

反應類型	Exner	Rapaport
具不真實細節的知覺體	INCOM	FABCOM
奇怪的、不相干的論點	偏差語言表達	奇怪／怪異
不恰當的以偏概全	CONFAB	DW
廣泛且反覆的闡述	偏差反應	CONFAB

最可能造成困惑的是CONFAB（Confabulations）此名詞的使用。在本書的最新版中，我們延續了早期版本所採用的折衷取向（Ogdon, 1967,

1975b）。為了增加清晰度，名詞的定義或範例將和其詮釋性假設並列於本節中。

A. 不自覺的措辭（automatic phrasing）暗示：器質性狀況（Goldfried et al., 1971; Lezak, 1983; Piotrowski, 1937b, 1957; Ross & Ross, 1944; Small, 1973, 1980）。

B. 以偏概全反應（Confabulations）、異常反應內容組合（Abnormal Content Combinations）及偏差反應（Deviant Responses）暗示：

1. 困惑、混亂的思考歷程（Aronow et al., 1994; Dudek, 1969; Exner, 1986; Phillips & Smith, 1953; Rapaport et al., 1946; Wilson, 1994）；
2. 精神病，特別是精神分裂症，尤其是青春型及緊張型，以及邊緣性人格情形（Brar, 1970; Dudek, 1969; Exner, 1986; Friedman, 1952, 1953; Goldfried et al., 1971; Kahn & Giffen, 1960; Klopfer et al., 1954; Lerner, 1991; Peterson, 1992; Phillips & Smith, 1953; Pope & Scott, 1967; Quirk et al., 1962; Rapaport et al., 1946; Schafer, 1948; Shapiro, 1977; Sugarman, 1980; Sugarman et al., 1980; Watkins & Stauffacher, 1952; Weiner & Exner, 1978; Wilson, 1985; Wilson, 1994）；
3. 原始或攻擊性的反應模式（Friedman, 1952; Goldfried et al., 1971; Hersch, 1962; Mons, 1950; Santostefano & Baker, 1972）；
4. 與現實脫節（Klopfer et al., 1954; Rapaport et al., 1946）；
5. 飲食疾患（Lerner, 1991）；
6. 困惑，與器質性狀況有關（Klopfer et al., 1954; Phillips & Smith, 1953）；
7. 在兒童中，就年齡很小的兒童而言可能是正常的，但也可能有人格問題（Ames, 1959; Friedman, 1952; Goldfried et al., 1971; Haworth, 1962; Klopfer et al., 1954; Phillips & Smith, 1953）。

C. 混淆組合（Contaminations）、不正常思考組合（Abnormal Thought Combinations）及自閉性邏輯（Autistic Logic）暗示：

1. 精神病，通常是精神分裂症、邊緣性人格、反社會人格或其他相關的嚴重人格違常，預後不佳（Acklin, 1993; Alcock, 1963; Allen, 1958; Aronow et al., 1994; Beck, 1945; Blatt & Ritzler, 1974; Carlson et al., 1973; Dudek, 1969; Exner, 1986, 1993; Gacono & Meloy, 1994; Gartner et al., 1989; Goldfried et al., 1971; Halpern, 1953; Hertz, 1960a, 1960b; Hertz & Paolino, 1960; Johnston & Holzman, 1979; Jortner, 1966; Kelley & Klopfer, 1939; Klopfer et al., 1954; Lerner, Sugarman, & Barbour, 1985; Meloy & Gacono, 1992; Miale, 1947; Peterson, 1992; Phillips & Smith, 1953; Piotrowski, 1957, 1969; Pope & Scott, 1967; Powers & Hamlin, 1955; Quinlan & Harrow, 1974; Quirk et al., 1962; Rapaport et al., 1946; Schaeffer, 1977; Schafer, 1948; Shapiro, 1977; Smith, 1980; Sugarman et al., 1980; Ulett, 1994; Vincent & Harman, 1991; Wagner, Wagner, Hilsenroth, & Fowler, 1995; Watkins & Stauffacher, 1952; Weiner & Exner, 1978; Wilson, 1985; Wilson, 1994）；

61 *2.* 判斷力嚴重受損，思考歷程可能頗為古怪（Exner, 1986; Klopfer et al., 1954; Rapaport et al., 1946）；

3. 原始的或具攻擊性的行為模式（Beck, 1945; Friedman, 1953; Goldfried et al., 1971; Hersch, 1962; Santostefano & Baker, 1972）；

4. 飲食問題，包括厭食症（Lerner, 1991; Sugarman et al., 1982）及暴食症（Smith et al., 1991）；

5. 可能為急性躁狂型興奮（Beck, 1945; Schafer, 1948）；

6. 可能為癲癇症（Loveland, 1961）；

7. 排除器質性狀況的可能性（Goldfried et al., 1971; Hughes, 1948, 1950）；

8. 在兒童中，或許是正常的，但也可能和明顯的情緒問題、罪惡感、焦慮，以及女性化的男孩有關（Ames, 1959; Blatt & Ritzler, 1974; Friedman, 1952, 1953; Goldfried et al., 1971; Haworth, 1962; Lerner, 1991; Phillips & Smith, 1953）。

D. 批評羅氏墨跡測驗圖型卡片暗示：

1. 攻擊性行為（Haskell, 1961; Kaswan et al., 1960）；

2. 強迫型狀況（Schafer, 1948）；

3. 可能為憂鬱症（Schafer, 1948）。

E. VIII、IX、X%（最後三張卡片反應所占的百分比）＞40，或是Afr值高暗示：

1. 因環境影響而產生的情感反應力及生產力（Beck et al., 1961; Exner, 1993; Klopfer et al., 1954; Rosenzweig & Kogan, 1949; Wilson, 1994）；

2. 常見於邊緣性人格及品行疾患患者的易興奮性與情緒性過度反應（Bochner & Halpern, 1945; Exner, 1986; Klopfer et al., 1954; Meyer, 1961; Peterson, 1993; Rosenzweig & Kogan, 1949; Wilson, 1994）。

F. VIII、IX、X%（最後三張卡片反應所占的百分比）＜30，或是Afr值低暗示：

1. 避免會引發情緒的情境：可見於創傷後壓力疾患患者、恐慌症者，以及亂倫受害者母親的測驗紀錄（Beck et al., 1961; Bochner & Halpern, 1945; de Ruiter & Cohen, 1992; Exner, 1986, 1993; Gacono & Meloy, 1994; Hartman et al., 1990; Klopfer et al., 1954; Swanson et al., 1990; Wald et al., 1990; Wilson, 1994）；

2. 抑制、警戒心重、退縮逃避型人格（Beck et al., 1961; de Ruiter & Cohen, 1992; Exner, 1993; Klopfer et al., 1954; Wilson, 1994）；

3. 憂鬱症患者，有自殺傾向（Exner, 1978, 1986, 1993; Viglione et al., 1988; Weiner, 1961a; Wilson, 1994）；

4. 在兒童中，可能有學習障礙（Acklin, 1990）。

G. 在上個反應後停頓許久才將卡片歸還，暗示：

1. 雖然缺乏知覺體，但感受到壓力，欲產生更多反應（Schachtel, 1966）；

2. 對自己的表現不滿意（Schachtel, 1966）。

H. 寓言神奇式組合（Fabulized Combinations），內容中一部分有一個意涵，而另一部分則有其他意涵，暗示：

1. 明顯退化，最常見於精神分裂症、其他的精神病，以及邊緣性人格情形（Acklin, 1993; Athey & Horowitz, 1980; Berg, 1983; Carlson et al., 1973; Exner, 1978; Friedman, 1952, 1953; Gartner et al., 1989; Goldfried et al., 1971; Leichtman & Shapiro, 1980; Peterson, 1992; Quinlan & Harrow, 1974; Quinlan et al., 1972; Schaeffer, 1977; Smith, 1980; Spiro & Spiro, 1980; Sugarman, 1980; Sugarman et al., 1980; Wagner et al., 1995; Weiner & Exner, 1978）；

2. 孤立型的去依附（detachment）（Schafer, 1948）；
3. 強迫型、厭食及暴食狀況（Lerner, 1991; Rapaport et al., 1946; Schafer, 1948）；
4. 自閉性的思考歷程（Rapaport et al., 1946; Schafer, 1948）；
5. 在兒童中，若四歲至五歲為正常；若大於七歲則暗示遲緩或是暫時性的情緒問題（Friedman, 1952, 1953; Goldfried et al., 1971; Klopfer et al., 1954）。

I. 寓言神奇式反應（Fabulized Responses），將太多情感歸於個人所知覺的內容，暗示：

1. 正常，因太常發生而不能被視為是病態的（Klopfer et al., 1954; Phillips & Smith, 1953; Rapaport et al., 1946）；
2. 可能為邊緣性人格情形；若特別強調，可能為自閉性思考（Berg, 1983; Hertz & Paolino, 1960; Klopfer et al., 1954; Leichtman & Shapiro, 1980; Phillips & Smith, 1953; Rapaport et al., 1946）。

J. 無能（Impotence），無法改善那些被視為較差或不當的反應，暗示：

1. 器質性狀況（Alcock, 1963; Baker, 1956; Beck, 1960; Birch & Diller, 1959; Evans & Marmorston, 1963; Goldfried et al., 1971; Hertz & Loehrke, 1954; Hughes, 1948, 1950; Kahn & Giffen, 1960; Lezak, 1983; Mabry, 1964; Piotrowski, 1937b; Reitan, 1955a; Rosenzweig & Kogan, 1949; Ross & Ross, 1944; Small, 1973, 1980）；
2. 可能為精神分裂症（Vinson, 1960）；
3. 可能為憂鬱症（Hertz, 1948）。

K. 反應數量異常多暗示：

1. 智力高或富有想像力（Abrams, 1955; Allen, 1954; Allison et al., 1968; Aronow et al., 1994; Beck, 1945; Holt, 1968; Klopfer & Davidson, 1962; Ledwith, 1959; Murstein, 1960; Pauker, 1963; Piotrowski, 1957; Sommer, 1958; Spiegelman, 1956; Williams & Lawrence, 1953; Wishner, 1948）；
2. 不論是成人或兒童，代表精力旺盛，有理想抱負及生產潛能（Beck,
1951; Bochner & Halpern, 1945; Hertz, 1960a; Levitt & Truumaa, 1972; 62
Murstein, 1960; Palmer, 1970; Pope & Scott, 1967; Sandler & Ackner, 1951; Singer et al., 1956）；
3. 不論是成人或兒童，可能有強迫型狀況（Alcock, 1963; Allen, 1954; Beck, 1951; Bochner & Halpern, 1945; Exner, 1974; Halpern, 1960; Holt, 1968; Kahn & Giffen, 1960; Kates, 1950; Pope & Scott, 1967; Sherman, 1955; Wilson, 1994）；
4. 興高采烈、輕躁或是輕微物質中毒（Alcock, 1963; Allen, 1954; Beck, 1945; Exner, 1993; Kikuchi et al., 1961; Pope & Scott, 1967; Rorschach, 1921/1951; Wilson, 1994）；
5. 若受試者為藝術系學生，則為正常的（Dougan & Welch, 1948）；
6. 自戀型精神分裂症及精神分裂症發病前的狀況（Beck, 1951; Holt, 1968; Sherman, 1955; Wilson, 1994）；
7. 被動攻擊性人格（Moylan et al., 1960）；
8. 可能為焦慮（Alcock, 1963; Siegal et al., 1962）；
9. 排除器質性狀況的可能性（Dorken & Kral, 1952; Goldfried et al., 1971）。

L. 反應數量異常少暗示：

1. 壓抑、警戒心重、閉縮型防衛（Allen, 1954; Aronow et al., 1994; Auerbach & Spielberger, 1972; Beck, 1960, 1968; Bochner & Halpern, 1945; DeCato, 1993; Schachtel, 1966; Wilson, 1994）；
2. 精神官能症，包括焦慮性精神官能症、歇斯底里症、厭食症、神經衰弱，以及慢性病（Alcock, 1963; Eichler, 1951; Fisher, 1950, 1951; Goldfried et al., 1971; Hertz, 1948, 1949; Holt, 1968; Kahn & Giffen, 1960; Miale & Harrower-Erickson, 1940; Neuringer, 1962; Olch, 1971; Phillips & Smith, 1953; Schachtel, 1966; Schafer, 1948; Sherman, 1955; Wagner, 1973; Wagner & Wagner, 1978）；

3. 憂鬱症，有自殺的可能性（Alcock, 1963; Beck, 1945; Bradway & Heisler, 1953; Brar, 1970; Exner, 1978, 1993; Hertz, 1948, 1949; Holt, 1968; Kahn & Giffen, 1960; Pope & Scott, 1967; Rorschach, 1921/1951; Schafer, 1948; Viglione et al., 1988; Wilson, 1994）；
4. 壓力情境或是曾經歷創傷與虐待（Brickman & Lerner, 1992; Eichler, 1951; Neuringer, 1962; Riessman & Miller, 1958; Sandler & Ackner, 1951; Schwartz & Kates, 1957）；
5. 慢性精神病，包括器質性及老年人類型（Alcock, 1963; Ames et al., 1954; Bradway & Heisler, 1953; Evans & Marmorston, 1963; Exner, 1986; Goldfried et al., 1971; Harrower-Erickson, 1941; Hertz & Loehrke, 1954; Hughes, 1948, 1950; Kahn & Giffen, 1960; Kisker, 1944; Kral & Dorken, 1953; Lezak, 1983; Neiger et al., 1962; Piotrowski, 1937b, 1957; Reitan, 1955a; Wilson, 1994）；
6. 智力低（Allen, 1954; Allison et al., 1968; Aronow et al., 1994; Beck, 1945; Exner, 1986; Holt, 1968; Murstein, 1960; Wilson, 1994）；
7. 悶悶不樂、消極主義，常見於反社會人格者、暴力罪犯、詐病者，以及患有品行疾患的青少年（Alcock, 1963; Benton, 1945; Bochner & Halpern, 1945; Exner, 1986; Finch, Imm, & Belter, 1990; Gacono & Meloy, 1994; Greco & Cornell, 1992; Keltikangas-Jarvinen, 1982; Meyer & Deitsch, 1995; Pope & Scott, 1967; Rorschach, 1921/1951; Schachtel, 1966; Wilson, 1994）；
8. 可能為精神分裂症（Kahn & Giffen, 1960; Schafer, 1960; Sherman, 1955）；常見於妄想型及單純型患者的測驗紀錄（Holt, 1968; Kahn &

Giffen, 1960; Moylan et al., 1960; Piotrowski, 1957）；但亦曾見於緊張型精神分裂症患者的測驗紀錄（Curran & Marengo, 1990）；

9. 在兒童中，若年齡較小為常態（Alcock, 1963; Ledwith, 1959; Setze et al., 1957）；但也與氣喘有關（Alcock, 1963）；

10. 其他研究結果顯示，非常謹慎的人也可能會製造出極少的反應數量（Allen, 1954; Beck, 1945），也和突然結束治療的患者（Affleck & Mednick, 1959）、癲癇型人格（Kikuchi, 1961）、即將去世的高齡病患（Shimonaka & Nakazato, 1991; Wilson, 1994）、部分邊緣性人格患者（Sugarman, 1980; Sugarman et al., 1980），以及殺夫的婦女（Kaser-Boyd, 1993）相關。

M. 困惑（Perplexity），不相信自己的能力因而感到混亂，暗示：

1. 腦傷（Alcock, 1963; Baker, 1956; Beck, 1960; Birch & Diller, 1959; Evans & Marmorston, 1963, 1964; Goldfried et al., 1971; Hall, Hall, & Lavoie, 1968; Hertz & Loehrke, 1954; Hughes, 1948, 1950; Kahn & Giffen, 1960; Kisker, 1944; Lezak, 1983; Neiger et al., 1962; Phillips & Smith, 1953; Piotrowski, 1937b, 1957; Pope & Scott, 1967; Reitan, 1955a; Rosenzweig & Kogan, 1949; Ross & Ross, 1944; Small, 1973）；
2. 精神分裂症，且預後不佳（Piotrowski, 1969; Vinson, 1960）。

N. 反應重複（Perseverations）與複製（Repetitions）暗示：

1. 器質性狀況，包括衰老的狀況（Alcock, 1963; Ames et al., 1954; Aronow et al., 1994; Baker, 1956; Beck, 1945, 1960; Birch & Diller, 1959; Bohm, 1958; Exner, 1986; Halpern, 1953; Hertz & Loehrke, 1954; Hughes, 1948, 1950; Kahn & Giffen, 1960; Klopfer et al., 1954; Korchin, 1960; Korchin & Larson, 1977; Lezak, 1983; Mabry, 1964; Neiger et al., 1962; Oberholzer, 1931; Smith & Phillippus, 1969; Piotrowski, 1937b; Reitan, 1955a; Rosenzweig & Kogan, 1949; Ross & Ross, 1944; Small, 1973, 1980; Ulett, 1994）；
2. 精神分裂症，通常是妄想型，以及邊緣性人格，極可能預後不佳（Ar-

onow et al., 1994; Beck, 1945; Bohm, 1958; Dudek, 1969; Friedman, 1952,
63 1953; Hertz & Paolino, 1960; Kahn & Giffen, 1960; Klopfer et al., 1954; Leichtman & Shapiro, 1980; Piotrowski, 1969; Piotrowski & Bricklin, 1961; Schafer, 1948; Shapiro, 1977; Vinson, 1960）；

3. 焦慮（Arnaud, 1959; Cox & Sarason, 1954; Evans & Marmorston, 1963, 1964; Sarason, 1954）；
4. 可能為智能不足（Aronow et al., 1994; Beck, 1945; Bohm, 1958）；
5. 可能為癲癇型人格（Kikuchi, 1961）；
6. 若受試者為幼兒，便可能是正常的（Friedman, 1952; Halpern, 1960），不過若受試者為較年長的兒童，便可能暗示心理不安（Ames, 1959）或是邊緣性人格（Leichtman & Shapiro, 1980）。

O. 將個人經驗作為參考架構（Personal References）、個人化的辯解（Personalized Justifications），暗示：

1. 器質性狀況（Piotrowski, 1937b; Small, 1973, 1980）；
2. 理智化的防衛及脆弱、混亂的思考（Exner, 1993; Ganellen, 1994; Wilson, 1994）；
3. 強迫型的成人人格（Exner, 1986）；
4. 亦曾見於獨裁者（Wilson, 1994）、人格疾患患者、反社會主義人格者（Exner, 1986; Gacono & Meloy, 1992; Gacono et al., 1990; Wilson, 1994）、精神分裂症患者（Exner, 1986），及邊緣性人格者等（Peterson, 1993）。

P. 對反應提出過多的限制條件（Qualifications of Responses Excessive）暗示：

1. 焦慮（Beck, 1945）；
2. 憂鬱症（ Beck, 1945）。

Q. 反應時間與回答時間異常的長暗示：

1. 焦慮狀態（Allen, 1954; Auerbach & Spielberger, 1972; Cox & Sarason, 1954; Goodstein & Goldberger, 1955; Harris, 1960; Holt, 1968; Kahn &

Giffen, 1960; Lebo et al., 1960; Levitt & Grosz, 1960; Meyer & Caruth, 1970; Neuringer, 1962; Schwartz & Kates, 1957）；

2. 憂鬱症（Alcock, 1963; Allen, 1954; Allison et al., 1968; Beck, 1945; Bochner & Halpern, 1945; Harris, 1960; Hertz, 1948, 1949; Holt, 1968; Kahn & Giffen, 1960; Piotrowski, 1957; Pope & Scott, 1967; Schachtel, 1966; Schafer, 1948）；
3. 器質性狀況（Alcock, 1963; Allen, 1954; Beck, 1945; Birch & Diller, 1959; Goldfried et al., 1971; Kahn & Giffen, 1960; Kisker, 1944; Lezak, 1983; Neiger et al., 1962; Oberholzer, 1931; Piotrowski, 1937b）；
4. 多疑或詐病（Allen, 1954; Benton, 1945; Meyer & Deitsch, 1995; Piotrowski, 1957; Wilson, 1994）；
5. 可能努力要想出「完美的」反應（Allison et al., 1968）；
6. 可能為邊緣性人格（Sugarman, 1980）；
7. 可能為癲癇性人格（Kikuchi, 1961）。

註解：卡片Ⅸ通常需要花費較長的反應時間，而卡片Ⅰ、Ⅴ、Ⅷ極少需要較長的反應時間（Holt, 1968）。

R. 反應時間與回答時間異常短暗示：

1. 衝動性（Allen, 1954; Allison et al., 1968; Meyer, 1961）；
2. 興高采烈、精神愉快及輕躁的狀態（Allen, 1954; Bochner & Halpern, 1945; Kahn & Giffen, 1960; Wagner & Heise, 1981）；
3. 焦慮（Cox & Sarason, 1954）；
4. 可能為邊緣性人格（Berg, 1983）。

S. 拒絕回答（Rejections）或無法回應（Failures）暗示：

註解：在六歲以下的受試者中，拒絕回答的比例頗高。以下列出受試者拒絕回答的相關解釋。無法回應與解剖反應內容有關聯，而相關的詮釋性假設亦可納入考量（Carnes & Bates, 1971）。

1. 心理、情緒及神經質問題，但可能排除強迫型人格與精神分裂症發作前過度理想化的可能性（Alcock, 1963; Allen, 1954; Beck, 1960; Bohm,

1958; Carnes & Bates, 1971; Fisher, 1950; Goldfried et al., 1971; Hertz, 1948, 1949; Holt, 1968; Klopfer et al., 1954, 1956; Miale & Harrower-Erickson, 1940; Munroe, 1945; Rorschach, 1921/1951; Shatin, 1952; Wagner, 1973）；

2. 焦慮、壓力及或敵意（Arnaud, 1959; Beck, 1960; DeVos, 1952; Kahn & Giffen, 1960; Kaswan et al., 1960; Kates, 1950; Klopfer et al., 1954; Neuringer, 1962; Schwartz & Kates, 1957）；
3. 妄想型的警戒心或消極主義（Allison et al., 1968; Bochner & Halpern, 1945; Hertz, 1948; Holt, 1968; Schafer, 1954）；
4. 憂鬱（Allen, 1954; Holt, 1968; Pope & Scott, 1967）；
5. 反社會人格與暴力罪犯及男性性侵害者有關（Bochner & Halpern, 1945; Keltikanas-Jarvinen, 1982; Prandoni, Jensen, Matranga, & Waison, 1973）；
6. 可能為多重人格疾患（Young et al., 1994）；
7. 可能會容易發生意外（Kikuchi, 1964）；
8. 心理治療與復健療程的預後不佳（Carnes & Bates, 1971; Davids & Talmadge, 1964）；
9. 若拒絕超過四張卡片，暗示有嚴重的人格問題，或許是反社會人格（Kahn & Giffen, 1960; Keltikangas-Jarvinen, 1982; Klopfer & Davidson, 1962）。

T. **若回答「這個墨跡不是……」，暗示有器質性狀況（**Evans & Marmorston, 1963, 1964**）。**

U. **模糊的、不完整的語言暗示壓抑（**Levine & Spivack, 1964; Pope & Scott, 1967**）。**

序列分析（Sequence Analysis）的相關資訊

反應部位的連續性

請注意連續性可能會受到受試者的努力、心情或態度等因素所影響。

A. 僵化（10 個系統性）的序列暗示： 64

1. 井然有序、缺乏彈性，甚至是僵化的，但受試者的思考歷程可能是有邏輯的（Alcock, 1963; Allen, 1954; Ulett, 1994）；
2. 喪失智能效率（Klopfer et al., 1954）；
3. 可能會以很嚴肅的態度來面對這份測驗，有如學究一般（Schachtel, 1966）。

B. 井然有序（7-9 個系統性）的序列暗示：

1. 智能效率佳，有正常的彈性（Klopfer et al., 1954）；
2. 可能為精神官能症（Allen, 1954）。

C. 鬆散（3-6 個系統性）的序列暗示：

1. 缺乏組織或容易分心者，但可能是正常的（Klopfer et al., 1954; Schachtel, 1966）；
2. 自由、心情愉快、不受約束的個性（Klopfer et al., 1954; Schachtel, 1966）；
3. 也曾見於精神官能症患者及富幻想力的藝術家（Schachtel, 1966）。

D. 混亂（少於 3 個系統性）的序列暗示：

1. 古怪、混亂的人格（Allen, 1954; Klopfer et al., 1954; Ulett, 1994）；
2. 可能為精神病，特別是精神分裂症及躁鬱症、躁型（Allen, 1954; Ulett, 1994）；
3. 排除器質性狀況的可能性（Goldfried et al., 1971; Hughes, 1948, 1950）。

各羅氏墨跡測驗卡片的解釋

註解：在此小節中，有九個從眾反應被註上星號，這九個從眾反應為 Oberholzer 的國際從眾反應（Oberholzer's International Populars）（Bohm, 1958, p.40）。

卡片 I

A. 從眾反應：

* *1.* 有翅膀的生物，例如蝙蝠或蝴蝶，身體在卡片的中間，而翅膀在兩側。是一個 W 或接近 W 的反應（Ames et al., 1971; Beck et al., 1961; Bochner & Halpern, 1945; Bohm, 1958; Exner, 1993; Hertz, 1970; Klopfer et al., 1954; Ledwith, 1959; Piotrowski, 1957; Rapaport et al., 1946）；雖然 Klopfer 和其他學者廣泛地將有翅膀的生物列為從眾反應，但是，Bochner 和 Halpern（1945）及 Exner（1993）只將蝙蝠或蝴蝶列為從眾反應。

2. 人的形狀出現在中央的 D，尤其是中下半部、顏色較深的 D，通常被看作女性，而且常為裸體的，或是腰部以下裸體的女性（Beck et al., 1961）。

B. 阻塞（Blocking）或驚嚇反應（Shock）及其詮釋性假設：

註解：阻塞包括完全拒絕卡片。卡片 I 在十張墨跡測驗卡片中通常反應時間最短（Sanderson, 1951）。

1. 對於處理新的、異常的情境感到困難（Allen, 1954; Halpern, 1953; Klopfer et al., 1954）；

2. 多疑或是對測驗準備不足（Klopfer et al., 1954; Piotrowski, 1957）；

3. 可能和懲罰型、拒絕型或強勢型的母親有未解決的緊張關係（Phillips & Smith, 1953; Schafer, 1954）；

4. 可能會有衝動行為，包括攻擊及自殺（Hertz, 1965; Phillips & Smith, 1953）；

5. 拒絕回答，曾見於患有精神病罪犯的測驗紀錄（Prandoni & Swartz, 1978）；
6. 若受試者為男性，可能缺乏經濟能力或是性心理不成熟（Phillips & Smith, 1953; Schafer, 1954）；
7. 若受試者為女性，可能偏好獨居，有自殺傾向（Phillips & Smith, 1953; Schafer, 1954）；
8. 在兒童中，若受試者為二至四歲的兒童，阻塞反應可能是正常的（Clemes et al., 1963; Halpern, 1960）；若受試者為六至十一歲的兒童，這張卡片和卡片Ⅳ被認定為是「父親」卡，因此受試者的反應可能反映出此特性（Ames et al., 1971; Beck & Herron, 1969）。

C. 其他詮釋性資料：

1. 受試者對待卡片Ⅰ的方法與風格可顯示個人在面對新奇的、非結構性情境時的處理模式。不論受試者的年齡層為何，卡片Ⅰ極可能給予心理學家一個獨特的機會來觀察此特殊現象。
2. 在兒童中，對任何卡片中央圖形的反應可能反映出對自己的態度（Halpern, 1953）；「石頭堆」或「樹葉」的反應顯示成熟度不佳；「兩個小孩在跳舞」的反應顯示成熟度頗佳（Ames & Gillespie, 1973; Santostefano & Baker, 1972）。
3. 若在中央D的人形被男性受試者視為男性，便可能為同性戀傾向（Aronson, 1952; De Luca, 1966; Kwawer, 1977; Lindner, 1950; Reitzell, 1949; Yamahiro & Griffith, 1960）。
4. 解釋應該反映出各類運動反應皆有可能在此發生（Ulett, 1994）。

卡片Ⅱ

A. 從眾反應：

1. 在黑色區域看到的任何四腳哺乳類動物，完整的或只有頭部，例如狗或熊等（Beck et al., 1961; Bochner & Halpern, 1945; Exner, 1993; Klopfer et al., 1954; Ledwith, 1959; Piotrowski, 1957; Rapaport et al., 1946）。

*2. 兩個人形，為W，通常亦為M反應（Ames et al., 1971; Beck et al., 1961; Bohm, 1958; Hertz, 1970; Rapaport et al., 1946）；

3. 在卡片下方看到蝴蝶或蛾（Beck, 1944; Bochner & Halpern, 1945）。

B. 阻塞或驚嚇反應及其詮釋性假設：

1. 通常會是彩色或紅色驚嚇反應（color or red shock），這暗示情緒問題，或許有逃避強烈情緒的傾向；如果嚴重的話，代表一個病態狀態，或許是邊緣性、歇斯底里或其他精神官能性狀況（Alcock, 1963; Ames et al., 1959, 1971; Goldfried et al., 1971; Hertz, 1948; Klopfer et al., 1954; Miale & Harrower-Erickson, 1940; Molish, 1967; Munroe, 1945; Phillips & Smith, 1953; Piotrowski, 1957; Schachtel, 1943, 1966; Sugarman et al., 1980; Ulett, 1994）。

65 2. 阻塞可能是對中央 S 的白色驚嚇反應（white shock），較常見於女性受試者（Phillips & Smith, 1953）。若受試者為女性，暗示對女性性別角色的矛盾（Bohm, 1958）。若受試者為男性，暗示會害怕碰觸女性生殖器（Bohm, 1958; Piotrowski, 1957）。

3. 可能為強烈的、無法控制的破壞性衝動，可能形成核心人格，其結果為憂鬱及自殺的可能性（Hertz, 1949, 1965; Molish, 1967; Phillips & Smith, 1953; Rabin, 1946）。

4. 這些受試者可能會看起來緊張、害怕、懦弱或具攻擊性。行為往往會游移於溫和的以及具破壞性的心情之間。個人的心情可能會循環於難堪的自責以及具破壞性的心情之間（Phillips & Smith, 1953）。

5. 自閉兒的父母在此曾有驚嚇反應（Ogdon et al., 1968）。這張卡片和卡片Ⅲ對兒童而言皆為「母親」卡，因此受試者的反應可能反映出此特性（Beck & Herron, 1969）。

C. 其他詮釋性資料：

1. 患有精神官能症者通常會不喜歡此卡片，因其與血的聯結（Wallen, 1948）。

2. 卡片 II 可能具備某些特質，會鼓勵象徵性的性反應以及性態度的表達

（McCully, 1971）。

3. 若為色彩驚嚇，便可排除器質性狀況的可能性（Goldfried et al., 1971; Hughes, 1948, 1950）。

4. 旋轉卡片上方至中央空白處，暗示可能為焦慮型精神官能症（Lindner, 1950）。

5. 此墨跡圖形是第二個最有可能引起 M 反應的卡片（Ulett, 1994）。

註解：對卡片 II 的災難性反應，常與預後良好的同性戀者相關（Coates, 1962）。

卡片 III

A. 從眾反應：

*1. 人類圖形，或代表人的圖形，彎腰，占據整個黑色區域（Ames et al., 1971; Beck et al., 1961; Bochner & Halpern, 1945; Bohm, 1958; Exner, 1993; Hertz, 1970; Klopfer et al., 1954; Ledwith, 1959; Piotrowski, 1957; Rapaport et al., 1946）；

2. 蝴蝶、蝶形領結或是綁頭髮的緞帶，出現在中央紅色區塊，是 F 或是 FC（Beck et al., 1961; Bochner & Halpern, 1945; Hertz, 1970; Klopfer et al., 1954; Ledwith, 1959）。

B. 阻塞或驚嚇反應及其詮釋性假設：

註解：卡片 III 通常有第二最短的反應時間，僅次於卡片 I（Sanderson, 1951）。

1. 可能是彩色或是紅色驚嚇反應，而且，若阻塞或驚嚇反應未必比卡片 II 較少，暗示人格問題及適應不良（Allen, 1954; Ames et al., 1959; Klopfer et al., 1954; Phillips & Smith, 1953; Piotrowski, 1957）；

2. 可能是 M 驚嚇反應，反映出對自己生命角色的矛盾心態（Klopfer et al., 1954; Piotrowski, 1957; Piotrowski & Dudek, 1956）；

3. 若受試者為男性，可能會害怕嚴厲懲罰型的父親或代理父親角色，可能顯示出異性戀關係之挫敗、同性戀、曝露狂或酒癮（Phillips & Smith,

1953; Piotrowski, 1957）；

4. 若受試者為已婚婦女，暗示對殘暴丈夫的憂鬱及妄想反應，以及對性關係的焦慮（Phillips & Smith, 1953）；可見於離婚婦女的測驗紀錄（Piotrowski & Dudek, 1956）；
5. 若受試者為單身女性，暗示可能會和她們所輕蔑的被動、無能男人在一起（Phillips & Smith, 1953）；
6. 在兒童中，這張卡片和卡片 II 皆被視為是「母親」卡，因此受試者的反應可能反映出此特性（Beck & Herron, 1969）；尤可能顯示出缺乏獨立性與自我肯定，以及自我發展遲緩（Ames et al., 1971）。

C. 其他詮釋性資料：

1. 無法看到從眾反應的人類圖形，或是在大部分受試者會看到 Hd 的地方看到「鳥頭」，暗示可能為器質性狀況（Ames et al., 1954; Goldfried et al., 1971）。
2. 這張卡片中若出現從眾反應的兩個人類圖形，便可能提供了一個評量外向人格與內向人格的機會（McCully, 1971）。
3. 在這裡以及在卡片 V 中使用黑色部位，暗示具憂鬱傾向，可能是「被火紋身孩童症候群」反應（Ames & Gillespie, 1973）。
4. 若在從眾反應的 H 中若難以決定性別，暗示可能有同性戀傾向（Kwawer, 1977; Lindner, 1946, 1950; Reitzell, 1949; Yamahiro & Griffith, 1960）；若以玩偶或牽線木偶稱之，暗示有被操弄或被控制的感覺，此為類分裂性人格的徵兆（Aronson, 1952）。形狀層級不佳可能意指病程型精神分裂症（process schizophrenia），而非反應型（Weiss & Katz, 1977）。

卡片IV

A. 從眾反應：

* 1. 整體反應（W）為動物毛皮（Ames et al., 1971; Beck et al., 1961; Bochner & Halpern, 1945; Bohm, 1958; Piotrowski, 1957; Rapaport et al., 1946）；

2. 靴子、鞋子或腳，在下方兩側的 D（Beck et al., 1961; Hertz, 1970; Klopfer et al., 1954; Ledwith, 1959）；

3. 如同巨人或怪獸的人類或猿人圖形，尤常見於兒童（Ames et al., 1971; Exner, 1993; Hertz, 1970）。

B. 阻塞或驚嚇反應及其詮釋性假設：

1. 可能和「父親形象」的特質相關；這張卡片對六歲以上的兒童而言，是一張「父親」卡（Beck, & Herron, 1969）；而驚嚇反應可能意指受試者和權威性角色（特別是父親）的關係緊張，而父親可能會（或曾經）過度懲罰（Allen, 1954, 1958; Beck, 1960; Bohm, 1960, 1977; Brown,
1953; Exner, 1974; Frank, 1981; Hafner & Rosen, 1964; Halpern, 1953; Ha- 66
yden, 1981; Hirschstein & Rabin, 1955; Kamano, 1960b; Klopfer et al., 1954; Kuntz, 1964; Marsh, 1961; McCully, 1971; Meer & Singer, 1950; Phillips & Smith, 1953; Piotrowski, 1957; Rosen, 1951; Sappenfield, 1961; Schafer, 1954; Zelin & Sechrest, 1963）；

2. 可能是色彩濃度或是深色驚嚇（shading or dark shock），暗示：

   (1)深層的、內化的焦慮；若受試者為女性，暗示對她們的丈夫感到極度焦慮，或是異性戀，或可能為性侵害（Allen, 1954; Beck, 1960; Bohm, 1958, 1960, 1977; Hertz, 1949; Klopfer et al., 1954; Molish, 1967; Phillips & Smith, 1953）；

   (2)精神病，可能為精神分裂症或是邊緣性人格情形（Berkowitz & Levine, 1953; Goldfried et al., 1971; Piotrowski, 1957; Piotrowski & Berg, 1955; Piotrowski & Lewis, 1950; Sugarman, 1980）；

   (3)恐懼、憂鬱或其他精神官能症傾向（Ames et al., 1971; Bohm, 1960; Goldfried et al., 1971; Schachtel, 1966）；

   (4)有自殺的可能性（Hertz, 1965; Rabin, 1946; Sakheim, 1955）；

   (5)在兒童中，暗示害怕黑暗（Schachtel, 1966）。

3. 可能是對明顯的性器官與陰莖特徵的性驚嚇（sex shock），暗示對性的適應力不足，或許可由反應內容中澄清（Klopfer et al., 1954; Phillips

& Smith, 1953）；

4. 和經濟無能及性無能相關的驚嚇反應，同時有無效能感以及無望感（Phillips & Smith, 1953; Piotrowski, 1957）；
5. 攻擊性可能是「唯一不存在」的人格特質（Phillips & Smith, 1953）；
6. 在兒童中，可能有對未知的恐懼（Halpern, 1953; Mundy, 1972）；
7. 自閉兒的父母曾在此展現驚嚇反應（Ogdon et al., 1968）。

C. 其他詮釋性資料：

1. 此卡片所引發的惡化或煩躁不安的內容，和自殺的可能性有關（Broida, 1954; Cutter et al., 1968; Hertz, 1965; Lindner, 1947, 1950）。
2. 巨大的、威脅性的角色，若由男性受試者所看到，暗示可能有同性戀傾向（Aronson, 1952; Davids, Joelson, & McArthur, 1956; Goldfried, 1966; Goldfried et al., 1971; Kwawer, 1977; Reitzell, 1949; Stone & Schneider, 1975; Wheeler, 1949; Yamahiro & Griffith, 1960）。
3. 在卡片上方外部細節中若看到軟弱的陰莖，暗示可能有「權力」問題（McCully, 1971）。
4. 卡片Ⅳ可能具備某些特質，會激發受試者展現其男子氣概、男性構造以及力量（McCully, 1971）。
5. 在兒童中，樹的反應可能代表家庭，而樹葉與樹枝代表兒童本身；肛門的反應內容可能會反映出兒童與父母間的權力衝突（Halpern, 1953）。

卡片Ⅴ

A. 從眾反應及接近從眾的反應：

* 1. 有翅膀的生物，身體在卡片的中央，而翅膀在兩旁；卡片可上下顛倒（Ames et al., 1971; Beck et al., 1961; Bochner & Halpern, 1945; Bohm, 1958; Exner, 1993; Hertz, 1970; Klopfer et al., 1954; Ledwith, 1959; Piotrowski, 1957; Rapaport et al., 1946）；Exner 僅將蝙蝠或蝴蝶反應認定為從眾反應（P）。

2. 人或動物的腳，對卡片上方、較粗處之投射（Beck et al., 1961）。
3. 兔子，在整個中央的D，為接近從眾的反應（Ames et al., 1971; Beck, 1944）。
4. 人類形狀，在整個中央的D，為接近從眾的反應（Beck, 1944）。

B. 阻塞或驚嚇反應及其詮釋性假設：

1. 可能是黑色驚嚇反應（black shock），暗示缺乏面對生活中陰暗面的能力（Allen, 1954; Ames et al., 1959, 1971; Beck, 1944; Klopfer et al., 1954）；
2. 可能是色彩濃度或是深色驚嚇，不常見於精神官能症，而較常見於精神病、精神分裂症等（Bohm, 1958; Brown, 1953; Klopfer et al., 1954; McCully, 1971; Piotrowski, 1957）；
3. 色彩濃度驚嚇，排除器質性狀況的可能性（Goldfried et al., 1971; Hughes, 1948, 1950）；
4. 若拒絕卡片V，暗示可能有精神分裂症（Bochner & Halpern, 1945; Goldfried et al., 1971; Piotrowski & Berg, 1955; Piotrowski & Lewis, 1950）。

C. 其他詮釋性資料：

1. 人類或是人形化動物的反應內容，若由男性受試者所看到，暗示可能有同性戀傾向（Davids et al., 1956; DeLuca, 1966; Goldfried, 1966a; Goldfried et al., 1971; Kwawer, 1977; Reitzell, 1949; Wheeler, 1949; Yamahiro & Griffth, 1960）。
2. 若在此卡片及卡片Ⅲ中使用黑色，暗示具憂鬱傾向，或許是「被火紋身孩童症候群」反應（Ames & Gillespie, 1973）；
3. 在兒童中，短吻鱷的反應內容可能暗示受試者有攻擊型的父母（Halpern, 1953）。

卡片Ⅵ

A. 從眾反應：*動物毛皮，通常會藉由色彩濃度反應來暗示表面質感，位於整張卡片或是整張卡片但不包括上方的D（Ames et al., 1971; Beck et al., 1961; Bochner & Halpern, 1945; Bohm, 1958; Exner, 1993; Hertz, 1970; Klopfer et al., 1954; Ledwith, 1959; Piotrowski, 1957; Rapaport et al., 1946）。

B. 阻塞或驚嚇反應及其詮釋性假設：

1. 相較於卡片Ⅳ，性驚嚇在此卡片中可能會更常出現，可和卡片Ⅳ做相同解釋；與性活動有關的衝突（Allen, 1954; Ames et al., 1971; Brown,
67 1953; Klopfer et al., 1954; Meyer, 1961; Mundy, 1972; Phillips & Smith,
1953; Piotrowski, 1957; Pope & Scott, 1967）。
2. 可能為色彩濃度驚嚇，如同卡片Ⅳ一般，可和卡片Ⅳ做相同解釋（Goldfried et al., 1971; Klopfer et al., 1954; Phillips & Smith, 1953; Piotrowski, 1957）。
3. 經嘗試後失敗的性關係（Phillips & Smith, 1953; Piotrowski, 1957）。
4. 以依賴或敵意為主的衝突，可能會導致心身性狀況（Phillips & Smith, 1953; Schafer, 1948）。
5. 自閉兒的父母曾在此展現驚嚇反應（Ogdon et al., 1968）。
6. 若受試者為男性，可能會有異常的性行為；若對卡片Ⅲ亦產生驚嚇反應，便更加強化此假設（Phillips & Smith, 1953）。
7. 若受試者為女性，暗示對異性戀適應不良，或許是害怕與男性生殖器接觸；這裡的驚嚇暗示完全失能（Phillips & Smith, 1953; Piotrowski, 1957）。
8. 暴力罪犯（Keltikangas-Jarvinen, 1982）以及男性性侵害者（Prandoni et al., 1973）。

註解：在正常人中，卡片Ⅵ的反應時間是所有羅氏墨跡測驗卡片中第二長的（只次於卡片Ⅸ）（Sanderson, 1951）。

C. 其他詮釋性資料：

1. 卡片Ⅵ的反應通常反映出個人對性器的態度。反應的質性層面可能會反映出個人對異性戀的態度。
2. 男性功能的質性層面可能會在此表達出來（Lindner, 1950; McCully,

1971）。

3. 患有精神分裂症的兒童，心智程度較低，可能會突然開始計算蝴蝶的翅膀（Halpern, 1960）。若無P，便可能為精神分裂症（Molish, 1951）。

卡片Ⅶ

A. 從眾反應：

* 1. 人類圖形或是人的頭或臉，通常為女人或兒童的側面，位於上方的大D，不論有無最高的垂直投射（topmost vertical projection）皆可（Beck et al., 1961; Bohm, 1958; Exner, 1993; Hertz, 1970; Ledwith, 1959; Piotrowski, 1957; Rapaport et al., 1946）；

* 2. 熊或象的頭，位於在中段D（Bohm, 1958）；

3. 整體反應（W）為雲（Ames et al., 1971; Beck, 1944; Ledwith, 1959）。

B. 阻塞或驚嚇反應及其詮釋性假設：

1. 被視為「母親」卡，阻塞反應可能暗示受試者與母親或代理母親的關係非常密切，但這段關係卻是困難且充滿衝突的（Allen, 1954; Ames et al., 1959, 1971; Brown, 1953; Frank, 1981; Hayden, 1981; Hirschstein & Rabin, 1955; Kamano, 1960b; Marsh, 1961; Meer & Singer, 1950; Phillips & Smith, 1953; Rosen, 1951; Sappenfield, 1961; Sines, 1960）；
2. 如同卡片Ⅳ一般，代表與性活動相關的神經質衝突（Allen, 1954; Klopfer et al., 1954; Piotrowski, 1957; Ross & Ross, 1944）；
3. 若受試者為男性，代表他受控於有權力的、過度保護的、過度親近的母親，但此類型母親通常不是拒絕型（Phillips & Smith, 1953）；
4. 若受試者為女性，阻塞反應常見於有特定類型母親的受試者：苛求與吝於付出的母親，不過，此類型母親通常不是殘酷或虐待型的。這些女性傾向與虐待型的男性交往（Phillips & Smith, 1953）。

C. 其他詮釋性資料：

1. 針對卡片Ⅶ反應的質性層面可能會顯示受試者對女人的態度，特別是對類似母親的角色。基於卡片中央較低部位的細節以及卡片側邊細節處常見的人類圖形，此卡片提供了另一個表達個人對異性戀態度的機會。形狀層級不佳可能代表反應型精神分裂症，而非病程型（Weiss & Katz, 1977）。

2. 貶抑性的女性內容，例如「老舊的皮包」，若由男性受試者所看到，暗示可能有同性戀傾向（Goldfried, 1966; Goldfried et al., 1971; Kwawer, 1977; Reitzell, 1949; Stone & Schneider, 1975; Wheeler, 1949; Yamahiro & Griffith, 1960）。

3. 此卡片可能會引發女性氣質的表達或女性化傾向（McCully, 1971）。

註解：對卡片中央下方 D 區域的任何反應（Beck 的 D6），可能反映出自殺意念（Arffa, 1982; Goldfried et al., 1971; Hertz, 1965; Sapolsky, 1963）。

卡片Ⅷ

A. 從眾反應及接近從眾反應：

* 1. 四腳動物，正在活動中，位於側邊的 D 部位（Ames et al., 1971; Beck, 1944; Bochner & Halpern, 1945; Bohm, 1958; Exner, 1993; Hertz, 1970; Klopfer et al., 1954; Ledwidth, 1959; Piotrowski, 1957; Rapaport et al., 1946）；

2. 骨骼的形狀，肋骨或類似反應，在中央類似肋骨的部位（Beck et al., 1961; Hertz, 1970）；

3. 松樹或冷杉，在上方灰藍部位，是接近從眾的反應（Beck et al., 1961; Hertz, 1970）。

B. 阻塞或驚嚇反應及其詮釋性假設：

1. 情緒問題（Allen, 1954; Holt, 1968; Klopfer et al., 1954）；

2. 嚴重的神經質情緒壓抑者（Schachtel, 1966）；

3. 傾向於避免情感經驗（Piotrowski, 1957）。

C. 其他詮釋性資料：

註解：當 C 或 CF 反應第一次出現在卡片Ⅷ、Ⅸ、Ⅹ時，這類型的反應被視為是評估自殺傾向，最好的單一羅氏墨跡測驗指標之一。

卡片Ⅷ的空白反應部位暗示精神病，可能即將發病或正在發病中（Lindner, 1950）。

卡片Ⅸ 68

A. 從眾反應：

1. 人類或猿人的圖形，對整個上半側的橘色投射（Beck et al., 1961; Exner, 1993; Rapaport et al., 1946）；
2. 頭或臉，通常為男性的，位於下半部粉紅色區域的底端，通常卡片已做 90 度旋轉（Beck et al., 1961; Hertz, 1970）。

B. 阻塞或驚嚇反應及其詮釋性假設：

註解：卡片Ⅸ通常需要最長的反應時間，且最常被拒絕回答。因此，卡片Ⅸ的阻塞或拒絕反應，並不如其他卡片的遲緩反應或無法回答來得重要。若卡片Ⅷ有一個從眾反應，阻塞反應在此便可能反映出色彩驚嚇。

1. 對愛情、做愛或性交抱持矛盾的態度（Piotrowski, 1957）；
2. W 取向者，但卻無法製造出一個令他們自己滿意 W，可能會在此處阻塞（Klopfer et al., 1954）；
3. 若和卡片Ⅳ、Ⅵ、Ⅶ的拒絕回答相關，便可能反映出性驚嚇（Wagner & Hoover, 1970）。

C. 其他詮釋性資料：

1. 對精神官能症患者而言，此卡片可能會引發恐慌性想法。患者言語的質性層面或許能提供重要的臨床洞察。此墨跡圖形對很多人而言是相當困難的，對精神官能症患者而言，更是格外困難。因此，受試者對此卡片的處理方式，可能有助於精神官能症與精神病的鑑別判斷。
2. 在兒童中，反應的質性層面可能會是興奮控制的有效指標（Mundy, 1972）。

卡片X

A. 從眾反應：

1. 螃蟹、蜘蛛或其他多腳類動物，在外圍藍色D部位，不過Exner只接受蜘蛛及螃蟹為從眾反應（Ames et al., 1971; Beck et al., 1961; Bochner & Halpern, 1945; Exner, 1993; Hertz, 1970; Klopfer et al., 1954; Ledwith, 1959; Piotrowski, 1957; Rapaport et al., 1946）；
2. 一個長耳或有角動物的頭，尤其是兔子，在下方中央淺綠 D 部位（Ames et al., 1971; Beck et al., 1961; Bochner & Halpern, 1945; Hertz, 1970; Klopfer et al., 1954; Ledwith, 1959; Piotrowski, 1957; Rapaport et al., 1946）；
3. 任何瘦長型綠色動物，在下方中央深綠D部位的FC反應（Ames et al., 1971; Hertz, 1970; Klopfer et al., 1954; Piotrowski, 1957）；
4. 任何狗的反應，在D2、內側黃色部位（Beck et al., 1961）。

B. 阻塞或驚嚇反應及其詮釋性假設：

1. W取向的人可能會在此處阻塞；那些先前未受色彩驚嚇的人可能會被實際、具體的問題所威脅或困擾（Klopfer et al., 1954）。
2. 拒絕回答暗示有心理問題（Allen, 1954），並曾見於成年器質性罪犯的測驗紀錄（Prandoni & Swartz, 1978）。

C. 其他詮釋性資料：

1. 食物與營養反應最常出現在卡片X中（McCully et al., 1968），因此，與這類型反應相關的依賴需求解釋也應減弱。
2. 在此，良好的W反應需要良好的智力功能，而不佳的W反應暗示雖有理想抱負，但缺乏足夠的智能（Allen, 1954）。
3. 患有精神分裂症的兒童，心智程度較低，可能會突然開始計算毛蟲有幾隻腳（Halpern, 1960）。

卡片之間的關係

A. 卡片Ⅸ的反應數量比卡片Ⅷ多，暗示可能有精神分裂症（Orme, 1964; Weiner, 1962）。

B. 卡片Ⅴ的反應數量比卡片Ⅳ或卡片Ⅵ多，暗示可能有精神分裂症（Weiner, 1962）。

C. 卡片Ⅸ的反應數量比卡片Ⅹ多，暗示可能有精神分裂症（Weiner, 1962）。

結語

如同本書前兩版中所指出的：「在這個國家裡，沒有所謂的羅氏墨跡學派。但是我們卻有數個或多或少獨立且有系統的計分與解測取向。」（Ogdon, 1975a, p.63）自第二版發行以來，除了已存在的，Beck、Bochner 及 Halpern、Hertz、Klopfer、Phillips 及 Smith、Piotrowski、Rapaport 等人的解釋系統之外，Exner（1986, 1993）新增了一個偏向心理計量學導向的解釋系統。本書可作為任何一種系統的輔助工具。但是，若欲有效地運用這些參考資料，便應對不同計分系統有基本的概念。不太熟悉各計分系統的讀者，可參考 Toomey 及 Rickers-Ovsiankina 發展出來的對照表（Rickers-Ovsiankina, 1960, 1977），或是 Exner 的類似表格（1969b）。

若欲對受試者進行完整的人格評鑑，以達更深的了解，有效運用所有類型的羅氏墨跡測驗資料是十分重要的。

很明顯地，現有的羅氏墨跡測驗計分系統並未完全包含全部反應層面。此缺點終將被克服。臨床工作者所使用的解測資料若包含愈多反應層面，其解釋便會愈加正確、可靠。

最後，為了要維持一致性，有人會將羅氏墨跡測驗決定因子的考慮範圍，限定為那些在墨跡圖形中有明確刺激層面（stimulus dimension）的反應特性。除了形狀或外形之外，這些層面還包括彩色反應品質、黑灰白色彩反應品質，以及明暗對照（質感、色彩濃度）品質。其他的墨跡圖形特性包括對稱性（如大部分反射及成對反應等決定因子），以及在卡片圖形中作為反應部位的位置。這些差不多是所有的刺激層面，不過仍然有一些其他的可能性存在（例如，墨跡圖形的大小與整張卡片大小的比較）。

這個做法不只是將成對和反射反應歸類於內容（見 Rosegrant, 1984），很可惜的是，它也將所有運動反應（人類、動作、非動物）歸類於內容。
69 我說「很可惜」是因為這和羅氏本人的做法不同。但無論如何，這種做法會促成一個一致性較高的解測系統。

這個修訂過的決定因子概念，並不會對其解釋造成任何改變。我們還是以相同的方式來解釋M反應。決定因子被歸類於哪個大的類別，並不會有任何不同。M：Sum C 的比值以及其他與 M 或其他運動反應的比值皆不會受到影響。唯一的影響便是將一致性帶入計分或編碼程序中。

羅氏墨跡測驗技術的完整理論概念以及批判性評估遠超出本書的範疇。對羅氏墨跡測驗有興趣的學生可參考相關的文獻（例如，Aronow et al., 1994; Beck, 1944, 1945, 1960; Exner, 1986, 1993; Klopfer et al., 1954, 1956; Klopfer & Davidson, 1962; Klopfer & Taulbee, 1976; Lerner, 1991; Piotrowski, 1957; Schachtel, 1966; Schafer, 1954）。但理所當然地，本篇中大部分的解釋皆是依據投射性假設（projective hypotheses）所做的預測：每個反應、個人所做的每件事，或多或少反映了他／她某部分的人格層面。當今羅氏墨跡測驗理論者討論的是，相較於心理計量學取向而言，臨床取向在羅氏墨跡測驗解測上的相對優勢。每位心理診斷專業人員將決定哪個取向對他／她而言是最有效的。若遵循 Exner 的機械式解測法，其中一項難處在於其「建立推論的過程會演變為一份極為辛苦的重複性作業」（Wilson, 1994, p. 68）。不過，並非每位心理學家都有足夠的臨床銳敏度，可踏上 Roy Schafer、Ernest Schachtel、Fred Brown 或是 Leslie Phillips 等人之路。

羅氏墨跡測驗的反應源自知覺的歷程。知覺的決定因子通常分為兩大類：結構性（Structural）及經驗性（Experiential）。結構性決定因子包括刺激本身的物質面向與知覺的生理機制。經驗性決定因子為個體與環境互動的結果，包括個人的動機狀態、態度、價值、場景、感覺，以及許多其他人格狀態及特徵。當結構性─物質的特性是模糊的，或有模稜兩可的意義時，個人知覺的主要決定因子將會是經驗性的。非結構化或是結構未明的刺激材料，例如羅氏的墨跡圖形，給了知覺者一個最好的機會，將他／她本身的需求、感覺、態度、價值或其他個人特質投射至他／她的知覺與反應上。這是一個無可比擬的機會，讓心理學家能夠更貼近人格的結構與功能。

羅氏描述了兩個基本、重要的人格層面，顯示於他的墨跡圖形測驗中。它們分別是內向─外向性（introversive-extratensive）以及擴張─閉縮性／密閉性（dilated-constricted/coarctated）。

內向人格者會製造出人類運動反應，但是卻很少或甚至完全不會製造出彩色反應。正常內向者的智力功能較具個人特色，這極可能和擴散性思考習慣（divergent thinking habits）有關。這些人通常有較好的創造力、較活躍的幻想生活、相對較穩定的情感反應、對現實的適應力相對較差、有較深入而非廣泛的社交關係、較為慎重、有穩定的活動力（stable motility），以及可能有時會顯得比較笨拙。在人格違常的內向人格者當中，羅氏發現其中一部分是病情穩定的妄想症患者，其他的則可能患有心因性憂鬱（psychogenic depression）以及科沙科夫氏症候群（Korsakoff's syndrome）。

外向人格者會製造出彩色反應，但卻很少或甚至完全不會製造出M反應。在正常的外向人格者身上，我們會發現下列特質：外向、受環境引導之取向、相對較不穩定的情感反應、有較多廣泛而非深入的社交關係、較佳的社交技巧及熟練度、較高的好動性與自發性等。他們的智力功能通常較為典型，其思考模式以收斂性為主。在人格違常的外向人格者當中，羅氏發現了「心智缺陷者」（mental defectives）、「青春型精神分裂症病患者」（hebephrenic）、「老年失智症患者」（senile dements），以及一些癲癇症患者。

羅氏的另一個基本層面是一個由閉固／密閉性至擴張性人格的連續向

度。反應數量少、M 反應數量很少或完全沒有，以及彩色反應數量很少或完全沒有的受試者，便是所謂的閉縮性人格。正常的閉固性人格者包括過度迂腐的人，以及處於憂鬱情緒中的「正常人」（羅氏的引號）。

在人格違常的閉縮性人格者當中，應該會有智能不足者、憂鬱者，以及一些精神分裂症患者。大部分有顯著閉縮性測驗紀錄的受試者通常會有適應不良、相對較無彈性的個性。

「擴張性」（dilated）或是「廣泛性」（broad）人格在羅氏墨跡測驗中，會以各種不同的方式呈現，而每種方式皆會產生許多反應。內向擴張性人格者的運動反應往往會比彩色反應多很多；而外向擴張性人格者的彩色反應則通常會比運動反應多很多。不過，這兩個族群通常都會製造出運動與彩色反應。兩向擴張性（ambiequal dilated）人格者會有為數眾多的運動反應及彩色反應，但這兩類型反應都不會主導整體測驗反應。

外向擴張性人格者，若有許多彩色反應和極少運動反應，便可能是自我中心、適應不良的人。若再加上完全沒有M反應，此類型測驗紀錄意味比較嚴重的問題，包括青春型精神分裂症病患者、智能不足的癲癇症患者，以及老年失智症患者。在最後兩個族群中，腦傷可能是常見的原因。異常的內向擴張性人格者，若有許多M反應，但完全沒有彩色反應，通常為妄想症；在器質性的案例中，可能是科沙科夫氏精神病（Korsakoff's psychoses）。異常的兩向擴張性人格包括了躁狂病患、癲癇性人格者，以及某些緊張症患者。

雖然在此提到人格類型，但我們不應將它們想成完全獨立的類型，它們應該是反映出人格層面的典形反應類別。具內向人格傾向的人通常較常有「內在生活」，但適應力較差；而具外向人格傾向的人則正好相反。

仔細檢視本篇內容，會發現羅氏用來解釋墨跡圖形反應的宏觀基模（molar schematization）並非處處正確。但無論如何，這個取向仍可作為心理衡鑑及心理診斷歷程的開端。美國的學生若欲更深入研究，可參考Lemkau 及 Kroneberg 所譯之羅氏專題著作（Rorschach, 1921, 1951）。

為了方便讀者，附錄中包含了一個針對男性及女性以及各年齡層（從兒童到老年）的羅氏墨跡測驗分數常模表。Exner 已將他的常模資料加入 Ames（1966）、Ames et al.（1971, 1974）、Beck et al.（1961）、Cass 和 McReynolds（1951）、Klopfer 和 Davidson（1962）、Ledwith（1959）以及 Levitt 和 Truumaa（1972）的資料中。附錄中的主要變項常模修訂版，可作為羅氏墨跡測驗評量的一個有效參考指標。

若臨床工作者欲見到羅氏墨跡測驗指標或其他測驗指標，依據標準的臨床症狀及症候群來分類的話，便可參考《心理學指標、症狀及症候群手冊》（*Handbook of Psychological Signs, Symptoms and Syndromes*）（Ogdon, 1981）。

陸雅青　譯

投射畫

第四篇概要 71

- 一般考量
- 運筆動作因素
  - 擦拭
  - 擺置
  - 力道
  - 大小
  - 筆觸、線條、陰影
- 一般投射畫因素
  - 細節
  - 變形、不成比例、省略
  - 紙的邊緣
  - 基線處理
  - 中線強調
  - 對稱
  - 透明
  - 多方面的因素：雲、支離破碎、截斷、反覆
- 人物畫
  - 一般考量
  - 頭部特徵
  - 頭髮處理
  - 腳部特色
  - 眼及眉
  - 耳朵及鼻子
  - 嘴及下巴
  - 頸部及喉結
  - 軀幹、身體及生殖器部位
  - 前肢附屬物：手臂、手、手指
  - 移動附屬物及站立的特徵
  - 姿勢、看的視點及動作
  - 衣著、其缺乏、其他配飾
  - 種種畫一個人的方式
  - 男性及女性繪畫的不同處理
- 房子畫
  - 異常的表現方式
  - 外表的距離
  - 視點
  - 大小及位置
  - 房子畫的局部

一般考量

效度研究在整本手冊被恰當地引用。這些研究為投射畫不斷增加的共識及實驗效度之證明。

研究者用了三種標準來發展投射畫的構成效度，包括：實證研究、臨床個案史，及得自理論原理的支持。大部分受心理科學訓練的我們較喜歡以客觀性測驗所獲得的實證性資料，需要一位聰明的研究者去發展這樣的研究。它們是可能的但困難的（如見 Handler 及 Reyher, 1964, 1965, 1966；及 Burley 和 Handler, 1997 的研究）。如同 Burley 及 Handler 所指出的，我們需要「臨床工作者使用 DAP」的效度研究。前序文所稱的好的 DAP 詮釋者有高度的同理心、直覺及創造力或認知彈性。極大量有負面結果的研究顯然是由缺乏這些特質的研究者所做的。

可信度的問題有時比效度還要基礎，也一直不斷被評估著。資料顯示投射畫有足夠的信度去預估行為（Albee & Hamlin, 1949; Graham, 1956; Marzolf & Kirchner, 1970; Strumpfer, 1963）。在某些情境中，投射畫的再測結果顯示有較低的動機。我們必須注意測驗一再測（test-retest）的問題，因為 Schubert（1969）已暗示 DAP 的特質，起碼一部分是動機的作用。由於動機降低，適應層次的評價也可能是較低的。然而，Swensen 在回顧了十年的投射畫文獻後，結論道：「過去十年所發表的研究，是以實質上複雜度較高的方式來執行，因此，對除此之外（Machover）的理論提供更多的支持，人物畫可用來作為一個診斷的工具。」（1968, p.29）Swenson 的觀點也提供本手冊一再揭示的論點一個額外的支持——整體性評估有大部分心理計量目的所需求的一定層次的可信度，然而單一的符號則通常較不可信。接下來所累積的資料嘗試強化這個部分。

一般人顯然都有最起碼的藝術才能。新手心理師及心理技師常過度關心才能的高低會影響繪畫反應的層次，以致於會影響詮釋的適切性。這個例子並非是在最有才能的藝術家的作品中才能看到的。驚鴻一瞥便足以區別 Rembrandt、Van Gogh、Renoir、Degas、Leonardo，或 Bosch 的人格特質。最近有些使用被忽視的個案歷史取向的投射畫研究，透過這些技巧的分享，拉近了治療師與心理學者間的距離。這些研究證實了繪畫投射分析的實用性。

有些施測者可能會受到月暈效果的影響，他們容易以為愈有才氣的人適應得愈好，如同他們繪畫中的藝術品質般。在實務中，一些些經驗有使 *72*
月暈效果失效的傾向。無論是否有過藝術的訓練或天分，人格特質都能藉由投射畫加以形容，有資料支持智慧能力與身體比例、正確細節、上陰影的能力，及畫上臉部表情之間的關係。它們在兒童是與心理年齡呈現正相關，在稍少的程度，與成人的 IQ 成正相關（Goodenough, 1926; Harris, 1963）。人物畫的品質同時也與Piaget的認知階段相關（Chappell, 1993）。

心理診斷有兩個方面需要被特別注意到。雖說它們只是普通重要，但在使用投射畫的情境便格外重要。首先，這個人的適應方式與常人是否有顯著的差別？假如這個答案是肯定的，則它與哪類存在的疾病最相近？為了要盡可能有信度及有效地回答這些問題，我們必須審慎地將多層次的測驗反應牢記在心。

我們的投射畫文獻的作者及研究者們因強調繪畫偏差的負向部分而飽受批判。在某個程度上，這個批判已獲得平反。大部分可觀察到的繪畫上的變化都與一些心理的異常現象有關。在畫 H-T-P、D-A-P 或任何投射畫時，有時會給人一種怎麼畫都不像正常人的畫的印象。然而，這是一種錯覺。我們須銘記在心——一般人應該，且幾乎通常也會，提供他們所描繪主題的細節——見以下 Buck 的房子、樹及人物畫之應備細節——並添加一些非必要的細節。他們不會省略基本的部分，也不會過度描繪細節。

關於成人的人物畫，Urban（1963）認為如下的特徵是正常或健康的：

1. 人物大小約 6 或 7 吋高（約 15.2~17.8 公分）在一張常 8 又 1/2 吋寬 11 吋大小的紙上（即信紙的大小），而花大概 10 至 12 分鐘完成。
2. 人物有置中的傾向，或稍微置於中下方，會運用到三分之二的畫面。
3. 會先畫頭及臉部。
4. 人物的比例適中，表現出一些自發性、動態或生氣蓬勃的樣子。
5. 畫會是相對的對稱、好看。
6. 擦拭較少，擦拭後的畫面較先前會有所改善。
7. 線條品質一致且相對地力道沉穩。
8. 與自己同性別的人物會先畫，且花費較多的時間考慮及描繪細節。
9. 會注意到第二性徵。男性繪畫具寬肩短髮及較平坦的臀部。
10. 眼睛會帶有眼珠而鼻子則不會畫出鼻孔。
11. 衣著輕鬆，男生會繫腰帶。
12. 不會強調腳部及耳朵。
13. 在心平氣和的情況下，繪畫有缺失是可接受的。
14. 畫全身的人像，只有小部分被省略。

一些繪畫可能具備上述所有的模樣，但並非所有正常人的畫均需如此。正常（normality）及心理健康（mental health）並非完美（perfection）。我們大部分都是正常的，但沒有人是完美的。

兒童的畫在許多方面都與成人的畫不盡相同。多位學者都有提到過發展上的期待，如 DiLeo（1973），Hammer（1997），Koppitz（1975），Schildrout、Shenker和Sonnenblick（1972），Wenck和Rait（1992）。許多的不同點全在以下列出。不管如何，適應良好的孩子的畫會是自由而輕鬆的。

眾所皆知，人物畫代表畫者對他或她自己的知覺，及他或她自己的身體形象（body image）。這點對老老少少都適用。人物畫通常反映個人的身體形象、年齡及自我概念，雖然由於情勢改變而偶發的態度及心情變化也會表現出來，要能去區辨長久或偶發的特質需要一些足夠的經驗。支持身體形象的觀點發表大約自 1940 年 Bender 所觀察到的資料開始，便持續出現（Berman & Laffal, 1953; Craddick, 1963; DiLeo, 1970, 1973; Kamano, 1960a, 1960b; Lehner & Gunderson, 1948; Lehner & Silver, 1948; Ludwig, 1969; Mundy, 1972; Silver, 1993; Swensen, 1968; Wolk, 1969）。

關於身體形象的假設不一定適用於幼小的兒童，因為他們有些人會畫成人。Suinn 及 Oskamp（1969）回顧了相關文獻做了以下結論——有時「特定年齡的孩子可能不會投射他們自己的身體形象」，他們的畫可能較常表現出一個理想的自己，或他們生活中其他的重要人物。一個人的年齡或能知覺的年齡，可能也會投射在人物畫上（Hammer, 1997; Lehner & Silver, 1948）。人如何看待自己無疑地影響他們的人物畫（Handler, 1985）。耐人尋味地，有為數眾多的年老女性畫出來的人物是「性別曖昧」的（Silver, 1993）。

許多心理學者相信，若沒有考慮增加口語的問話部分，無論是自發性的意見或一個標準化的「繪畫後問答」（Post-Drawing-Interrogation），可能難以從繪畫中去做評估。這些口語的詮釋通常遵循一個相對直接的臨床評估。如⑴找出繪畫中的相關資訊；⑵來自情境需求或壓力的投射；⑶依據分析理論的象徵性詮釋。種種詮釋及問答的可能性可避免他們被對號入座，然而他們的潛在重要性亦不容忽視。他們必須與下列的假設及符號一起共同來考量。

這些不同種類符號的插圖並未陳列於此。Wenck（1977）的手冊提供幾近一百頁 H-T-P 符號的插圖以供參考。

在此重申沒有任何單一符號能決斷性地代表什麼；符號的整體性考量必須優於單一線索的呈現，而這點在詮釋投射畫時尤其是如此。同時也請注意，愈廣義的詮釋性假設較那些有高度獨特性者更切題。如同在羅氏墨跡測驗中，一些表現出適應良好或適應不良概況的指標被認為是最好的。當一個測驗符號與某一類的行為相關時，較恰當的做法可能是就把它當作一個適應不良過程的指標，而非嘗試去衡量這些表徵各自在綜合測驗中的特定意義。

Tharinger 及 Stark（1990）在他們的畫一個人／家庭動力畫（DAP/KFD）

的研究中發現，沒有一個單一的符號是滿意的，因此做了一個結論：「在評估兒童時，以統整而全人的取向去評估投射畫來了解個人和家庭的一般
73 心理功能是有用的。」（p.365；關於此點同時也可見 Handler, 1996）符號的情境會讓我們澄清特定符號的意義。我們絕不可期待有許多一對一測驗符號－行為指標之關係。「多數決定論」的原則預先警示臨床工作者莫對諸如此類的關係有所期待。

運筆動作的因素：主要的詮釋性假設

擦拭反應

A. 適度的擦拭之後畫面有所改善，為有彈性及適應情況良好的指標（Buck&Warren, 1992; Hammer, 1954b; Jolles, 1964; Roback, 1968）。

B. 過度的擦拭可能為：

1. 不確定性、優柔寡斷，及不安的（Hammer, 1958, 1968; Handler, 1985; Machover, 1949; Schildkrout et al., 1972; Urban, 1963）；
2. 在成人及青少年，對自我不滿意（Bodwin & Bruck, 1960; Hammer, 1958, 1968; Handler, 1985; Reichenberg & Raphael, 1992）；
3. 可能是焦慮需要幫助的（Allen,1958; Handler, 1985; Jacks, 1969; Machover, 1949; Reichenberg & Raphael, 1992）；
4. 可能是精神官能症，尤其是強迫性的（obssesive-complusive），或有精神官能性衝突的精神病（Kahn & Giffen,1960; Machover, 1949; Reynold, 1978; Urban, 1963）；
5. 可能受慢性病的影響（Olch, 1971）；
6. 當愈擦畫愈糟時，是病理的指標，有時有生理的狀況（Buck, 1948, 1950a; Deabler, 1969; Hammer, 1968, 1969a, 1997; Jolles, 1964）；
7. 在兒童，有表現的困難（Palmer, 1970）。

註解：有生理狀況、酒癮、智能不足、退化型精神分裂或躁症者的畫

很少有不斷擦拭的情形。擦拭可能意味著對該部位的關注或衝突。

擺置

注意慣用右手的受試者傾向將人物畫的靠中左方，而左撇子則略靠中右方（Hovsepian, Slaymaker, & Johnson, 1980）。

A. 置中暗示：

1. 正常、相當有安全感的人；這是所有年齡層的人最常擺置的位置（Buck & Warren, 1992; Handler, 1985; Lakin, 1956; Urban, 1963; Wolff, 1946）；
2. 對青少年及成人而言，畫在頁面的絕對中間是沒有安全感及呆板，尤其是僵化的人際關係（Buck, 1948; Buck & Warren, 1992; Hammer, 1954a; Jolles, 1952a, 1964; Machover, 1949; Urban, 1963）；
3. 如果差異大或雙腿站得很開，攻擊傾向之假設增加（Machover, 1949）；
4. 在兒童，有自我導向之傾向，自我中心或情緒化的行為（Alschuler & Hattwick, 1947; Levy, 1950）。

B. 偏畫面右側暗示：

1. 在成人及兒童暗示相對穩定自控良好的，符合現實原則的行為（Buck, 1950a, 1950b; Buck & Warren, 1992; Hammer, 1954a, 1958, 1965, 1969b; Handler, 1985; Jolles, 1952a, 1964; Jolles & Beck, 1953a; Marzolf & Kircher, 1972; Mitchell, Trent, & McArthur, 1993; Urban, 1963）；
2. 可能有理智化的傾向，理性的控制或為避免露骨的情緒表達（Buck, 1948, 1950a, 1950b; Hammer, 1958; Jolles, 19521, 1964; Jolles & Beck, 1953a）；
3. 可能為內向的壓抑或內心緊張的傾向（Buck, 1950a; Hammer, 1965, 1969b; Jolles, 1952a, 1964; Wolff, 1946）；
4. 導向或關注於未來（Buck, 1950a; Buck & Warren, 1992; Jolles, 1952a, 1964; Mitchell, Trent & MacArthur, 1993）；
5. 可能對環境的變化高度敏感（Buck, 1950a; Machover, 1949, 1951; Urban,

1963）；

6. 否定論；可能有叛逆傾向（Levy, 1950）。

C. 偏畫面左側暗示：

1. 極可能有衝動或行動化的行為，對刺激尋求即刻而坦然的情緒上的滿足（Bradfield, 1964; Buck, 1948, 1950a; Buck & Warren, 1992; Hammer, 1954a, 1958, 1965, 1969a, 1969b; Handler, 1985; Jolles, 1952a, 1958, 1964; Jolles & Beck, 1953a; Urban, 1963）；
2. 可能有外向或外顯焦慮的傾向（Buck, 1950a; Hammer, 1954a, 1969b; Jolles, 1952a, 1964; Wolff, 1946）；雖然有人認為內向或退縮的人更可能偏向左邊（Jacks, 1969; Machover, 1949）；這樣的一個構圖位置可能反映一個較自我定向而非真正內向的狀態（見下方）；
3. 可能是自我定向的，關心自己變化的需求，可能是自我意識（self-scioussness），更極端的說法——自我中心（self-centeredness）（Levy, 1950; Machover, 1949, 1951; Mitchell et al., 1993; Urban, 1963）；
4. 傾向及較一般關注在過去，可能有沮喪情形（Buck, 1950a; Buck & Warren, 1992; Hetherington, 1952; Jolles, 1952a, 1964; Mitchell et al., 1993; Urban, 1963）；
5. 可能有不確定及憂慮的感受（Machover, 1949）。

D. 置於畫面上方暗示：

1. 高驅力水準的或補償性或過度補償性防禦的低能量水準（Buck, 1950; Handler, 1985; Jolles, 1952a; Jolles & Beck, 1953b; Levy, 1950; Machover, 1949）；
2. 高水準的抱負；努力用功以克服困難（Buck, 1950; Buck & Warren, 1992; Hammer, 1954b; Handler, 1985; Jolles, 1952a, 1964; Jolles & Beck, 1953b; Levy, 1950; Mitchell et al., 1993; Urban, 1963）；

74 3. 較常使用幻想或理想化（Buck, 1950a; Buck & Warren, 1992; Hammer, 1954b, 1958; Handler, 1985; Jolles, 1952a, 1964, 1969; Jolles & Beck, 1953b; Urban, 1963）；

4. 樂觀派，通常是不分青紅皂白的（Machover, 1949; Mitchell et al., 1993; Urban, 1963）；
5. 對心理上及社交上難以接近的人而言是表現冷淡疏離（Buck, 1950a, 1950b; Hammer, 1958; Handler, 1985; Jolles, 1952a, 1964; Urban, 1963）；
6. 對他們自己不確定的人，可能是反向作用（reaction formation）或補償性的防禦（Levy, 1950）；
7. 在兒童，暗示高水準的成就及高驅力（Levy, 1950）。

註解：樹畫的位置通常較房子畫或人物畫來得高。

E. 置於畫面下方的暗示：

1. 在兒童及成人均為不安全和不適的感受（Buck, 1950a, 1950b; Beck & Warren, 1992; DiLeo, 1973; Hammer, 1958; Jolles, 1952a, 1964; Jolles & Beck, 1953b; Mitchell et al., 1993; Mursell, 1969; Urban, 1963）；
2. 沮喪的傾向，或許有失敗主義者的態度（Buck, 1950a, 1950b; Buck & Warren, 1992; Halpern, 1965; Hammer, 1954a, 1958; Handler, 1985; Jolle, 1952a, 1964; Jolles & Beck, 1953b; Levy, 1950; Machover, 1949; Mitchell et al., 1993; Mursell, 1969; Urban, 1963）；
3. 具體或具現實感的定向而非理論或抽象的（Buck, 1950a; Buck & Warren, 1992; Hammer, 1958; Jolles, 1952a; Jolles & Beck, 1953b; Levy, 1950; Urban, 1963）；
4. 或許是平靜，相對地沉穩的人格（Levy, 1950; Urban, 1963）；
5. 在兒童，可能是精神官能症（DiLeo, 1973）。

F. 置於畫面左上角暗示：

1. 在青少年及成人是退化的傾向（Barnouw, 1969; Buck, 1948, 1950a, 1969; Buck & Warren, 1992; Handler, 1985; Jolles, 1952a, 1964; Weider & Noller, 1953）；也與不成熟，智能不足者有關（Michal-Smith & Morgenstern, 1969）；
2. 不確定、遲疑、膽小退縮，及做白日夢的傾向（Buck, 1948; Goodman & Kotkov, 1953; Handler, 1985; Jolles, 1952a; Levine & Sapolsky, 1969; Ur-

ban, 1963）；

3. 焦慮（Barnouw, 1969; Buck, 1948; Hoyt & Baron, 1959; Johnson, 1971; Jolles, 1952a, 1964; Urban, 1963）；

4. 有惡化或大腦損傷情形的精神病患者（Buck, 1950; Buck & Warren, 1992）；

5. 低年級的兒童通常會這麼畫（Handler, 1985; Jolles, 1952b; Weider & Noller, 1950）。

G. 置於畫面右上角暗示有壓抑不愉快過程的期待，且對未來過度樂觀（Buck, 1948; Handler,1985）。

H. 放置於任何一角落暗示著退縮的傾向（Hammer, 1958）；而如果畫的很小，可能情感上較為孤立及有自殺的可能（Graham, 1994）。

I. 置於紙邊或底部暗示：

1. 尋求支持的需求，與不安全及低自我肯定的感受有關（Buck, 1950; Hammer, 1958; Handler, 1985; Jolles, 1952a, 1958）；

2. 依賴的傾向及對獨立的行為感到害怕（Hammer, 1958; Handler, 1985）；

3. 除了智能不足者以外可能是焦慮（Handler, 1985; Jolles, 1952b）；

4. 逃避新經驗的傾向或仍沉溺於幻想中（Handler, 1985; Jolles, 1952b）；

5. 憂鬱的情形，尤其是小而模糊的畫（Handler, 1985; Jolles, 1952a）；

6. 可能是智能不足（Michal-Smith & Morgenstern, 1969）。

J. 置於畫面下方一角暗示可能有病態、自卑的感受（McElhaney,1969）。

K. 置於左下角暗示憂鬱且有想要回歸過去的期待（Buck, 1948）。

力道因素

A. 力道一致暗示：

1. 正常、穩定的適應（Urban, 1963）；

2. 若顯著地一致，在精神分裂症的情境中，可能是僵直性（catationic）

的情形（Hammer, 1958）；

3. 可能是智能不足（Hammer, 1958）。

B. 力道變化多端暗示：

1. 在一般正常人的畫，一個有彈性及可適應的人格（Hammer, 1958）；
2. 不一致的驅力水準；反覆無常的人格有不安全的感受（Machover, 1949; Wolff, 1946），有時在歇斯底里症及循環性精神病（cyclothymia）患者的畫中可見到（Urban, 1963）。

C. 力道不尋常地重暗示：

註解：在兒童，男生較女生用力。

1. 極度緊張的人（Buck, 1950a; Hammer, 1958, 1968; Jolles, 1952a, 1964; Kadis, 1950; Machover, 1955; Urban, 1963）；
2. 器質性情形，可能是腦炎或癲癇的狀況（Buck, 1950a; Buck & Warren, 1992; Burgemeister, 1962; DiLeo, 1970; Guertin, 1954c; Hammer, 1954b, 1958, 1968, 1997; Jacks, 1969; Jolles, 1952a, 1971; Kahn & Giffen, 1960; Koida & Fujihara, 1992; Machover, 1949; Michal-Smith, 1953; Payne, 1948; Pope & Scott, 1967; Urban, 1963）；
3. 高能量狀態，興奮（Hetherington, 1952; Kadis, 1950; Levy, 1950, 1958; Mitchell et al., 1993; Precker, 1950; Riethmiller & Handler, 1997; Urban, 1963）；
4. 肯定的、強壯的、有野心的人（Alschuler & Hattwick, 1947; Hammer, 1968; Kadis, 1950; Levy, 1950, 1958; Machover, 1949; Urban, 1963）；
5. 憤怒、激勵、有侵略性的及行動化的傾向（Halpern, 1951; Hammer, 75
1965, 1968, 1969b, 1997; Handler & Mclntosh, 1971; Jolles, 1964; McElhaney, 1969; Roynolds, 1978; Riethmiller & Handler, 1997 Shneidman, 1958; Urban, 1963; Wyscoki & Whitney, 1965）；
6. 焦慮及緊迫的行為尤其是處於壓力之下時（Deabler, 1969; Hammer, 1969a; Handler, 1996; Handler & Reyher, 1964, 1965, 1966; Reynolds, 1978; Riethmiller & Handler, 1997）；

7. 可能是妄想的狀況（Hammer, 1958; Reznikoff & Nicolas, 1958; Roback, 1968; Weiner, 1966）；
8. 可能是精神病（Hammer, 1958）；或是精神分裂症（Gustafaon & Waehler, 1992）；
9. 可能是智能不足（Payne, 1948）。

D. 力道不尋常地輕暗示：

1. 遲疑的、小心的、也許猶疑不決的、膽小的、害怕的、壓抑的，及／或無安全感的人格（Buck, 1969a; DiLeo, 1970, 1973; Hammer, 1954a, 1968; Handler, 1985; Jolles, 1952a, 1964; Kadis, 1950; Machover, 1949; Mitchell et al., 1993; Reynolds, 1978; Riethmiller & Handler, 1997; Rosenzweig & Kogan, 1949; Urban, 1963）；
2. 自我能力和自我概念薄弱的適應不良個體（Buck, 1950a, 1969; Hammer, 1958, 1968; Jolles, 1964; Machover, 1949; Mitchell et al., 1993; Urban, 1963）；
3. 低能量水準（Alschuler & Hatwick, 1947; Hammer, 1968; Hetherington, 1952; Kadis, 1950; Levy, 1950, 1958; Precker, 1950; Urban, 1963）；
4. 精神官能狀態，通常有焦慮或強迫性的症狀（Hammen, 1954b, 1958; Handler, 1966; Handler & Reyher, 1966; Jolles, 1964; Machover, 1955; Precker, 1950; Urban, 1963）；
5. 憂鬱的狀態，意志力喪失的傾向（Buck, 1950; Hammer, 1954b, 1958, 1968; Jolles, 1952a, 1964; Mitchell et al., 1993; Urban, 1963）；
6. 在一個精神病的情境，慢性化精神分裂症，也可能是妄想症或惡化的僵直型（Hammer, 1958; Machover, 1949; Precker, 1950; Urban, 1963）；
7. 處於壓力下的誇大行為（Handler & Reyher 1964, 1966）；
8. 可能是性格上的障礙（Exner, 1962）。

E. 在兒童，力道不尋常地輕暗示：

1. 低能量水準（Alschuler & Hattwick, 1947; Kadis, 1950; Levy, 1958; Precker, 1950; Urban, 1963）；

2. 拘束或抑制的人格（Alschuler & Hattwick, 1947）；
3. 可能是強烈的退化過程（Alschuler & Hattwick, 1947）；
4. 可能有被剝奪或被拒絕的歷史（Brick, 1944）。

畫像的大小

Urban（1963）曾報告說，在寬 8 又 1/2 吋長 11 吋（約 21.5 公分*28 公分）的紙張所畫的人物大小約 7 吋（17.8 公分）。人物大小的變化應考慮到所使用紙張的尺寸。一個誇大的人物會幾乎占滿整個畫面，而一個超小的人只會占可使用面積的一小部分。在正常的範圍內，人物的大小可能反映自尊的高低（Hammer, 1968; Ludwig1969）。

A. 畫不尋常的大暗示：

1. 攻擊及行動化的傾向（Buck, 1950a; Buck & Warren, 1992; Hammer, 1954a, 1958, 1965, 1968, 1969b, 1997; Handler, 1985; Kidis, 1950; Koppitz, 1968; Levy, 1950, 1958; Machover, 1949; Mitchell et al., 1993; Precker, 1950; Urban, 1963; Zimmerman & Garflinkle, 1942）；
2. 誇大的、衝動的、愉快的或自大的傾向或情緒（Buck & Warren, 1992; Halpern, 1951; Handler, 1996; Handler & Reyher, 1964; Koppitz, 1968; Levy, 1950; Machover, 1949; McElhaney, 1969; Mitchell et al., 1993; Palmer, 1970; Urban, 1963; Viney, Ailkin, & Floyd, 1974）；
3. 可能是過動的、情緒化的或焦慮的情形（Hammer, 1969a; Kadis, 1950; Machover, 1949; McElhaney, 1969; Mitchell et al., 1993; Urban, 1963）；
4. 補償性或壓抑防禦所衍生的不適當感受（Brick, 1944; Buck, 1950a; Goodman & Kotkov, 1953; Hammer, 1958; Machover, 1949, 1951; Urban, 1963; Wysocki & Whitney, 1965）；
5. 優越感及高自尊（Cull & Hardy, 1971; Hayes & Hallman, 1976; Ottenbacher, 1981）；
6. 可能是器質性的情形及／或智能不足（Kahn & Giffen, 1960; Machover, 1949; Michal-Smith & Morgenstern, 1969; Riklan, Zahn, & Diller, 1962; Ur-

ban, 1963）；

7. 可能是精神病的或有妄想偏好（Machover, 1949; McElhaney, 1969; Urban, 1963; Weiner, 1966）；
8. 可能是心身症的、胃潰瘍的情形（Modell & Potter, 1949）；
9. 模仿精神病患的正常人（Craddick, 1964; Urban, 1963）；
10. 自我概念良好的智能不足者（Ottenbacher, 1981）；
11. 對兒童而言是正常的（Koppitz, 1968; Urban, 1963），除非人物長超過九吋（約 23 公分），可能暗示有閱讀上的困擾（Stavrianos, 1971），或情緒適應上的問題（Koppitz, 1966a, 1968）。

註解：又寬廣又高大的人暗示更高的自尊，雖然無論大或小的人物畫可能都反映低自尊（Delatte & Hendrickson, 1982; Ludwig, 1969）。

B. 畫不尋常的小暗示：

1. 廣泛性的不滿意、低自我概念、有自卑感、無效的、不適當的、沒安全感的、極度防衛，及相對的低自尊（正常人及智能不足者也會如此畫）（Alschuler & Hattwick, 1947; Buck, 1948, 1950a; Buck & Warren, 1992; Delatte & Hendrickson, 1982; DiLeo, 1973; Gray & Pepitone, 1964;
76 Hammer, 1958, 1968, 1997; Handler, 1985; Jacks, 1969; Jolles, 1964; Koppitz, 1966b, 1968; Lakin, 1956; Lehner & Gunderson, 1948; Levy, 1950, 1958; Ludwig, 1969; Marzolf & Kirchner, 1970, 1972; McElhaney, 1969; McHugh, 1966; Michal-Smith & Morgenstern, 1969; Mitchell et al., 1993; Mundy, 1972; Ottenbacher, 1981; Precker, 1950; Riklan et al., 1962; Urban, 1963）；
2. 對抑制、約束、膽小、害羞及拘謹的成人及小孩而言是退縮的傾向（Alschuler & Hattwick, 1947; Buck, 1950a; Buck & Warren, 1992; Halpern, 1951; Hammer, 1954a, 1958, 1968; Handler, 1996; Jolles, 1964; Kadis, 1950; Koppitz, 1966b; Levine & Sapolsky, 1969; McHugh, 1966; Mitchell et al., 1993; Precker, 1950; Rosenzweig, 1949; Waehner, 1946）；
3. 在成人與兒童，焦慮（Hammer, 1968; Handler, 1996; Hoyt & Baron,

1959; Kadis, 1950; Mitchell et al., 1993; Rosenzweig & Kogan, 1949; Waehner, 1946）；

4. 憂鬱的傾向（Gurvitz, 1951; Halpern, 1965; Hammer, 1969a; Koppitz, 1966b; Levine & Sapolsky, 1969; Lewinsohn, 1964; Machover, 1949; Mitchell et al., 1993; Roback & Webersinn, 1966; Urban, 1963）；
5. 退化的、依賴的傾向（Hammer, 1968; Machover, 1949; Meyer, Brown，& Levine, 1955; Mitchell et al., 1993; Urban, 1963）；
6. 處於壓力下的拘謹行為（Handler, 1966; Handler & Reyher, 1964）；有時可見於懷孕婦女的畫中（Tolor & DiGrazia, 1977）；
7. 可能是脆弱的自我結構或低自我力量（Hammer, 1958; Machover, 1949; Mitchell et al., 1993）；
8. 可能是精神官能症者，也許是強迫型的（Brick, 1944）；
9. 當位於畫面上方，低能量水準、缺乏洞察力、不分青紅皂白的樂觀（Machover, 1949）；
10. 當非常小時，可能是精神分裂者（Buck, 1948; Hammer, 1969a; Kahn & Giffen, 1960; Machover, 1949; Urban, 1963）；
11. 在兒童，尤其是國小低年級的男孩，小的畫可能是正常的（Hammer, 1958; Lakin, 1956; Machover, 1960），雖然這也曾與閱讀障礙有關，且若人物是小於二吋（約 5 公分），可能反映這個孩子有情緒上的困擾（Koppitz, 1966a; McHugh, 1966; Stavrianos, 1971）；
12. 對老人而言是正常的（Britain, 1970）。

筆觸、線條及陰影的特徵

註解：筆觸及線條品質特徵不適用於年老的受試者之詮釋性假設。有許多問題會影響末梢神經的運動控制，包括這群人可能被預料患有關節炎（Wolk, 1969）。

A. 明顯的方向偏好：

1. 強調水平的動作暗示衰弱、害怕、自我保護的傾向，或女性化（Al-

schuler & Hattwick, 1947; Handler, 1985; Levy, 1950, 1958）；

2. 強調垂直的動作暗示男性氣概地肯定、堅定，及可能的過動（Alschuler & Hattwick, 1947; Handler, 1985; Levy, 1950, 1958）；

3. 強調曲線暗示彈性，一個健康的人格，可能對傳統有些許厭倦（Buck, 1948; Hammer, 1954b; Handler, 1985; Jolles, 1952a, 1964; Waehner, 1946）；

4. 強調僵直的線暗示剛直，也許有侵略性或壓迫傾向（Allen, 1958; Buck, 1948; Hammer, 1954a; Jolles, 1952a; Krout, 1950）；

5. 不斷的變化筆觸的方向暗示低安全感（Wolff, 1946）。

B. 筆觸的品質：

1. 堅定、不猶豫、肯定的品質暗示安全、一致、有企圖心的人（Levy, 1950, 1958）；

2. 斷斷續續、彎曲狀的筆觸暗示：

   (1)慢吞吞、優柔寡斷的人（Levy, 1950, 1958）；

   (2)依賴的、情緒化的傾向（Alschuleer & Hattwick, 1947; Hammer, 1958; Precker, 1950; Waehner, 1946）；

   (3)女性化及順從的（Alschuler & Hattwick, 1947; Krout, 1950; Machover, 1951; Precker, 1950）。

3. 強調鋸齒線及銳利的線暗示敵視、衝動的行動化傾向，及有時是焦慮的（Hammer, 1965; Krout, 1950; Machover, 1951; Urban, 1963; Waehner, 1946）。

4. 素描似筆觸暗示：

   (1)沒有安全感及膽小（DiLeo, 1973; Halpern, 1951; Hammer, 1954a, 1958; Mitchell et al., 1993; Rosenzweig & Kogan, 1949; Urban, 1963）；

   (2)處於壓力下的誇大傾向（Handler, 1996; Handler & Reyher, 1964）；

   (3)沒有能力去做決定，極度沒有安全感（Jolles, 1952a; Mitchell et al., 1993; Urban, 1963）；

   (4)可能有性格上的困擾（Exner, 1962）；

⑸精確的需求，小心翼翼的（Buck, 1948; Jolles, 1952a, 1964）；

⑹對青少年：貧乏的自我概念、低落的自信心（Bodwin & Bruck, 1960），或可能有困擾（Schildkrout et al., 1972）。

5. 直長的筆觸與快速、果斷的，決斷果決的人有關（Allen, 1958; Alschuler & Hattwick, 1947; Hammer, 1958; Krout, 1950; Levy, 1958）。

6. 戰慄的、搖晃不調和的線條與下列有關：

⑴器質性腦部症狀包括酒癮，有時有精神分裂的傾向（Adler, 1970; Bender, 1938; Deabler, 1969; Machover, 1949; McLachlan & Head, 1974; Mitchell et al., 1993; Urban, 1963）；

⑵或為源於外因性的智能不足（Michal-Smith & Morgenstern, 1969）；

⑶可能是精神病（McElhaney, 1969）。

7. 猶疑的方向、模糊的線條及斷斷續續的筆觸，暗示沒安全感、焦慮及 77
優柔寡斷的傾向（Jacks, 1969; Levy, 1950, 1958; Hammer, 1954a; Wolff, 1946）。

C. 筆觸的長度：

1. 長的筆觸暗示控制良好的行為，及有時是壓抑（Alschuler & Hattwick, 1947; Hammer, 1958; Kadis, 1950; Mira, 1943; Urban, 1963）。

2. 短而不連續的筆觸暗示衝動興奮的傾向（Alschuler & Hattwick, 1947; Hammer, 1958, 1965; Kadis, 1950; Koch, 1952; Mira, 1943; Urban, 1963），有時與行動化傾向有關（Hammer, 1997）；及器質性和精神分裂的情形（Small, 1973）。

3. 非常短，彎曲、素描似的筆觸暗示焦慮、沒安全感、憂鬱及膽小（Buck, 1950a; Gurvitz, 1951; Hammer, 1958; Jolles, 1952a; Levy, 1950, 1958; Urban, 1963）。

D. 過度上陰影及漆黑的筆觸暗示：

1. 在青少年及成人為焦慮（Allen, 1958; Buck, 1948, 1950a, 1966; Deabler, 1969; DiLeo, 1970, 1973; Exner, 1962; Goldstein & Faterson, 1969; Hammer, 1954b, 1958, 1969a, 1978, 1997; Handler, 1996; Handler & Reyher,

1966; Jacks, 1969; Jolles, 1952a, 1964, 1969; Landisberg, 1958; Levy, 1950, 1958; Machover, 1949, 1951, 1958; Mitchell et al., 1993; Reynolds, 1978; Schildkrout et al., 1972; Urban, 1963; Wolk, 1969; Wysocki & Whitney, 1965）；上陰影及其他有焦慮的繪畫指標常見於一般男性的異性畫中（Handler & Reyher, 1966）；

2. 可能是順從的（Allen, 1958），曾與慢性病患有關（Olch, 1971）；
3. 零散塗鴉似地塗黑暗示一個精神官能性的、或許是歇斯底里的人格（Kahn & Giffen, 1960; Schildkrout et al., 1972）；
4. 很重地塗黑暗示被攪亂的沮喪（Handler, 1985; Wolk, 1969）；
5. 小心地畫可能反映使用調適的防禦來處理衝突（Handler, 1996; Handler & Reyher, 1964, 1965, 1966）；
6. 對兒童，情緒上的適應問題（DiLeo, 1973; Koppitz, 1966a, 1968），有一些人曾有被性虐待的歷史（Hibband & Hartman, 1990; Wenck & Rait, 1992）；雖然幼小的正常孩子也會這樣畫（Koppitz, 1968 Machover, 1960）；
7. 對青少年，一個廣泛性的情緒困擾（Mitchell et al., 1993）；
8. 對老年人，焦慮及憂鬱（Wolk, 1969）。

E. 從未上過陰影暗示一種可能的性格異常（Deabler, 1969）。

一般投射畫的因素：主要的詮釋性假設

細節

一般人會在他們的畫中包含必要的細節，再加上一些不是那麼必要及一些或許是構造上有但無關緊要的細節。Buck（1948）曾描述人物、樹及房子繪畫的必要細節。這些屬於房子及樹畫的細節會在下面討論。對畫一個人的畫，其細節包括一個頭、一個軀幹、兩條腿、兩隻手臂、兩個眼睛、一個鼻子、一張嘴，及兩個耳朵（除非此項視其呈現的方式、觀點或一個恰當的口語解釋而被省略）。當上述的任何一項被智力中等的成人省略時，他可能強烈地關注身體形象，如同乾癬症患者一樣（Leichtman, Burnet, & Robinson, 1981）；或可能是智力惡化初期、腦傷（Hammer, 1968），或其他嚴重的病症。如此的省略可能與嚴重退化的病人有關，包括精神分裂症（Buck, 1948; Buck & Warren, 1992; Deabler, 1969; Kahn & Giffen, 1960; Swensen, 1968; Ries, Johnson, Armstrong, & Holmes, 1966）。即使對青少年而言，如此的一個省略暗示一個人格困擾（Hiler & Nesvig, 1965）。省略重要但非必要細節暗示焦慮的呈現（Mogar, 1962）、一個貧乏的身體形象（Nathan, 1973）、常在心身症病人（Swift, Seidman, & Stein, 1967），及適應較差兒童的畫中觀察得到（Vane & Eisen, 1962）。

A. 缺乏細節暗示：

1. 可能有退化傾向、空洞的感受，或對傳統不以為然（Buck 1948, 1950a, 1966; Buck & Warren, 1992; Handler, 1985; Schildkrout et al., 1972）；
2. 可能是焦慮（Reithmiller & Handler, 1997），或心身性的高血壓情形（Modell & Potter, 1949）；
3. 可能是憂鬱（Buck & Warren, 1992; Hammer, 1954b; Handler, 1985）；
4. 可能是器質性的情形（Buck & Warren, 1992; Kahn & Giffen, 1960; Lezak, 1983）；
5. 可能是智能不足（Buck 1966; Buck &Warren, 1992; Michal-Smith & Morgenstern, 1969）；
6. 可能是精神分裂症（Gustafson & Waehler, 1992）。

B. 過度描繪細節：

1. 在成人與兒童經常是精神官能症者，具強迫性傾向、呆板，及／或焦慮情緒（Buck, 1948, 1950a, 1966; Buck & Warren, 1992; Deabler, 1969; Hammer, 1954b, 1958, 1965, 1969a, 1969b; Handler, 1985; Jacks, 1969; Kahn & Giffen, 1960; Levy, 1958; Machover, 1949; McElhaney, 1969; Reynolds, 1978）；
2. 賣弄學問的、不快樂的、過度敏感的情形（Jolles, 1964; Waehner,

1946）；

3. 可能是對行動化的恐懼，或許有世界是危險的感覺之投射，而這些細節可能反映出其為能維持自我控制所付出的努力（Hammer, 1965, 1969b）；
4. 可能是心身症的、胃潰瘍的情形（Modell & Potter, 1949）；
5. 可能是精神分裂症或器質型病症的初期（Hammer, 1969b）；
6. 省略重要的細節，防禦性的機能減退（McElhaney, 1969）；
7. 過多的細節暗示可能是躁鬱症躁期的情形（Buck, 1966; Buck & Warren, 1992; McElhaney, 1969）。

78 **C. 怪誕的細節暗示：**

1. 精神病：現實測試極度惡劣的青少年與成人（Buck, 1950a, 1966; Buck & Warren, 1992; Kahn & Giffen, 1960; Koppitz, 1960; McElhaney, 1969; Mursell, 1969）；
2. 精神官能症者藥品或治療無效之徵兆（Deabler, 1969）；
3. 對學院的學生而言可能是正常的（Saarni & Azara, 1977; Soccolich & Wysocki, 1967）；
4. 對兒童，嚴重地混亂的人格（DiLeo, 1973）。

註解：整體怪誕的程度可從「完全沒有」到「怪誕」到「非常怪誕」。這些評分與社會適應的程度一致（Yama, 1990）。

D. 對細節加以命名，暗示可能是精神病（McElhaney, 1969）。

變形、不成比例及省略

A. 嚴重變形及／或不成比例暗示：

1. 與現實接觸困難的精神病患，或許是精神分裂症（Burton & Sjoberg, 1964; Chase, 1941; Hammer, 1997; Handler, 1985; Hozier, 1959; Jacks, 1969; Kahn & Giffen, 1960; McElhaney, 1969; Mitchell et al., 1993）；
2. 可能是器質性的情形（Chase, 1941; McElhaney, 1969; Mclachlan & Head, 1974; Mitchell et al., 1993; Small, 1973）；

3. 智能不足（McElhaney, 1969）；
4. 可能是焦慮（Riethmiller & Handler, 1997）；
5. 若在青少年，一個貧乏及負面的自我概念（Bodwin & Bruck, 1960），通常有心理上的困擾（Hiler & Nesvig, 1965）；
6. 若為兒童，小於七歲處於壓力下的正常孩子（Britain, 1970），及適應困難的低學業成就者（Koppitz, 1966a, 1966b; Mitchell et al., 1993; Vane & Eisen, 1962）。

B. **中度變形暗示焦慮（Handler & Reyher, 1965, 1966），或易衝動性（Oas, 1984）。**

C. **比例恰當暗示正常（Buck & Warren, 1992; Hammer, 1997）。**

D. **當畫面的重要部位被省略時，無論是事實的或象徵性的，省略均暗示關注或衝突。詳見與房子、樹或人物畫中特定部位被省略有關的詮釋性假設。一般而言，省略一個主要人物畫的細節暗示可能有腦傷（McLachaln & Head, 1974）或焦慮（Reithmiller & Handler, 1997）；或一個可能的心身症情形（Swift et al., 1967）。注意女性較男性容易省略部分（Soccolich & Wysocki, 1967）。輕微的省略可能反映易衝動性（Oas, 1984）。**

紙的邊緣

A. **畫在下方紙邊暗示：**

1. 廣泛性的不安全感、依賴性及支持的需求（Buck & Warren, 1992; Hammer, 1954b; Jolles, 1964; Reynolds, 1978; Schildkrout et al, 1972）。
2. 憂鬱的傾向（Buck & Warren, 1992; Jolles, 1964）。

B. **畫利用左右兩側紙邊暗示：**

1. 由於環境的力量而有受抑制的感覺（Buck & Warren, 1992; Jolles, 1964）。
2. 強烈的安全感需求（Hammer, 1954b）；

3. 可能有攻擊傾向（Hammer, 1954b; Jolles, 1964）。

C. 靠邊未整體呈現的畫暗示：

1. 可能是腦傷（Buck & Warren, 1992; DiLeo, 1973）；
2. 若在下方，對可能爆發強烈行為之極度壓抑（Jolles, 1952a, 1964）；
3. 若在左邊，對個人未來心存恐懼之固著，或許有強迫性的行為（Buck & Warren, 1992; Jolles, 1952a, 1964）；
4. 若在右邊，有逃離不愉快的過去或現在情況的願望（Buck & Warren, 1992; Jolles, 1964）；
5. 若在上方，強烈使用幻想（Buck & Warren, 1992; Jolles, 1952a, 1964）。

基線處理

註解：自發性的基線較常在 H-T-P 中的樹畫中出現，而最不常在人物畫中出現。

A. 基線自發性地畫出暗示：

1. 強烈的安全感需求或不安全感（Buck, 1950a; Hammer, 1954b; Jolles, 1952a, 1964）；
2. 穩定的需求或一個人際關係不穩定的感覺（Buck, 1950a; Jolles, 1952a, 1964）。

B. 非常重的基線暗示焦慮（Buck & Warren, 1992; Jolles, 1952a, 1964）。

C. 基線往下溢流暗示：

1. 對個人未來的不確定或危險的感受（Jolles, 1952a, 1964）；
2. 若從主體兩側往下，可能有孤立、無助，或對母親依賴的感受（Hammer, 1954b; Jolles, 1952a, 1964; Mursell, 1969）。

強調中線

A. 從喉結、領帶、鈕釦、皮帶釦環、褲襠……等項一路下來強調中線，或中間一線畫下，暗示有不安全及自卑感的自我概念，尤其是身體上

的自卑（Bodwin & Buck, 1960; Machover, 1949; Rierdan, Koff, & Heller, 1982; Urban, 1963**）。**

B. 當是由一位男性畫一位具攻擊傾向的女性，所畫的男性卻不具男子氣概，而是女性化且頹喪時，暗示情緒不成熟及自卑（Machover, 1949; Urban, 1963**）。**

C. 整排不相干的鈕釦畫在中線，常見於諸如有依賴特質的類分裂性人格（schizoid personality**）的正常人及精神分裂症患者的畫人測驗中，尤其是那些有心身症狀況、對自己身體有自卑感，或類似有戀母情結的依賴需求者（**Hammer, 1954a; Machover, 1949, 1955; Schildkrout et al, 1972; Urban, 1963**）。**

D. 強調一條陽春的中線與幼稚而自戀的年長者之退化現象有關（Machover, 1949**）**

對稱 79

一般人的繪畫會有適度的均衡感。極度對稱的畫顯得呆板，與所對應姿勢的高度情緒狀態有關。這個對稱可以說是一個極度控制的人防禦性的動作表情，以防止在充滿敵意的情境下釋放壓抑的情緒。對稱上有明顯的困擾暗示一個控制力不足的適應不良人格。

A. 兩邊極度對稱暗示：

1. 強迫性的情緒控制、壓抑，及過度的理性化（Hammer, 1958; Machover, 1949, 1951; Urba, 1963）；

2. 情緒上是冰冷而有距離的，全然控制的呆板的人格；在精神官能症患者、沮喪的，及心因性高血壓症患者的畫人測驗中可見到（Hammer, 1958; Machover, 1949; Modell & Potter, 1949; Urban, 1963）；

3. 當非常機械化、形式化或有怪誕的效果，妄想型精神分裂症（Machover, 1949; Urban, 1963）；

4. 當開始用測量來描繪細節或使用一些小道具來控制兩邊的平衡，暗示去個人化或強迫性地想去控制可能會威脅到自我完整性的非真實而自

發性衝動的驅力；並有可能是完美主義及曝露狂的衝動（Machover, 1949）；

5. 可能是不安全感（Buck, 1966; Hammer, 1954b）。

B. 顯著的對稱上的困擾暗示：

1. 身體笨拙、不協調感或身體上的不恰當，如同那些有器質型狀況、精神分裂和智能不足者，及偶爾也有精神官能症患者（Chase, 1941; Koppitz, 1966b, 1968; Lezak, 1983; Machover, 1949; McElhaney, 1969; McLachlan & Head, 1974; Michal-Smith & Morgenstern, 1969; Mitchell et al., 1993; Mundy, 1972; Reynolds, 1978; Rosenzweig & Kogan, 1949; Small, 1980; Urban, 1963）；
2. 不適的不安全感（Hammer, 1958; Mitchell et al., 1993; Mundy, 1972; Wolff, 1946）；
3. 對自我概念的不平衡，可能是性別角色的混淆（Buck, 1966; Buck & Warren, 1992; Hammer, 1969b; Machover, 1949; McElhaney, 1969）；
4. 可能是側邊獨斷的混淆：或許可由一邊較另一邊肩膀顯著的狹窄，胸部至兩邊腋下的不一致，兩邊的手臂及腿部無論在長短、胖瘦，或兩者均有顯著的區別表現出來（Machover, 1949; Mitchell et al., 1993）；
5. 不謹慎、活動過度而控制力薄弱；繪畫上的模糊與不對稱可能反映易衝動性在行動化的情況，如在低躁期、歇斯底里症，或任何有過度自發性的情況（Hammer, 1965, 1997; Handler, 1996; Koppitz, 1966b; Machover, 1949; Mundy, 1972; Urban, 1963）；
6. 在兒童，明顯的攻擊性伴隨可能有神經上的缺損（Koppitz, 1966b, 1968），或肢體受虐的歷史（Blain, Bergner, Lewis, & Goldstein, 1981）。

透明

註解：任何的透明情形均暗示有瑕疵的現實聯結。唯一的例外是智能不足者的情形（Michal-Smith & Morgenstern, 1969）。在兒童及青少年，這可能暗示著情緒上的困擾（Mitchell et al., 1993）。在以下「透明的服飾」、房子畫中「透明的牆」，及「身體其他部位的異常處理」……等小節中，可見到進一步更個別性的詮釋性假設。人物畫中，身體內部器官被描繪出來暗示是精神病（Buck, 1966; Levy, 1958; Machover, 1949; McElhaney, 1969; Reynolds, 1978）。醫療的病人偶爾也會如此表現（Mitchell et al., 1993）。

A. 在兒童，幼小的孩子表現出透明的畫法是正常的（Handler, 1985; Machover, 1949; Urban, 1963），對較大的孩子暗示著不成熟和適應問題（Hiler & Nesvig, 1965），也或與器質型情況（Koppitz, 1966a, 1968）及精神分裂症患者（Reynolds, 1978）有關。

B. 對青少年，透明畫法暗示低自我概念、仇恨，及現實聯結薄弱的適應不良（Bodwin & Bruck, 1960; Hiler & Nesvig, 1965; Reynold, 1978; Rierdan et al., 1982）。

C. 對成人，透明畫法暗示適應困難、焦慮及性方面的困擾，包括窺淫狂、曝露狂及同性戀的情形，也可能是有現實接觸困難之精神病及退化性器質型精神病的情形（Buck, 1966; Deabler, 1969; Hammer, 1954b; Handler, 1985; Handler & Reyher, 1965; Jacks, 1969; Levy, 1950, 1958; Machover, 1949; McElhaney, 1969; Montague & Prytula, 1975; Schildkrout et al., 1972; Urban, 1963; Wolman, 1970）。

D. 對青少年或成人，可能是智能不足（Michal-Smith & Morgenstern, 1969）。

多種的投射畫因素

A. 自發地畫上雲朵暗示焦慮（Hammer, 1954b; Jacks, 1969），曾出現在被性侵害者的畫中（Hibbard & Hartman, 1990; Manning 1987; Wenck & Rait, 1992）。

B. 破碎的畫法不經意地出現在畫中暗示可能的焦慮（Hammer, 1954a, 1978; Jacks, 1969）或器質性的情形（Lezak, 1983; McLachlan & Head, 1974; Mitchell et al., 1993）。

C. 無能的：對測驗指示無法恰當地回應，暗示可能有器質性的情形

（Hammer, 1954b, 1968, 1997）。

D. 畫出險惡的氣候暗示可能有被性虐待的歷史（LaRoche, 1994; Manning, 1987）。

E. 任何繪畫中有截斷或貶黜的手法暗示攻擊、敵意反應的傾向（Hammer, 1954a; Jacks, 1969）。

F. 投射畫中的反覆，如同在其他大多數的心理測驗一樣，可能是器質性的情形（Burgemeister, 1962; Hammer, 1954b, 1968, 1997; Jacks, 1969）。

G. 拒絕畫圖或完成一張畫暗示否定（Hammer, 1954b）。

H. 在投射畫中自發地畫上陰影暗示焦慮及意識上的衝突（Hammer, 1954b; Jolles, 1952a, 1964）。

I. 在一張房子、樹或人物畫中，自發地增加三個大太陽暗示不適感，尤其是與權威角色的關係（Hammer, 1954a）。

80 **J.** 從所給予的方向翻轉紙張暗示抗拒、否定及／或攻擊性的傾向（Hammer, 1954a, 1997; Jolles, 1952a, 1964; Mitchell et al., 1993）。

人物畫：主要的詮釋性假設

頭部的不尋常畫法

A. 一般性考量

頭部象徵智慧及幻想的活動，與衝動、情緒的控制、個人的社會性需求、溝通，及其他的能力有密切的關係。依據分析的術語，頭部乃是與自我相關。因此，一般人通常會在畫人物畫時，較畫身體的其他部位更重視頭部，然而，精神官能症、憂鬱、退縮和其他適應不良者則不一定如此。

B. 頭部不尋常的大暗示：

1. 在成人及兒童是侵略性及誇大的傾向，有時性加害者會如此畫（Gurvitz, 1951; Handler, 1985; Levy, 1950, 1958; Urban, 1963; Wysocki & Whitney, 1965; Wysocki & Wysocki, 1977）；

2. 對高成就抱負的智慧過度評價（Buck, 1950a, 1966; Buck & Warren, 1992; Hammer, 1954b; Handler, 1985; Jolles, 1964; Levy, 1950, 1958; Machover, 1949, 1951; Urban, 1963）；
3. 自我膨脹，假若是非常不切實際的大可能暗示偏執、自我中心，或有正當理由的精神官能情況（Handler, 1985; Machover, 1949, 1951; Urban, 1963）；
4. 幻想是滿足的主要來源（Buck, 1950a; Buck & Warren, 1992; Handler, 1985; Jolles, 1952a, 1964; Urban, 1963）；
5. 退化、壓抑及依賴或不成熟的傾向（Goodman & Kotkov, 1953; Handler, 1985; Machover, 1949, 1951）；
6. 在精神官能症者及有課業困難的兒童，情緒及社交適應困難（Hammer, 1954b; Machover, 1949; Schildkrout et al., 1972; Urban, 1963）；或有曾被肢體虐待的歷史（Blain et al., 1981）；
7. 可能是器質性的情況或對頭痛議題的關注（Burgemeister, 1962; Hammer, 1954b, 1968, 1997; Jolles, 1952a; Kahn & Giffen, 1960; Levy, 1950, 1958; Machover, 1949, 1951; Urban, 1963）；
8. 在成人及兒童均可能是焦慮（Mogar, 1962; Wysocki &Whitney, 1965）；
9. 對自己的身體不滿意（Buck, 1950b）；
10. 可能是低能的智力（DeMartino, 1954; Machover, 1949; Michal-Smith & Morgenstern, 1969; Urban, 1963）；
11. 可能是精神病；躁鬱症（McElhaney, 1969），或精神分裂症（Baldwin, 1964; Burton & Sjoberg, 1964）。

註解：兒童畫人的頭部在比例上較成人大，而這是宣稱在七歲以前（Koppitz, 1968; Machover, 1949, 1960; Michal-Smith & Morgenstern, 1969; Urban, 1963）。大的頭部在兒童的人物畫中有時反映企圖心，或可能是對低學業成就的關注（Koppitz, 1984）。

C. 頭部不尋常的小暗示：

1. 智慧上、社交上或性方面的不適感或無能感（Handler, 1985; Jolles, 1952a, 1964; Machover, 1949）；
2. 虛弱感或智能上的自卑感受（Handler, 1985; Machover, 1949; Urban, 1963）；
3. 自我薄弱的狀況（Handler, 1985; Machover, 1949）；
4. 精神官能症，尤其是強迫型者（Buck, 1950a, 1966; Buck & Warren, 1992; Machover, 1949; Jolles, 1952a, 1964; Urban, 1963）；
5. 可能是否定或是有去壓抑罪惡感或其他困擾的想法的期待（Buck & Warren, 1992; Jolles, 1964; Schildkrout et al, 1972）；
6. 在兒童，適應問題（DiLeo, 1970; Koppitz, 1966a, 1968）。

D. 不規則外形的頭部暗示：

1. 可能有器質性的情形（Hammer, 1981; Machover, 1949, 1951; McElhaney, 1969; Schildkrout et al., 1972）；
2. 可能是性侵害加害人（Wysocki & Wysocki, 1977）；
3. 可能是精神病的情形（Hammer, 1981; Machover, 1949）；
4. 可能是智能不足（Machover, 1949）。

E. 頭部最後才畫暗示：嚴重的心理困擾（Buck, 1948; Levy, 1950, 1958; Machover, 1949**）。**

F. 省略頭部暗示：

1. 可能是器質性的情形（DiLeo, 1970; Lezak, 1983; McLachlan & Head, 1974; Mitchell et al., 1993）；
2. 失落的感覺，想要除卻不愉快的念頭（Schildkrout et al., 1972）；
3. 可能有閹割焦慮（Hammer, 1953）。

G. 頭部沒有畫對位置或「漂浮在空中」暗示頭部可能有受傷的情形（Burgemeister, 1962; Jordan, 1970**）。**

H. 只有頭部暗示可能是精神分裂症（Baldwin, 1964; Schildkrout et al., 1972**）。**

I. 畫頭的背面暗示可能有妄想或類分裂性退縮（Buck, 1966）。

毛髮的不尋常處理

A. 在頭、胸或任何身體部位強調毛髮暗示：

1. 男子氣概的追求，性方面的關注（Buck, 1950a; DiLeo, 1970; Hammer, 1954a; Handler, 1985; Jolles, 1952a, 1964; Levy, 1950, 1958; Machover, 1949, 1951; Roback, 1968; Urban, 1963）；
2. 性方面不適應或無能感的補償（Buck, 1950b; Handler, 1985; Levy, 1950, 1958）；曾出現在性加害者的人物畫中（Wysocki & Wysocki, 1977）；
3. 極可能是自戀者（Handler, 1985; Levy, 1950, 1958; Machover, 1949）；在髮型上加工，有非常波浪狀和迷人的頭髮，通常伴有其他化妝的強調，暗示可能有心身症或氣喘的情形。在青少女可能是自戀，也或許是有性犯罪方面的傾向（Buck, 1950a; Machover, 1949; McElhaney, 1969; 81
Modell & Potter, 1949; Urban, 1963）；
4. 可能有同性戀的傾向（Levy, 1950, 1958）；尤其是當用力地塗上陰影時；品質差勁的外形暗示焦慮，或可能反映在性異常行為中的一種男子氣概的衝突（Buck, 1950a; Jolles, 1952a; Machover, 1949）；
5. 可能有攻擊強暴的傾向（Handler, 1985; Shneidman, 1958）；
6. 當毛髮陰影很重時：
   (1)可能有憤怒和攻擊的傾向（Urban, 1963）；
   (2)可能是焦慮的，也許與幻想有關（Jolles, 1952a, 1964; Mogar, 1962; Urban, 1963）；
   (3)可能是過度的性慾或愉悅的官能感，有時見於青少年犯罪者（Urban, 1963）；
   (4)可能對性興奮有所關注（Schildkrout et al., 1972）；
7. 當很長但未畫上陰影時，暗示可能有矛盾的性幻想（Buck, 1966）；
8. 當在下巴上強調，青少年男子氣概的衝突，可能帶有類分裂性的意味（Jolles, 1952a; Machover, 1949; Urban, 1963）；

9. 在男人與女人畫上不同的頭髮處理：當由男性所畫，畫男人時小心翼翼而畫女人時隨意亂畫，暗示性心理方面的不成熟，包括自戀及對女性懷有敵意（Machover, 1949, 1951; Urban, 1963）。

B. 頭髮省略或不恰當時暗示：

1. 性方面的不適感（Buck, 1950b; Handler, 1985; Mitchell et al, 1993）；
2. 閹割焦慮（Hammer, 1953; Handler, 1985）；
3. 可能是精神分裂症的情形（Hammer, 1969a; Handler, 1985; Holzberg & Wexler, 1950; Hozier, 1959）；
4. 低的生命力（Handler, 1985; Machover, 1955），有時在器質性情形中可見（McLachlan & Head, 1974）。

C. 髮型怪誕或混亂暗示對性議題的關注（Machover, 1949），或想法過程混淆（Levine & Sapolsky, 1969），或可能是精神分裂症（Mitchell et al., 1993）。

臉部容貌的不尋常處理

A. 一般考量：

臉部容貌是一個人感覺滿足或不滿足作用的主要來源，同時也是他或她人際溝通的重要配備。一個人距離的接收器，眼、耳和鼻，再加上在嘴巴附近的皮膚及味覺的經驗，提供一個人和現實環境的主要接觸。因此，臉部容貌和顯著的處理可能與對這些作用的關注有關。適應良好的一般正常人不去特別處理容貌。大體而言，相較於在畫身體的其他部位，正常人花比較多的時間和心力處理臉部和頭部。心理學者通常從臉部的處理法而獲知一個人的優勢情緒，而此指標的信度是相當高的。再者，青少年以上的成人通常都會畫一個表情愉快的人，而無怪誕或怪異的部分。

B. 省略臉部的五官但其他部分畫的恰當暗示：

1. 不恰當的環境接觸，或許是退縮的（Gurvitz, 1951; Hammer, 1954b; Handler, 1985; McElhaney, 1969）；
2. 在人際關係上是逃避和膚淺的（Handler, 1985; Machover, 1949; Urban,

1963）；

3. 過度小心或膽怯的可能（Machover, 1949; Urban, 1963）；
4. 有仇恨的衝動（Machover, 1949）；
5. 治療的預後較差；臉部表情畫的較為滿意暗示預後較佳（Fiedler & Siegel, 1949）；
6. 可能是精神病（Gurvitz, 1951; Handler, 1985; McElhaney, 1969）；
7. 可能有腦部傷害（Evans & Marmorston, 1963; McLachlan & Head, 1974; Schildkrout et al., 1972）；
8. 在兒童，適應不良，或有一些強迫性的念頭和焦慮（Haworth, 1962; Koppitz, 1966a, 1966b）；
9. 在青少年，可能有退縮型的犯罪（Daum, 1983）。

註解：省略五官偶爾也見於正常人的畫中。

C. 臉上表情模糊暗示：

1. 退縮的傾向，尤其是畫側面時（Levy, 1958; Machover, 1949; Urban, 1963）；包括退縮型的犯罪（Daum, 1983）；
2. 膽怯及自我意識到在人際中的關係（Levy, 1950, 1958; Machover, 1949; Urban, 1963）；
3. 可能自我力量薄弱（Urban, 1963）。

D. 過度強調及強化五官暗示：

1. 過度在意外表容貌（Jolles, 1964）；
2. 對侵略性及社交主導性行為之不滿及虛弱感的補償（Machover, 1949）；
3. 意識上努力地去維持一個社會可接受的外表（Buck, 1966）。

E. 錯置五官的位置暗示可能是智能不足（Hammer, 1968）。

F. 不像人的人、動物或其他怪異的容貌暗示精神分裂症（McElhaney, 1969）。

G. 把整張臉部塗黑暗示一個嚴重的情緒困擾，除非它是表現膚色、斑點或其他類似的特質（Koppitz, 1968）；或可能是一個性侵害被害人

（Wenck & Rait, 1992）。

眼睛及眉毛的不尋常畫法

A. 以大小及力道來強調眼睛暗示：

1. 懷疑、關聯性想法，或其他妄想的特質，或有攻擊性的行動化傾向，
82 尤其是當眼睛塗黑且目光脅迫或銳利時（Deabler, 1969; Griffith & Peyman, 1959; Hammer, 1954a, 1968; Handler, 1985; Jacks, 1969; Kahn & Giffen, 1960; Levy, 1950, 1958; Machover, 1949, 1951, 1958; McElhaney, 1969; Reznikoff & Nicolas, 1958; Robins, Blatt, & Ford, 1991; Schildkrout et al., 1972; Shneidman, 1958; Urban, 1963）；
2. 對社會的觀點極度敏感（Handler, 1985; Machover, 1958）；
3. 外向的，社交上易親近的傾向（Handler, 1985; Machover, 1949）；
4. 可能是焦慮的，尤其是塗黑時（Machover, 1958）；
5. 可能有窺淫狂或是曝露狂的傾向（Machover, 1951; Urban, 1963）；
6. 在男性：可能有同性戀的傾向（Geil, 1944; Levy, 1950, 1958; Machover, 1949; Urban, 1963）；
7. 女性畫的眼睛通常較男性的來得大且有較多的細節（Machover, 1949）；有時有被性侵害的歷史（Wenck & Rait, 1992）；
8. 省略眼珠與偷窺傾向的罪惡感有關（Jolles, 1964）。

B. 不尋常的大小或閉著的眼睛暗示：

1. 內向（Handler, 1985; Machover, 1949）；
2. 自我凝神、沉思、內省的傾向（Machover, 1951; Urban, 1963）；
3. 可能是偷窺傾向的反動（Levy, 1950; Machover, 1949; Schildkrout et al., 1972）；
4. 大的眼眶而小的眼睛，強烈的視覺上的好奇心及罪惡感，或與曝露的衝突有關（Levy, 1958; Machover, 1949; Urban, 1963）；
5. 畫小圈圈的眼睛（尤其當鼻子、嘴巴和鈕釦也是同一樣式時），暗示退化、非常孩子氣的傾向；有時可見於輕度智能不足的成人或有被性

侵害歷史的案主（Wenck & Rait, 1992），雖然這對幼小的兒童而言是正常的（Machover, 1951; Urban, 1963）。

C. 省略眼睛暗示：

1. 在青少年及成人，廣泛的無能和無法區辨的傾向（Gurvitz, 1951; Mitchell et al., 1993）；
2. 可能有視幻覺（Buck, 1950a; Buck & Warren, 1992; Jolles, 1952a, 1964, 1969; Mitchell et al., 1993）；
3. 可能是精神分裂症，曾表現在僵直型者的畫中（Deabler, 1969; Hammer, 1969a; Mitchell et al., 1993）；
4. 可能是偷窺狂（Levy, 1950; Mitchell et al., 1993）；
5. 可能有器質性的狀況（McLachlan & Head, 1974）；
6. 為兒童，適應不良，可能有強迫性念頭、焦慮或沮喪（Haworth, 1962; Handler, 1996; Koppitz, 1966a, 1968; Mitchell et al., 1993; Schildkrout et al., 1972）；曾出現在性侵害被害人的畫中（Hibbard & Hartman, 1990）。

D. 鬥雞眼暗示：

1. 明目張膽的仇視（Schildkrout et al., 1972）；
2. 在大於五歲的兒童是情緒上的問題（Hoppitz, 1968）。

E. 多種眼睛的處理：

1. 省略眼睛，或所謂「空洞的眼睛」，對退縮、不喜歡觀察他們的環境，或將環境和他們自己看成只是空洞的存在者而言，暗示一個內向、自我凝神的傾向。這樣的情形會出現在由於退化及無法逃避，或有溝通困難的精神官能症者和類分裂性人格者的畫中（Hammeer, 1954b, 1958, 1968; Kahn & Giffen, 1960; Levine & Sapolsky, 1969; Machover, 1949; Mitchell et al., 1993; Schildkrout et al., 1972; Urban, 1963）；在年幼的孩子空洞的眼珠可能是正常的（Koppitz, 1968; Machover, 1949, 1960; Urban, 1963）。注意到在大學生中男性較女性容易畫出空洞的眼珠（Soccolich & Wysocki, 1967）。

2. 只有一隻眼睛省略眼珠，暗示可能是精神病（McElhaney, 1969）。
3. 強調眼睛的外眶，暗示可能有妄想情形（Reznikoff & Nicholas, 1958）。
4. 瞪大眼睛暗示可能是歇斯底里症（Schildkrout et al., 1972）。
5. 位於頭部旁側暗示可能有妄想的傾向（Schildkrout et al., 1972）。
6. 細長方形狀的眼睛暗示自閉的情形（Henley, 1994）。
7. 側面臉上同時畫有兩隻眼睛曾與精神分裂症（Schildkrout et al., 1972）及器質性情形（Zimmerman & Garfinkle, 1942）有關。特別注意此點在幼兒可能是正常的（DiLeo, 1970）。

F. 眉毛及眼睫毛的不尋常處理：

1. 仔細加工，尤其是非常工整或彎曲的眉毛，可能反映對修飾外表的重視且非常批判性的態度，或許是過度的修飾（Machover, 1949）；若為男性所畫，女性化或可能的同性戀的傾向（Hammer, 1968; Urban, 1963）；
2. 叢生多毛的眉毛暗示遠離修飾，回歸「原始、粗曠及不受抑制」的傾向（Machover, 1949; Urban, 1963）；
3. 揚起的眉毛暗示輕蔑的態度，或許是鄙視（Machover, 1949; Urban, 1963）；
4. 皺著眉頭的眉毛暗示仇恨（McElhaney, 1969）；
5. 男性畫出睫毛暗示可能有同性戀的傾向（DeMartino, 1954; DiLeo, 1973; Geil, 1944; Machover, 1949; Urban, 1963）。

耳朵及鼻子的不尋常畫法

A. 大或不尋常的耳朵，無論是被強調或從透明的頭髮中被看到暗示：

1. 對批評高度敏銳（Buck, 1950a; Handler, 1985; Jolles, 1952a, 1958, 1964; Machover, 1949, 1951; Mitchell et al., 1993; Mursell, 1969; Urban, 1963）；

83 2. 可能有關聯思緒、妄想的傾向（Buck & Warren, 1992; Griffith & Peyman, 1959; Hammer, 1968; Handler, 1985; Jacks, 1969; Levine & Sapolsky, 1969;

Levy, 1950, 1958; Landisberg, 1969; Machover, 1949, 1951; McElhaney, 1969; Schildkrout et al., 1972; Urban, 1963）；

3. 可能是聽覺障礙及相關的考量（Levy, 1950, 1958; Machover, 1949; Mitchell et al., 1993; Urban, 1963）；
4. 可能有聽幻覺（Buck, 1950a; Deabler, 1969; Hammer, 1954b, 1968; Jolles, 1952a, 1964; Levy, 1950, 1958; Machover, 1949; Mitchell et al., 1993; Mursell, 1969; Schildkrout et al., 1972; Urban, 1963）；
5. 可能有同性戀的衝突（DiLeo, 1973; Levy, 1958; Machover, 1949; Urban, 1963）。

B. 省略耳朵暗示：

1. 可能是正常的，因為耳朵常會被一般適應良好的人所省略，尤其是兒童（Buck, 1950a; Buck & Warren, 1992; Handleer, 1985; Jolles, 1964; Machover, 1949; Urban, 1963）；
2. 在發展遲緩的情境中，可能是低智商或適應不良的傾向（Buck, 1950a, 1966, 1969; Jolles, 1964; Machover, 1949）；
3. 可能是聽幻覺（Buck, 1966; Buck & Warren, 1992; Deabler, 1969; DiLeo, 1973; Jolles, 1964）；
4. 可能有將與環境的接觸降到最低的期待（Hammer, 1954b; Schildkrrout et al., 1972）。

C. 多種耳朵的處理：

1. 以問號代替耳朵暗示可能是妄想症（McElhaney, 1969）；
2. 黑色的圈點在耳朵範圍暗示可能有聽幻覺（Schildkrout et al., 1972）。

D. 鼻子不尋常的處理之一般考量：

在大部分的時候，鼻子被認為是陰莖象徵的替代，而大體上可能也做如此的解釋，尤其當人物畫中也強調領帶或褲襠時。鼻子同時可形容「社會上的陳腔濫調」及承諾的態度或偏見。仍有許多人認為鼻子的處理可能反映一個人的成就動機。如同往常，我們必須去注意整體情境的因素以做出成最恰當的詮釋性假設。

E. 從力道或大小來強調的鼻子暗示：

1. 在青少年及成人是性方面的困難，包括性心理的不成熟、自卑感，及／或閹割焦慮（Buck, 1950a, 1966; Buck & Warren, 1992; Hammer, 1953, 1954; Handler, 1985; Jolles, 1952a, 1964; Machover, 1949）；
2. 性方面的不適應或無能的感受，尤其在年老的男性，有補償性的防禦（Handler, 1985; Levy, 1950, 1958; Mahover, 1949, 1951）；
3. 可能有同性戀的偏好（DiLeo, 1973; Machover, 1949）；
4. 可能有像年老男性之退化性憂鬱及沮喪的傾向（Levy, 1958; Urban, 1963）；
5. 若呈現鼻孔且加以強調，強烈的攻擊傾向，曾與心身性的氣喘情形有關（Goldstein & Rawn, 1957; Handler, 1985; Machover, 1949; Mitchell et al., 1993; Modell & Potter, 1949; Schildkrout et al., 1972; Urban, 1963）；雖然在正常兒童及青少年的畫中常看到（Mitchell et al., 1993）；
6. 對兒童，強調鼻子可能是正常的（Machover, 1960）；
7. 對老人，可能是極度敏感或懷疑（Wolk, 1969）。

F. 塗黑、模糊或截斷的鼻子暗示：

1. 畫者為男性，通常因手淫而有閹割焦慮（Hammer, 1953; Handler, 1985; Machover, 1949; Urban, 1963）；
2. 畫者為女性，陽具欽羨（penis envy）及對男人懷有敵意（Machover, 1949）。

G. 省略鼻子暗示：

1. 對兒童，非常害羞、退縮、沮喪或情緒有困擾的人格（Handler, 1996; Koppitz, 1966b, 1968; Mitchell et al., 1993）；
2. 可能有性方面的衝突或閹割焦慮感（Machover, 1949; Schildkrout et al., 1972）；
3. 可能是退化、器質性或智能不足（McLachlan & Head, 1974; Mitchell et al., 1993）。

嘴及下顎的不尋常處理

A. 強調嘴巴暗示：

1. 人格中強調口腔需求，有時是口腔慾或口語的攻擊性，尤其與依賴的、未成熟的人格有關，包括退化的酒癮患者、心身性的氣喘及高血壓患者（Buck, 1966; Buck & Warren, 1992; Halpern, 1965; Handler, 1985; Jolles, 1964; Machover, 1949, 1951; Modell & Potter, 1949; Urban, 1963）；
2. 退化性的防禦，口腔型人格（Buck & Warren, 1992; Handler, 1985; Jolles, 1952a, 1964; Machover, 1949, 1951; Urban, 1963）；
3. 可能有性方面的困難或在男性有女性化的傾向（Handler, 1985; Jolles, 1964; Machover, 1949; Urban, 1963）；
4. 可能有演說的問題、口語上的虐待、使用低俗的語言，及亂發脾氣（Jolles, 1964; Machover, 1949, 1951; Urban, 1963）；
5. 有胃方面的症狀及飲食問題的傾向，包括貪食症（bulimia）及戀食症（food fadism）（Machover, 1949, 1951; Urban, 1963）；
6. 沮喪及原始的傾向（Machover, 1949; Urban, 1963）；
7. 對兒童而言是正常的，正常的依賴、不成熟（Machover, 1960; Urban, 1963）；
8. 對青少年而言，貧乏的自我概念（Bodwin & Bruck, 1960）；
9. 對老人而言，或許是無法溝通的感受（Wolk, 1969）。

B. 省略嘴巴暗示：

1. 與青少年及成人因口語攻擊性或口語的攻擊傾向所產生的罪惡感有關 84
（Machover, 1949; Mitchell et al., 1993; Urban, 1963）；
2. 憂鬱的情形（Handler, 1985; Koppitz, 1966b, 1968; Machover, 1949; Mitchell et al., 1993; Urban, 1963）；
3. 可能是心身性的呼吸或氣喘情形，有時有器質性的情形（Machover, 1949; McLachlan & Head, 1974; Mitchell et al., 1993; Modell & Potter,

1949; Urban, 1963）；

4. 可能與他人溝通困難或遲疑（Buck, 1948; Hammer, 1968; Handler, 1985）；
5. 可能是關愛的需求被拒絕（Urban, 1963）；
6. 對兒童，可能是強迫性及焦慮的適應不良，或是一個害羞、退縮的沮喪症狀（Handler, 1996; Haworth, 1962; Koppitz, 1966b, 1968; Mitchell et al., 1993; Urban, 1963; Vane & Eisen, 1962）。

C. 嘴巴的多種處理：

1. 內凹的嘴形暗示口腔被動性、接受，及嬰兒似的依賴需求，常見於酒癮患者（Machover, 1949; Schildkrout et al., 1972; Urban, 1963），但在兒童可能是正常的（Machover, 1960）；
2. 女性畫中的弓形嘴（尤指上唇的輪廓）與曝露傾向、性早熟的青少女，及有心身性氣喘情形的成人有關（Handler, 1985; Machover, 1949; Modell & Potter, 1949; Urban, 1963）；
3. 描繪完整的唇形暗示敏感、官能，及自戀的傾向（Machover, 1949; Urban, 1963）；
4. 在男性的男人畫中描繪完整的唇形暗示女性化，倘若又塗上口紅，同性戀傾向；也曾與其他的自戀指標被報導（Geil, 1944; Hammer, 1968; Levy, 1950; Machover, 1949; Urban, 1963）；
5. 在嘴中含有香菸、牙籤或菸斗……等物件，暗示有口腔愛的需求，然而含牙籤的表情，較無前述的需求（Machover, 1949; Urban, 1963）；
6. 口張開暗示口腔被動，曾出現在心身性胃潰瘍患者（Gurvitz, 1951; Levy, 1950; Modell & Potter, 1949），及智能不足者的畫中（DeMartino, 1954）；
7. 嘴唇突出暗示退化及口腔性（Meyer et al., 1955）；
8. 「鋸葉型」鋸齒狀的嘴暗示敵視，曾出現在思考障礙型邊緣性精神症及精神分裂症者的畫中（Henley, 1994）；
9. 以粗短的線條來代表嘴巴暗示強烈的攻擊衝動，但預料中的報復會讓這個人更加小心（Machover, 1949）；

10. 單線無笑容的嘴暗示沮喪的傾向（Handler, 1985; McElhaney, 1969）；且如以側面呈現暗示有相當的壓力（Machover, 1949）；
11. 撇線的嘴暗示口語攻擊、憤怒、高度的批判性或可能有虐待的傾向：曾見於性加害者的畫中（Daum, 1983; Goldstein & Rawn, 1957; Handler, 1985; Levy, 1950; Machover, 1949; McElhaney, 1969; Urban, 1963; Wysocki & Wysocki, 1977）；
12. 嘲笑的嘴臉暗示敵意（McElhaney, 1969）；
13. 成人的人物畫露出牙齒，暗示嬰兒似的攻擊或虐待的傾向；最常在行動化的精神分裂症者、平板的歇斯底里症者，和智能不足者的畫中見到，雖然如此，露出牙齒的人物畫也會在有攻擊性的正常兒童及成人的畫中出現（Buck, 1950a, 1966; Buck & Warren, 1992; Goldstein & Rawn, 1957; Halpern, 1965; Hammer, 1958, 1965; Handler, 1996; Jolles, 1952a, 1964; Koppitz, 1966b, 1968; Levy, 1950, 1958; Machover, 1949, 1960; McElhaney, 1969; Mitchell et al., 1993; Rierdan et al., 1982; Schildkrout et al., 1972; Urban, 1963）；
14. 細小的牙齒暗示自我主義的、獨立及衝動的人，否定有口腔依賴的需求（Handler, 1985; Urban, 1963）；
15. 寬大而向上彎曲的笑臉，在兒童為正常的，但在成人則暗示勉強的志趣，及可能不恰當的情感（Handler, 1985; Machover, 1949; Urban, 1963）。

D. 不尋常地強調下巴暗示：

1. 可能有攻擊、獨斷的傾向（Buck, 1950a, 1966; Buck & Warren, 1992; Hammer, 1968; Handler, 1985; Jolles, 1952a; Levy, 1950, 1958; Machover, 1949; McElhaney, 1969; Urban, 1963）；
2. 可能處於高度的本能狀態（Handler, 1985; Levy, 1950, 1958; Machover, 1949）；
3. 可能是脆弱感的補償（Handler, 1985; Levy, 1950, 1958; Machover, 1949）；

4. 可能有社交的不適感（Handler, 1985; Jolles, 1964）。

E. 下巴看起來很虛弱暗示：

1. 虛弱或不適感，尤其是在社交場合（Buck & Warren, 1992; Handler, 1985; Urban, 1963）；
2. 心理上或生理上的無助感（Buck, 1966; Handler, 1985）。

脖子及喉結的不尋常處理

A. 一般考量：

在畫人測驗的詮釋上，聯結頭部與身體部位的脖子，被廣為認定是智慧與感受，或者是自我控制與本我衝動之間的象徵聯結。大部分與脖子有關的詮釋性假設是以這個理論為基礎。一般而言，愈是強調脖子，愈是能反映到對控制威脅性衝動需求的關注，及將個人的認知活動自情感生活中區別出來的需求，這些均可能會呈現在脖子的處理上。

B. 不尋常的粗又短的脖子暗示：

1. 有粗魯、固執和一成不變的傾向（Handler, 1985; Machover, 1949; Urban, 1963）；
85 2. 衝動的傾向（Handler, 1985; Machover, 1949）；
3. 可能有避免衝動去干擾理智的期待（Gurvitz, 1951; Handler, 1985）。

C. 不尋常的長的脖子暗示（同時見下面不尋常的瘦長的脖子）：

1. 將理性的想法自會干擾控制本能及衝動的情緒及情感中抽離出來（Buck, 1969; Gurvitz, 1951; Handler, 1985; Levy, 1950, 1958; Mursell, 1969; Schildkrout et al., 1972; Urban, 1963）；
2. 有教養的，社交上不靈活，甚至是呆板僵化的、正式的、過於有道德感的人（Handler, 1985; Machover, 1949）；
3. 可能在脖子部位有心身狀況的抱怨（Levy, 1950, 1958）；
4. 可能對自己的身體形象不滿意（DiLeo, 1970）。

D. 不尋常的瘦長的脖子：

1. 類分裂性的狀況，在精神病的情況中，精神分裂症（Buck, 1950a, 1966,

1969; Buck & Warren, 1992; Gurvitz, 1951; Hammer, 1954b; Handler, 1985; Jolles, 1952a, 1964; Levy, 1950, 1958; Machover, 1949; Urban, 1963）；

2. 在精神官能症的情境中，歇斯底里症（Levy, 1950, 1958）；

3. 有身體虛弱、器官較差，或不滿意身體形象的感受，可能是對身體力量或攻擊性傾向的補償性本能或反向作用（DiLeo, 1970; Machover, 1949; Urban, 1963）。

E. 一度空間（單線呈現）的脖子暗示：

1. 可能是身體本能與認知控制間的協調性薄弱（Jolles, 1952a, 1964）；

2. 嬰兒似地缺乏衝動的控制（Urban, 1963）；

3. 可能是智能不足（Michal-Smith & Morgenstern, 1969）。

F. 省略脖子暗示：

1. 在超過十歲以上的人暗示易衝動性（Buck, 1950; Handler, 1996; Jolles, 1964; Koppitz, 1968; Machover, 1949; Mitchell et al., 1993; Mundy, 1972; Urban, 1963）；

2. 不成熟，如同智能不足及退化的人所畫的人（Machover, 1949; Mitchell et al., 1993; Mundy, 1972）；

3. 在超過十歲以上的人，可能有器質性的問題（Koppitz, 1968; McLachlan & Head, 1974; Mitchell et al., 1993; Mundy, 1972; Schildkrout et al., 1972）；

4. 對較小的兒童，適應不良（Koppitz, 1966a, 1968; Mundy, 1972）。

G. 脖子塗黑，在大於五歲的兒童，暗示情緒困擾（Koppitz, 1968）。

H. 強調男性的喉結暗示性方面的虛弱，但喉結很少被強調（Machover, 1949）。

身軀和身體（如軀幹、肩膀、胸部、腰圍、臀部、屁股、關節……等）的不尋常處理

A. 一般考量：

身體在特徵上，尤其是軀幹的部位，一直與基本需求有關。本能及活動潛能的發展與衰退，和與這些情形有關的態度，均可能表現在一個人如何畫軀幹上。實際上，軀幹的畫法隨年歲的成長而有所改變。殘缺的身體局部自軀幹延伸而出應被視為一個嚴重不統整人格的指標。一個人通常但並非總是將他們的人與自己的類型畫的相似，這點是由投射的假設所預知的（Berman & Laffal, 1953; Hammer, 1958; Kotkov & Goodman, 1953）。兒童通常畫軀幹是相當的簡單，大體上是長方形到橢圓形的造形。其他由此所衍生的造形可能便是不尋常的。若為成人，則此造形可能暗示退化或非常不成熟的人格（Handler, 1985）。除了兒童以外，省略身體重要的細節暗示嚴重的心理困擾，或許是精神病（Buck, 1948; Burton & Sjoberg, 1964; Hozier, 1959; McElhaney, 1969）。即使在兒童，如此的省略可能暗示適應不良（Vane & Eisen, 1962）。在身體上的撇線條，即便是「不經意的」，亦暗示有身體自殘或自殺的傾向（Schildkrout et al., 1972）。

B. 軀幹的不尋常處理：

1. 有角的軀幹暗示一個相對較男性化的人格（Machover, 1949）；
2. 身體或四肢不對稱暗示一個可能是歇斯底里的人格；在兒童個案，可能會懷疑是攻擊性或腦傷（Hammer, 1965, 1969b; Koppitz, 1966b, 1968; Machover, 1949; Mundy, 1972; Urban, 1963；同時也見繪畫的多種特徵之下的不對稱）；
3. 女性畫，尤其是同性的人物畫中，雙重或模糊的外輪廓案可能是對體重及打扮所伴隨的幻想非常在意（Machover, 1949）；
4. 胖女人通常會畫肥而廣的軀幹（Kotkov & Goodman, 1953）；
5. 非常不統整或分裂的人暗示器質性的情形或精神病退化的狀態，如僵

直型精神分裂症（Curran & Marengo, 1990; Kahn & Giffen, 1960; Koppitz, 1960, 1968; McElhaney, 1969; Modell, 1951; Reznikoff & Tomblen, 1956; Schildkrout et al., 1972; Small, 1973）；而這對處於壓力下的兒童可能是正常的（Britain, 1970）；

6. 大的，尤其是非常巨大的軀幹可能暗示許多未滿足的本能和動機（Buck, 1950a; Buck & Warren, 1992; Handler, 1985; Jolles, 1952a, 1964; 1971; Urban, 1963）；
7. 瘦長的軀幹暗示可能是類分裂性的傾向（Buck & Warren, 1992; Handler, 1985; Jolles, 1952a, 1964; Urban, 1963）；
8. 省略軀幹，除了幼兒以外很少見，若為成人暗示可能在惡化；常見於有器質性情形、退化的、硬化的、智能不足的、犯罪的，或憂鬱症病人的畫中（Gurvitz, 1951; Handler, 1985; Kahn & Giffen, 1960; Machover, 1949; McElhaney, 1969; McLachlan & Head, 1974; Mitchell et al., 1993; Mundy, 1972; Sobel & Sobel, 1976; Urban, 1963）；在學年齡的兒童，適應不良或低學業成就（Koppitz, 1966a, 1966b, 1968; Mitchell et al., 1993; Mundy, 1972; Vane & Eisen, 1962）；
9. 遲疑去封閉軀幹的底部暗示性方面的關注和可能有心理上的疾病（Buck 86
& Warren, 1992; Machover, 1949; Urban, 1963）；或許是性方面的衝突或同性戀傾向（Buck & Warren, 1992; Jolles, 1964）；
10. 圓形化的軀幹暗示一個被動、較不具企圖心、相對女性的，或且是嬰兒似的、退化的，或可能是同性戀（Gurvitz, 1951; Handler, 1985; Levy, 1950; Machover, 1949）；
11. 將女性畫中的軀幹塗黑，尤其是男受試者的第一張人物畫時，暗示對身體衝動的拒絕及對女性所伴隨的攻擊性（Machover, 1949; Urban, 1963）；
12. 小的，尤其是非常微小的軀幹，暗示對本能的拒絕、自卑感，或兩者皆俱（Buck, 1950a; Buck & Warren, 1992; Handler, 1985; Jolles, 1952a, 1964; Urban, 1963）；

13. 方形的或其他幾何狀的身體暗示可能是精神分裂症（Curran & Marengo, 1990; Hammer, 1981; Ries et al., 1966）；一些其他的精神病、器質性情形或智能不足（Bruell & Albee, 1962; Burgemeister, 1962; Hammer, 1954b, 1958; McElhaney, 1969; Mitchell et al., 1993）；
14. 瘦的，尤其是非常瘦的軀幹，在與受試者同性的畫中，暗示對自己身體形象或生理的不滿意，極可能包括自卑的感受（Jolles, 1952a; Machover, 1949）；
15. 簡化的軀幹暗示焦慮（Riethmiller & Handler, 1997）；
16. 上身從頭到腳由兩條平行無中斷的線條當作軀幹，暗示退化、原始及人格失序；典型出現於不尋常的小的畫中（Machover, 1949）。

C. 肩膀的不尋常處理：

在特質上，肩膀的處理被認為是表達對身心或社交能力需求的感受。正常及接近正常的人會在他們的畫中清楚地呈現肩膀。畫的好而適切地略呈圓弧狀的肩膀暗示在一般情形下是正常的，有圓滑而控制良好的能力動機及行為（Buck & Warren, 1992; Hozier, 1959; Jolles, 1952a, 1964; Urban, 1963）。有時候，正常人會有一些強調肩膀（Burton & Sjoberg, 1964）。

1. 省略肩膀暗示自卑的感受，可能是精神分裂、腦傷或智能不足的情形（Burton & Sjoberg, 1964; Evans & Marmorston, 1963; Handler, 1985; Holzberg & Wexler, 1950; McLachlan & Head, 1974; Mitchell et al., 1993）；
2. 畫肩膀時的擦拭、強化或不確定，暗示身體發展的驅力；男子氣概為一基本的關注；這樣的符號呈現在有心身症的高血壓患者的畫中（Levine & Sapolsky, 1969; Machover, 1949; Modell & Potter, 1949; Urban, 1963）；
3. 男性畫的女人畫中有寬的肩膀，而男人畫中有大的、胸部似的短胖肩膀，暗示可能有性別角色上的混淆（Machover, 1949）；
4. 大的，尤其是非常寬大的肩膀暗示有力量的感受或一個強烈的能量需求（Buck & Warren, 1992; Handler, 1985; Jolles, 1952a, 1964; Urban, 1963）；常見於青少年及強烈陽剛主張之女性的畫中（Machover, 1949;

Urban, 1963）；

5. 尖尖的肩膀暗示行動化的傾向（Hammer, 1969b; Handler, 1985）；

6. 方方的肩膀暗示有攻擊、敵意傾向，及過度的防禦（Buck, 1952a; Buck & Warren, 1992; Daum, 1983; Goldstein & Rawn, 1957; Hammer, 1954a, 1958, 1965; Jolles, 1952a, 1964; Urban, 1963）；

7. 小的肩膀暗示自卑感（Buck, 1950a; Handler, 1985; Jolles, 1952a, 1964; Urban, 1963）；

8. 不一樣或沒對稱的肩膀暗示人格的不平衡（Buck, 1950a; Buck & Warren, 1992; Jolles, 1952a, 1964; Urban, 1963）；

9. 在女性畫的畫中，強調肩膀暗示有陽剛主張的可能性（Machover, 1949; Urban, 1963）；

10. 在男性，大片或十分寬厚的肩膀暗示侵略性、行動化傾向，或性方面的矛盾，有時是補償性的反應，像是在缺乏安全感的人及青少年的畫中（Hammer, 1958, 1969b; Handler, 1985; Levy, 1950; Machover, 1949）。

D. 胸部的不尋常處理：

對胸部有最持續且重要的興趣者，可以說是在情緒上及性心理上那些未成熟的男性；這通常可由擦拭、塗黑、隱密的記號、被口袋遮住，或透明但沒有在其他地方使用透明的畫法來表現。正常的成人會在他們的女性畫中呈現胸部。

E. 胸部不尋常的大暗示：

1. 可能是對母性的依賴，有時伴有未解決的戀母情節（Buck, 1950a, 1966; Jolles, 1952a, 1964; Machover, 1951）；

2. 受試者為男性時：

 (1)性心理及情緒上的不成熟，可能有同性戀傾向（Hassell & Smith, 1975; Jolles, 1952a, 1964; Levy, 1958; Machover, 1949, 1951; Urban, 1963）；在精神病的情境，可能是精神分裂症（Ries et al., 1966）；

 (2)極可能有強烈的口腔及依賴需求（Hammer, 1954b; Handler, 1985; Levy, 1950, 1958; Machover, 1949; Urban, 1963）；

3. 受試者為女性時：

(1)與一獨斷而有生產力的母親形象認同（Handleer, 1985; Machover, 1949, 1951; Urban, 1963）；

(2)可能是曝露狂或自戀者，尤其是當腰也畫的細小時（Buck, 1966; Handler, 1985; McElhaney, 1969）。

F. 胸部不尋常的小暗示：

1. 可能是正常的（Ries et al., 1966）；

2. 可能有被母親拒絕的感受（Machover, 1949; Urban, 1963）；

87 3. 當畫者為女性時，可能在對孩子提供愛、關懷，及認可方面吝嗇，或許有性成熟被否決的恐懼（Machover, 1949; Urban, 1963）。

G. 省略胸部暗示：

1. 受試者為女性時：

(1)不成熟的感受（Brown, 1958）；

(2)對兒童小氣的態度（Machover, 1949）；

2. 可能是精神分裂症（Burton & Sjoberg, 1964）。

H. 腰圍的不尋常處理：

腰圍在男性區分了身體能力部位和性作用的部位；在女性，則身體的上半部分同時與撫育的因素及第二性徵活動有關，而下半部分則與性及生育的活動有直接的關聯。在畫腰圍時全然地緩慢、沒有耐性或不尋常地處理，可能是對上述那些相關作用有衝突的表現。

1. 很重的線條或其他在腰圍部分的過度強調，將下半身自其他身體部位區分出來，暗示一個急性的性方面的衝突或困擾，在性犯罪者的畫中曾出現（Buck, 1950a, 1966; Buck & Warren, 1992; Hammer, 1954a; Handler, 1985; Jolles, 1952a, 1964; Machover, 1949; Wysocki & Wysocki, 1977）；但在正常孩子的畫中亦可見到（Machover, 1960）。

2. 不尋常的高或矮的腰圍暗示卡住及與性衝動有關的衝突（Handler, 1985; Machover, 1949）；

3. 斷線或被強調的腰圍可能暗示易怒及與身體衝動有關的壓力，曾與心身性氣喘的情形有關（Machover, 1949; Modell & Potter, 1949）；

4. 過度緊的腰圍，像是穿束腹的樣子，暗示對身體衝動有股不安定的情緒控制，或許像是表現在自戀及虛榮的人的情緒失控一般（Handler, 1985; Machover, 1949, 1958; Urban, 1963）；
5. 黃蜂似的細腰在男受試者的男人畫中暗示可能有同性戀的傾向（Levy, 1950, 1958）；
6. 在腰圍不斷的擦拭暗示有關於性行為方面的衝突（Buck, 1950a, 1966; Jolles, 1952a, 1964）；
7. 腰帶上加工或強調，暗示：
   (1)性方面的關注（Buck, 1950a, 1966; Handler, 1985; Jolles, 1952a, 1964）；
   (2)一些對身體衝動的控制，有將壓力轉換為美感的傾向，或許是自戀表現的合理化或昇華（Handler, 1985; Machover, 1949; Mitchell et al., 1993）；
   (3)可能是恐懼的官能性行為（Buck, 1966, 1969; Handler, 1985; Jolles, 1971; Machover, 1949）；
   (4)當腰帶被很用力地塗黑，可能與感覺的或性衝動方面的控制有關（Urban, 1963）。
8. 沒有畫出腰身暗示功能不佳者的退化（Machover, 1949; Mitchell et al., 1993）；包括器質性障礙及智能障礙者（Mitchell et al., 1993）。

I. 強調臀部暗示：

1. 為男性，同性戀的傾向（DiLeo, 1973; Geil, 1944; Hammer, 1968, 1981; Levy, 1950; Machover, 1949, 1951; Urban, 1963）；
2. 為女性，對撫育孩子有興趣（Machover, 1951）；
3. 有相當的陰影，同性戀的恐懼，尤其在妄想症者（Machover, 1949; Urban, 1963）。

J. 強調屁股暗示：

1. 性心理方面的偏差，常常是同性戀（Buck, 1950a, 1966; Buck & Warren, 1992; DiLeo, 1973; Hammer, 1954a, 1968; Jolles, 1952a, 1964; Levy, 1950;

Machover, 1949; Urban, 1963）；

2. 不成熟及固著於肛門期（Jolles, 1952a, 1964; Urban, 1963）；

3. 當畫上陰影，與潛在性的同性戀傾向的焦慮有關（Hammer, 1968）。

K. 性器官很少畫出來，但若有出現則暗示：

1. 精神疾病，可能是精神分裂症或躁症（Buck & Warren, 1992; Deabler, 1969; Gillespie, 1997; Handler, 1985; Kahn & Giffen, 1960; Machover, 1951; Urban, 1963; Zimmerman & Garfinkle, 1942）；

2. 可能是反社會人格（psychopathy）或其他行為障礙（Deabler, 1969; DiLeo, 1973）；

3. 從事分析的人、藝術系或其他學院的學生（Machover, 1949, 1951; Mitchell et al., 1993; Rosen & Boe, 1968; Urban, 1963）；

4. 懷孕婦人對身體的關注（Tolor & Digrazia, 1977）；

5. 為兒童，明顯的攻擊性及嚴重的心理疾病（DiLeo, 1973; Handler, 1985; Hibbard & Hartman, 1990; Koppitz, 1966b, 1968; Rierdan et al., 1982; Wenck & Rait, 1992）；在幼兒可能是正常的（Buck & Warren, 1992），有曾在性侵害受害者的畫中出現（Hibbard & Hartman, 1990; Wenck & Rait, 1992）；

6. 為青少年，可能對性方面的關心與好奇（Handler, 1985; Urban, 1963）；或可能有被性侵害的歷史（LaRoche, 1994）；

7. 為年長者，可能是原始的退化（Wolk, 1969）。

L. 關節的不尋常處理：

關節很少被畫出來。舉例而言，一般人只是簡單地畫出膝蓋，但並不是去強調它。強調關節的畫可能有一種「強烈地聚在一起」的要素，這可能暗示一個對身體的整合不是很確定的感覺，一種解聚或解組的感受。

M. 強調關節暗示：

1. 避開身體解組的感受，可在類分裂性人格、精神分裂性、妄想性及有心身症狀況的一些自戀型患者的畫中見到（Hammer, 1968; Kahn & Giffen, 1960; Machover, 1949, 1951, 1955; Roback, 1968; Urban, 1963;

Wildman, 1963）；

2. 依戀母親及性心理上的不成熟，尤其是當女性圖象較具優勢、較大，或較具攻擊性時（Levy, 1958; Machover, 1949）； 88

3. 被動性人格者的行動幻想（Machover, 1949）；

4. 強迫性的傾向（Levy, 1958; Urban, 1963）；

5. 可能是患有關節炎的人（Urban, 1963）；

6. 強調膝蓋曾在有同性戀傾向者的畫中見到（Buck, 1950a, 1966; Hammer, 1954a; Jolles, 1952a, 1964; Schildkrout et al., 1972; Urban, 1963）；

7. 畫出膝蓋骨暗示可能有妄想症的傾向（McElhaney, 1969）。

N. 內在解剖的標示：

1. 清楚地畫出內在器官非常少見，但若有則暗示一種精神病的，或許是精神分裂症或躁症的情形，伴有心身性似的幻覺（Buck, 1966; Buck & Warren, 1992; Hammer, 1981, 1997; Kahn & Giffen, 1960; Levy, 1950, 1958; Machover, 1949, 1951; McElhaney, 1969; Mitchell et al., 1993; Reynolds, 1978; Urban, 1963）；

2. 有一些素描似的線條畫在胸前或在骨盆的位置暗示有中度心身症問題的可能性（Machover, 1949）；

3. 畫出肋骨並非是病態的（Machover, 1949; Urban, 1963）。

前肢附屬物（手臂、手、手指）

A. 一般考量：

手臂及它們在畫中被呈現的位置，反映一個人身體或以手與環境的接觸及人際關係的情形和方式。此點，相對地，可能反映自我發展與社會適應。輕柔異性愛的、攻擊的，及自我愛撫的行為均與手的活動有關。輕鬆而有彈性地畫下的手臂才是正常的。其他種種不同的處理方式可能暗示有能量或是虛弱的感受，而其延伸，則是一個人的生活形式。手部的處理可能反映一個人的自尊感受。然而，繪畫的熟練度可能也會影響手部的描繪（Woods & Cook, 1954）。

B. 手部的不尋常處理：

1. 手臂插在腰上暗示發展良好的自戀型或「老大」的傾向（Handler, 1985; Machover, 1949）；
2. 手臂張得很開暗示有能力去施展抱負的感受（Buck & Warren, 1992; Jolles, 1952a, 1964; Mursell, 1969; Urban, 1963）；
3. 手臂放在身後暗示：
   (1)可能對「跟人妥協」心存遲疑（Buck & Warren, 1992; Handler, 1985; Jolles, 1952a, 1964; Urban, 1963）；
   (2)可能有控制攻擊及敵意動機的需求（Handler, 1985; Jolles, 1952a, 1964; Urban, 1963）；
   (3)可能有罪惡感（Handler, 1985; Urban, 1963）。
4. 折起的手臂暗示：
   (1)懷疑、敵意的態度（Buck, 1950a, 1966; Buck & Warren, 1992; Hammer, 1954b; Handler, 1985; Jolles, 1952a, 1964; Mitchell et al., 1993; Urban, 1963）；
   (2)可能有僵化的企圖去維持對強烈的，甚至是暴力衝動的僵化控制（Handler, 1985; Mitchell et al., 1993; Urban, 1963）；
   (3)可能是被動的、不肯定的態度（DiLeo, 1973; Handler, 1985）；
   (4)在女性畫者的女人畫中，否定第二性徵及被拒絕的感受（Machover, 1949）；
5. 虛弱、細薄、瘦弱、衰弱、縮小的手臂暗示身體或心理的虛弱、不適應的感受或無用，有時有器質性的狀況（Brown, 1953; Buck, 1950a, 1966; Buck & Warren, 1992; Hammer, 1954a, 1958, 1997; Handler, 1985; Jolles, 1952a, 1964; Lezak, 1983; Machover, 1949; Mitchell et al., 1993; Mursell, 1969; Reznikoff & Tomblen, 1956; Urban, 1963; Wolk, 1969）；
6. 無力的手臂置於兩側暗示一般說來無效率和沒有安全感的人格（Levy, 1950; Machover, 1949; Rierdan et al., 1982）；
7. 又長又壯的手臂暗示有取得能力及補償性的野心、一種對抱負的需求或身體力量，及一種和環境積極、有企圖性的接觸，而這點對成人及兒童均適用（Buck, 1948, 1950a, 1966; Buck & Warren, 1992; Hammer, 1954a, 1960, 1969b; Handler, 1996; Jolles, 1952a, 1964; Koppitz, 1966a, 1966b, 1968; Machover, 1949, 1951; 1958; Urban, 1963）；若為年長者所畫，很長的手臂可能反映他們的挫折感和憤怒（Wolk, 1969）；

8. 長的手臂和手，不一定要有肌肉，暗示對保護型母性角色的需求（Levy, 1958; Machover, 1949）；當雙手長過雙腿時，可能有器質性的情形（McLachlan & Head, 1974）；

9. 機械似地水平伸展的雙臂，手肘呈直角向身體彎曲暗示一個簡單、退化的個體，與環境的接觸膚淺而不帶情感（Machover, 1949），曾出現在僵直型精神分裂症者（Curran & Marengo, 1990），及有腦傷兒童（Koppitz, 1968）的畫中；

10. 省略手臂暗示罪惡感，如同省略手部，沮喪、強烈的不適感、無用的、對環境不滿意、強烈的退縮及被動傾向，這些有時會在適應不良的兒童、犯罪的年輕人、有自殺可能的沮喪者，其他如精神分裂症、器質性障礙者，及有強烈受虐傾向者的畫中出現（Buck, 1966; Buck & Warren, 1992; Daum, 1983; DiLeo, 1973; Gurvitz, 1951; Halpern, 1965; Hammer, 1954a; Handler 1996; Holzberg & Wexler, 1950; Jolles, 1964, 1969; Kahn & Giffen, 1960; Kokonis, 1972; Koppitz, 1966b, 1968; Levy, 1958; Machover, 1949; McLachlan & Head, 1974; Mitchell et al., 1993; Mursell, 1969; Urban, 1963; Vane & Eisen, 1962）；

11. 畫異性人物畫時省略手臂暗示這個人有被異性拒絕的感覺，也許是被與自己不同性別的父母；偶爾也反映罪惡感（Machover, 1949）；

12. 向外張開的手臂及手暗示有與環境或人際接觸的期待，或許有求助或 89
尋求關愛的期待（Handler, 1985; Michal-Smith & Morgenstern, 1969; Schildkrout et al., 1972）；

13. 強化的手臂，尤其是強調肌肉時，暗示力量或是追求抱負，通常是一個生理的本質；當與寬肩或諸如此類的特徵相關時，則與攻擊、襲擊的行動化傾向聯結（DiLeo, 1970, 1973; Hammer, 1954a, 1958, 1969b, 1997; Jolles, 1952a, Machover, 1949; Shneidman, 1958）；但若是畫在異性或非自己的人物時，暗示此人時常感覺像在被處罰（DiLeo, 1970）；

14. 短的，尤其是非常短的手臂暗示：
    (1)缺乏企圖心，不追求進取，有不適感（Buck, 1950a, 1966; Buck & Warren, 1992; Handler, 1985; Jolles, 1952a, 1964; Machover, 1949; Schildkrout et al., 1972; Urban, 1963; Wolk, 1969）；
    (2)可能有閹割焦慮（Handler, 1985; Jolles, 1964）；
    (3)可能是消極依賴或適應不良的兒童（Handler, 1985; Koppitz, 1966a, 1968）；
15. 僵硬的手臂在身體兩側暗示一個僵化的、強迫性的、壓抑的人格，有一個壓縮的自我（Buck, 1950a; Hammer, 1954b; Jscks, 1969; Jolles, 1952a, 1964; Machover, 1949; Mitchell et al., 1993; Schildkrout et al., 1972）；為兒童，可能有情緒困擾（Koppitz, 1968），或是自我與環境之間的衝突（Mitchell et al., 1993）；
16. 透明的手臂暗示不適當的感受（Buck, 1969）；
17. 與身體未聯結的手臂，暗示閹割焦慮（Hammer, 1953）；或自卑感（McElhaney, 1969）；
18. 手臂長短不一暗示對側邊優勢的混淆（Machover, 1949）；可能有器質性的問題（McElhaney, 1969; Mitchell et al., 1993）；可能是精神分裂症或智能不足（Mitchell et al., 1993）；或對手部的活動可能有焦慮（Gurvitz, 1951）；
19. 翅膀式的手臂暗示有類分裂性的傾向，或許是精神分裂症（Buck, 1966; Buck & Warren, 1992; Hammer, 1954b, 1958; Jolles, 1952a, 1964; Machover, 1958; Urban, 1963）；但如果羽毛確實地被描繪出來，則暗示是精神分裂症（Buck, 1966; Hammer, 1954b）。

C. 手部的不尋常處理：

1. 放在背後看不見的手暗示衝突及逃避的傾向，可能對手部活動有罪惡感，或許是手淫（DiLeo, 1973; Handler, 1985; Levy, 1950, 1958; Machover, 1949, 1951; Mitchell et al., 1993; Schildkrout et al., 1972; Urban, 1963）；可能有精神病的傾向（McElhaney, 1969）；

2. 覆蓋在骨盤或性器部位的手，暗示有自我愛撫的練習或對性取向產生防禦的恐懼，曾出現在性適應不良的女性（Buck, 1950a, 1966; Buck & Warren, 1992; Hammer, 1954a, 1966, 1981; Jolles, 1964; Machover, 1949; Urban, 1963），及退化性的憂鬱症者（Buck & Warren, 1992）的畫中；
3. 最後才畫上的手暗示不適感及對接觸環境的遲疑（Buck, 1950a; Jolles, 1964; Urban, 1963）；
4. 大的，尤其是非常大的手暗示：
   ⑴不適感的補償，通常是社交上的不適症（DiLeo, 1973; Handler, 1985; Jolles, 1952a, 1964; Levy, 1950, 1958; Machover, 1949; Urban, 1963）；
   ⑵可能是易衝動性及社交上的無能（Buck, 1950a, 1966; Buck & Warren, 1992; Jolles, 1952a）；
   ⑶可能是性侵害受害者（Hibbard & Hartman, 1990; Wenck & Rait, 1992）；
5. 除大拇指外其餘四指連在一起的手，將手指頭藏起來，暗示壓抑或潛抑攻擊的傾向，而這可能以更逃避的方式來表現，或許是私下的情感突發狀況（Buck, 1950a; Handler, 1985; Jolles, 1952a, 1964; Machover, 1949; Urban, 1963）；或可能退化的傾向（McElhaney, 1969）；
6. 省略雙手其實是模稜兩可的，因為正常人的人物畫中也常省略這個部位。這點可能只是暗示繪畫能力有限（Woods & Cook, 1954）。然而，這個省略曾與許多種的心理問題，包括沮喪、不安全感、不適感和矛盾、人際衝突、閹割焦慮及手淫的罪惡感有關，在兒童及成人均是如此。同時，也曾出現在較嚴重的精神病案例中，如精神分裂症及器質性的狀況（Buck, 1948, 1950a, 1966; Buck & Warren, 1992; DiLeo, 1973; Evans & Marmorston, 1963; Halpern, 1958; Hammer, 1953, 1958, 1960, 1997; Holzberg & Wexler, 1950; Koppitz, 1966a, 1966b, 1968; Mitchell et

al., 1993; Mundy, 1972; Mursell, 1969; Rierdan et al., 1982; Schildkrout et al., 1972; Urban, 1963）；及有害羞、退縮及沮喪症狀的兒童（Koppitz, 1966b）；

7. 口袋型的手與手淫、罪惡感、逃避的、懷疑的，及／或遊手好閒和犯罪的行為有關（Buck & Warren, 1992; DiLeo, 1973; Jolles, 1952a, 1964; Machover, 1949; McElhaney, 1969; Schildkrout et al., 1972; Urban, 1963）；

8. 塗黑的手暗示焦慮、罪惡感或不適感，通常與攻擊或手淫的活動有關（Buck, 1950a; Jolles, 1952a, 1964; Koppitz, 1968; Levy, 1950, 1958; Machover, 1949; Urban, 1963）；

9. 小的手暗示不安全感（DiLeo, 1973）；無助（Hammer, 1954b; Handler, 1985）；及若是非常小的，不願意有更精緻而親密的心理上的交往（Buck & Warren, 1992）；

10. 腫大的手暗示壓抑的衝動（Machover, 1955）；

11. 模糊或不清楚的手暗示低自尊或缺少自信心或生產力（Coopersmith, Sakai, Beardsley, & Coopersmith, 1976; Machover, 1949）。

90 **D. 手指的不尋常處理：**

手指的處理通常被認為比手或手臂的處理更為重要。發展上來說，手指比手或手臂更早在畫面中出現。手指，依最嚴格的說法代表接觸的面貌，且顯然可被應用於許多不同種的——友善的、建設的、仇恨的，及被破壞的方式中。它們被密切地捲入操作一個人的環境及人際，甚至於性的活動。

1. 拳頭握緊的手，暗示攻擊及叛逆，曾在犯罪的青少年及在意識上想去控制憤怒，包括有心身性胃潰瘍患者的畫中出現（Buck, 1950a; Goldstein & Rawn, 1957; Hammer, 1954b; Handler, 1985; Levy, 1950, 1958; Machover, 1949; McElhaney, 1969; Modell & Potter, 1949; Urban, 1963）；

2. 將手指頭關節及指甲的細節均描繪出來暗示強迫性傾向，對攻擊傾向的強迫性控制，或許是理智化的防禦（Levy, 1950, 1958; Mochover, 1949; Urban, 1963）；倘若強調指甲部分且畫的尖尖的，則暗示憤怒及敵意（Schildkrout et al., 1972）；

3. 少於五根手指頭暗示不適感（Schildkrout et al., 1972）；曾出現在有器質性情形兒童的畫中（Koppitz, 1968）；

4. 只有手指但無手的畫，常見於兒童的畫中，在成人的畫則暗示退化及嬰兒似的侵略、攻擊傾向，尤其是一度空間畫法且畫的非常用力時（Handler, 1985; Machover, 1949; Shneidman, 1958）；

5. 大的，尤其是非常大的手指頭暗示侵略、攻擊的傾向（Handler, 1985; Shneidman, 1958）；

6. 長的，尤其是非常長的手指頭曾與有退化傾向、平板而簡單的人格發展、未曾在職能適應上運用到他們指頭的成人有關；通常並非與公開的攻擊性有關（Handler, 1985; Machover, 1949; Urban, 1963）；兒童在此點可能是個特例（Hammer, 1997）；

7. 一隻手有多於五根手指頭暗示企圖心及侵略性需求，有強烈想要獲得的意向（Machover, 1949; Urban, 1963）；雖然也曾在有器質性狀況兒童的畫中見過（Kopptiz, 1968）；

8. 省略指頭暗示對人際關係有困難的感受，或可能因對手淫有罪惡感而有自我懲罰的需求（Handler, 1985; Jolles, 1964; Mitchell et al., 1993）；

9. 成人所畫之葉狀或葡萄似的手指，短短圓圓的，暗示不成熟及不適感，與下列情形有關：

   (1)貧乏的手工技巧，及退化、嬰兒似的偏好，可能使用退化的防禦（Buck, 1950a; Buck & Warren, 1992; Gurvitz, 1951; Hammer, 1958; Machover, 1949; Mitchell et al., 1993; Schildkrout et al., 1972）；

   (2)器質性的狀況（Lezak, 1983; Reznikoff & Tomblen, 1956; Schildkrout et al., 1972; Wolk, 1969）；

   (3)嬰兒似的情緒（Urban, 1963）；

10. 亂畫的手指頭暗示可能有器質性狀況（Reznikoff & Tomblen, 1956）；

11. 用力塗黑或強調的手指頭一般被認為是罪惡感的表徵，且常常與偷竊或手淫有關（Machover, 1949; Urban, 1963）；

12. 鳥爪似的、深重的直線，或銳利、尖銳的手指頭暗示嬰兒似的、原始攻擊的，及有敵意的行動化傾向，與有妄想特質、性犯罪者及心身症的胃潰瘍及高血壓患者有關（Brown, 1958; Buck, 1950a, 1966; Buck & Warren, 1992; DiLeo, 1970; Goldstein & Rawn, 1957; Hammer, 1954a, 1958, 1965; Handler, 1985; Jacks, 1969; Jolles, 1952a, 1964; Machover, 1949; McElhaney, 1969; Mitchell et al., 1993; Modell & Potter, 1949; Reynold, 1978; Schildkrout et al., 1972; Shneidman, 1958; Urban, 1963; Wolk, 1969; Wysocki & Wysocki, 1977）。

移動附屬物及站立的特徵

A. 一般考量：

畫中腿及腳的不尋常處理典型上與安全感或不安全的感覺有關。腿顯然是移動的基本工具，而它們的處理方式可能反映一個人對可動性的感受（也見以下「腳」的部分）。

B. 腿的不尋常處理：

1. 被下面紙邊切斷暗示可能有缺乏自主性的感受（Buck, 1966; Buck & Warren, 1992）；
2. 交叉的雙腿暗示可能對性取向有些防禦，或對其他與性有關的事有所考量（Handler, 1985; Jolles, 1964; Schildkrout et al., 1972）；
3. 兩腿尺寸不一暗示對獨立、自主，或性的需求感到矛盾（Buck, 1950a; Buck & Warren, 1992; Jolles, 1964）；
4. 長的，尤其是非常長的腿暗示對爭取自主有強烈的需求（Buck, 1950a; Buck & Warren, 1992; Hammer, 1954b; Handler, 1985; Jolles, 1952a, 1958, 1964; Urban, 1963）；
5. 畫中女性人物的腿有長肌肉或男性人物的腿畫的女性化，暗示對性別認同有所混淆（Machover, 1949）；
6. 省略或拒絕畫腿暗示沒有行動力的感受（Buck & Warren, 1992; Michal-Smith & Morgenstern, 1969; Mitchell et al., 1993）；而當也同時拒絕畫

人物的腰部以下，或只以非常少的幾筆線條帶過時，暗示有急性的性困擾或病態緊壓的感覺，如精神分裂症者的畫中所見（Buck, 1966; Buck & Warren, 1992; Jolles, 1952a, 1964; Kokonis, 1972; Machover, 1949; Urban, 1963）；有時為有器質性狀況者（McLachlan & Head, 1974）；然而，在兒童則反映一種較不嚴重的情緒困擾（Koppitz, 1968; Mitchell et al., 1993）；

7. 兩腿交疊在一起（見以下「站姿」的部分）；
8. 強化的腿暗示可能有侵略、攻擊的傾向（Shneidman, 1958）； 91
9. 短的，尤其是非常短的腿暗示沒有可動性和被壓制的感受（Buck, 1950a; Buck & Warren, 1992; Handler, 1985; Jolles, 1952a, 1964; Urban, 1963）；
10. 瘦的、細小的、塗黑的、疲累的、縮小的腿在全身人像畫上，暗示心理上的惡化及跛足似地缺乏自主，最常在有不適感，如退化的、高齡的或器質性狀況者的畫中出現（Hammer, 1958; Machover, 1949; Mitchell et al., 1993; Reznikoff & Tomblem, 1956; Urban, 1963）；一度空間的腿則與智能不足者有關（Mursell, 1969）；
11. 透明的褲子露出雙腿，尤其當塗黑時，暗示可能有同性戀的恐慌（Machover, 1949）。

C. 腳的不尋常處理：

與腿一樣，人像畫中腳的表現所代表的意義與個人可動性的感受有關。這點同時包括身體實際上的可動性及心理、社交上的可動性。腳可用來當作一種攻擊的武器，而在一些畫中，它們被畫成是性器官的象徵。透過所有的測驗配置，才能有確定而適當的詮釋。在高智慧的常人中，甚至是那些上乘者，腳往往是畫的最差的身體部位。任何以品質為評估依據的詮釋，應該慎重地考慮此點。種種與腳有關的象徵性詮釋誇大了它所處情境脈絡的重要性。再者，在使用下列的詮釋時，有正當的理由要特別謹慎，因為腳通常是最不容易被人所描繪好的身體細節之一（Buck & Warren, 1992）。

1. 人像從腿部及腳開始畫起，且將它們畫的比其他身體部位還仔細，暗示沮喪、失意和可能有罪惡感（Levy, 1950, 1958）；

2. 赤腳但有穿衣服的全身人像畫暗示否定、敵意及行動化的傾向（Hammer, 1969b; McElhaney, 1969），且若腳趾甲也被描繪出來，可能是精神分裂症（Hammer, 1981, 1997）；
3. 加長的腳與強烈的安全感需求和可能的性方面的因素，如表現出男子氣概的需求或閹割焦慮有關，有時在性犯罪者的畫中可看到（Buck, 1950a, 1966; Buck & Warren, 1992; Hammer, 1953; Handler, 1985; Jolles, 1952a, 1964; Mitchell et al., 1993; Urban, 1963; Wysocki & Wysocki, 1977）；
4. 強調腳暗示有性的困擾，或許有性方面的不適感，可能有侵略、攻擊的傾向，或兩者皆俱（Hammer, 1954a; Machover, 1951, 1958; Schildkrout et al., 1972; Shneidman, 1958; Urban, 1963）；
5. 長的腳與極度安全的需求及身心性的胃潰瘍有關（Modell & Potter, 1949; Urban, 1963）；
6. 省略雙腳暗示有被壓縮而缺乏獨立的感受，一種自主性的喪失或無助，曾與心身性高血壓患者、智能不足、精神分裂症及器質性情況有關（Buck, 1948, 1950b, 1966; Buck & Warren, 1992; Evans & Marmorston, 1963; Hammer, 1954b; Handler, 1985; Jolles, 1952a, 1964; Kokonis, 1972; McLachlan & Head, 1974; Mitchell et al., 1993; Modell & Potter, 1949; Mursell, 1969; Schildkrout et al., 1972; Urban, 1963）；及不是容易害羞、有侵略性、精神困擾，就是肢體上被虐待的兒童（Blain et al., 1981; Handler, 1985; Koppitz, 1966b, 1968）；
7. 雙腳描繪過多的細節，暗示有強烈自戀的強迫性傾向或女性的成分（Buck, 1966; Jolles, 1964; Urban, 1963）；
8. 腳尖呈尖銳狀的腳，暗示敵意的傾向（Hammer, 1954b; Jacks, 1969; Mitchell et al., 1993; Schildkrout et al., 1972; Urban, 1963）；
9. 腳尖朝相反的方向暗示：

   (1)在爭取獨立上左右為難（Buck & Warren, 1992; Jolles, 1952a, 1964; Ur-

ban, 1963）；

(2)可能是衝動控制貧乏（Schildkrout et al., 1972）；

10.抗拒畫腳暗示憂鬱、失意的傾向，常見於肢體上退縮者，包括臥病病人的畫中（Machover, 1949）；

11.小的，尤其是細小的腳曾與無安全感、壓縮的、依賴的，及種種精神官能性及心身性的情形有關（Brown, 1958; Buck, 1950a, 1966, 1969; Buck & Warren, 1992; DiLeo, 1973; Handler, 1985; Jolles, 1952a, 1964; Machover, 1949; Modell & Potter, 1949; Urban, 1963）；

12.雞爪式的腳暗示嚴重的障礙，可見於那些有器質性的情形、智能不足及一些酒癮者的畫中（Mitchell et al., 1993）；

13. V 型腳腳尖朝下暗示可能有退化的憂鬱症（Wenck, 1977）。

D. 腳趾的不尋常處理：

1. 在非裸體人像畫中的腳暗示強烈的，可能是病態的侵略傾向（Goldstein & Rawn, 1957; Machover, 1949; McElhaney, 1969; Mitchell et al., 1993; Urban, 1963）；

2. 尖銳的腳趾暗示攻擊（Hammer, 1954b）；

3. 腳趾畫出且被一條線所圍起來暗示一個減弱的或壓抑攻擊的傾向（Machover, 1949; Urban, 1963）。

站立的特徵

A. 雙腿緊閉在一起暗示：

1. 僵硬、焦慮及壓力，和可能是性的適應不良或性侵害的情形（Buck, 1950; Buck & Warren, 1992; Handler, 1996; Jolles, 1952a, 1964, 1969; Mitchell et al., 1993; Schildkrout et al., 1972; Urban, 1963; Wenck & Rait, 1992）；

2. 當人像畫的很小及或許是塗黑時，壓抑、有壓力、自我意識到的、笨拙的、自我壓縮而憂慮的精神官能性的情形（Machover, 1949; Schildkrout et al., 1972; Urban, 1963）；

92 3. 在女性的女人畫中表現得非常極端，潛意識中對性攻擊的恐懼或期待（Machover, 1949; Urban, 1963）；

4. 在男性的女人畫中，對幻想的性襲擊有預期的抗拒或性方面的拒絕（Machover, 1949）；

5. 同時也將兩隻手臂靠在身邊時，好似去撐住環境，如在妄想性或類分裂性情形的僵化防禦（Hammer, 1958; Machover, 1949）；

6. 在兒童，一種個人的情緒困擾（Koppitz, 1968; Mitchell et al., 1993）。

B. 傾斜站姿，雙腿飄在空中暗示：

1. 強烈的不安全感及依賴，如同在長期的酒癮、癲癇及其他器質性情形的患者所見到的（Deabler, 1969; Handler, 1996; Machover, 1949）；

2. 焦慮（Handler, 1996; Handler & Reyher, 1964, 1966; Robins et al., 1991）；

3. 在兒童，有易衝動性和攻擊性的適應不良，可能有器質性的情形及低學業成就（Koppitz, 1966a, 1966b, 1968; McLachlan & Head, 1974）。

C. 踮著腳尖的站姿暗示：

1. 可能現實感薄弱（Buck & Warren, 1992; Hammer, 1954a; Jolles, 1952a, 1964; Urban, 1963）；

2. 可能有想飛的強烈需求（Buck & Warren, 1992; Jolles, 1952a, 1964; Urban, 1963）。

D. 雙腿大大地張開的站姿暗示：

1. 對權威的攻擊性違抗及／或對防衛的無安全感，有時以行動加以回應（Buck, 1950a; Buck & Warren, 1992; Hammer, 1969b; Jolles, 1952a, 1964; Machover, 1949; Urban, 1963）；

2. 當人像置於紙中央，攻擊、甚至襲擊似的攻擊，可能是性侵犯，雖然有時為無安全感的反動。此時的腳是細小、塗黑、加強的，也或許是很輕的畫，或是一致地使用基線（Machover, 1949; Shneidman, 1958; Wysocki & Wysocki, 1977）；

3. 如以上的 2 所述，但線條逐漸淡去，可能暗示歇斯底里、精神病或歇斯底里性的精神病（Machover, 1949）。

姿勢、動作及看的視點

A. 一般考量：

有關一個人心理層面，如「從放鬆中變得緊繃」從「被動轉為主動」，及「遵從而後照辦」，及諸如此類的資訊可能自人像畫中的站姿獲得。正常的人傾向將他們的人像畫成輕鬆地站著，有個友善的表情，有時有輕微或中度的動態。

B. 種種咨勢及其詮釋性假設：

1. 放鬆、站立的姿勢暗示正常（Urban, 1963）；
2. 奇怪而不協調的姿勢暗示情緒深沉不穩定（Allen, 1958）；
3. 傾斜的人像暗示輕微的不安全感（Allen, 1958）；
4. 坐著的人像暗示消極或無力感，及沒有安全感（Allen, 1958; Hammer, 1997; Robins et al., 1991）；
5. 僵硬的姿勢暗示壓力或有僵化地想去控制衝動和幻想的企圖（Jacks, 1969; Schildkrout et al., 1972）；曾與長期憂鬱的病人（Olch, 1971），及妄想型精神分裂症患者有關（Kahn & Giffen, 1960）；
6. 垂直而僵硬的人物，雙手和雙腿緊靠身軀垂下，暗示僵化及適應不良（Allen, 1958）。

C. 有動作的人像及其詮釋性假設：

1. 中度的、非暴力的如走路、遊戲及諸如此類的動作，曾在適應良好、有彈性的，尤其是聰明的正常人的畫中出現（Allen, 1958; Buck & Warren, 1992; Hammer, 1954b; Jacks, 1969）；
2. 人像看起來有旋轉的動作曾與精神分裂的症狀有關（Schildkrout et al., 1972）；
3. 暴力的動作暗示攻擊性（Allen, 1958）。

D. 面朝前：

1. 這是非常普遍的，尤其是對女性而言，可以被當成可能是一種坦然或是易親近性的現象（Machover, 1949）；

2. 衣著過度複雜且正面呈現的人像暗示可能有曝露狂的傾向（Machover, 1949, 1951; Urban, 1963）；

註解：詳見男性與女性人像的不同處理。

E. 側面暗示：

1. 逃避：猶疑去面對及與他人溝通，或即使會去做也是依照自己的定義（Buck, 1969; Handler, 1985; Machover, 1949, 1951）；
2. 可能相對的是智力上的成熟（Machover, 1949; Urban, 1963）；
3. 人際間的關係傾向較保守或「笨拙」（Buck, 1950a; Handler, 1985; Schildkrout et al., 1972）；
4. 可能是嚴重的適應不良、退縮或唱反調的傾向（Buck, 1950a; Buck & Warren, 1992; Deabler, 1969; Exner, 1962; Hammer, 1954b; Handler, 1985; Jolles, 1952a, 1964; Urban, 1963）；
5. 完全側面只見到一條手臂和一條腿暗示可能有妄想的反應（Buck, 1950a; Buck & Warren, 1992; Hammer, 1954b; Handler, 1985; McElhaney, 1969）。

F. 側面的頭及正面的身體暗示：

1. 社交上的不安，在畫面上表現出受抑制、不寫實的姿勢（Machover, 1949; Urban, 1963）；
2. 可能是逃避或在與社會接觸時有罪惡感（Hammer, 1954b; Machover, 1949）；
3. 判斷力不佳及／或退化（Machover, 1949; Modell, 1951）；
4. 可能有曝露的傾向（Machover, 1949; Urban, 1963）；
5. 可能有某些程度的不誠實（Machover, 1949）。

93

G. 側面與正面的混淆暗示：

註解：最普遍的是額頭與鼻子畫側面而眼睛與嘴巴畫正面；這曾在一些非精神病患，未曾接受過學校教育的常人的人像畫中見到過（Machover, 1949）；

1. 器質性的情形（Evans & Marmorston, 1963; Machover, 1949; Reznikoff & Tomblem, 1956; Urban, 1963）；
2. 輕度智能不足（Machover, 1949; Urban, 1963）；
3. 精神病患，可能是精神分裂的情形（Kahn & Giffen, 1960; Machover, 1949; Urban, 1963）。

H. 背面呈現暗示：

1. 可能是精神分裂的情形（Buck & Warren, 1992; McElhaney, 1969）；
2. 可能是妄想的情形（Buck & Warren, 1992; Hammer, 1954b; Jacks, 1969; McElhaney, 1969）；
3. 可能是精神病的情形（Allen, 1958）。

衣著及其他配飾

A. 一般考量：

許多人傾向以模糊、粗糙，或表徵似的妥協來逃避描繪衣著時的問題。當一個人問到是否該要畫衣服時，可假定此人有高度的身體自我意識。

無論是成人或兒童，人像畫中少於兩件衣著項目曾與腦傷的情形有關（Evans & Marmorstaon, 1963; Koppitz, 1968）。

B. 過度穿戴的人像，尤其是用力而果決地畫出時，暗示：

1. 嬰兒似的、性適應不良的自我中心的人格（Levy, 1950, 1958; Machover, 1949）；
2. 對衣服或社交的自戀狂（Levy, 1950, 1958; Machover, 1949; Urban, 1963）；
3. 對性衝動的壓抑，通常是過度的謹慎（Gurvitz, 1951）；
4. 衣著被用來刺激社交及性方面的歡愉（Machover, 1949; Urban, 1963）；
5. 膚淺的社交及外向的人格運作（Buck, 1950a; Machover, 1949）；
6. 對社會認可及支配的強烈需求（Machover, 1949）；
7. 傾向精神病，尤其是在女性（Machover, 1949）；
8. 當覆蓋上一件大衣時，可能是一種類分裂性的人格（McElhaney,

1969）。

穿很少衣服或裸體暗示：

1. 嬰兒似的、自我中心的、性適應不良的人格，而過度衣著時亦是如此（Fisher, 1961; Jolles, 1964; Levt, 1950, 1958; Machover, 1949）；注意到不管男人或女人均很少在人像畫中畫出裸體人物（Gravitz, 1971）；
2. 身體上的自戀，尤其在男性所畫強調肌肉的裸體人物（Gurvitz, 1951; Jolles, 1964; Levy, 1958; Machover, 1949; Urban, 1963）；
3. 偷窺狂的傾向（Levy, 1950, 1958; Schildkrout et al., 1972; Urban, 1963）；
4. 曝露狂的及自我愛撫的傾向（Gurvitz, 1951; Machover, 1949）；
5. 對身體過程的關注，包括身體發展及妊娠的情形（Machover, 1949; Tolor & DiGrazia, 1977; Urban, 1963）；
6. 對學藝術的學生而言可能是正常的（Handler, 1985; Machover, 1949; Urban, 1963）；曾出現在舉重班男學生（Rosen & Boe, 1968）及接受性治療者（Handler, 1985）的畫中；
7. 對社會交往缺乏真正的滿足，有藉幻想來滿足的內在傾向，通常像是精神分裂性人格異常者或精神分裂症患者（Hammer, 1968; Holzberg & Wexler, 1950; Machover, 1949; Urban, 1963）；
8. 躺著的裸像暗示對性方面的關注或可能有同性戀的傾向，雖然藝術系的學生可能會如此畫（Allen, 1958; Hassell & Smith, 1975; Machover, 1949）。

D. 人像的衣服過大暗示不適感及自我貶抑（Buck, 1950b; Hammer, 1958）。

E. 透明的衣著暗示：

1. 在成人及青少年，窺淫狂及／或曝露狂的傾向（Machover, 1949）；及可能有性格障礙（Deabler, 1969）；
2. 可能是精神分裂症或其他退化的精神病的情形（Holzberg & Wexler, 1950; Hozier, 1959; Machover, 1949; McElhaney, 1969）；
3. 判斷力不足（Machover, 1951）；

4. 男性畫中褲子透明可見到腿，暗示可能有同性戀的恐慌（Machover, 1949）；

5. 帽子透明可見到頭髮或頭暗示可能有原始的性行為（Machover, 1949, 1951）；

6. 可能有器質性的情形（Schildkrout et al., 1972）；

7. 裙子中央有一條線連到裙邊暗示褲子及腿，可見於男性所畫的女性人像，暗示不成熟或性心理方面的混淆（Machover, 1949, 1951）；

8. 在兒童是正常的（Machover, 1949, 1960; Urban, 1963）。

F. 條狀的衣服暗示：

1. 若是單一一致的，強迫性傾向（Schildkrout et al., 1972）；

2. 若是水平的，對衝動的控制有困難（Schildkrout et al., 1972）。

G. 強調鈕釦暗示：

1. 不成熟，可見於成人及青少年有依賴、不恰當的人格者（Finger, 1997; Halpern, 1958; Hammer, 1954a; Jolles, 1952a, 1964; Levy, 1950, 1958; Machover, 1949, 1951, 1955, 1958; Reynolds, 1978; Schildkrout et al., 1972; Urban, 1963）；

2. 退化，尤其是當機械性地畫在中間時（Buck, 1950a; Buck & Warren, 94
1992; Jolles, 1952a, 1964; Machover, 1949; Michal-Smith & Morgenstern, 1969; Urban, 1963; Wolk, 1969）；及若在精神病的情境中，可能是精神分裂症（Ries et al., 1966）；

3. 當鈕釦的主要效果是在強調中線時，自我中心及對身心狀況的關注（Levy, 1958; Machover, 1949; Urban, 1963）；

4. 在袖釦，有強迫性意味的依賴（Levy, 1958; Machover, 1949; Urban, 1963）；

5. 可能是身體的意識不想去控制衝動（Machover, 1949, 1955; Schildkrout et al., 1972; Urban, 1963）；

6. 在幼兒，正常；在大一點的兒童，對母親的依賴（Buck, 1966; Buck & Warren, 1992; Jolles, 1964; Machover, 1960）。

H. 強調口袋暗示：

註解：女性很少畫口袋。

1. 嬰兒似的，依賴的男性人格（Levy, 1958; Machover, 1949, 1951; Urban, 1963）；
2. 情感的或母性的剝奪，這往往是造成精神病的要素（Levy, 1958; Machover, 1949, 1958; Urban, 1963）；
3. 強調大的口袋，青少年追求男子氣概但與對母親情感依賴產生衝突（Machover, 1949; Urban, 1963）；
4. 在女性，強調獨立性（Urban, 1963）。

I. 強調領帶暗示：

1. 性方面考量的感受，或許是性方面的不適感，尤其對青少年及大於四十歲的男性（Buck, 1950a, 1966; Buck & Warren, 1992; Hammer, 1954a; Jolles, 1952a, 1964; Levy, 1950; Machover, 1949; Schildkrout et al., 1972）；
2. 對性方面的關注，可能是同性戀的衝突（見鼻子及腳）（Buck, 1950a, Levy, 1958; Machover, 1949; Urban, 1963）；
3. 微小的、不確定地呈現，或衰弱的領帶暗示對性能力的虛弱感到失望（Levy, 1958; Machover, 1949）；
4. 長而顯眼的領帶暗示性方面的侵略性，或對性無能恐懼的過度補償（Machover, 1949）；
5. 領帶吹向一邊暗示可能有顯明的性攻擊行為（Machover, 1949; Urban, 1963）。

J. 強調鞋子暗示：

1. 在男性有退化的情形，可能是性無能（Machover, 1949）；
2. 過度強調鞋子的細節、花邊或類似之處，強迫性的及明顯的女性特質，最常在青少女的畫中見到（Buck & Warren, 1992; Levine & Sapolsky, 1969; Machover, 1949; Urban, 1963）；
3. 男性受試者畫人物，尤其是畫男性穿著高跟鞋，可能有同性戀的傾向（DeMartino, 1954; Hammer, 1968; Rabin, 1968; Urban, 1963）；

4. 男性受試者畫男性穿靴子，可能有同性戀傾向（McElhaney, 1969）；
5. 尖頭鞋，攻擊傾向（Urban, 1963）。

K. 種種附屬品之強調：

1. 強調腰帶暗示對性方面的關注，當又用力塗黑時，暗示對性行為的衝突，可能是恐懼的傾向及對情感的一些控制（Buck, 1950a, 1966; Buck & Warren, 1992; Jolles, 1952a, 1964; Machover, 1949; Urban, 1963）；（同時也見上面腰圍的異常處理）
2. 強調腰帶扣環暗示依賴（Machover, 1951, 1958）；
3. 帽舌加大或像陽具般的帽子，暗示閹割焦慮（Hammer, 1953）；或剛好遮到眼睛，可能對環境及人際接觸感到猶疑或左右為難（Machover, 1949; Urban, 1963）；
4. 無論有無手柄的香菸、棒子及槍，均可以和菸斗一樣解釋為性象徵；若它們被強調時，可能暗示對性方面的關注（Buck, 1950a; Levy, 1958; Machover, 1949, 1951; Urban, 1963）；男性畫出棒子可能有同性戀的傾向（MaElhaney, 1969）；
5. 強調耳環暗示可能關心曝露的議題（Jolles, 1964; Levy, 1950）；或可能有妄想的傾向（McElhaney, 1969），當為男受試者的女性畫強調耳環時暗示可能是女性似的思考（McElhaney, 1969）。這些詮釋可能在流行風潮逐漸退卻後會漸趨和緩。
6. 戴上手套的手指暗示努力去控制情感或抑制攻擊的傾向（Machover, 1949）；
7. 女性畫有戴帽子的人像，暗示有大膽的個性（Marzolf & Kirchner, 1972）；
8. 若菸斗畫的非常大而顯著，或一直在冒煙，暗示可能是追求男子氣概或對性議題有所關注（Levy, 1950, 1958; Machover, 1949, 1951）；
9. 在人像畫中強調運動休閒的裝備，如網球拍或高爾夫球桿，暗示可能有輕躁鬱（cyclothymic）的人格（Gilbert, 1969）；
10. 強調褲襠暗示對性的關心或衝突（McElhaney, 1969）；

11. 武器扣在腰帶或拿在手上，暗示有行動化的敵意或精神病的傾向（Buck & Warren, 1992; Deabler, 1969; Gilbert, 1969; Hammer, 1965, 1969b, 1981; McElhaney, 1969）；或可能是對性心理方面的關注（Urban, 1963）。

種種畫一個人的方式

A. 小丑、士兵，及巫婆暗示：

1. 對人有敵意、極度懲罰性的，及可能有犯罪的傾向（Hammer, 1997; Levy, 1950; Urban, 1963）；

95 2. 自我鄙視的態度（Jolles, 1964）；

3. 尤其是小丑，暗示可能對測驗有所抗拒，愛現或耍寶的傾向，或可能透過如此的創意暗示對自我的輕視或對內在的自我懲罰（Machover, 1949; Urban, 1963）；
4. 尤其是巫婆，暗示對女性的敵意，那可能是公開而懲罰地表現出來的（Jolles, 1964, 1971）。

B. 牛仔暗示：

1. 不成熟及男性化的需求（Hammer, 1958）；
2. 在青少年可能是性格異常、攻擊及犯罪（Deabler, 1969; Hammer, 1997; Urban, 1963）；
3. 對兒童可能是正常的（Urban, 1963）。

C. 畫中人像的年齡較受試者本人的年齡大，暗示對父或母形象的認同（Machover, 1949）。

D. 畫花生人及雪人並對測驗指示超乎尋常地順從暗示逃避，極可能與生理或身體形象的困擾有關（Machover, Rosenzweig & Kogan, 1949; Urban, 1963）。

E. 去人化的人像、盒子人、機械人、幾何化的、侏儒或怪物似的人，暗示：

1. 可能有腦傷（Bruell & Albee, 1962; Burgemeister, 1962; Hammer, 1954b; Small, 1973）；

2. 可能是精神病患（McElhaney, 1969; Reynolds, 1978）；幾何狀的造型，精神分裂症（Hammer, 1968, 1981）；可能是青春型的精神分裂症（hebephrenic schizophrenia）（Chase, 1941）；
3. 為兒童，極可能有去人性化、不成熟，或行動化傾向感受的情緒困擾（DiLeo, 1973; Finger, 1997; Hammer, 1960; Koppitz, 1968）；在肢體受虐的案例中可見到（Blain et al., 1981; Spring, 1985; Wenck & Rait, 1992）。
4. 在畫中強調三角形常見於有被性虐待經驗及藥物依賴之女性（Spring, 1985）。

F. 誘人的人像與下列有關：

1. 歇斯底里的及自戀的女性（McElhaney, 1969）；
2. 在前青春期這可能是正常的（Machover, 1960）。

G. 棒棒人暗示：

1. 逃避及防禦傾向，沒有安全感的特徵（Buck, 1948; Hammer, 1954b, 1958; Levy, 1950, 1958; Mitchell et al., 1993; Reynolds, 1978; Rosenzweig & Kogan, 1949; Urban, 1963）；
2. 最少量的配合暗示否定、犯罪或對人有敵意（Buck, 1948, 1950a, 1950b; Hammer, 1958; King, 1954; Sobel & Sobel, 1976）；
3. 人際關係不良，可能有反社會的傾向（Buck, 1950a; Deabler, 1969; Hammer, 1969a; Jolles, 1952a, 1964, 1971; Mitchell et al., 1993; Urban, 1963）；
4. 身體形象不佳，可見於長期肥胖者（Nathan, 1973），及有器質性情形者（Buck & Warren, 1992; Jacks, 1969; Jolles, 1964, 1971）；
5. 可能有被激化的沮喪（Gilbert, 1969; Mitchell et al., 1993）；
6. 可能是智能不足（Buck & Warren, 1992; Mursell, 1969）；或僵直型精神分裂症（Curran & Marengo, 1990）；
7. 對兒童可能是正常的（Machover, 1960）。

註解：通常結果這些受試者會被要求再畫另一個人像。

H. 統整不良、結構有問題的人像暗示可能有器質性的狀況（Kahn & Giffen, 1960; Koppitz, 1968; McElhaney, 1969; Reznikoff & Tomblen, 1956）。

I. 畫中人像看起來較受試者的實齡小暗示：

1. 強烈的情感固著及退化傾向（Machover, 1949; Meyer et al., 1955）；
2. 可能有歇斯底里的情形（McElhaney, 1969）；
3. 不成熟及依賴需求（McElhaney, 1969; Urban, 1963）；
4. 若男受試者畫了一個兒童，則他可能是保守的（Marzolf & Kirchner, 1972）。

男性與女性人像畫的處理

A. 為男或女所畫的畫：

所有年齡層的人，無論其婚姻狀態或人種如何，均傾向於先畫與自己同性別的人像（Brown, 1979; Dickson, Saylor, & Firch, 1990; Granick & Smith, 1953; Gravitz, 1966, 1967, 1968, 1969a, 1969b; Green, Fuller, & Rutley, 1972; Handler, 1996; Heinrich & Triebe, 1972; Henderson, Butler, Goffeney, Saito, & Clarkson, 1971; Huston & Terwilliger, 1995; Jolles, 1952b; Rierdan & Koff, 1981; Vroegh, 1970; Zaback & Wathler, 1994）。施測者的性別對此現象並無太大的影響（Datta & Drake, 1968）。然而八歲以下的孩童，這個情況由於得視他們所認定自己所畫的人是何種性別而更顯得曖昧（Butler & Marcuse, 1959; Datta & Drake, 1968; Fellows & Cebus, 1969; Rierdan & Koff, 1981; Vroegh, 1970）。無論如何，即使畫中人物的性別可以被判讀出來，都傾向於畫兒童自己本人。在八至十四歲之間的孩子，與自己同性別的人像畫會畫的比另一張的異性來得大，而男孩傾向會較用力畫（Fellows & Cerbus, 1969）。

1. 先畫異性曾與對個人的性別認同或對異性的興趣感到徬徨或有矛盾有關，而有許多心理上的困擾，包括同性戀傾向、焦慮情形、酒癮、藥物上癮、性犯罪、殘暴的行為，及普遍化的低自尊，極需做心理治療

（Allen, 1958; Armon, 1960; Barnouw, 1969; Bieliauskas, 1960; Bodwin & Bruck, 1960; DeMartino, 1954; Green et al., 1972; Hammer, 1954b; Jolles, 1952a, 1952b, 1964, 1971; Klopfer & Taulbee, 1976; Kurtzberg, Cavior, & Lipton, 1966; Laird, 1962; Levy, 1950, 1958; Machover, 1949, 1951; Mainord, 1953; McElhaney, 1969; McHugh, 1963, 1966; Pollitt, Hirsch, & Money, 1964; Urban, 1963; Weider & Noller, 1950, 1953; Wisotsky, 1959; Wysocki & Whitney, 1965; Wysocki & Wysocki, 1977）。

對女性先畫男性人像則不是那麼明顯，尤其當受試者是來自東方文化
背景時（Gravitz, 1967, 1969b; Mainord, 1953; Melikian & Wahab, 1969; 96
Merritt & Kok, 1997; Soccolich & Wysocki, 1967; Zaback & Waehler, 1994）。

註解：在附錄中的圖 6 為有關不同診斷團體第一張人像化之性別的整理。

2. 男性及女性人像畫中的性別特徵有愈多困惑及混淆，暗示愈可能是性別錯亂及適應不良（Hammer, 1954a; King, 1954; Machover, 1949; Urban, 1963）。
3. 男性及女性人像畫中的性別差異很少，暗示是發展遲緩的退化（Hammer, 1969a; Modell, 1951），雖然這在兒童及智能不足者可能是正常的（Hammer, 1969b; Harris, 1963）。
4. 成人所畫的與自己同性的人像畫描繪兒童，暗示退化和可能是歇斯底里及依賴的情形（Machover, 1949; Meyer et al., 1955; Mitchell et al., 1993）。
5. 頭部畫的較大的那一張人像畫的性別，對畫者而言是社交上較具優勢的（Cook, 1951; Machover, 1949）；
6. 在畫異性人像畫時省略手臂暗示此人感覺被異性拒絕，或許為與自己性別不同的父母所拒絕（Machover, 1949）；
7. 人像畫中的異性看起來比畫者老，暗示性早熟（Hammer, 1954）；
8. 假若與自己同性的那張人像畫看起來比畫者本人明顯的老，暗示可能

努力追求成熟及自我控制（Urban, 1963）；

9. 若與自己同性的那張人像畫看起來比畫者本人明顯的年輕，暗示可能較不成熟及退化（Urban, 1963）；且若所畫的是一個嬰兒，則是非常的不成熟，或許是歇斯底里的性格（McElhaney, 1969）；
10. 拒絕畫異性的人像暗示對他們有敵意（McElhaney, 1969），或對性的恐懼（Schildkrout et al., 1972）；
11. 拒絕畫異性的腰部以下暗示對性的恐懼或有性創傷的經驗（Landisberg, 1969）；
12. 同性的人像畫畫的相當工整且用心，而異性卻畫的較小和破爛，暗示可能有自戀的性格異常（Gilbert, 1969）；
13. 無論男童或女童的女性人像畫均畫的較大（Weider & Noller, 1953）；當孩童先畫異性時，暗示精神官能的狀況而非行為異常（McHugh, 1966）；
14. 在孩童，當畫男性與女性的畫法不一時，可能與強迫性念頭及焦慮有關（Haworth, 1962）；
15. 同性人像畫畫上陰影與焦慮最有關聯（Goldstein & Faterson, 1969），除非這個焦慮是與異性戀的活動有關（Schildkrout et al., 1972）。

註解：性方面的衝突，最常表現在異性的人像畫中（Soccolich & Wysocki, 1967）。

B. 為男性所畫：

1. 男性畫側面而女性畫正面暗示自我保護，準備好去探索女性，可能有窺淫狂的傾向（Machover, 1949; Urban, 1963）；
2. 男性人像畫畫的仔細而溫和，可能是側面的，但女性人像是正面的，暗示性方面的不成熟（Machover, 1949）；
3. 當男性人像是誇大、曝露的、且是自我膨脹的，而女性人像或許小些，但很用力，暗示因抗拒權威而採輕視的態度來防禦，或有普遍地否定其他人的傾向（Machover, 1949）；
4. 男性人像畫不平衡或缺手或腿暗示不適感（McElhaney, 1969）；

5. 女性人像畫有較多肌肉或雙腿站得較開，而把男性畫的虛弱的樣子，暗示被動、不恰當的性別認同，或性心理方面有不適、順從或沒有競爭力方面的困擾（Levy, 1958; McElhaney, 1969; Mitchell et al., 1993; Pollitt et al., 1964）；曾與情緒上不穩定的人格有關（Gilbert, 1969），包括酒癮（Graddick & Leipold, 1968; Hammer, 1968, 1997）；及藥物成癮（Kurtzberg et al., 1966），但這對幼小的男孩子而言可能是正常的（McHugh, 1963; Rosenzweig & Kogan, 1949; Weider & Noller, 1953）；
6. 當女性人像先畫且又在身體上塗黑時，暗示否定身體的衝動，並伴隨有對女性攻擊的意向（Machover, 1949）；
7. 女性人像強調髮型、大的胸部及裸露的腿暗示強烈的性衝動（Schildkrout et al., 1972）；若是猥褻的，暗示酒癮（Hammer, 1997）；
8. 女性人像比男性人像小許多，暗示期待具有男子氣概及力氣（Schildkrout et al., 1972）；或可能是沮喪（Roback & Webersinn, 1966）；
9. 沒有臉孔的女性人像暗示對女性有敵意或對兩性交往心懷恐懼（Schildkrout et al., 1972）；
10. 男性人像畫在視點上扭曲以強調臂部及屁股，暗示同性戀傾向（Geil, 1944; Machover, 1949）。

C. 為女性所畫：

1. 當男性人像畫的較小且變形或否定有積極或確切接觸的特徵時，暗示強烈地追求男子氣概，或許輕視男性（Gurvitz, 1951; Machover, 1949; McElhaney, 1969; Mitchell et al., 1993）；當為年輕的女孩所畫時，較小的男性可能是正常的（Machover, 1960; McHugh, 1963; Weider & Noller, 1950, 1953）；
2. 女性人像通常先畫，當先畫男性時暗示：
   (1)在性別認同上有問題，可能有同性戀的傾向（Armon, 1960; Granick & Smith, 1953; Jolles, 1952a, 1964; Levy, 1950; Machover, 1949, 1951; 97
   Mainord, 1953; McElhaney, 1969; McHugh, 1963; Urban, 1963; Weider & Noller, 1950）；

⑵強烈企圖心的追求及有競爭的傾向（Heberlein & Marcuse, 1963; McElhaney, 1969）；

⑶可能具男性在文化上有「許多優勢」的觀念（Mainord, 1953）；

3. 與自己同性別的畫中人像畫的非常男性化與有陽剛的主張有關，曾見於有心身性高血壓女性的畫中（Machover, 1949; Modell & Potter, 1949; Urban, 1963）；

4. 當女性人像畫的缺乏女性的外貌，暗示可能是冷感的（McElhaney, 1969）；

5. 異性的人像畫被用力地塗黑暗示可能有與性活動相關的焦慮（Schildkrout et al., 1972）。

房子畫：主要的詮釋性假設

異常呈現的方式

A. 一般考量：

房子畫可視為一有象徵意味的自畫像，但更常反映一個人的家庭生活及與家人的關係品質。有時它們代表一個人身體的家、過去的家、嚮往的家，或者是這些的綜合。房子畫的整體臨床印象應反映一個人對自己的概念，及其家庭生活的品質。特別的是，這些畫可能揭示一個人對自己在家庭情境中的認知。虛榮的房子可能反映一種高水準的抱負，或甚至宏偉的追求。反之，簡陋的房子可能暗示一種較謙虛、不浮誇的生活型態。

一般人的房子畫可能會具備 Buck（1948）的必要細節。這些包括，「至少一個門（除非只有房子的側面被畫到）、一扇窗戶、一面牆及一片屋頂，及除非畫的是熱帶的小屋，否則會加上一個煙囪」（1948, p.50），然而因電熱設備使用的頻繁，煙囪一項可能是有異議的，不再是必要的項目。六歲以上智力正常的人若省略掉任何這些細節，通常指向智力退化初期、腦傷，或一種嚴重的情緒困擾（Beck, 1955; Buck, 1948; Buck & Warren,

1992; Hammer, 1997; Jolles, 1964）。

有時在房子畫中可見到種種自發添加上去的物體。加上太陽曾見於依賴性女性之房子畫（Marzolf & Kirchner, 1972）。自發地加上雲朵暗示廣泛性的焦慮，而背景中加上山則反映一個防禦性的態度及獨立的需求。自發地畫上基底線暗示憂慮及不安全感，當房子投射的陰影也畫上時，可能假設有焦慮（Hammer, 1954b; Jack, 1969）。房子外圍畫上灌木與缺乏安全感及豎立自我防衛的需求有關。鬱金香及雛菊似的花朵可能反映不成熟，這在兒童是正常的，但在成人則暗示可能是退化或類分裂性的傾向（Buck, 1948, 1950a, 1966; Hammer, 1954b; Jolles, 1952a, 1964）。自發地加上其他種類的花朵可能與正常、情緒穩定的人有關。防衛性強的男性及樂觀進取型的女性傾向畫灌木（Marzolf & Kirchner, 1972）。房子周圍自發地畫下許多樹可能暗示有強烈的依賴需求（Levine & Sapolsky, 1969）。

無能將房子的部分統合成一個完整的全部，尤其是當線條呈波浪狀，線條品質不一或七零八落時，暗示可能是器質性情形的假設，或許是一種長期的腦部症狀（Burgemeister, 1962; Hammer, 1969a, 1997; Jacks, 1969）。

B. 擬人化的房子暗示：

1. 退化（Meyer et al., 1955）；
2. 器質性的情形，精神分裂症，及／或智能不足（Hammer, 1968, 1997; Jolles, 1964; Zimmerman & Garfinkle, 1942）；
3. 在幼兒，正常人格（Jolles, 1964）。

C. 藍圖或樓層平面圖暗示：

1. 家中有嚴重的衝突（Buck, 1948; Buck & Warren, 1992; Jolles, 1952a, 1964）；
2. 若畫的很好，可能有妄想的傾向；若畫的很差，可能有器質性的情形（Hammer, 1954b; Jacks, 1969; Jolles, 1964）。

D. 盒子似的房子暗示可能有腦傷（Hammer, 1968, 1997）。

E. 畫背面的房子暗示：

1. 退縮、對立或否定的傾向（Hammer, 1985; Jolles, 1964）。
2. 可能有妄想的傾向（Hammer, 1985; Jolles, 1964）。

F. 畫出庫房暗示：

1. 攻擊性的敵意感（Buck, 1966; Jacks, 1969）；
2. 可能是性格異常（Deabler, 1969）。

G. 在畫房子的彎角時有困難，暗示可能有器質性的狀況（Deabler, 1969）。

H. 當房子畫在自發性地畫出的像雲般的基底線上時，暗示現實接觸貧乏（Hammer, 1969a）。

I. 房子搖搖欲墜暗示：

1. 可能是精神病初期或發病前的情形（Hammer, 1969a）；
2. 在兒童，有被虐待的歷史（Manning, 1987）。

J. 房子畫透明，看得見裡面的傢俱（見以下透明的牆）。

外表的距離

A. 非常遠的外貌暗示：

1. 無法接近的感受，期待自傳統的社會中遠離及退避（Buck, 1950a; Buck & Warren, 1992; Hammer, 1958, 1985; Jolles, 1952a, 1964）；
2. 家庭的情況非個人的能力可有效地處理（Buck, 1950a; Hammer, 1958; Jolles, 1952a）；
3. 拒絕的感受或在家中的拒絕行為（Jolles, 1952a, 1964）。

98 **B. 近的外貌暗示：**

1. 人際間有溫情的感受（Jolles, 1952a, 1964）；
2. 心理上可親近的感受（Jolles, 1952a, 1964）。

視點

A. 由下往上看，蟲眼的視點暗示：

1. 在家中被拒絕及不幸福的感受（Buck, 1948, 1950a; Buck & Warren, 1992; Hammer, 1954b, 1958, 1985; Jolles, 1952a, 1964; Mursell, 1969）；
2. 退縮的傾向，只希望與少數的人接觸（Buck, 1948; Jolles, 1952a）；
3. 卑微及不適感（Buck, 1950a; Hammer, 1958）；
4. 目標看起來是無法達成的（Buck, 1950a）；
5. 可能有打破舊習的態度，有時有沮喪現象（Jolles, 1964）。

B. 由上往下看，鳥眼的視點暗示：

1. 拒絕房子或家庭的價值（Buck, 1948; Hammer, 1958, 1985; Jolles, 1952a）；
2. 除舊習的態度（Hammer, 1958; Jolles, 1952a）；
3. 感覺超越或期待想脫離家庭的束縛，可能有沮喪的感受，或是一種被拒絕感的補償作用（Buck, 1948, 1950a; Hammer, 1954b; Jolles, 1952a; Landisberg, 1969）；
4. 優越感或宏偉的感受，極可能在本質上是補償性的（Buck, 1950a; Hammer, 1958; Landisberg, 1969）；
5. 醫學院學生的繪畫（Hammer, 1958）。

   註解：同時也見牆的視點。

房子的大小及位置

A. 非常小的房子暗示：

1. 退縮的傾向（Buck, 1948, 1950a; Hammer, 1958）；
2. 不適感（Buck, 1948, 1950a）；
3. 對家庭及家庭生活的拒絕（Buck, 1948）；
4. 退化的傾向（Buck, 1950）；
5. 可能有精神官能性或精神分裂性的情形（Buck, 1948）；

6. 在女性，那些被控制、謙虛及保守的人（Marzolf & Kirchner, 1972）。

B. 非常大的房子，占滿整張畫面，暗示：

1. 在一個局限的環境中，感受到很大的挫折（Buck, 1948, 1950a）；
2. 幻想防禦的過度補償（Buck, 1950a）；
3. 敵意及攻擊的傾向（Buck, 1948）；
4. 緊張及易激怒的感受（Buck, 1948）；
5. 當強調垂直線時，可能有被性侵害的歷史（Wenck & Rait, 1992）。

C. 房子在紙的下面邊緣暗示：

1. 不適及無安全感（Buck, 1948, 1950a; Jolles, 1952a, 1971）；
2. 沮喪的傾向（Buck, 1950a）；
3. 在男性，害羞的行為（Marzolf & Kirchner, 1972）；
4. 在女性，可能是情緒穩定或是鐵石心腸（Marzolf & Kirchner, 1972）。

D. 房子位於畫面上方暗示：

1. 對環境有所恐懼，有避免環境衝突的期待（Landisberg, 1969）；
2. 在女性，控制良好、自律性格的人（Marzolf & Kirchner, 1972）。

E. 房子在畫面左方暗示：對女性而言，是社會心理上保守的一型（Marzolf & Kirchner, 1972）。

房子畫局部的不尋常處理

煙囪

A. 快速、簡單而恰當地畫下，暗示感覺的成熟及適應良好（Buck, 1966; Buck & Warren, 1992）。

B. 透過加強或加大來強調暗示：

1. 對屋內心理溫暖的過度關注（Buck, 1948; Buck & Warren, 1992; Jolles, 1952a, 1971）；
2. 性方面的考慮，或許是表現男子氣概的需求或閹割焦慮（Buck, 1948, 1950a, 1966; Buck & Warren, 1992; Hammer, 1953, 1954a; Jolles, 1952a,

1964, 1969, 1971; Landisberg, 1969; Mursell, 1969）；

3. 可能有曝露狂的傾向（Buck, 1948, 1966; Buck & Warren, 1992; Hammer, 1969a; Jolles, 1952a, 1964, 1971; Levine & Sapolsky 1969; Mursell, 1969）；

4. 智力惡化初期（Buck, 1948）。

C. 有角度的煙囪暗示：

1. 對八歲以下的兒童是正常的（Buck, 1950a; Buck & Warren, 1992; Jolles, 1964, 1971）；

2. 在成人，退化、智能不足或器質性的情形（Buck, 1950a; Jolles, 1964, 1971）；

3. 可能有閹割焦慮（Hammer, 1953）。

D. 多個煙囪暗示：

1. 對性動機過度關注（Jolles, 1952a, 1964, 1971）；及可能代表性方面不適感之補償作用（Hammer, 1954a）；

2. 對人親密關係的過度關注（Jolles, 1952a, 1964, 1971）。

E. 省略煙囪暗示：

1. 家中缺乏心理溫暖的感受（Buck, 1948; Jolles, 1952a, 1964, 1971; Mursell, 1969）；

2. 對性動機有些困難，但不像過度強調煙囪那麼嚴重（Buck, 1950a; Jolles, 1952a, 1964）；

3. 為男性，可能有閹割焦慮或去勢的感受（Hammer, 1953; Landisberg, 1969; Mursell, 1969）。

F. 二度空間的煙囪為男性所畫時，暗示性方面的不適感（Levine & Sapolsky, 1969）。

G. 小的煙囪暗示家庭缺乏溫暖，當為男性所畫時，可能對自己的男性氣 99
概有所懷疑（Buck & Warren, 1992）。

H. 冒著煙的煙囪暗示：

1. 正常的，尤其當煙是從左吹向右邊時，這可能暗示一種較保守的心態，但過多的煙則可能暗示感受到環境中的壓力（Buck, 1948; Buck & Warren, 1992; Hammer, 1958; Marzolf & Kirchner, 1972）；

2. 當畫的非常模糊時，家中情況有相當的內在緊張或焦慮（Buck, 1948, 1950a, 1966; Buck & Warren, 1992; Hammer, 1958, 1985; Jolles, 1952a, 1964）；可能有閹割焦慮（Hammer, 1953）；及可能有被肢體虐待的歷史（Blain et al., 1981; Manning, 1987）；
3. 當從右吹向左時，悲觀主義者及有壓力的感受（Buck, 1950a; Buck & Warren, 1992; Jolles, 1952a, 1964）；
4. 若同時吹左又吹右，病態的現實測試，如同在精神病患畫中所見到的（Buck, 1950a; Buck & Warren, 1992; Hammer, 1954b, 1969a; Jolles, 1952a, 1971）；
5. 若只有一條細線，家中缺乏情感上的溫暖，可能有尿道的情慾傾向（Jolles, 1964, 1971）。

I. 煙從沒有煙囪的房子冒出來，暗示喪失性方面的感覺，曾在年長者的畫中見到（Hammer, 1969a）。

門

注意到門的處理通常反映社交的可親近性，一個人是否準備好和人群接觸。

A. 缺少門的暗示：

1. 心理上的不可親性，有退縮的傾向（Buck, 1948; Hammer, 1954a; Jolles, 1952a, 1964, 1971）；
2. 家人間的疏離（Jolles, 1952a, 1971）；
3. 被孤立的感覺（Wolk, 1969）；
4. 可能是精神病（Deabler, 1969），或腦傷（Koida & Fujihara, 1992）。

B. 最後才畫暗示：

1. 人際的接觸是不愉快的（Buck, 1948, 1966; Jolles, 1952a, 1964, 1971）；
2. 從現實退縮的傾向（Buck, 1948, 1966; Jolles, 1952a, 1964, 1971）。

C. 非常大的門暗示：

1. 過度依賴他人（Buck, 1950a, Hammer, 1954b, 1958; Jolles, 1952a, 1964, 1971）；
2. 有利用社交的可親性讓別人印象深刻的需求（Jolles, 1952a, 1964, 1971）。

D. 非常小的門暗示：

1. 社交上的不適感及沒有主見（Buck, 1950a; Buck & Warren, 1992; Hammer, 1958, 1985; Jolles, 1952a, 1964, 1971; Mursell, 1969）；
2. 猶疑的可親性，有壓抑及退縮的傾向（Buck, 1948, 1950a; Buck & Warren, 1992; Hammer, 1954b, 1958, 1985; Handler, 1996; Jolles, 1952a, 1964, 1971）；
3. 在男性，不坦然的傾向（Marzolf & Kirchner, 1972）。

E. 用力地鏈住或鎖住的門暗示：

1. 退卻而引人注意的防禦（Buck, 1948, 1950a, 1966; Buck & Warren, 1992; Hammer, 1954b, 1985; Jolles, 1952a, 1964, 1971）；
2. 可能是敵意及妄想性的疑慮（Buck, 1948; Hammer, 1958, 1985; Jolles, 1952a, 1964, 1971）。

F. 畫在基線上但沒階梯的房子暗示：

1. 心理上的不可親性（Jolles, 1964, 1971; Hammer, 1985; Handler, 1996）。
2. 只依自己的定義去接觸他人的傾向（Jolles, 1964, 1971; Handler, 1996）。

G. 打開的門暗示對環境有強烈的溫情需求，除非所畫的是間空屋，此時可能暗示缺乏自我防禦的感受（Barnouw, 1969; Jolles, 1964, 1971）。

H. 門把被特別強調：

1. 可能是對男性性器的關注（Buck, 1966; Buck & Warren, 1992; Jolles, 1964, 1971）；
2. 可能是對可親性及人際關係過度在意（Buck, 1966; Buck & Warren, 1992; Jolles, 1964）。

雨水排管及排水溝

A. 強調及補強暗示：

1. 誇大的防禦及逃避（Buck, 1950a, 1966; Buck & Warren, 1992; Hammer, 1954b; Jolles, 1952a, 1964, 1971）；
2. 懷疑（Buck, 1950a; Buck & Warren, 1992; Jolles, 1952a, 1964, 1971）；
3. 可能有尿道的情慾及或對男性性器的關注（Jolles, 1952a, 1964, 1971）。

屋頂

房子畫中的屋頂及牆面可能概略地描繪出一個人自我的情形及其防禦。

A. 屋頂頂端未連合暗示：

1. 難以從幻象中辨識真實（Levine & Sapolsky, 1969）；
2. 薄弱的自我界限，可能是一個疾病的訊號（Landisberg, 1969）。

B. 透過大小及陰影來強調：

1. 強調幻想的滿足（Buck, 1950a; Buck & Warren, 1992; Hammer, 1954, 1958, 1985; Handler, 1996; Jolles, 1952a, 1964, 1971）；
2. 對於控制幻想的關注（Jolles, 1952a）；
3. 當尺寸特別大時，強烈的內省傾向，可能會過度幻想（Jacks, 1969）。

C. 被吹落的屋頂暗示被明顯地超越個人所能控制的力量所震攝（Buck & Warren, 1992; Jolles, 1952a, 1964, 1971）。

100 **D. 只畫一個屋頂當作房子而不是有外框的住屋暗示：**

1. 使用非常多的幻想（Buck, 1950a; Hammer, 1954b, 1985）；
2. 可能是精神病，或許是精神分裂症（Buck, 1950a; Deabler, 1969; Hammer, 1954b, 1958）。

E. 只用單一線條來畫房子暗示：

1. 智能不足（Buck, 1966; Jolles, 1964, 1971）；
2. 可能有嚴重的人格壓迫（Jolles, 1964, 1971）。

F. **強調屋簷暗示過度防禦的逃避及懷疑心態**（Buck, 1966; Buck & Warren, 1992; Hammer, 1954b; Mursell, 1969）。

G. **塗黑的屋頂暗示與幻想有關的焦慮**（Buck, 1969; Jolles, 1969）。

百葉窗

A. **關著的百葉窗暗示：**

1. 極度退縮（Jolles, 1952a, 1964, 1971）；
2. 可能有病態的防禦（Jolles, 1952a, 1964, 1971）。

B. **開著的百葉窗暗示個人的可親性及敏銳的人際適應能力**（Hammer, 1954b; Jolles, 1952a, 1964, 1971）。

台階及走道

A. **台階導向空白的牆暗示：**

1. 有關可親性及退縮傾向間的衝突（Buck, 1948; Hammer, 1954b; Jolles, 1964, 1971）；
2. 現實測試的困難（Jolles, 1964, 1971）；
3. 可能是器質性的情形（Jolles, 1964, 1971）。

B. **走道：**

1. 比例良好且輕鬆地畫下暗示可親性，情緒穩定控制良好，且人際關係可親（Buck, 1950a; Buck & Warren, 1992; Hammer, 1954b, 1958; Jolles, 1964, 1971; Marzolf & Kirchner, 1972）；
2. 非常長暗示可親性降低，或有想要有更適度的社交性的需求（Buck, 1950a; Hammer, 1958; Jolles, 1964, 1971）；
3. 在靠房子那端非常狹窄而盡端卻非常寬闊，暗示希望保持距離維持表面上的友誼（Buck, 1950a; Hammer, 1958; Jolles, 1964, 1971）；
4. 很寬的走道暗示社交上的可親性（Hammer, 1954b）。

牆

A. 一般考量：

牆的特色可以反映自我的特性：強壯的牆反映一個堅固的自我；一面薄的牆，一個脆弱的自我。過度強調的牆暗示強烈且意識地努力去維持自我控制（Buck, 1950a, 1966; Hammer, 1958, 1985; Handler, 1996; Jolles, 1964）。

B. 沒有畫牆暗示：

1. 現實接觸貧乏，除非是依著紙邊畫（Hammer, 1954b; Jolles, 1952a）；
2. 不切實際的感受（Jolles, 1952a）。

C. 強調從基線到牆暗示：

1. 焦慮（Jolles, 1964, 1971）；
2. 唱反調的傾向未能控制住（Jolles, 1952a, 1964, 1971）。

D. 斷斷續續的牆暗示：

1. 極可能有未控制住原始衝動的感受（Jolles, 1964, 1971）；
2. 可能有去個人化的感受（Jolles, 1952a, 1964, 1971）；
3. 可能是器質性的情形（Jolles, 1964, 1971）。

E. 雙重視點牆端狹窄暗示：

1. 可能是智能不足（Buck, 1950a; Buck & Warren, 1992; Jolles, 1952a）；
2. 可能是退化性的防禦（Jolles, 1952a）；
3. 可能有器質性的情形（Jolles, 1964, 1971）；
4. 在兒童是正常的（Buck & Warren, 1992; Jolles, 1952a）。

F. 雙重視點誇大兩端的牆面暗示：

1. 高度自我保護的傾向（Jolles, 1964, 1971）；
2. 可能是精神病，或許是精神分裂症（Buck, 1948; Buck & Warren, 1992; Deabler, 1969; Hammer, 1954b; Jolles, 1964, 1971）；
3. 可能有器質性的情形（Jolles, 1964, 1971）。

G. 邊緣的線模糊且不恰當暗示：

1. 薄弱的自我控制（Hammer, 1958; Jolles, 1952a, 1964）；
2. 緊張的感受，面臨防禦的瓦解（Hammer, 1958; Jolles, 1952a, 1964）。

H. 過度強調周邊的線條暗示意識到努力去維持自我控制（Hammer, 1985; Jolles, 1952a, 1964）。

I. 單一視點，只呈現一面牆暗示：

1. 在人際關係上維持一個可接受門面的強烈需求（Buck, 1950a; Jolles, 1952a）；
2. 逃避的傾向（Hammer, 1954b）；
3. 八歲以前的兒童是正常的（Jolles, 1952a）；
4. 若是邊牆，強烈退縮或對立的傾向，及可能有妄想的反應（Buck, 1948, 1950a, 1966; Buck & Warren, 1992; Hammer, 1958; Jolles, 1952a, 1964, 1971）。

J. 透明的牆暗示：

1. 在成人，有強烈受損的判斷力且不適當的現實測試，如精神病患（Buck, 1948, 1950a; Buck & Warren, 1992; Deabler, 1969; Hammer, 1958, 1985; Handler, 1996; Jolles, 1952a, 1964, 1971; Levine & Sapolsky, 1969）；
2. 可能是智能不足（Buck, 1948, 1950a, 1966; Buck & Warren, 1992; Hammer, 1958; Jolles, 1964, 1971）；
3. 可能有去架構情境的強迫性需求（Buck, 1948; Jolles, 1952a, 1964, 1971）；
4. 可能是器質性的情形（Jolles, 1964, 1971）；
5. 在兒童，可能是正常的（Hammer, 1958; Handler, 1996）。

K. 過度強調水平面暗示： 101

1. 對環境壓力的易碎弱性（Buck, 1950a; Jolles, 1952a, 1964）；
2. 空間方向感不足（Buck, 1950a; Jolles, 1952a, 1964）；
3. 可能有情感性的疾病（Jolles, 1952a, 1964）；
4. 可能為潛伏性的同性戀（Jolles, 1952a, 1964）。

L. 過度強調垂直面暗示：

1. 幻想的滿足是顯著的（Buck, 1950a; Jolles, 1952a, 1964）；
2. 與現實的接觸未達到令人期待的程度（Buck, 1950a; Jolles, 1952a, 1964）。

M. 有基線但與牆面未連結暗示不真實的感受，現實接觸貧乏，除非是依紙的底邊而畫（Jolles, 1964）。

窗戶

窗戶就如同門一般，可能暗示對環境的興趣，它們也可能反映一個人開放或可親的程度。

A. 窗戶的數量及大小均恰當暗示正常的可親性（Hammer, 1954b, 1985; Handler, 1996）。

B. 沒有窗戶暗示：

1. 敵意、對立的傾向（Buck, 1948, 1966; Jolles, 1952a, 1964, 1971）；
2. 退縮的傾向（Buck, 1948; Hammer, 1954b; Jolles, 1952a, 1964, 1971）；
3. 可能是精神病患（Deabler, 1969）；
4. 在兒童，一樓沒有窗戶，在家中受到肢體虐待（Blain et al., 1981）。

C. 數量很少暗示退化（Meyer et al., 1955）。

D. 數量很多暗示：

1. 可能有曝露的傾向，特別是在臥房時（Buck, 1948）；
2. 假若並無遮篷或百葉窗，準備好與環境接觸（Buck, 1948）；
3. 假若有遮篷，對與環境的互動過度關注（Buck, 1950a, 1966）。

E. 沒有窗簾或遮光物暗示一個人的情感可以坦蕩蕩地表達，無須遮掩（Buck, 1966; Buck & Warren, 1992）。

F. 有窗簾的窗戶暗示：

1. 若輕鬆自由地畫下，正常的家庭生活（Hammer, 1985; Jolles, 1964）；
2. 退縮的傾向，較不可親（Buck, 1948, 1950a; Hammer, 1954b, 1958; Jolles, 1952a, 1964, 1971）；

3. 當畫關著的時候，一種逃避的心態（Hammer, 1954b）；
4. 當未關著，意識地控制社交，或有一些焦慮存在（Buck, 1950a; Hammer, 1958; Jolles, 1952a, 1964）。

G. 遮篷延續到窗戶外暗示可能是精神病（Hammer, 1969a）。

H. 用力強調的窗戶暗示：

1. 對人際關係的關注（Buck, 1950a; Jolles, 1952a, 1971）；
2. 可能對固著於口腔期的情形有所關心（Buck, 1950a, 1966; Hammer, 1958, 1985; Jolles, 1952a, 1964, 1971）。

I. 開著的窗戶暗示：

1. 缺少令人滿意的自我控制，那是與個人心理上的可親性是有關的（Jolles, 1952a, 1964）；
2. 口腔的固著可能造成適應上的困難（Levine & Sapolsky, 1969）。

J. 橢圓形的窗戶在女性暗示：正以非傳統的態度去試驗（Marzolf & Kirchner, 1972）。

K. 尺寸非常小的窗戶暗示：

1. 心理上的不可親性（Buck, 1948; Jolles, 1952a）；
2. 對人缺乏興趣（Buck, 1948）。

L. 沒有方格的窗戶暗示：

1. 敵視及對立的傾向（Buck, 1948, 1950a, 1966; Jacks, 1969; Jolles, 1952a, 1971）；
2. 可能是對口腔或肛門的情慾（Buck, 1948; Jolles, 1952a）。

M. 有很多方格的窗戶暗示在心理上是可親的但有所保留（Jolles, 1964, 1971）。

N. 三角形的窗戶暗示對女性的性象徵過度關注（Jolles, 1964, 1971）。

O. 很多的空隙給予一種欄狀的效果暗示家或所畫的房間是像牢房似的（Buck, 1966）。

P. 強調窗戶上的鎖暗示過度防禦或警戒（Buck, 1966; Handler, 1996; Jolles, 1971）。

樹畫：主要的詮釋性假設

一般考量

樹畫反映潛意識的自我評價。根據 Hammer（1958, 1997）的說法，人們傾向用最同理而認同的感覺來畫樹。樹畫應被賦予一質子觀的評價，把它當作是一個有生產力的完形。在此，通常整體的臨床印象可能比房子畫或人像畫來得重要。一些有關於個人內在、人與人、人與環境之間適應問題最深刻的心理分析，可由畫樹測驗中觀察得到（同時也見 Buck, 1948, 1950a; Buck & Hammer, 1969; Buck & Warren, 1992; Cassel, Johnson, & Burns, 1959; Koch, 1952）。在兒童，這些繪畫若不是代表本人，就可能是他／她的母親（Finger, 1997）。

一般人的樹畫被期待要具備Buck（1948）所謂的必要細節。這些包括一個樹幹及至少一段樹枝，除非畫的是一個殘株而這本身即有其診斷意義（見以下的枯樹部分）。智力正常的人省略這些細節常常代表智能退化的初期（Buck, 1948）。樹畫似乎能從人格深沉的潛意識層次中去反映自我投射（Buck, 1948, 1950a; Buck & Warren, 1992; Cassel et al., 1958; Hammer, 1958, 1985, 1997; Koch, 1952; Landisberg, 1953, 1958）。

102 數據顯示智力的成效，尤其是逐漸增加的心理年齡的效果，可較早由樹畫而非房子或人像畫中觀察得到（Fukada, 1969）。事實上，假若這點是正確的，則樹畫可被認為能相對清晰地反映孩子的人格，而較不受到智力或其他成熟因素可能的混淆。人像畫可能被期待代表心智發展到將近十五歲（Goodenough, 1926; Harris, 1963）。然而，樹畫卻在七歲以上則不是很受到如此的發展因素所影響（Fukada, 1969）。

樹所投射的陰影暗示意識上對過去不甚滿意的人際關係感到焦慮

（Buck, 1848; Jolles, 1952a, 1964, 1971）。而當自發地在樹畫中加上一個大太陽時，暗示急切地意識到與權威人物的關係，雖然這也可能象徵個人在環境中有溫暖的感受（Jolles, 1964, 1971）。

注意到畫樹的位置通常較畫房子或人來得高（Buck & Warren, 1992）。

樹畫的種類

A. 擬人化的樹暗示精神分裂的過程（Miller, 1997）。

B. 蘋果樹暗示：

1. 為成人，對滋養的考量（Handler, 1966），或許是對孩子的渴望，而這有時為孕婦所畫（Buck & Warren, 1992; Jolles, 1964, 1971），雖然懷疑心重的婦女也會畫水果（Marzolf & Kirchner, 1972）；
2. 為兒童，依賴的需求，若蘋果掉下來，被拒絕的感受（Buck, 1966; Buck & Warren, 1992; Hammer, 1954b; Jolles, 1964, 1971）；
3. 為年紀大於七歲的人，可能為不成熟或退化（Fukada, 1969）。

C. 聖誕樹暗示依賴需求，雖然在聖誕假期內較無如此的詮釋性歸結（Hammer, 1954b）。

D. 枯樹：

顯然只有心理極度困擾的人才會如此畫，這些畫與下列的情形有關：

1. 沮喪與罪惡的感受，可能與自殺傾向有關（Barnouw, 1969; Buck, 1948; Hammer, 1958, 1985; Jolles, 1952a, 1964, 1969）；
2. 嚴重的無用與淡漠，有深切的不適及自卑感（Barnouw, 1969; Hammer, 1958, 1985; Jolles, 1952a, 1964, 1969）；
3. 嚴重的精神官能性及其他的嚴重困擾的情形（Hammer, 1955, 1958, 1985）；
4. 退縮、類分裂性及一些精神分裂症的情形（Hammer, 1958, 1985）；
5. 預後較差（Hammer, 1958, 1985）。

E. **狗在樹上小尿暗示一個攻擊性的人格障礙（Deabler, 1969; Jacks, 1969）。**

F. **非常大的樹暗示：**

1. 可能有攻擊的傾向（Buck, 1948）；
2. 過度補償的行動和幻想或兩者均俱，可能是極度敏感的（Buck, 1950a; Buck & Warren, 1992）；
3. 可能是對支配的期待；在兒童，抗拒權威人物（Landisberg, 1969）；
4. 在女性，非防禦性的（Marzolf & Kirchner, 1972）；
5. 在男性，有良心的（Marzolf & Kirchner, 1972）；
6. 當畫在一個弧形的山丘上，可能有強烈的支配需求或曝露傾向（Buck, 1950a, 1966; Jolles, 1964）。

G. **在低窪處所畫的樹暗示：**

1. 不適當的感受（Buck, 1950a）；
2. 沮喪的感覺（Buck, 1950a）。

H. **孤立在山頂上的樹暗示：**

1. 可能有自大或優越感（Buck, 1950a; Buck & Warren, 1992; Jolles, 1952a, 1964）；
2. 可能有孤立的感受及為求自主的掙扎（Buck, 1950a, 1966; Buck & Warren, 1992; Hammer, 1954b; Jolles, 1952a, 1964）；
3. 可能緊張地追求遙不可及或無法達成的目標（Jolles, 1952a, 1964）；
4. 若樹是粗硬而大的，可能有支配或曝露的傾向（Buck, 1948, 1950a, 1966; Jolles, 1964）；
5. 若樹是小的，可能對母親有所依賴（Buck, 1948, 1950a, 1966; Jolles, 1964）。

I. **鑰匙孔狀的樹：一條連續的線包圍一單調的鑰匙孔狀區塊暗示：**

1. 對立的，且甚至可能是內化的敵視衝動（Buck, 1948, 1950a, 1966, 1969; Buck & Warren, 1992; Hammer, 1954b, 1958, 1985; Jacks, 1969; Jolles, 1952a, 1964, 1971）；

2. 最低限度的合作或有想要表現好的動機（Hammer, 1958）；
3. 可能是僵化人格的運作，潛在易爆的情緒反應（Jolles, 1952a, 1964, 1971）。

J. 大的樹暗示（也同時見以上非常大的樹）自我中心，尤其是當樹畫在紙的正中央時（Levine & Sapolsky, 1969）。

K. 傾向左邊暗示：

1. 為求滿足情感上的衝動或行動化的傾向所導致的人格失衡（Buck, 1950a; Hammer, 1965; Jolles, 1952a, 1964）；
2. 固著於過去或對未來心存恐懼（Jolles, 1952a, 1964）；
3. 沉思、內向的人格，可能是自戀的或自閉的（Koch, 1952a）。

L. 傾向在右邊暗示：

1. 因懼怕情感衝動所導致的情感失衡（Buck, 1950a; Jolles, 1952a, 1964; Koch, 1952）；
2. 壓抑不愉快記憶的願望（Buck, 1948; Jolles, 1952a, 1964）；
3. 對未來非常樂觀（Buck, 1948; Jolles, 1952a）。 *103*

M. 尼格（Nigg）樹：當一個人從樹幹底部的一邊往上，開始用一條連續的線來描繪鋸齒狀的樹冠，然後延至樹幹的另一邊基底做結束，暗示一個僵化、膠囊似的人格，通常是具敵意的（Buck & Warren, 1992; Mursell, 1969）。

N. 部分的樹在山上暗示：

1. 力爭上游的感受（Buck, 1948, 1966; Jolles, 1952a, 1964）；
2. 遮蔽及安全的需求（Buck, 1948, 1966; Jolles, 1952a, 1964）。

O. 陽具狀的樹暗示：

1. 適應不良的傾向，尤其是關於性心理方面，若是由九或十歲以上的男性所畫，則代表不成熟（Allen, 1958; Jolles, 1952c, 1964）；有性虐待的歷史（Wenck & Rait, 1992）；
2. 對八歲以下的兒童而言是正常的（Jolles, 1964）。

P. 樹苗暗示：

1. 不成熟的感覺（Buck, 1948; Hammer, 1958）；
2. 退化（Meyer et al., 1955）。

Q. 樹所投射的影子暗示焦慮，除非是在添加太陽而後畫的，這暗示可能有強迫性傾向（Jolles, 1964）。

R. 支離破碎的樹暗示可能為精神分裂症（Miller, 1997）。

S. 小樹暗示：（同時也見細小的樹）

1. 自卑或不適感（Buck & Warren, 1992; Hammer, 1954b; Jolles, 1964）；
2. 內向或退縮的傾向（Buck, 1969; Hammer, 1954b; Jolles, 1964）；
3. 一個脆弱、低能量的自我（Buck, 1969; Hammer, 1958）；
4. 畫在一座弧形山丘的頂上，可能反映口腔愛的固著及被孤立的感受，通常與需要母性的保護有關（Buck, 1948, 1950a; Jolles, 1952a, 1964）。

T. 分裂的樹：

二度空間並排的樹，各自有獨立的樹枝結構，暗示防衛的崩潰，破碎人格部分的解離，如同精神病患，尤其是精神分裂症及某些器質性的情形（Buck, 1948; Deabler, 1969; Hammer, 1954b, 1985, 1997; Jacks, 1969; Jolles, 1964; Koch, 1952; Landisberg, 1958; Levine & Sapolsky, 1969; Miller, 1997）。Hammer（1985）將此視為精神分裂症在人、樹、房子測驗的最佳指標。

U. 樹上有遢鞦韆暗示：

1. 為女性，一個放鬆的態度，沒有壓力（Marzolf & Kirchner, 1972）；
2. 為女性，一個實驗性的，非保守的傾向（Marzolf & Kirchner, 1972）。

V. 細小的樹暗示：

1. 自卑及不適感（Buck, 1948, 1950a; Jolles, 1952a, 1971）；
2. 退縮傾向（Buck, 1948; Jolles, 1952a, 1971）。

W. 由上往下看的樹暗示沮喪及挫敗感（Buck, 1948; Jolles, 1952a）。

X. 柳樹暗示可能是憂鬱（Hammer, 1969a）。

Y. 被風吹的樹暗示感受到環境的幸福，或許是社會環境的力量（Hammer, 1958）。

樹畫的局部處理

枝幹

A. 一般考量：

枝幹的結構為人格組織及由環境中獲得滿足之能力的寫照：彈性地架構著，適當地形成的枝幹，暗示正常的彈性及良好的適應（Aronolf, 1972; Buck, 1948, 1950a, 1966; Buck & Warren, 1992; Hammer, 1958, 1985; Jolles, 1964; Koch, 1952）。它們同時也可能反映對心理及社交發展之能力或期待，以滿足個人之成就動機。當然，就事實而言，枝幹延展至環境。因此，枝幹的處理可能象徵性地代表與環境互動的模式。當它們被輕鬆地畫下，部分是二度空間的，而部分則像是被陰影遮著時，則暗示當事者是正常的，具開放而可親的人格（Buck & Warren, 1992; Hammer, 1954）。

Arnoff（1972）曾描述兩類基本上正常的樹冠。開放的樹冠，有發展良好的枝幹結構及樹葉為男性樹畫的特徵。與此類「侵入式」表現法相關的重要動機包括成就、支配、競爭性、努力及能力。

另一方面，封閉式有樹葉的圓形樹冠，並非結構地連到樹幹，則是女性樹畫的特徵。此種「內包式」的作品與依賴、退縮、焦慮，及較低程度的信任和競爭的動機有關。

有時樹畫的枝幹結構和根部結構看起來十分相似。這在精神病患的作品中最常見到（Hammer, 1969a）。

B. 處理的類型：

1. 斷裂或被截斷的樹枝暗示創傷、閹割，及／或無能的感受（Hammer, 1953, 1958, 1985; Jolles, 1952a, 1971）。
2. 正要掉落或已掉落的樹枝暗示可能喪失應付環境壓力的能力（Buck, 1966; Buck & Warren, 1992）。

3. 忽略樹枝暗示缺乏人際關係的喜悅或與人交往未能獲得滿足（Hammer, 1953b）。

4. 短而像棍棒或矛一樣的樹枝暗示：

(1)強烈的敵意及攻擊的傾向，有行動化的可能（Buck, 1950a, 1966; Buck & Warren, 1992; Hammer, 1954a, 1958, 1969b, 1985; Jacks, 1969; Jolles, 1952a, 1971; Mursell, 1969）；這可能是具被虐待的本質（Jolles, 1964, 1971）；

(2)可能是潛意識的閹割焦慮（Jolles, 1964, 1971）。

5. 短而垂掛的樹枝暗示環境看起來是淒涼和不快樂的（Hammer, 1953b; Koch, 1952）。

104 6. 非常高的枝幹往紙的上方延伸，暗示如類分裂性情形般的過度幻想（Buck, 1948; Hammer, 1958）；也反映不適當的衝動控制（Levine & Sapolsk, 1969）。

7. 高而細長，往上而非向外延展的樹枝暗示：

(1)強調幻想似的滿足，如同在內向、類分裂性人格所見（Hammer, 1958）；

(2)對在個人的環境尋求滿足感到恐懼（Jolles, 1952a, 1964）。

8. 往內，而非向外生長樹枝暗示：

(1)自我、內向的傾向（Buck, 1950a; Hammer, 1958, 1985）；

(2)可能有強迫性或自戀的情形（Buck, 1950a, 1966; Buck & Warren, 1992; Hammer, 1958, 1985）。

9. 非常多的枝葉暗示超級理想性的或狂躁的情形（Levine & Sapolsky, 1969）。

10. 瘦小的樹幹上有許多的樹枝暗示：

(1)過度強調環境中追求滿足的行為（Hammer, 1958; Jolles, 1964）；

(2)努力過度，高成就的傾向，可能是不適感的補償作用（Buck, 1948; Hammer, 1954c; Jolles, 1952a, 1964）；

(3)不安定的人格平衡（Mursell, 1969）。

11. 過度強調左邊的樹枝暗示人格上的不平衡，有衝動地想要滿足需求的行為（Buck, 1950a, 1966; Buck & Warren, 1992; Jolles, 1952a, 1964, 1971）。
12. 過度強調右邊的樹枝暗示人格上的不平衡，有過度避免或延緩情緒上滿足的傾向（Buck, 1950a, 1966; Buck & Warren, 1992; Jolles, 1952a, 1964, 1971）。
13. 大樹幹上有細小的樹枝暗示一個令人沮喪的不適感，及無能自令人沮喪的環境中獲得滿足（Buck, 1969; Hammer, 1954b, 1958; Jacks, 1969; Jolles, 1969）。
14. 非常模糊的樹枝暗示猶疑不決及焦慮（Buck, 1948）。
15. 粗而非常短，「截斷」似的樹枝暗示可能有自殺的傾向（Fred Brown, cited in Buck, 1950a; Buck, 1966; Buck & Warren, 1992）。
16. 尖尖的枝幹暗示敵視、行動化的傾向（Hammer, 1960, 1965, 1969b; Jacks, 1969）。
17. 斷裂或枯掉的枝幹暗示創傷的經驗，或有喪失尋求滿足來源的感受，也可能與實際上或象徵性的閹割焦慮有關（Buck, 1950a, 1966; Buck & Warren, 1992; Jolles, 1964, 1971）。
18. 樹枝的外端變粗暗示對立、草率、強制、有企圖心、無耐性及攻擊的傾向（Koch, 1952）。
19. 樹身下部有一個枝幹暗示幼稚或退化（Koch, 1952）。
20. 向外延伸超越紙的上邊暗示尋求滿足幻想的傾向（Buck, 1948, 1950a; Jolles, 1952a）。
21. 枝幹未聯結，整合不良的樹，暗示無能成功地應付個人的環境和可能有腦傷（Hammer, 1997; Mursell, 1969）。
22. 一度空間的枝幹不恰當地連接著且不當地連到樹身暗示：
    (1)不適及無能感（Hammer, 1954b, 1958; Jolles, 1964, 1971; Mursell, 1969）；
    (2)在個人環境中不當的滿足來源（Buck, 1948; Buck & Warren, 1992）；

(3)可能有器質性的情形（Buck, 1948, 1950a; Buck & Warren, 1992; Hammer, 1954b, 1985, 1997; Jolles, 1964, 1971），尤其是當畫成「Y」字或「T」字型時（Koida & Fujihara, 1992）；

(4)低自我能力（Hammer, 1958; Jolles, 1964）。

23. 二度空間的樹枝在末梢未閉著暗示不當的情感控制（Buck, 1950a; Buck & Warren, 1992; Hammer, 1985; Jacks, 1969; Jolles, 1952a, 1964, 1971; Koch, 1952）；有時可見於精神分裂症患者（Hammer, 1985）。

24. 寬的，尤其是非常寬的樹暗示強烈地自社交獲得滿足的需求——向社會擴展（Miller, 1997）。

註解：二度空間的枝幹系統，部分以樹蔭或加上陰影來暗示樹葉者，暗示正常，與人相處的能力發展良好（Jolles, 1964）。

C. 樹冠有造型的處理：

1. 像雲一般的樹冠暗示積極幻想、低能量程度，及可能有孩童似的對現實的迴避（Koch, 1952）。
2. 混亂的塗鴉線條暗示困惑、興奮、易衝動性，及情緒上的不安定（Koch, 1952）。
3. 捲曲花樣的樹冠暗示熱忱、愛說話及積極的社交性，雖然也許未能持續（Koch, 1952）；然而，當漩渦狀的線是用力的時，暗示可能有內在的壓力和困惑（Landisberg, 1969）。
4. 扁平的雲暗示：

   (1)感覺到來自環境的壓力、限制、不適及無助感（Koch, 1952）；

   (2)企圖去拒絕或否定過一個痛苦的虛幻人生（Jolles, 1964, 1971）。
5. 開花的樹暗示一個樂觀的預後（Miller, 1997）。
6. 加上陰影的樹冠可能是正常的表徵，或許有表面上的人際互動（Jolles, 1964）；但在適應不良、緊張及廣泛性的不安定的情境中，可能暗示著不安全感和可能有沮喪的傾向（Koch, 1952）。

樹葉

A. 省略樹葉或簇葉，暗示內在的無趣及缺乏自我的統整（Levine, Sapolsky, 1969）。

註解：對不毛之樹的解釋必須考慮到做畫時的季節。研究顯示，沒長 105
葉子的樹相對地較常出現在冬天，尤其是為女性所畫時。雖然在所有的季節仍是以畫有樹葉的樹為主（Moll, 1962）。

B. 葉子正在掉落或已掉落暗示：

1. 無能去順從社會的要求或類似的感受（Jolles, 1964, 1971）；
2. 感覺到喪失隱藏想法的能力，或無法以修正過的或細緻的方法去適應的感受（Jolles, 1964, 1971）；
3. 在女性，有時為處於生理期的象徵（Jolles, 1964, 1971）。

C. 很多樹葉暗示看起來要有生產力和多產的需求，或許有強迫性的傾向（Levine & Sapolsky, 1969）。

D. 未聯結到樹枝的葉子暗示機能減退，若是有許多，則是強迫性的傾向（Levine & Sapolsky, 1969）。

E. 尖型的樹葉暗示攻擊及行動化的傾向（Hammer, 1960, 1969b; Jacks, 1969）。

F. 二度空間且小心翼翼地畫下的樹葉暗示有強迫性的傾向（Buck, 1950a, 1966; Buck & Warren, 1992; Jolles, 1952a, 1964）。

G. 二度空間且對枝幹而言過大的樹葉暗示：

1. 在適應良好的門面之下有不當的感受（Buck, 1950a; Jolles, 1952a, 1964, 1971）；
2. 過度補償地面對現實（Jolles, 1952a, 1964, 1971）。

H. 非常稀疏的葉子，幾乎是光禿禿的樹枝，暗示：

1. 有發展更佳的適應方式的需求（Jolles, 1964, 1971）；
2. 有在順從的外表下去遮蔽自我概念的需求（Jolles, 1964, 1971）。

樹幹

A. 一般考量：

依分析的術語，樹幹的處理被期待能反映個人的自我力量。樹幹的一般情形及造型被相信能反映基本力量及心理發展的感受。樹身上創傷的標記似乎反映個體經歷嚴重創傷時的年紀（Buck, 1948, 1950a; Koch, 1952; Levine & Galanter, 1953; Lyons, 1955）。

B. 處理的類型：

1. 動物自樹幹上的洞口窺視暗示，在兒童是正常的，雖然這在成人及較大的兒童可能反映依賴或退化的傾向（Jolles, 1964）。在女性的畫中，將動物畫進去暗示一個外向、果斷的人格（Marzolf & Kirchner, 1972）。有時作畫者對動物的認同更甚於對樹的認同（Hammer, 1985）。
2. 動物在樹幹上小尿暗示一個攻擊性的人格障礙（Deabler, 1969; Hammer, 1954b; Jacks, 1969）。
3. 有小樹枝冒出來的光禿或截去頂端的樹幹或殘株，暗示受阻的心理及情緒發展最近有新的成長，或對環境產生興趣如同在心理治療中所見（Hammer, 1958, 1960; Jolles, 1964）。
4. 在風中樹身彎曲的樹暗示在強烈的環境壓力中掙扎（Buck & Warren, 1992）；可見於有受虐經驗兒童的畫中（Manning, 1987）。
5. 樹基很寬的樹暗示口腔依賴的需求（Levine & Sapolsky, 1969），及抑制和／或理解緩慢（Koch, 1952）。
6. 枯樹暗示有關追求滿足的行為的自我控制感喪失（Buck, 1952a; Jolles, 1952a, 1964, 1971）。
7. 斷斷續續的樹幹輪廓暗示衝動、神經質的興奮及缺乏耐性（Koch, 1952）。
8. 異常大的樹幹（同時也見大的樹幹）暗示感受到環境的壓迫，及有攻擊的傾向（Buck, 1950a; Jolles, 1952a, 1964, 1971）。
9. 模糊的樹幹暗示不當的自我力量、猶疑不決，及敏銳的不適感，有時伴隨著焦慮（Buck, 1950a, 1966; Jolles, 1952a, 1964, 1971）。

10. 有大的樹幹（同時也見異常大的樹幹）而有小的樹枝的結構，暗示因無法滿足基本需求所產生的挫敗感導致不安定的適應（Buck, 1950a, 1966; Buck & Warren, 1992; Hammer, 1958; Jolles, 1952a, 1971）；和可能是情緒上的不成熟或自我中心（Jolles, 1964, 1971）。
11. 長的樹幹而有小的樹冠暗示發展遲緩、幼稚，或精神官能症者的退化（Koch, 1952）。
12. 樹基較任何部分狹窄的樹暗示心理上的障礙及／或脆弱的自我（Buck, 1950a; Buck & Warren, 1992; Jolles, 1964, 1971）；曾與抑制及壓抑有關（Koch, 1952）。
13. 一度空間的樹幹有結構不良的一度空間的樹枝，暗示可能有器質性的情形（Buck, 1950a, 1966; Hammer, 1968; Jolles, 1958, 1964, 1971）；及無能、一無是處及自我力量薄弱的感受（Jolles, 1964, 1971）。
14. 強調外輪廓暗示有感受到維持人格控制及統整的需求（Buck, 1950a, 1966; Hammer, 1954b）；而可能以補償性防衛的形式呈現（Jolles, 1964, 1971）。
15. 袋形的樹冠往樹幹下垂且將它的大部分遮住暗示被動及猶疑不決（Koch, 1952）。
16. 樹幹上有疤痕暗示創傷的經驗（Buck, 1948, 1950a; Hammer, 1954b, 1960; Handler, 1996; Jolles, 1952a, 1964, 1971; Koch, 1952; Levine & Galanter, 1953; Lyons, 1955; Torem, Gilbertson, & Light, 1990）。
17. 陰影，尤其是很深的陰影暗示基本的不適當感受（Buck, 1948）；曾與心身症的症狀及被激發的沮喪情形有關（Levine & Sapolsky, 1969）。
18. 短的樹幹而有大的樹冠暗示自信、野心、驕傲或自滿及渴望（Koch, 1952）。
19. 瘦長，尤其是非常瘦長的樹幹而有大的樹枝結構，暗示由於過度努力 106
或過多追求滿足的行為，而在適應上極不安定（Buck, 1950a, 1966; Buck & Warren, 1992; Hammer, 1985; Handler, 1996; Jolles, 1952a, 1964, 1971）。

20. 加厚及／或壓縮樹幹暗示抑制、退化或害羞（Koch, 1952）。

21. 微細的、瘦的樹幹暗示不適、無能及自我薄弱的感受（Buck, 1950a; Jacks, 1969; Jolles, 1952a, 1964, 1971）。

22. 二度空間的樹幹有一段二度空間的樹枝，暗示早期心理發展良好而後來有嚴重的創傷發生（Jolles, 1964）。

樹皮

A. 一般考量：

樹皮是樹外層的保護。在一個恰當的抽象層次，它可以比擬做動物的皮膚。關於動物皮膚不同處理法的詮釋性假設可能與樹皮的不同處理有關。比較羅氏墨跡測試中有關動物內容的詮釋，及以下不同種類與樹皮有關的假設，是有益而實用的。

B. 處理的類型：

1. 輕鬆地畫下暗示正常（Buck, 1966; Jolles, 1964, 1971）。
2. 不一致地畫或用力地強調樹皮暗示焦慮（Buck, 1966; Buck & Warren, 1992; Jolles, 1964, 1971）。
3. 拘謹地畫暗示強迫性，對與環境的互動過度關注（Jolles, 1964, 1971）。
4. 以幾條藤蔓似的、分開的垂直線條來畫暗示類分裂性特質（Hammer, 1954b; Jolles, 1964, 1971）。

根部

A. 一般考量：

根部是一棵樹是否穩固的實際來源。在畫中，它們可能被期待去象徵暗示人格的穩定性。根部如何處理的延伸說法，則可能反映一個人的安全動機及與現實接觸的感受。不斷強調根部暗示對一個人如何面對現實及伴隨的安全需求有顯著的關注，同時，也可能反映一個較保守的取向、抑制或可能強化的原始性（Koch, 1952）。

B. 根部處理的類型：

1. 逐漸變細而輕鬆地進入地面暗示正常，現實接觸良好（Buck, 1966; Buck & Warren, 1992）；與誠實的男性和自律性良好的女性有關（Marzolf & Kirchner, 1972）。

2. 乾枯的根部暗示：
   (1)無法抓住現實的感受（Buck, 1950a; Jolles, 1964, 1971）；
   (2)可能是嚴重地喪失動機及人格失衡（Jolles, 1964, 1971）；
   (3)可能是強迫性的沮喪感受（Jolles, 1954, 1971）。

3. 省略根部及基底線暗示不安全及不適感（Michal-Smith & Morgenstern, 1969）。

4. 過於強調根部進入地面暗示：
   (1)維持掌握現實的強烈情境需求（Hammer, 1954b; Jolles, 1964, 1971）；
   (2)不安全感（Jolles, 1964, 1971）。

5. 整合不良的根部結構暗示基本的不穩定性及不適（Buck, 1948）。

6. 根部位於紙的邊緣，以紙為基底的樹暗示：
   (1)不安全及不適感（Hammer, 1958）；
   (2)憂鬱的傾向（Hammer, 1958）。

7. 畫上陰影的樹根暗示焦慮及不安全感（Michal-Smith & Morgenstern, 1969）。

8. 爪子似的根部暗示：
   (1)可能是偏執性攻擊的態度（Buck, 1950a, 1966; Buck & Warren, 1992; Hammer, 1954b; Jolles, 1964, 1971）；
   (2)可能與現實接觸不良（Jolles, 1964, 1971）。

9. 細的根部與地面的接觸貧乏暗示現實接觸不良（Hammer, 1954b; Jolles, 1964, 1971; Mursell, 1969）。

10. 透明的根部或從基線可看到樹幹暗示：
    (1)在現實測試中的病態表現（Buck, 1948, 1950a, 1966; Buck & Warren, 1992; Hammer, 1985; Jolles, 1971）；

⑵可能是類分裂性的過程（Hammer, 1958）；

⑶可能是器質性的情形（Jolles, 1952a, 1964, 1971）。

結語

以投射畫的特定細節再做衍生的詮釋時，必須要特別小心。如同Buck在其主張之一指出：「細節並無普遍性及絕對的意義。千萬不要過度重視個別的及有時也是獨特的意義。」（1950a, p.6）也不能期待在每個時候繪畫中質子端的面向有確切而特定的診斷印象。

對一些類似被強調及被非常強調的用語必須小心謹慎。只是呈現繪畫細節並不等同於強調那個細節。

在分析一張畫中特定部分或細節的處理方法時，也同時必須考慮真實地在畫出那個部分時的困難度。在本手冊中，我們已指出對一般人而言較為困難的繪畫部分，以及那些有可能從一個對現實的理想描述去過度詮釋常態現象的特定傾向。

繪畫中質子端的特徵通常要比分子端的項目來得有價值。整體性的評量提供合理可信及有效度的適應良好或不良的指標。它們可能通常未能被用來指出特定種類的行為困擾或疾病分類學上的實體。因為心理診斷的類
107 目一直在改變，且嘗試去建立過度特定的測驗指標，只為了對應診斷是好如同逐鬼火般的事。

依據作者的經驗，年輕的臨床工作者要發展整體性的詮釋是困難的。Machover在繪畫中「占優勢的情緒」的術語，最可能可以表達這個概念。敏銳的心理診斷者或可由畫中所引發的整體感情來做人格評估。它看起來是強壯的還是虛弱的，快樂的還是生氣的……等？以人像畫為例，這種質子端占優勢的印象傾向實質上由諸如大小、姿勢、表情、身體部分間的關係，及此人像畫的一般類型等因素所誘發。通常這個印象同時也提供人格超結構一個指標，用來統整由更精確的分析所假設而來的特徵。如 Burley及Handler（1997）所闡述的，要有效地做好這件事，臨床工作者需具有高

度的同理心、直覺、創造性，及受過適當的訓練。

從房子、樹及人像畫間所獲得的質子端之印象間的關係，同時，對了解及評估許多受試者的人格提供重要的線索。當房子及樹畫的很好但人像卻畫的很差時，暗示受試者有心理上的困擾，最可能是精神官能症及與其相當的診斷（Deabler, 1969）。我們可以期待與這種繪畫關係有關的行為異常，比那些人像畫的比樹畫來得健康的情況有較樂觀的預後（Hammer, 1953c, 1969a）。然而，Jacks（1969）的報告顯示，當人像畫比樹畫畫的糟糕時，暗示可能有器質性的情形。當房子畫比樹或人看起來還差時，通常最容易被懷疑有器質性的情形（Deabler, 1969; Hammer, 1954b, 1978）。最後，當房子及樹比人畫的還差時，也容易被懷疑有器質性的情形（Hammer, 1997）。注意當 H － T － P 及班達完形看起來都令人滿意時，就不會有器質性的情形（Hammer, 1997）。

在這個部分有三個主要的假設被作為基本的理論支持。類似的主張在其他地方也曾符合了一些可相提並論的需求（Hammer, 1958; Schachtel, 1950）。首先，人易於以一個擬人的方式去看待他所處的環境。即便有時是在我們日常「較熟悉」的地方，無庸置疑地，我們傾向在環境中的非一人要素中去看到人類的特徵。類似「壞」天氣及「故意刁難」的機器等表達方式充斥在我們的言語中。

其二，投射是影響這個擬人化知覺過程的操作機制。個體或多或少會潛意識地將他們的特性、感情及動機，投注到非人及無生命的物體上。

最後，雖然某些程度的失真會顯現在每個知覺作用中，投射作用的影響卻是較大的。投射的需求愈強烈，愈多心理的因素會透過知覺場域來影響個體的反應。知覺的失真會顯示在個體行為的許多面向中，包括繪畫。再者，雖然所有的投射都含有某些程度的失真，情緒有困擾的個體易於去投射且增強失真的規模。

所有的繪畫，無論是否為具象的，同樣都含有心理因素的失真效果。正常人在繪畫上所做的變更較少，有時甚至是刻意的。當一位情緒有困擾的人有防禦性投射機會時，他的繪畫將會朝一個自閉的方向全力扭曲。精神分裂症患者比人類的其他族群更可能創造出最怪誕的繪畫失真。

投射畫的詮釋同時源起於象徵的應用。象徵的意義源自文化、口說的慣用語、民謠、精神分析、人類學及心理學的研究。有更多理論性考量的細節可加以參考（Buck & Hammer, 1969; Hammer, 1958, 1997）。

伍 班達視覺動作完形測驗

陸雅青　譯

第五篇概要

一般考量

班達建議完形（Gestalt）視覺動覺的運作發展成熟自「整體性的初級抽象現象，是內生的從背景中辨別出一種形式架構」（引自 Tolor & Schulberg, 1963, p.vii）。由視覺所知覺到的形式再現的生物基礎，是一個「在視覺場域裡垂直或圓狀旋轉的動作」。圓形及圈狀，也因此應該算是最原始的完形形狀。除了非常年幼的孩子外，畫出它們暗示著退化。

班達完形測驗在臨床工作上的主要功能之一，是在對區辨是否具有「器質性」的情況有所貢獻。即是它涉及到一種明確的腦傷、不良形成或其他生理病理的情形。單一班達完形本身即比其他任何的 Halstead 測驗有較高的預測率。根據 Lacks、Harrow、Colbert 及 Levine（1970）的說法，Halstead 測驗量表無法區別病人是否因為器質性的因素，而導致認知失能或是具有其他的精神疾病。這個發現證實了 Watson、Thomas、Andersen 及 Felling（1968）的研究——單是 WAIS（魏氏智力量表）的得分，在此議題上，就和花了整整十小時所得到的 Halstead-Reitan 測驗結果一樣好。當然，後者的主要價值並非在於做這種診斷的區別，而是在於評量腦傷病人在知覺一動作上的優勢與弱勢。雖然班達測驗具備這樣的使用價值，我們絕不能單用它便妄下診斷，因為仍然存有許多難測因子（Bigler & Ehrfurth, 1981）。

建立自一個心理測驗的診斷符號在其他測驗也可以適用。舉例而言，在羅氏測驗中，患有腦傷的病人在觀看一部分斑痕時，常會把另一部分遮住。同樣的情形也發生在班達的施測有氣無力時——察覺到一種不滿意的反應，及無法將它改得更好（Small, 1973; Lacks, 1999）。無論類似的情形在哪裡發生，具器質性的情形便成為一種假設性的病理因素。最好隨時遵從 Perticone（1998）的建議——班達施測時不只注意仿畫的部分而已，也要密切留意所有語言及非語言的反應。

在投射畫部分剛開始詮釋性假設概要的地方，尤其是在「繪畫動作因
素」部分，通常也可以適用於班達的詮釋。臨床及研究數據均支持一般應 110
用於圖畫及班達仿畫中關於擦拭、位置、力道、大小、筆觸及陰影的詮釋性假設的論點。那些與班達完形測驗中不尋常的仿畫形式，及與個別班達圖形相關的這些詮釋性假設全收錄在本手冊中。

完成一個班達測驗所花費的總時間代表不同的結果。輕率地完成暗示衝動和沒有耐心（Clawson, 1962; Oas, 1984）。相反地，一位成人需要花費超過七分鐘，而一位孩童需超過十一分鐘來完成此測驗，則或許有心理困擾的可能（Clawson, 1962; Goldberg, 1957; Koppitz, 1960）。具強迫性特質的人會花超過三、四分鐘在每個圖形上（Glibert, 1969），而有器質性問題的人有時會花許多的時間（Small, 1973），有憂鬱傾向的人亦是如此（Epstein & Lane, 1996）。

大多數的人會用一張到一張半的紙來處理他們的班達仿畫。具攻擊性的、自我中心的、行動化，及偏執的病人最可能要求用許多張紙來畫，無論成人或孩童均是如此（Brown, 1965; Clawson, 1962）。大多數的人都是依循從上到下、從左自右，或者混合著這兩種方向來工作。仿畫圖 A 時，大部分的人會把圖案大致畫在中間，然後會依由上到下、由左到右的模式發展起來。從下開始往上畫的人可能有唱反調和敵意的傾向（Clawson, 1962）。

在本手冊中，班達完形及其再版的形式並沒什麼不同（Hutt & Briskin, 1960）。Story（1960）發現，大部分從最初的班達所衍生出來的符號是有用的，也適用於再版的班達，這也與作者的經驗相符。事實上，班達本身在它的圖形上便具三份有些微差異的版本，雖然這些變化是不合邏輯的（見

Popplestone, 1956；或 Dana, Field, & Bolton, 1983）。

班達完形測驗可滿足多種臨床目的。Hutt 及 Briskin（1960）曾對這些不同的功能下了些結論，他們的洞見包括：

1. 它可被當成是一個臨床測驗的緩衝板或是「暖身」的測驗；那是因為一般說來它並不具什麼威脅性，相對簡單，且通常病人會滿喜歡它的（Lerner, 1972）。
2. 它是一個有用的輔助工具，可提供非語言訊息的來源。
3. 當我們期待施測者與病人之間有最少的互動時，它是有用的。
4. 對文盲、未受教育，或文化被剝奪的人，它提供非其他臨床工具，尤其是那些極度依賴口語能力的測驗通常可獲得有用的診斷訊息。
5. 容易診斷出哪些是智力發展遲緩者，尤其是那些我們懷疑他們的情緒因素可能會掩飾其真正的智力潛能的個案。
6. 當口語的習慣可能會遮蔽其心理困擾時，這個測驗是有用的。
7. 班達完形對假裝生病是敏銳的且有它的索引（見以下的討論部分）。
8. 對區分不同頭蓋骨內的病理診斷是有幫助的。
9. 對那些他們的精神官能性防衛可能會遮蔽其下所運行的精神病歷程的案主，這個測驗對於澄清診斷的印象有所幫助。班達完形可用於評估某些諸如人際關係困擾、晚發型的同性戀，及身分認同等人格問題。
10. 班達完形對評估某些特定的人格問題，諸如人際關係困難、可能的潛伏性同性戀，及認同問題許是有助益的。
11. 此測驗對於固著於口腔期及肛門期的人格發展尤其敏銳。
12. 肇因於成熟、環境改變，或不同的治療流程的人格變化可以評量得出來。
13. 對心理學者而言，班達完形為一有用的研究工具，尤其是在視覺—動作的行為與人格層面的相關研究時。

與 Hutt 心理病理量表（Hutt's Psychopathology Scale）及 Adience-Abience 量表（Adience-Abience Scale）有關的研究顯示，對男性罪犯再犯的預估有相當的信度和效度，也可區辨不同的診斷（Hutt & Dates, 1977; Hutt,

Dates, & Reid, 1977; Hutt & Miller, 1976）。然而對一般人的評估，臨床工作者最好是在一個測驗的情境中使用可提供訊息的一套繪畫去分析。測驗提供數據，但測驗不會思考。臨床工作者必須在測驗與最後的分析間把握這個環節。

不尋常仿畫形式的詮釋性假設

完形的不尋常處理

A. 角度改變暗示：

1. 在成人及孩童均有器質性的情形（Bender, 1938; Bruhn & Reed, 1975b; Burgemeister, 1962; DeCato & Wicks, 1976; Dileo, 1970, 1973; Evans & Marmorston, 1963; Hain, 1964; Halpern, 1951; Hutt, 1953, 1977; Hutt & Briskin, 1960; Hutt & Gibby, 1970; Kahn & Giffen, 1960; Koppitz, 1962; Lacks, 1999; Lezak, 1983; Mosher & Smith, 1965; Quast, 1961; Shapiro, Field & Post, 1957; Wiener, 1966）；
2. 智能不足（Bender, 1938; Bensberg, 1952; Hutt, 1953; Hutt & Briskin, 1960; Hutt & Gubby, 1970）；
3. 情緒控制困難（DeCato & Wicks, 1976; Halpern, 1951）；
4. 無法完成一項任務，猶豫不決、自我懷疑及焦慮（Halpern, 1951）；
5. 不安全及衝突的感受（Halpern, 1951）；
6. 在兒童，不成熟及適應不良的情形，可能有學習和閱讀上的困難；角度有可能畫的像狗耳朵似地（Byrd, 1956; Clawson, 1959; Koppitz, 1958, 1964; Lachmann, 1960; Schneider & Spivack, 1979）；
7. 角度變大暗示情緒反應增加（Hutt, 1953, 1978; Hutt & Briskin, 1960）；
8. 角度變小暗示情緒反應減少或壓抑（Hutt, 1978; Hutt & Briskin, 1960）；
9. 偏圓狀的角暗示情緒的衝動（Halpern, 1951）；及可能是裝病的（Bru-

hn & Reed 1975b）；

10. 尖銳的角暗示想要控制衝突的企圖及不安全的感受（Halpern, 1951）。

B. 加框與記上號碼暗示：

1. 精神官能的情形，通常是強迫性的情形，伴隨僵化和拘泥的現象（Bil-
111 lingslea, 1948; DeCato & Wicks, 1976; Gilbert, 1969; Gobetz, 1953; Lerner,
1972; Woltmann, 1950）；可能是一個嚴重的精神官能症或精神病發作
前的徵兆（Woltmann, 1950）；
2. 酒精上癮的情形（Curnutt, 1953）；
3. 控制衝動的努力（Reichenberg & Raphael, 1992）；
4. 在兒童，加上號碼暗示有焦慮、不安全、退縮或行動化傾向的情緒困擾（Clawson, 1962; Koppitz, 1975; Rossini & Kaspar, 1987）。

C. 圓形改變：

1. 圓形裡面有點暗示有受虐傾向（Hutt, 1977; Hutt & Briskin, 1960）。
2. 圓形變成點暗示擴散的腦傷（Hutt, 1977）；或可能有酒癮（Kaldegg, 1956）。
3. 大小不勻稱暗示心理控制力貧乏（Lerner, 1972）。
4. 在兒童，圓形畫成虛線暗示情緒上的困擾，可能是閱讀上的困擾（Brown, 1965; Koppitz, 1964, 1975; Mundy, 1972），及行動化的問題（Handler & Mclntosh, 1971）。

D. 結束困難暗示：

1. 情緒困擾，在成人及兒童都可能是精神官能的情形（Billingslea, 1948; Byrd, 1956; Canter, 1996; Clawson, 1959, 1962; Guertin, 1952; Hutt, 1953; Hutt & Briskin, 1960; Hutt & Gibby, 1970; Koppitz, 1958; Lacks, 1999）；
2. 人際關係困難，在成人及兒童都可能意味著害怕受引誘（Canter, 1985, 1996; Clawson, 1959, 1962; Hutt, 1953, 1968, 1977, 1978; Hutt & Briskin, 1960; Hutt & Gibby, 1970）；
3. 焦慮、猶豫、自我懷疑，以及無法勝任工作（Clawson, 1962; Halpern, 1951; Hutt & Gibby, 1970）；

4. 可能是輕躁症（Pascal & Suttell, 1951）；
5. 可能有具攻擊性的、行動化的行為（Brown, 1965）；有時有精神疾病（Halpern, 1951）；
6. 智能不足（Bender, 1938; Hutt, 1953; Hutt & Gibby, 1970）；
7. 在兒童可能有學習上的困擾（Koppitz, 1958, 1964）。

E. 具體性，讓圖形有特定的詮釋意義，暗示：

1. 嚴重的退化（Halpern, 1951）；
2. 器質性的或精神分裂的情形（Hain, 1964; Halpern, 1951; Kahn & Giffen, 1960）。

   註解：交叉困難；見重疊及交叉。

F. 整體性的弧度改變暗示：

註解：一般人畫弧形時可能會稍有一些改變（Haworth & Rabin, 1960）。

1. 缺乏情緒及衝動控制的精神官能性情形（Billingslea, 1948; Brannigan, Barone, & Margolis, 1978; Guertin, 1952, 1954a, 1954c; Halpern, 1951; Hutt, 1953, 1977, 1978; Weiner, 1966）；
2. 可能是器質性的情形，尤其是有角度出現時（Guertin, 1954c; Halpern, 1951; Koppitz, 1962, 1964; Quast, 1961）；
3. 可能是智能不足（Bender, 1938）；
4. 在圖 A 中仿畫的很差的圓可能與精神分裂症有關（Goldberg, 1956-1957）；
5. 在青少年可能是犯罪（Zolik, 1958）；
6. 在兒童，不成熟、混亂、退化、學習及情緒上的困擾，與對心理治療的需求有關（Byrd, 1956; Clawson, 1959; Koppitz, 1958）；也可能是有一些腦傷（Wiener, 1966）。

G. 誇大弧度暗示：

1. 易衝動性，情緒控制力薄弱，反應過度，有時有唱反調的傾向（Brannigan et al., 1978; Canter, 1985, 1996; Clawson, 1959, 1962; Halpern, 1951;

Hutt, 1953, 1977; Hutt & Briskin, 1960; Tolor, 1968）；

2. 挑起衝動反應的官能性特質（Guertin, 1954a）；
3. 具精神官能性防衛的情緒衝突（Guertin, 1954a）；
4. 在青少年，行動化、叛逆的行為（Brannigan & Benowitz, 1975）。

H. 扁平的弧度暗示：

1. 在兒童或成人都是情感平淡、壓抑或抑制情緒，也可能是對情感情境的刺激不夠敏銳（Canter, 1996; Clawson, 1959; Halpern, 1951; Hutt, 1953, 1977; Hutt & Briskin, 1960）；
2. 憂鬱的情形（Canter, 1985, 1996; Epstein & Lane, 1996; Hutt, 1977; Hutt & Briskin, 1960）；
3. 挫折忍受度低（Hutt & Briskin, 1960）；
4. 明顯地有敵意的病人（Hutt & Briskin, 1960）。

I. 轉移位置（圖形的一些部分以奇怪的方式產生關聯）暗示：

1. 可能是器質性的情形（Halpern, 1951; Small, 1973）；
2. 精神分裂的情形（Halpern, 1951）；
3. 怪胎，持否定論的人（Halpern, 1951）；
4. 可能是受創的精神病患（Kahn & Giffen, 1960）。

J. 點改變：

1. 改變成圓形暗示：
   (1)任何大於七歲的人，不成熟或退化（Brown, 1965; Canter, 1985, 1996; Patel & Bharucha, 1972; Perticone, 1998; Reichenberg & Raphael, 1992; Weissman & Roth, 1965）；
   (2)衝動性及／或情緒不穩定（Brannigan et al., 1978; Gilbert, 1969）；
   (3)可能是酒精上癮（Reichenberg & Raphael, 1992）；
   (4)可能是器質性的情形（Bruhn & Reed, 1975b; Clawson, 1962; Koppitz, 1962; Patel & Bharucha, 1972; Perticone, 1998; Reichenberg & Raphael, 1992; Small, 1973; Tolor & Brannigan, 1980）；
   (5)可能有歇斯底里的人格或精神疾病（Gilbert, 1969）；

⑹對小於七、八歲的兒童可能是正常的（Brown, 1965; Weissman & Roth, 1965），但同時也暗示學業成就不良（Koppitz, 1958, 1964），或犯罪的傾向（Zolik, 1958）。

2.改變成虛線暗示：

⑴可能是器質性的情形（Mosher & Smith, 1965; Quast, 1961; Small, 1973）；

⑵可能是敵意的外顯化（Weissman & Roth, 1965）；

⑶退化的傾向（Hutt, 1977）；

⑷在兒童，有課業方面的情緒困擾，尤其是在閱讀上（Kopptiz, 1958, 1964; Stavianos, 1971）；

⑸在青少年，犯罪的傾向（Zolik, 1958）。

3.在成人及小孩，改變成線條暗示可能是器質性的情形（Hutt, 1977; Koppitz, 1962, 1964; Small, 1973）；但也有可能是裝病（Bruhn & Reed, 1975a, 1975b）。

4.畫成環狀或「6」字形暗示可能有器質性的情形（Bruhn & Reed, 1975a, 1975b; Lerner, 1972; Small, 1973; Tolor, 1968）。

5.畫成「z」字形，一個強烈的、易衝動的表徵（Perticone, 1988）；

6.放大暗示壓力（DeCato & Wicks, 1976）；

7.重重地塗滿暗示焦慮（Hutt, 1977）。

註解：關於加以描寫，可見以下自發性地加以描寫。

K. 支離破碎暗示：

1.在成人及孩童可能是器質性的情形，若確定有損傷，可能是基礎的而非在皮層部分；包括器質性的精神病（Allen, 1958; Bender, 1938; Bruhn & Reed, 1975a, 1975b; Burgemeister, 1962; Canter, 1985; Clawson, 1962; Evans & Marmorston, 1963; Feldman, 1953; Gilbert, 1969; Halpern, 1951; Hutt, 1953, 1968; Hutt & Gibby, 1970; Kahn & Giffen, 1960; Koppitz, 1962, 1964; Lacks, 1999; Lezak, 1983; Mark & Morrow, 1955; Pascal & Suttell, 1951; Quast, 1961; Wiener, 1966）；

2. 在成人及孩童是精神病的情形，可能是精神分裂症（Allen, 1958; Bender, 1983; Clawson, 1962; Gilbert, 1969; Guertin, 1954a; Halpern, 1951; Hutt, 1953, 1968, 1977, 1978; Hutt & Briskin, 1960; Hutt & Gibby, 1970; Woltmann, 1950）；
3. 可能有精神官能的情形，尤其是失憶性的歇斯底里或焦慮性的精神官能症（Gobetz, 1953; Hutt, 1953, 1968, 1977; Hutt & Briskin, 1960）；
4. 可能是智能不足（Baroff, 1957; Bender, 1938; Canter, 1985; Clawson, 1962; Hutt & Gibby, 1970）；
5. 退化性防衛及解離的傾向（Guertin, 1954a; Halpern, 1951）；
6. 在兒童和成人，閱讀困難方面的學習困擾，同時也有衝動的現象（Koppitz, 1958; Lachmann, 1960; Oas, 1984; Schneider & Spivack, 1979）。

L. 線條變成點暗示精神分裂症（Allen, 1958）。

M. 重疊及交叉困難暗示：

1. 在成人及孩童，情緒的困擾及精神官能的情形，尤其是心理上的衰弱（Byrd, 1956; Guertin, 1952; Hutt, 1953, 1977; Hutt & Briskin, 1960; Hutt & Gibby, 1970; Koppitz, 1958）；
2. 在成人及孩童可能是器質性的情形，尤其是涉及到後頭部的顱頂部位，包括外因性的智能不足（Baroff, 1957; Bruhn & Reed, 1957b; Dileo, 1973; Evans & Marmorston, 1963; Feldman, 1953; Gilbert, 1969; Hain, 1964; Halpern, 1951; Hutt, 1953, 1977, 1978; Hutt & Briskins, 1960; Hutt & Gibby, 1970; Kahn & Giffen, 1960; Lacks, 1999; Lerner, 1972; Lezak, 1983; Mosher & Smith, 1965; Pope & Scott, 1967; Wiener, 1966）；
3. 在成人及孩童可能是不成熟及沒有安全感的人格；曾見於酒癮患者的仿畫中（Curnutt, 1953; Hammer, 1954c; Hutt & Gibby, 1970; Koppitz, 1958; Story, 1960）；
4. 在成人及孩童可能是精神病的，尤其是精神分裂的情形（Bender, 1938; Gilbert, 1969; Goldberg, 1956-1957; Halpern, 1951; Hutt, 1977; Hutt & Gib-

by, 1970; Koppitz, 1958; Lacks, 1999）；

5. 意志力喪失、強迫性地懷疑及恐懼的傾向（Hutt, 1953; Hutt & Gibby, 1970）；

6. 由同性戀衝動所誘發的恐慌（Billingslea, 1948; Hutt & Gibby, 1970）；

7. 具攻擊性、有行動化潛能，對別人而言可能是唐突、無視於他人之存在的人（Brown, 1965; Halpern, 1951; Hutt & Gibby, 1970）。

註解：畫重疊時沒有困難，但有一些非常扭曲的圖形則可能是詐病（Reichenberg & Raphael, 1992）。

N. 連續畫暗示：

1. 在成人及孩童可能是器質性、腦傷的情形（Baroff,1957; Bender, 1938; Bensberg, 1952; Burgemeister, 1962; Clawson, 1962; DeCato & Wicks, 1976; DiLeo, 1970, 1973; Feldman, 1953; Gilbert, 1969; Hain, 1964; Hutt, 1953, 1977, 1978; Hutt & Gibby, 1970; Kahn & Giffen, 1960; Koppitz, 1958, 1962, 1964; Lacks, 1999; Lerner, 1972; Lezak, 1983; Mark & Morrow, 1955; Mosher & Smith, 1965; Pope & Scott, 1967; Quast, 1961; Small, 1973; Tolor, 1968; Wiener, 1966; Woltmann, 1950），包括外因性的智能不足；

2. 自我控制能力減損及現實測試障礙（Hutt, 1953, 1968; Hutt & Briskin, 1960）；

3. 在成人及孩童是精神分裂的情形（Bender, 1938; Gilbert, 1969; Goldberg, 1956-1957; Hutt 1953, 1977, 1978; Hutt & Gibby, 1970; Lacks, 1999; Piotrowski, 1957）；

4. 可見於嚴重的強迫型和腦傷的病人，十分僵化的特質（Gobetz, 1953; Hutt & Briskin, 1960）；

5. 失語的情況（Bender, 1938）； *113*

6. 酒癮型的精神病患（Bender, 1938; Hutt & Gibby, 1970）；海洛因上癮（Korim, 1974）；

7. 可能有精神疾病（Halpern, 1951）；

8. 在兒童，學習困難（Koppitz, 1958）；閱讀問題（Stavianos, 1971）；

及強迫性（Oas, 1984）。

O. 退化，包含簡化、原始和濃縮暗示：

1. 器質性的情形（Bender, 1938; Bensberg, 1952; Bruhn & Reed, 1975b; Clawson, 1962; Evans & Marmorston, 1963; Halpern, 1951; Hutt, 1953, 1977; Hutt & Gibby, 1970; Kahn & Giffen, 1960; Koppitz, 1962; Lacks, 1999; Lerner, 1972; Lezak, 1983; Pope & Scott, 1967; Quast, 1961; Tolor, 1968; Tolor & Schulberg, 1963; Woltmann, 1950）；
2. 嚴重的人格困擾及有包括精神病，尤其是精神分裂症退化情形的自我功能障礙（Bender, 1938; Gilbert, 1969; Goldberg, 1956-1957; Guertin, 1952; Haplern, 1951; Hutt, 1953, 1968, 1977, 1978; Hutt & Gibby, 1970; Lacks, 1999; Reichenberg & Raphael, 1992; Woltmann, 1950）；
3. 不成熟的心理及情緒發展（Bender, 1938; Clawson, 1959, 1962; Halpern, 1951; Koppitz, 1958）；
4. 情緒不穩定的精神官能症患者（Billingslea, 1948; Halpern, 1951; Hutt & Gibby, 1970）；
5. 在孩童和成人均可能有智能不足的現象（Baroff, 1957; Bender, 1938; Bensberg, 1952; Goldberg, 1956-1957; Halpern, 1951; Hutt, 1953; Hutt & Gibby, 1970; Woltmann, 1950）；
6. 可能是裝病（Lacks, 1999）；
7. 失語的情形（Bender, 1938）；
8. 精神病的情形（Halpern, 1951）；及有情緒困擾的罪犯（Zolik, 1958）；
9. 消極抗拒型的人，有明顯無能的感受（Hutt, 1953; Hutt & Briskin, 1960）；
10. 挫折忍受度低，否定主義者及對考試有明顯的敵意（Hutt & Briskin, 1960）；
11. 在孩童，學習困擾，尤其是算數（Koppitz, 1958, 1964）。

P. 顛倒暗示：

1. 在成人及孩童均可能是腦傷，包括外因性的智能不足（Bensberg, 1952;

Burgemeister, 1962; Hain, 1964; Halpern, 1951; Hutt & Briskin, 1960; Lezak, 1983; Quast, 1961; Yates, 1956）；

2. 否定主義者及叛逆型的人，有時有閱讀困難（Hutt & Briskin, 1960; Reichenberg & Raphael, 1992）；
3. 可能是裝病（Bruhn & Reed, 1975a, 1975b）；
4. 嚴重混亂的狀態，包括被為難、有憂鬱情緒的人及精神分裂症患者（Bender, 1938）；
5. 可能是精神官能症患者（Hutt, 1953）。

Q. 旋轉暗示：

註解：見以下的轉動圖卡或紙張。

1. 在成人及孩童均可能是器質性腦傷的情形（Bender, 1938; Burgemeister, 1962; Canter, 1985, 1996; Chorost, Spivack, & Levine, 1959; Clawson, 1962; DeCato & Wicks, 1976; DiLeo, 1973; Evans & Marmorston, 1963; Fabian, 1945; Fuller & Laird, 1963; Gilbert, 1969; Gobetz, 1953; Griffith & Taylo, 1960, 1961; Guertin, 1952; Hain, 1964; Halpern, 1951; Halpin, 1955; Hanvik, 1953; Hanvik & Anderson, 1950; Hutt, 1953, 1977, 1978; Hutt & Briskin, 1960; Hutt & Gibby, 1970; Kahn & Giffen, 1960; Kaldegg, 1956; Koppitz, 1962, 1964; Lacks, 1999; Lerner, 1972; Lezak, 1983; Symmes & Rapaport, 1972; Mark & Morrow, 1955; Mermelstein, 1983; Mundy, 1972; Palmer, 1970; Pope & Scott, 1967; Quast, 1961; Small, 1973, 1980; Tolor, 1968; Tolor & Brannigan, 1980; Tolor & Schulberg, 1963; Wiener, 1966)；
2. 自我嚴重障礙及／或感到迷惑的精神病狀況（Allen, 1958; Bender, 1938; Canter, 1985, 1996; DeCato & Wicks, 1976; Fuller & Laird, 1963; Gilbert, 1969; Goldberg, 1957; Griffith & Taylor, 1960; Guertin, 1952; Halpern, 1951; Hutt, 1953, 1968, 1977; Hutt & Briskin, 1960; Hutt & Gibby, 1970; Jernigan, 1967; Kahn & Giffen, 1960; Koppitz, 1958; Mermelstein, 1983; Woltmann, 1950）；
3. 智能不足，尤其是器質病理的因素（Barroff, 1957; Canter, 1985, 1996;

DeCato & Wicks, 1976; Fabian, 1945; Feldman, 1953; Fuller & Laird, 1963; Goldberg, 1957; Griffith & Taylor, 1960; Hutt & Briskin, 1960; Hutt & Gibby, 1970; Jernigan, 1967; Keller, 1955; Small, 1973, 1980）；

4. 精神官能的情形，尤其是輕度或中度的時候（Billingslea, 1948; Canter, 1996; Fuller & Laird, 1963; Griffith & Taylor, 1960; Hutt & Briskin, 1960; Hutt & Gibby, 1970）；
5. 明顯興高采烈的、亢奮的或沮喪的情緒（Fuller & Chagnon, 1962; Guertin, 1952; Halpern, 1951; Hutt, 1953; Hutt & Gibby, 1970; Murray & Roberts, 1956）；
6. 海洛因成癮，無論是否有精神病的診斷（Korim, 1974）；
7. 敵對和唱反調的，尤其是由反時針方向旋轉時（Canter, 1985, 1996; DeCato & Wicks, 1976; Hutt, 1953, 1968, 1977; Story, 1960）；
8. 若是成順時針的方向，可能是憂鬱的情緒（Canter, 1985, 1996; DeCato & Wicks, 1976; Hutt, 1977）；
9. 在一些顯然是正常的人用左手拿圖卡時（Halpern, 1951）；
10. 在兒童，旋轉的動作在一般孩子說來並非那麼的不尋常，這些舉止也可能和以下的情形有關：
    (1)閱讀及學習困擾（Canter, 1985, 1996; Fabian, 1945; Goldberg, 1957; Halpern, 1951; Keller, 1955; Koppitz, 1958, 1964; Lachmann, 1960）；
    114 (2)否定主義及情緒困擾（Clawson, 1959, 1962; Fuller & Chagnon, 1962; Goldberg, 1957; Guertin, 1952; Halpern, 1951; Jernigan, 1967; Mundy, 1972; Palmer, 1970）；
    (3)器質性的情形，腦性麻痺，或非常「輕微」的神經上的缺陷（Fuller & Laird, 1963; Hanvik, 1953; Palmer, 1970; Patel & Bharucha, 1972; Schneider & Spivak, 1979; Wiener, 1966）；
    (4)心理治療的需求（Byrd, 1956）。

R. 潦草描繪暗示：

1. 在成人及孩童均可能是焦慮和緊張（Canter, 1985, 1996; Clawson, 1962;

DeCato & Wicks, 1976; Halpern, 1951, Hutt, 1953, 1977; Hutt & Briskin, 1960; Koppitz, 1958）；

2. 精神官能的情形（Billingslea, 1948; Hutt, 1953）；
3. 羞怯或不適感（Halpern, 1951; Hutt, 1977）；
4. 可能是器質性的精神病，包括麻痺型的痴呆、感覺型的失語症，和可能因長期酒癮而有幻覺情形的病人（Bender, 1938; DeCato & Wicks, 1976; Hutt, 1953; Kahn & Giffen, 1960; McFie & Zangwill, 1960）；
5. 可能是妄想症（Pascal & Suttell, 1951）；
6. 在兒童，可能自我概念薄弱（Clawson, 1962）。

S. 線條多畫出來的偏差：

1. 多畫出來往上的線條暗示得意洋洋（Halpern, 1951; Weissman & Roth, 1965）；及行動化的傾向（Perticone, 1998）；
2. 多畫出來往下的線條暗示不快樂及沮喪的情緒（Epstein & Lane, 1996; Halpern, 1951; Perticone, 1998; Weissman & Roth, 1965）；
3. 無法維持圖形中水平方向的本質，尤其是圖 2，可能與器質性的情形有關（Guertin, 1954c; Lacks, 1999; Mosher & Smith, 1965）。

T. 即興加以描寫、美化及亂畫混時間暗示：

1. 精神病的情形，尤其是躁鬱症（Bender, 1938; Gilbert, 1969; Hutt, 1953; Hutt & Briskin, 1960; Hutt & Gibby, 1970; Perticone, 1998; Woltmann, 1950）；
2. 當完形是被破壞時，可能是精神分裂症（Bender, 1938; Hutt, 1953, 1968, 1977; Hutt & Gibby, 1970; Woltmann, 1950）；
3. 器質性的及癡呆的情形（Bender, 1938; Hain, 1964; Hutt, 1977; Hutt & Gibby, 1970; Quast, 1961）；
4. 在兒童及成人，多種不同的心理困擾，包括現實接觸不佳的精神病的情形，及對心理治療的需求（Byrd, 1956; Hutt, 1953, 1978; Hutt & Gibby, 1970）；
5. 退化或不恰當的自我運作（Bender, 1938; Hutt, 1953; Story, 1960）；

6. 對需求的滿足過度關心（Halpern, 1951）；
7. 可能是酒精上癮，尤其是正弦曲線的弧線被畫成像波浪或類似的造形時（Story, 1960）；
8. 高度焦慮及無法集中注意力的精神官能症患者（Hutt, 1977; Hutt & Briskin, 1960）；
9. 解離的傾向（Halpern, 1951）。

U. 顫抖及動作不協調暗示：

1. 器質性的情形（Bruhn & Reed, 1975a, 1975b; Clawson, 1962; Hutt, 1953, 1977; Lacks, 1999; Mark & Morrow, 1955; Mosher & Smith, 1965; Pascal & Suttell, 1951）；
2. 焦慮、緊張，及抑制的攻擊，如同我們常在犯罪的青少年身上所常看到的（Curnutt, 1953; Hutt, 1953, 1977; Pascal & Suttell, 1951; Zolik, 1958）；及在有些精神官能症者也會如此（Tucker & Spielberg, 1958）；
3. 有別於其他功能性精神病的憂鬱情形（Tucker & Spielberg, 1958）；
4. 酒精中毒（Curnutt, 1953; Kaldegg, 1956; Pascal & Suttell, 1951）；
5. 在兒童可能是智能不足（Goldberg, 1957）；
6. 一些年老的長者（Ogden, 1959; Pascal & Suttell, 1951）。

註解：誇張而奇怪的顫抖可能是詐病（Bruhn & Reed, 1975a, 1975b）。

V. 旋轉卡片或紙張暗示：

1. 行動化、否定的、操縱的，或精神官能的傾向（Clawson, 1962; Haworth & Rabin, 1960; Hutt, 1977; Reichenberg & Raphael, 1992）；
2. 情緒不穩（Gilbert, 1969）；
3. 可能是精神分裂症（Hutt, 1968）；
4. 可能是器質性的情形，通常病人在畫完圖形後，會把紙張擺朝恰當的方向（Hutt & Gibby, 1970; Small, 1973）。

W. 過度加以描寫暗示：

1. 焦慮及低自信心可見於一些精神官能症患者（Billingslea, 1948; Canter, 1985, 1996; Gilbert, 1969）；

2. 顯著的人際問題及懷疑心（Pascal & Suttell, 1951; Perticone, 1998）；
3. 精神病的情形：有妄想症狀的人較會在線條上加以描寫，而那些非妄想症的病人則較多會在點上加以描寫（Pascal & Suttell, 1951; Woltmann, 1950）；
4. 在兒童，多種不同的問題包括學習及閱讀困難、行動化傾向、智能不足，及有時可能是精神分裂症（Brown, 1965; Goldberg, 1957; Handler & Mclntosh, 1971; Hutt & Gibby, 1970; Koppitz, 1958, 1964, 1975; Perticone, 1998; Schneider & Spivack, 1979）。

註解：Clawson（1962）注意到一些正常的孩子較有情緒困擾的孩童更會在畫面上加以描寫。

大小改變

A. 變大暗示：

1. 衝動，在成人及孩童均是情緒控制不當（Canter, 1996; Clawson, 1962;
Halpern, 1951; Kitay, 1950; Mundy, 1972; Palmer, 1970; Tolor, 1968），及 115
攻擊、行動化的傾向（Brown, 1965; Haworth & Rabin, 1960）；
2. 由於缺乏抑制能力，可能是精神病的（Halpern, 1951）；或是具自戀特質的疾患（Gilbert, 1969）；
3. 明顯的焦慮、不適或無能感受的反向作用（Clawson, 1962; Hutt, 1953, 1977, 1978; Hutt & Briskin, 1960）；
4. 雖然並非總是與行動化的傾向有關，在成人及兒童都有可能是精神分裂或腦傷的情形（Clawson, 1959; Goldberg, 1957; Guertin, 1954a; Kahn & Giffen; 1960; Quast, 1961; Woltmann, 1950）；
5. 可能是躁鬱症中躁期的情況（Gilbert, 1969）；
6. 可能是酒精中毒（Kaldegg, 1956）；
7. 若在整份答卷中要求超過用兩張紙來畫，可能暗示有攻擊及行動化的傾向（Brown, 1965）；
8. 在兒童，情緒及行動化的困擾，以及閱讀困難（Haworth & Rabin, 1960;

Koppitz, 1964, 1975; Rossini & Kaspar, 1987; Schneider & Spivack, 1979; Stavrianos, 1971）。

B. 圖形依序擴大暗示：

1. 由不當的、壓抑性的控制所導致的爆發性的行動化傾向（Brannigan & Benowitz, 1975; Brown, 1965; Clawson, 1962; Hammer, 1965, 1969b; Hutt, 1953, 1977, 1978; Hutt & Briskin, 1960; Mundy, 1972）；
2. 挫折忍受度低（Clawson, 1962; Hutt, 1953; Hutt & Briskin, 1960; Mundy, 1972; Perticone, 1998）；
3. 內向的特質（Hutt & Briskin, 1960）；
4. 精神官能的情形（Hutt & Briskin, 1960）。

C. 縮小暗示：

1. 在兒童及成人，退縮傾向及心理困擾（Clawson, 1959, 1962; DeCato & Wicks, 1976; Gilbert, 1969; Guertin, 1955; Halpern, 1951; Haworth & Rabin, 1960; Hutt, 1977, Hutt & Briskin, 1960; Koppitz, 1964, 1975; Mundy, 1972; Schneider & Spivack, 1979）；
2. 不適、不安全及無能的感受（Clawson, 1962; Gilbert, 1969; Guertin, 1952, 1954c, 1955; Halpern, 1951; Hutt & Briskin, 1960; Mundy, 1972）；
3. 抑制、壓縮的情形（Clawson, 1959, 1962; DeCato & Wicks, 1976; Guertin, 1952; Halpern, 1951; Hutt & Briskin, 1960; Reichenberg & Raphael, 1992）；
4. 器質性的情形，包括酒精中毒及創傷型的精神病，腦炎、麻痺性痴呆、梅毒性麻痺，及感覺性失語症（Allen, 1958; Bender, 1938; Guertin, 1954c; Hutt, 1953; Kahn & Giffen, 1960; Kaldegg, 1956; Woltmann, 1950）；
5. 智能不足的兒童及成人（Bender, 1938; Goldberg, 1957; Woltmann, 1950）；
6. 主動而明顯地焦慮（Gavales & Millon, 1960; Hutt, 1953, 1968, 1978; Hutt & Briskin, 1960; Tolor & Brannigan, 1980）；
7. 精神官能的情形，但圖形 4 可能無法被縮小（Billingslea, 1948; Hutt,

1953, 1977）；

8. 衝動控制力貧乏的混亂狀態（Bender, 1938）；

9. 憂鬱，圖形畫的愈小，憂鬱的情況愈嚴重（Epstein & Lane, 1996; Gilbert, 1969; Hutt, 1977; Lerner, 1972; Tolor & Brannigan, 1980）；

10. 可能是詐病（Lacks, 1999）；

11. 當圖畫的非常小時，可能是精神分裂或其他自我分裂的情形（Allen, 1958; Bender, 1938; Gilbert, 1969; Guertin, 1955; Lacks, 1999）；

12. 圖形畫的小且圖與圖之間的空白很大，可能與妄想症的病人從看起來憎惡的世界退縮有關（DeCato & Wicks, 1976; Hutt, 1953）；

13. 壓縮安排的小圖形暗示一個非常嚴格的超我（Hutt, 1953）。

D. 圖形依序縮小暗示：

1. 內向，運用抑制、壓抑防衛的畏縮型人格，尤其是精神官能症患者（Hutt, 1977; Hutt & Briskin, 1960）；
2. 挫折忍受度低，有行動化的傾向（Hutt, 1953, 1978）；
3. 憂鬱（Epstein & Lane, 1996; Hutt, 1977）；
4. 在兒童，焦慮情緒的內化，有時有心身方面的症狀（Clawson, 1962）。

E. 仿畫的大小明顯的不一致暗示：

1. 上下波動的自我控制（Brown, 1965）；
2. 情感兩歧的人（Halpern, 1951），有時有精神官能症（Hutt, 1977）；
3. 在兒童，挫折忍受度低及對環境的刺激反應過度（Clawson, 1959）；
4. 在青少年，有一種想表現出來的傾向（Brannigan & Benowitz, 1975）。

仿畫處理的類型

A. 僵化、有方法的安排暗示：

1. 小心翼翼的或強迫性的傾向，雖然這些可能是在正常的範圍內（Billingslea, 1948; Halpern, 1951; Hutt, 1953, 1968; Hutt & Briskin, 1960; Perticone, 1998）；
2. 適應不良的成人和孩童（Clawson, 1959; Halpern, 1951; Hutt & Briskin,

1960; Woltmann, 1950）；

3. 誇大地追尋安全感，是一種由焦慮及不安全感所衍生而來的補償性作用，尤其是當線條把圖形包圍起來時（Halpern, 1951）；

4. 適應不良的人及智能不足兒童僵化的衝動控制（Canter, 1985, 1986; Goldberg, 1957）；

5. 有衝動性防衛和／及憂鬱情緒的人（Epstein & Lane, 1996; Hutt, 1953, 1977; Hutt & Briskin, 1960; Woltmann, 1950）；

116 6. 可能是嚴重人格疾患的初期，反映出為因應迫近的人格解構所做的努力（Halpern, 1951）；有時與酒精中毒有關（Story, 1960）。

B. 合乎邏輯、有次序地、有系統地安排暗示：

1. 在兒童及成人，正常的表現（Byrd, 1956; Clawson, 1959, 1962; Halpern, 1951; Haworth & Rabin, 1960; Hutt, 1953, 1979; Hutt & Briskin, 1960; Perticone, 1998）；

2. 以合理的方式解決日常所面臨的問題，有好的適應及做計畫的能力；一個健康的自我（Halpern, 1951; Hutt & Briskin, 1960; Perticone, 1998）；

3. 某些精神官能性的人（Billingslea, 1948）；

4. 若有一些顯著的變形，可能是詐病（Reichenberg & Raphael, 1992）。

C. 不規則的安排暗示：

1. 缺乏控制衝動的能力，如同我們在適應不良的病人身上所看到的，包括躁鬱症及兩極性的情形（Canter, 1985, 1996; Murray & Roberts, 1956; Tolor & Brannigan, 1980）；

2. 適應不良、退縮型的妄想症患者（Guertin, 1955）；

3. 成人把圖形畫靠在紙邊暗示需要所處的環境能給予支持，或對獨立一事心生恐懼（Halpern, 1951）；

4. 孩童把圖形畫靠在紙邊暗示緊張和焦慮（Koppitz, 1958）；

5. 剛開始時整整齊齊地畫，到後來卻堆塞在底部或散落在四處，暗示處於壓力或創傷時，正常的行為會急速消失和退化（Hutt, 1953; Hutt & Briskin, 1960）；

6. 在紙背面完成圖形暗示肛門性格的吝嗇（Hutt, 1953; Hutt & Briskin, 1960）；
7. 以由右而左、由下而上的順序來畫，暗示否定的傾向；後者比前者更嚴重（Hutt & Briskin, 1960）；
8. 第一個圖形畫在中間而其他的圍繞在其四周，暗示自我中心或自戀（Hutt & Briskin, 1960）；
9. 突然改變處理的手法暗示衝動性；可能與當時正在畫的圖形的象徵意義有關（見如下）（Hutt & Briskin, 1960）。

D. 混淆而雜亂的處理暗示：

1. 強烈而壓倒性的焦慮，可能有混亂的感受（Hutt, 1953, 1968; Hutt & Briskin, 1960; Koppitz, 1958; Perticone, 1998）；
2. 在兒童及成人均可能是精神病的情形，尤其是精神分裂症和青春型精神分裂的情形（Bbender, 1938; Goldberg, 1957; Guertin, 1954b; Halpern, 1951; Hutt, 1953, 1968, 1977; Hutt & Briskin, 1960; Perticone, 1998）；
3. 可能有器質性的障礙（Halpern, 1951; Hutt & Briskin, 1960）；
4. 在兒童，缺乏控制衝動的能力，可能有行動化傾向或精神分裂的情形（Byrd, 1956; Clawson, 1959, 1962; Goldberg, 1957; Hutt, 1978; Koppitz, 1975; Mundy, 1972; Perticone, 1998; Rossini & Kaspar, 1987）；
5. 躁症的情形（Murray & Roberts, 1956）；
6. 精神官能的情形（Gobetz, 1953）；
7. 智能不足，外因性和內因性均有可能（Baroff, 1957; Perticone, 1998）。

E. 聚集，擠或連在一起的安排暗示：

1. 在兒童及成人，退縮的傾向，收縮及抑制，害怕的、焦慮的、明顯憤世嫉俗的人，極度壓抑控制，有著非常嚴格的超我（Brown, 1965; Canter, 1985, 1996; Clawson, 1959, 1962; DeCato & Wicks, 1976; Haworth & Rabin, 1960; Hutt, 1953, 1978; Hutt & Briskin, 1960; Perticone, 1998; Woltmann, 1950）；
2. 精神官能的情形，對人的敏感性缺乏，不安全、突兀、憤世嫉俗的傾向（Billingslea, 1948; Halpern, 1951; Hutt & Briskin, 1960; Woltmann, 1950）；

3. 沮喪、毫無生氣、魯鈍的情形，尤其是與自卑感有關（Epstein & Lane, 1996; Johnson, 1973; Murray & Roberts, 1956; Pascal & Suttell, 1951; White, 1976）；
4. 精神病的情形，包括器質性及精神分裂性（Bender, 1938; Gilbert, 1969; Guertin, 1955; Halpern, 1951; Hutt, 1968; Woltmann, 1950）；
5. 妄想、憤世嫉俗、反動之個體，在極度的壓力下，也許會表現出退縮和不適感（DeCato & Wicks, 1976; Guertin, 1955）；
6. 海洛因上癮（Korim, 1974; Tolor & Brannigan, 1980）；
7. 在兒童可能是學習困難（Koppitz, 1958）；
8. 在兒童可能是智能不足，包括內因性、外因性或是精神分裂症（Baroff, 1957; Goldberg, 1957）。

F. 碰撞或重疊的安排暗示：

1. 器質性的、腦傷的情形（Beck, 1959; Burgemeister, 1962; Canter, 1985, 1996; Clawson, 1962; DeCato & Wicks, 1976; Hain, 1964; Halpern, 1951; Hutt, 1953, 1977; Hutt & Briskin, 1960; Hutt & Gibby, 1970; Lacks, 1999; Lezak, 1983; Mosher & Smith, 1965; Small, 1973）；
2. 精神病的情形，尤其是精神分裂症（Clawson, 1962; DeCato & Wicks, 1976; Guertin, 1954b; Halpern, 1951; Hutt, 1953, 1968, 1977; Hutt & Briskin, 1960; Hutt & Gibby, 1970; Lacks, 1999; Reichenberg & Raphael, 1992）；
3. 衝動的，可能有攻擊的、行動化的傾向（Brown, 1965; Canter, 1985, 1996; Clawson, 1962; DeCato & Wicks, 1976; Halpern, 1951; Hutt & Briskin, 1960; Hutt & Gibby, 1970; Reichenberg & Raphael, 1992）；
4. 自我能力低落或有一些自我的困擾，有可能與最近低劣的規劃能力有關（Canter, 1985, 1996; Hutt, 1953; Hutt & Briskin, 1960; Hutt & Gibby, 1970）；

註：對小於八歲以下的孩童而言，碰撞在一起的情形可能是正常的。

G. 散亂的、擴張的處理暗示： 117

1. 在成人及兒童，攻擊的、堅決的行為，包括叛逆及憤世嫉俗、行動化的傾向（Canter, 1985, 1996; Clawson, 1959, 1962; DeCato & Wicks, 1976; Hurr, 1953, 1977, 1978; Hutt & Briskin, 1960; Perticone, 1998）；
2. 躁症的情形，擴張性（Canter, 1985, 1996; Murray & Roberts, 1956）；
3. 精神病，或至少是因為缺乏抑制控制及非常脆弱的關係所導致的極度易衝動性（Canter, 1996; Halpern, 1951; Hutt, 1977）；
4. 精神官能的情形（Hutt & Briskin, 1960; Woltmann, 1950）；
5. 若圖形畫的愈來愈小，妄想的情形（Hutt & Briskin, 1960）；
6. 在兒童可能有情緒的困擾（Brown, 1965; Koppitz, 1964, 1975），雖然這對幼兒而言可能是正常的（Perticone, 1998）。

個別圖形相關的詮釋性假設

圖 A

A. 一般考量：

圖 A、圖 1 及圖 2 被認為是最簡單仿畫和回憶的（Goodstein, Spielberger, Williams, & Dahlstrom, 1955）。圖 A 是由兩個運作良好的完形所組成，通常會被經驗成兩個接近的封閉造形。一般人會先畫圓圈，然後再畫菱形（Woltmann, 1950）。這裡經常會有一種不平衡和沒有對稱、無法休止的感受，也在某些程度上兩個圖形幾乎是碰在一起的（Bender, 1938; Suczek & Klopfer, 1952）。

通常六至八歲的孩子便能正確地仿畫圖 A（Bender, 1938; Hutt, 1977; Hutt & Briskin, 1960; Woltmann, 1950）。圖 A 的一般聯想包括祥和的、乾淨的、愉悅的、誠實的、小的及沒有價值的（Tolor, 1960）。精神科的病人較傾向有「祥和」和「乾淨」的聯想（Schulberg & Tolor, 1962）。

圓形象徵性地代表女性，而菱形或方形則象徵性地代表男性。仿畫這個圖形的部分可能反映對異性的態度和情感（Hammer, 1954c; Hutt, 1977; Hutt & Briskin, 1960; Perticone, 1998）。Reichenberg 和 Raphael（1992）將此視為「父母卡」。圓圈無法成形暗示缺乏來自一位女性或母親角色的滋養；而方塊無法成形則暗示一位男性或父親角色所給予的滋養不足。

B. 圖 A 的位置：

1. 畫在中央可能與自戀、自我中心和精神病的人有關（Clawson, 1962; DeCato & Wicks, 1976; Hutt, 1953, 1968, 1977, 1978）。
2. 畫在左上角可能與膽小、害怕的人有關（Hutt, 1953）。
3. 畫在左下角，接著把所有的圖形都畫在下邊的位置，暗示有嚴重的自我困擾。
4. 畫在下邊暗示憂鬱（DeCato & Wicks, 1976）。
5. 畫在任何異常的位置暗示可能是妄想症、精神分裂症，或其他的精神病（Hutt, 1968, 1977, 1978），雖然這樣的情形有時也會出現在精神官能症者的畫中（Hutt, 1977）。

C. 不尋常的處理：

1. 強調圖 A 兩個部分中的任何一個，無論是擴張它的大小、加重線條，草率地畫，或是在畫兩個部分接觸時顯現困難，可能代表統整人格不協調部分時的困難（Suczek & Klopfer, 1952）。圖 A 可能象徵性地反映人格中的陰陽兩面（Hammer, 1954c; Reichenberg & Raphael, 1992），或與其母親的關係（Perticone, 1998）。當圓形畫的較大時，可能暗示與女性的認同，或者對他而言母親是專制的（Perticone, 1998）。當方形畫的較大時，則可能代表認同男性，或者有一位獨斷的父親（Perticone, 1998）。
2. 兩個部分重疊暗示在相交當下的侵入，可能反映對男子氣概的掙扎（Hammer, 1954c），或精神官能的情形（Billingslea, 1948）。如果方形穿入圓形，則其父親的角色可能在肢體上是較具攻擊性的；而當圓形穿入方形，則暗示其有位較具攻擊性的母親（DeCato & Wicks, 1976;

Richenberg & Raphael, 1992）。

3. 在仿畫有弧度的圖形時感到困難，暗示在表達本能時有困難，或缺乏母性角色所給予的滋養（Reichenberg & Raphael, 1992）。在仿畫方形時感到困難，則暗示表達順從特質時的困難（Hutt & Gibby, 1970; Hutt & Briskin, 1960）；或缺少來自父親角色的關愛（Reichenberg & Raphael, 1992）。

4. 在成人，無能仿畫菱形暗示在視覺—動作的協調上有嚴重的困擾，可能涉及到器質性的因素（Halpern, 1951; Pope& Scott, 1967）；或者是與父性角色的關係不佳（Reichenberg & Raphael, 1992）。

5. 將這兩部分當作各自獨立的個體而非一個完形的局部，可能暗示人格有分裂的傾向；在成人，可能與器質性的疾病和精神分裂的情形有關（Halpern, 1951）；在兒童可能為腦傷（Koppitz, 1962），雖然這對七歲以下的兒童而言並非是異常的（Bender, 1938）。這可能象徵性地反映和父母之間缺乏感性的互動（Reichenberg & Raphael, 1992）。

6. 結束時困難，或圖案畫的很快，或方形的兩邊畫成有弧度，暗示有易衝動性（Hutt, 1968）。在相交點加以描寫可能反映與其母的關係緊張（Perticone, 1998）。

7. 將圖 A 旋轉或嚴重地解構暗示此人可能是位已順應及毫無防衛的精神分裂症患者，他或她已對內在的衝突發展出精神分裂式的解決方法（Guertin, 1952）；雖然有時也見於有躁症的情形時（Murray & Roberts, 1956）。在兒童，有腦傷的比沒腦傷的較常出現此種情形（Koppitz, 1962）。

8. 在成人和兒童而言，畫出不恰當的角度暗示可能有器質性的情形（Hal- *118*
pern, 1951; Koppitz, 1958; 1962; Shapiro et al., 1957），雖然 Lerner（1972）認為，那可能反映焦慮無法表現出男子氣概；對女性而言，它可能表達了一種對男性抱持否定的態度。尤其是畫成九十度角時，暗示可能有男性—女性的衝突（Weissman & Roth, 1965）。

9. 菱形的水平向加長及／或重疊可能暗示有閹割焦慮（Hammer,

1954c）。

10. 把圖形畫的扁扁的暗示感受到外界的壓力（Perticone, 1998）。
11. 不一致的線條品質暗示極度緊張的狀態（Hutt, 1968）。
12. 假若圓形畫的比方形高，女性／母親的角色較為強勢；假若方形畫的比圓形高，則男性／父親的角色較具優勢（Reichenberg & Raphael, 1992）。
13. 在此款圖中若圖形黏在一起，暗示父母親的關係是親密的；若圖形是分開的，則父母親的角色疏離；若方形疊住圓形，則父母間的關係是侵略的（Reichenberg & Raphael, 1992）。

圖 1

A. 一般考量：

圖 1 和圖 A 及圖 2 一樣，被認為是最容易被一般人所仿畫的圖形之一（Goodstein et al., 1955），雖然對有器質性情形和一些有精神官能性問題的人而言，它是困難的（Hutt, 1977）。圖 1 通常被視為一種簡單連續反覆的形式，一般人會對它的極簡和重複性感到不耐和無趣。對此圖形的反應可能反映出一個人對常態、系統及重要細節的態度和情感（Suczek & Klopfer, 1952）。

由小圈點所組成的圖 1 應被以同一個系列的組合來看待，一般而言，六至九歲的孩子就能由左而右正確地仿畫這個圖形（Bender, 1938; Woltmann, 1950）。小於九歲的正常兒童可能會以微微扭曲像波浪而非一直線似地，把它橫越紙張反覆地畫下來（Pascal & Suttell, 1951）。

一般對圖 1 的聯想包括：乾淨的、小的、討厭的、無用的、寧靜的、輕的、清楚的、冷的、薄的、平滑的，及精緻的（Tolor, 1960），精神科的病人傾向有「小的」聯想（Schulberg & Tolor, 1962）。圖 1 也被認為常代表重複、反覆，及對某些人代表對細節的重視（Suczek & Klopfer, 1952）。它可能也象徵性地反映衝動的控制（Reichenberg & Raphael, 1992）。此圖的仿畫可代表一對一人際運作的面向（Perticone, 1998）。

B. 不尋常的處理：

1. 仿畫圖 1 有困難可能與多種病態人格的情形有關，包括器質性、緊張、漫然的焦慮、衝動性、程度嚴重的氣喘問題、精神官能性、強迫性、精神分裂性及妄想的情形（Hutt & Briskin, 1960; Perticone, 1998; Reichenberg & Raphael, 1992）。
2. 無心、不在意的仿畫代表系統性對受試者而言是不重要的；反之，當此圖是被小心翼翼地畫下時，則可能代表嚴謹地順應法規（Suczek & Klopfer, 1952）。
3. 角度變化以致於整個圖案看起來像個弧形，可能暗示自我中心或自戀（Hutt, 1977; Hutt & Briskin, 1960）。
4. 將圖 1 壓縮變成一個細小的圖案，可能暗示沮喪及低能量的狀態（Lerner, 1972）。
5. 以虛線來替代點可能與下列有關：
   (1)具攻擊性及行動化的行為（Brown, 1965; Reichenberg & Raphael, 1992）；
   (2)情緒不穩、衝動或缺乏對動作的控制或抑制（Halpern, 1951; Perticone, 1998）；
   (3)違法（Zolik, 1958）；
   (4)器質性的情形（Bender, 1938; Burgemeister, 1962; Halpern, 1951）。
6. 以重撇順手的一筆筆當作點強烈地暗示攻擊性（Lerner, 1972; Reichenberg & Raphael, 1992）。
7. 擴大，尤其是很大的仿畫在成人可能是精神病（Lerner, 1972）；在兒童則是情緒困擾（Koppitz, 1964, 1975）。
8. 無法維持水平軸的方向暗示有器質性的情形（Guertin, 1954c），將圖 1 簡略地畫也是如此（Hain, 1964）；一個向下的傾斜或像時鐘似的旋轉暗示憂鬱，而向上的斜度則暗示否定、衝動控制力薄弱或行動化的傾向（Hutt, 1977; Lerner, 1972; Reichenberg & Raphael, 1992）。
9. 以文字或數字來替代點曾見於退化性中樞神經系統疾病（CNS）的病

患（Bender, 1938）。

10.以圓形替代點暗示退化或行動化傾向（Brown, 1965; Reichenberg & Raphael, 1992）；也可能有女性化的感受，此反映在圓圈是陰道的象徵（Hammer, 1954c）；在兒童，腦傷的孩子較常畫圓圈（Koppitz, 1962）。

11.以圈環代替點暗示過度幻想（Lerner, 1972）。

12.點強調成對暗示：

⑴可能是偏執似的關心或疑慮（Lerner, 1972; Reichenburg & Raphael, 1992）；

⑵可能是強迫性的僵化（Lerner, 1972; Reichenburg & Raphael, 1992）。

13.反覆在此圖及圖 2 對大於七歲的成人及兒童而言，暗示一種器質性的情形（Bender, 1938; Feldman, 1953; Goldberg, 1956-1957; Halpern, 1951; Koppitz, 1962; Weissman & Roth, 1965）。智能不足者可能有一個器質性的病理因素（Baroff, 1957）。

14.計算點的數目兩次或兩次以上暗示完美主義的傾向（Canter, 1985, 1996）；精神官能性傾向（Gobetz, 1953）；或可能反映器質性的情形（Small, 1980）。

15.為數眾多的點暗示對衝動控制方面的關注；點非常少則可能是易衝動性（Reichenberg & Raphael, 1992）。

119 16.在兒童，大於四十五度角度的旋轉是非常顯著的腦傷之指標（Koppitz, 1962）。

17.以直線，通常是類似破折號的短線所組成的點可能與下列相關：

⑴器質性的情形（Bender, 1938; Burgemeister, 1962; Halpern, 1951）；

⑵詐病（Bruhn & Reed, 1975a, 1975b）；

⑶可能是精神病（Halpern, 1951）。

18.在兒童，波浪狀的線條暗示情緒困擾（Koppitz, 1964, 1975; Mundy, 1972）。

19.在青少年，波浪狀的線條暗示可能有犯罪的傾向（Zolik, 1958）。

圖 2

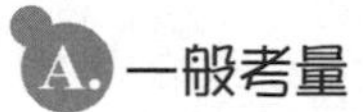

A. 一般考量：

圖 2 通常被認為是最容易被仿畫的圖形之一（Goodstien et al., 1955）。圖 2 的仿畫，一部分有可能反映個人對外界訂定之紀律的遵守意願。假若用圖 2 和圖 1 兩者一起來詮釋，則我們對此人生活中的紀律能有更深入的了解（Suczek & Kloper, 1952）。

有別於圖 1 可能象徵一對一的社交互動，圖 2 則被詮釋為一個人在較大群體中的運作象徵（Perticone, 1998）。省略此圖中的幾列圓圈可能暗示在大團體情境時的不適感。

通常圖 2 會被看成是一系列短的、由三個單位所組合而成的斜線，其安排是由左而右向下傾斜的線。對圖 2 的知覺主要受部分接近性定律（principle of proximity of parts）所決定，通常要十歲才能成功地仿畫此圖（Bender, 1938; Woltmann, 1950）。

一般對圖 2 的聯想包括好的、漂亮的、乾淨的、強壯的、愉悅的、清晰的、行進的、和快的（Tolor, 1960），而精神科的病人傾向「好的、乾淨的、清晰的和柔順的」聯想（Schulberg & Tolor, 1962）。

在女性，圖 2 有一些傾向平和及滿足的聯想，像是代表環境中的紀律。對男性而言，圖 2 與不愉快及被激怒的聯想有關，好像代表權威人士對人下命令，包括對當事人（Suczek & Klopfer, 1952）。

仿畫圖 2 時有困難，曾與當事人有器質性情形，而其人際關係方面有嚴重問題有關（Hutt & Briskin, 1960）。

B. 不尋常處理：

1. 由於角度改變以致於整個圖 2 看起來像個弧形，暗示自我中心或自戀（Hutt, 1968; Hutt & Briskin, 1960）。
2. 將幾列圓圈改畫成垂直面，硬、直的線條或畫成反方向、傾斜的圓圈圈，可能與酒癮有關（Hutt & Briskin, 1960; Story, 1960）。
3. 每一列均畫多於三個圓圈暗示可能是精神分裂的過程（Reichenberg &

Raphael, 1992）。

4. 以點或線條替代圓圈曾與年長的精神病患有關（Hutt, 1968, 1977）；有一些承受嚴重的自我障礙，雖然這些可能會產生急性而短暫的焦慮（Hutt, 1968, 1977; Hutt & Briskin, 1960），或極度的衝動性（Brannigan et al., 1978; Perticone, 1998）。以行而非列來安排圖形與不成熟有關（Bender, 1938; Keller, 1955）。
5. 在圓圈內用力地畫點可能反映受虐的傾向（Hutt, 1977; Hutt & Briskin, 1960）；圓圈塗滿暗示憤怒及行動化（Reichenberg & Raphael, 1992）。
6. 將角度一列列逐漸變平暗示可能有閹割焦慮（Hammer, 1954c）。
7. 圈與圈之間有間隙或大的空格暗示可能有解離（Reichenberg & Raphael, 1992）。
8. 圖 2 的水平感喪失，具有在原先基礎線上方或下方的曲線，曾與精神分裂的情形及其高亢和沮喪的情緒有關（Halpern, 1951; Hutt, 1977; Hutt & Briskin, 1960）；一個向下的傾斜暗示憂鬱（Lerner, 1972; Weissman & Roth, 1965）；而一個往上的斜坡則暗示高亢或行動化。
9. 無法完成圖 2 可能反映憂鬱（Reichenberg & Raphael, 1992）；
10. 對圖 2 的詮釋是具體的音符暗示病態的思考（Halpern, 1951）；
11. 一排排在最後重疊形成像箭頭一樣的圖形，暗示可能補償性地力求男子氣概或攻擊的傾向（Hammer, 1954c）。
12. 大於七歲者有反覆及數目上的變更，可能有腦傷及器質性記憶缺陷（Baroff, 1957; Feldman, 1953; Guertin, 1954a; Halpern, 1951; Koppitz, 1962; Lerner, 1972），及精神分裂的情形（Bender, 1938; Lerner, 1972）；但對兒童而言可能是正常的（Keller, 1955）。
13. 大於八歲者用旋轉或大於六歲者將圖形省略暗示有腦傷（Koppitz, 1962）。然而，向上的線條、反時針方向的旋轉，及通常上方有開口的大圈環，對幼兒而言都是正常的（Keller, 1955）。向上的斜坡在此對成人而言，暗示精神官能症（Gobetz, 1953）。

14. 不規則的斜坡或改變可能與情緒的善變性有關（Lerner, 1972），或是憂鬱（Reichenberg & Raphael, 1992）或可能是器質性的情形（Guertin, 1954a; Pope & Scott, 1967），將圖 2 簡化的情形亦是如此（Hain, 19640）。

圖 3

A. 一般考量：

當這個圖形被仿畫的很好時，可以說是沒有退化的指標（Weissman & Roth, 1965）。這個圖形如何地被仿畫可能象徵著在自我表達時的肯定或企圖心（Brown, 1965; Perticone, 1998; Weissman & Roth, 1965）。

圖 3 可被視為一個物體或一群分散的物體，可以是靜止的或者是行進
中的。當被視為在行進中時，通常是往右的。圖 3 可能反映一個人表達情 *120*
感和本能的態度（Suczek & Klopfer, 1952）。一個人如何處理其敵意和性
衝動也可能可以看得出來（Brown, 1965; Reichenberg & Raphael, 1992;
Weissman & Roth, 1965）。

通常最左方那個獨立的點會最先畫出來。圖 3 一般說來要十歲（Bender, 1938）或十一歲才能勝任（Pascal & Suttell, 1951; Woltmann, 1950）。對大部分的兒童而言，這是一個困難的圖形，但是七歲以上的孩子便很少會完全變形（Pascal & Suttell, 1951）。此圖和圖 2 一樣，被認為是受部分接近性定律所支配（Bender, 1938）。

些微興奮的感受及偶發的恐懼也可能與圖 3 有關（Suczek & Klopfer, 1952）。其他的聯想包括好的、美麗的、強壯的、乾淨的、愉悅的、清澈的、行進的、快的、輕的，及柔順的（Tolor, 1960）。

此圖中有傳統精神分析的性象徵代表符號，不尋常的處理方式當會在這樣的情境中去做詮釋（Suczek & Klopfer, 1952）。圖 3、圖 4 及圖 7 似乎是三個最難被模擬得滿意的圖形（DeCato & Wicks, 1976; Goodstein et al., 1955），但圖 3 同時卻也是最容易被有效詮釋的圖形之一（Tolor, 1957）。

B. 不尋常處理：

1. 不恰當的角度可能與器質性的情形有關（Halpern, 1951）。
2. 中間的點沒有排直在同一行上或是失去角度，暗示思考上的弦外之音四散，可能是精神分裂症，尤其是錯亂型的精神分裂症（Guertin, 1954b），或腦傷（Reichenberg & Raphael, 1992）。
3. 在仿畫圖 3 時過度小心，可能與固著於強烈肛門期的病人有關（Hutt & Briskin, 1960）。
4. 將右手邊的點押扁或變圓，強調頂端的點或是將點仿畫成小圓圈可能反映：
   (1)很難處理退化（DeCato & Wicks, 1976; Lerner, 1972; Perticone, 1998; Weissman & Roth, 1965）；
   (2)對閹割威脅的一種反動（Hammer, 1954c）。
5. 圖 3 被仿畫成主題具體的「一群鳥」，暗示可能是器質性或精神分裂性思考（Halpern, 1951）。
6. 一般人比精神病患更容易畫出水平軸不尋常地長的畫（Billingslea, 1948）。
7. 五歲以上兒童無法掌握圖形的樣式暗示腦傷（Koppitz, 1962）。
8. 線條無法平行可能反映器質性情形中的壓力（Guertin, 1954c）。
9. 減少畫點的數目或減少圖 3 組合部分的數量，簡化，可能與退化的情況有關（Hutt & Briskin, 1960），及否定攻擊性（Reichenberg & Raphael, 1992）。
10. 尺寸縮小，右邊的角度增加，對細節而非形式加以關注，暗示害怕情感的表達（Suczek & Klopfer, 1952），或對勃起或強度的考量（Reichenberg & Raphael, 1992）。
11. 顛倒暗示自我懲罰，朝內在的自我攻擊（Lerner, 1972）。
12. 六歲以上的兒童仍使用到旋轉暗示腦傷（Koppitz, 1962）。
13. 以不同的記號代替點暗示：
   (1)點變成圓圈暗示不成熟及／或退化（Perticone, 1998; Reichenberg & Raphael, 1992），及對特定的人：

在女性，厭惡男人及性交及／或對父親角色的人憤怒（Reichenberg & Raphael, 1992）；

在男性，對性及攻擊的動機感到混淆及／或對父親角色的人感到憤怒（Reichenberg & Raphael, 1992）；

在成人，行動化的傾向（Brown, 1965）；

對六歲以上的兒童，可能是腦傷（Koppitz, 1962）；

對幼兒，不成熟（Koppitz, 1958）；

男性畫口開開的圓，暗示性別及攻擊動機的混淆，女性畫的圓圈未閉緊，暗示對男人及性交感到厭惡（Reichenberg & Raphael, 1992）；

⑵點變成破折線可能與器質性的情形、情緒不穩定及犯罪（Burgemeister, 1962; Halpern, 1951; Zolik, 1958）、易衝動性（Perticone, 1998），及一些缺乏動作控制的退化性中樞神經系統疾病患者有關（Bender, 1938）；

⑶將點變成線條並不常見，但若出現在任何年紀的兒童都暗示有腦傷（Koppitz, 1962）；或在成人可能是詐病（Bruhn & Reed, 1975a, 1975b）；

⑷點變成數字或字可能與中樞神經系統退化性疾病有關（Bender, 1938）；

⑸將點變成「Z」字暗示極度易衝動性（Perticone, 1998）。

圖 4

A. 一般考量：

圖 4 通常被視為兩個分開、彼此無關的物體，或者整個圖形被視為兩個分開但彼此有互動的物體。當圖 4 被當成是一個整體時，相對地並不多

見，它所呈現的概念會較模糊。在此，一個人對於其情感生活中不一致及猶疑的態度會顯現出來。仿畫此圖時有困難，暗示不協調與不一致可能是焦慮的來源（Suczek & Klopfer, 1952）。

依據連續性定律（principle of continuity），這個圖形常被看成有兩個單位：一個開口的方形和一個鐘形在其右下角。通常這個開口的方形會先被畫下來，然後是這個有弧度的圖形（Bender, 1938; Woltmann, 1950）。

一般而言，六歲的孩子便能成功地仿畫這個圖形（Bender, 1938; Pascal & Suttell, 1951; Woltmann, 1950）。圖 4 所能激發的情感包括與缺乏平衡、完整性或接觸點有關的焦慮（Suczek & Klopfer, 1952）。

121 圖 4 和圖 A 一樣，代表兩個常與性別認同有關的符號：有開口的方形是男性而有弧度的造型是女性（Hutt & Briskin, 1960; Reichenberg & Raphael, 1992）。男與女、母與子，或父母與子女的關係和口腔接受的需求，在此可能被象徵性地表達出來（Brown, 1965; Canter, 1985, 1996; DeCato & Wicks, 1976; Perticone, 1998; Reichenberg & Raphael, 1992; Weissman & Roth, 1965）。Reichenberg 與 Raphael（1992）以此圖來評估同儕關係（如下）。無論此圖形哪一邊性象徵的圖案較大，都可能反映那一個性別的父母較為強勢。

圖 4 相關的聯想包括：大的、清楚的、醜的、討厭的、殘酷的、不愉快的、薄的及不誠實的（Tolor, 1960）。

圖 4、圖 3 和圖 7 顯然是最難被仿畫的三個圖形（Goodstein et al., 1955）。

由於被拒絕的頻繁和極少有全部都統整良好的反應，此圖同時也被認為是第二難投射性地被詮釋的圖形；描述性及字母似的反應最常出現（Tolor, 1957）。圖 4 對智能不足者尤其困難（Bender, 1938）。換言之，能輕易畫出弧形代表能適度地接受需求（Lerner, 1972）。

對男子氣概的追求可能出現在接觸點上，如同在圖 A 及圖 2，當一個圖形被另一個覆蓋時予人侵入的印象（Hammer, 1954c）。女性畫的弧形比方形大或把它遮住傾向討厭男人及或許對他們是懲罰性的。陽剛圖形疊住弧形的男性傾向討厭女性（Reichenberg & Raphael, 1992）。

B. 不尋常處理：

1. 未封閉與畫弧線要素時感到困難有關，暗示情緒控制不良，與類分裂型人格、精神分裂症及僵直型精神分裂症的人有關（Guertin, 1952; Lerner, 1972）。將部分分開的現象暗示同儕關係不良、妄想傾向，或可能是成癮的癖性（Reichenberg & Raphael, 1992）。此也可能象徵與母性角色的關係不良（Perticone, 1998）。當圖 4 的兩個部分只透過單一的一條線連接時，它可能代表在人與人的關係嘗試做努力，或至少給人這樣的一個觀感（Perticone, 1998）。
2. 放大開口的方形可能與精神官能症有關（Billingslea, 1948），及暗示此人認為男性是強勢的（Reichenberg & Raphael, 1992）。
3. 由於將兩部分畫的過度緊密所產生的重疊與精神官能的情形有關（Billingslea, 1948）；有閹割威脅感（Hammer, 1954c）；及自殺的可能性（Brown, 1965; Lerner, 1972; Weissman & Roth, 1965）。可能象徵在一個有意義的關係中心存敵意（Perticone, 1998）。
4. 對男性而言：若盒形穿越弧形線，盒形的右邊較高，弧形在盒形下方，盒形的顏色較弧形深，或盒形看起來比原圖大許多，則暗示不喜歡女人及有口語或肢體去虐待她們的傾向（Reichenberg & Raphael, 1992）。

   對女性而言：若盒形弧形線相疊，或盒形的角是圓弧的，則暗示不喜歡男人及有口語或肢體去虐待他們的傾向（Reichenberg & Raphael, 1992）。
5. 開口的方形與弧形未連在一起暗示猶豫不決、自我懷疑，及可能是焦慮（Halpern, 1951; Lerner, 1972）；在同儕關係上有相當程度的困擾（Reichenberg & Raphael, 1992）。他們通常是多疑的，有時是偏執的。對任何年紀的兒童而言，無法統整部分與腦傷有關（Koppitz, 1962）。

6. 缺乏或移置接觸點可能與閹割威脅有關（Hammer, 1954c）；及與口腔需求相關的焦慮有關（DeCato & Wicks, 1976）。
7. 不恰當的角度暗示器質性的情形（Halpern, 1951; Shapiro et al., 1957）。
8. 隨意地畫、強調的線條、重的線條，及尤其是將兩部分不正確地關聯起來，暗示兩種相互衝突的情境產生焦慮（Suczek & Klopfer, 1952）。
9. 在兒童弧形旋轉與智能不足有關（Goldberg, 1956-1957）；無論是任何年紀的兒童將圖形旋轉四十五度角，都指向是腦傷（Koppitz, 1962）；將開口的方形逆轉暗示被母親拒絕的深層感受（Perticone, 1998）。
10. 扁平的弧形與平淡的情緒有關（Hutt & Gibby, 1970; Hutt & Briskin, 1960），可能象徵與母親的關係平淡（Perticone, 1998）。
11. 多畫一個圈環與易衝動性及控制力不足有關（Brannigan et al., 1978; Hutt, 1977; Hutt & Briskin, 1960）。
12. 畫開口方形的垂直線有困難，尤其是當線條不均等時，可能與和權威人士的關係困難有關（Hutt, 1977; Hutt & Briskin, 1960）。
13. 將原先開口的圖形畫成封閉與智能不足（Bender, 1938），器質性情形（Pope & Scott, 1967）有關，可能反映出被關緊閉、孤立的生活型態（Weissman & Roth, 1965）。在某些情況下，母親角色看起來在情感上是不易親近的（Perticone, 1998）。
14. 破碎支離：在兒童代表不成熟；在大一點的兒童暗示腦傷及智能不足；在成人暗示嚴重的自我障礙、退化情形，及／或器質性的情形（Hutt, 1977; Hutt & Briskin, 1960; Koppitz, 1958）。
15. 開口的方形畫成弧狀或圓形暗示可能是詐病（Bruhn & Reed, 1975a, 1975b）。

圖形 5

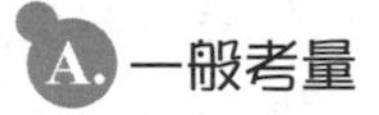

A. 一般考量：

支配圖 4 的視知覺原則也同樣支配著圖 5：圖 5 通常被視為一個未完全封閉的圓帶著一條往斜上方的直線，兩者均為點所組成。通常會先畫這個半圓形，然後再把由點所組成的直線加上去。六、七歲的孩子就能正確地仿畫此圖（Bender, 1938; Woltmann, 1950）。雖然在九歲以前有人在畫時
會有一些輕微的旋轉，一般六、七歲以上的人在仿畫圖 5 時很少有極端的 *122*
變形。對六、七歲的孩子而言，圖 5 是第二容易去仿畫的圖形；只有圖 4 比它更容易（Pascal & Suttell, 1951）。

圖 5 的仿畫被認為能象徵性地反映一個人對自己基本的性別認同的態度（Suczek & Klopfer, 1952）。這個延伸的直線很容易被認做陽具的象徵，而在這個部分的不尋常處理也可能和其他的線條一起被詮釋（Canter, 1996; DeCato & Wicks, 1976; Hummer, 1954c; Weissman & Roth, 1965）。再者，Reichenberg 與 Raphael（1992）將圖 5 當作「一個乳房／陰莖的圖形」，圈環是乳房的象徵，而延伸的直線則是陰莖的象徵。他們在研究中指出，此圖的仿畫對了解男性對一般女性及對特定母性角色的態度很有幫助。依賴的需求及性方面的壓力也可以被評估出來。從這些線條，Perticone（1998）提出了仿畫能描寫一個人對家庭生活及／或住家環境的認知的假設。

男性主要傾向將圖 5 當作一個朝往天空的紮實延伸，經常給予攻擊似的聯想。女性則可能主要將圖 5 視為一個讓物體可以通過的開啟。兩者都經常認為它是連續性的而非不連貫的。

在此旋轉首次經常出現顯然是因為交叉的視知覺作用而迫使整個圖形旋轉（Hutt & Briskin, 1960）。

圖 5 的聯想包括：乾淨的、清楚的及行進的（Tolor, 1960）。圖 5 讓精神病患有為數眾多的投射性聯想，但是少有描述性的反應（Tolor, 1957）。

伴隨圖 5 的口語一般說來少有情感，即使是有，通常是關於愉快或不愉快，這點進一步推論，可能是有關主動或是被動的情感（Suczek & Klopfer, 1952）。

B. 不尋常處理：

1. 過度強調延展性，把它畫的更長，或一開始就擴張，暗示對獎賞、需求關心或者強調男子氣概（DeCato & Wicks, 1976; Suczek & Klopfer,

1952）。

2.「杯口」兩端不夠接近，像是垂掛在兩旁，或是不穩定的封閉，與情緒不穩有關，可能是躁鬱症或精神分裂症（Reichenberg & Raphael, 1992），肌肉緊張型的人會如此畫（Guertin, 1954b）。假若點聚合在一起，暗示無安全感和恐懼；若弓環形是張開的，可能代表強烈的口腔或依賴需求（Hutt, 1977; Lerner, 1972; Reichenberg & Raphael, 1992; Weissman & Roth, 1965）。

3.圖畫傾斜朝內向弓環形延展暗示情緒困擾；曾與不成熟有關，及與有被動、不適、依賴特質，可能不勝環境壓力的人有關（Peek, 1953）。在兒童這樣的安排暗示情緒困擾和自我中心（Clawson, 1959, 1962）。

4.顯著地延長斜向的長度，將它畫的像是垂下來或是直直的立著，暗示對陽具的關注，或許是與男子氣概的考量有關（DeCato & Wicks, 1976; Hammer, 1954c; Lerner, 1972; Reichenberg & Raphael, 1992）。

5.大聲地用鉛筆或手指數著點與酒癮有關（Curnutt, 1953; Hutt & Briskin, 1960; Story, 1960）；也被認為是酒精中毒之前兆（Curnutt, 1953）。

6.反覆地數著點，專注在畫點的正確數目而喪失掉完形與焦慮性精神官能症，尤其是強迫性人格有關（Gobetz, 1953; Hutt & Briskin, 1960; Lerner, 1972; Story, 1960; Weissman & Roth, 1965）。

7.以圓圈代替點：

(1)對七歲以上的兒童，或任何年紀的兒童將圖形旋轉四十五度角暗示腦傷（Koppitz, 1962）；

(2)在成人暗示明顯的依賴需求可能是精神病、心理異常或有上癮傾向者（Reichenberg & Raphael, 1992）。

8.以破折線或圓圈代替點與下列有關：

(1)在成人：

①情緒不穩（Halpern, 1951）；

②對家庭有仇恨（Perticone, 1998），可能有行動化的傾向（Brown, 1965）；

③出奇地依賴、酒精上癮、逃避性行為和厭食症（Reichenberg & Raphael, 1992）；

④器質性的情形（Bruhn & Reed, 1975a, 1975b; Burgemeister, 1962; Halpern, 1951; Bender, 1938）；

⑵在幼童：

①不成熟（Koppitz, 1958）；

②缺乏動作控制及不恰當的抑制（Halpern, 1951）；

⑶在青少年：暗示可能有犯罪（Zolik, 1958）。

9. 將點的圓弧形延展成完整的圓形與不安全及依賴的感受有關（Hutt & Briskin, 1960）。

10. 省略圓弧形左下角的第一個點，暗示與母性角色有不恰當的聯結，或來自母親角色的養育不當（Reichenberg & Raphael, 1992）。亦可考慮有嚴重心理疾病或精神病的可能。

11. 增加圓弧度與情緒有困擾的兒童有關，有閱讀障礙的孩子所畫的點數目不正確是常有的事（Clawson, 1959）。

12. 把仿畫畫的很大暗示依賴的需求（Lerner, 1972）；

13. 以線條替代點並不多見，若有，在兒童及成人均代表腦傷（Burgemeister, 1962; Halpern, 1951; Koppitz, 1962; Pope & Scott, 1967），可能與心理疾病（Halpern, 1951）、智能不足（Baroff, 1957）及詐病（Bruhn & Reed, 1975a, 1975b）有關，亦可能有侵略性的行為（Lerner, 1972），及恐慌症或恐懼症（Reichenberg & Raphael, 1992）。

14. 部分旋轉暗示可能缺乏情緒控制或心理平衡感喪失（Lerner, 1972; Per- 123
ticone, 1998; Weissman & Roth, 1965），可能有異常的依賴需求（Reichenberg & Raphael, 1992）。

15. 延伸的線穿越圓弧暗示對性方面的關注（Lerner, 1972）。

16. 潦草地畫然後標示出點暗示強迫性傾向（Lerner, 1972）。

17. 將圓弧方形化與創傷性器質型精神病有關（Bender, 1938）。

圖 6

A. 一般考量：

此圖形對情感的評量很重要。它通常被視為兩個分開的不同波長的正弦曲線斜斜地交叉在一起。一般而言，受試者會先畫水平向的曲線，然後再畫往右上傾斜的曲線（Woltmann, 1950）。

圖 6 可能反映出一個人對不同情緒的態度及其表達，他／她的原始本能衝動或其衍生物，及此人看待它們的方式。水平向的曲線可能象徵性地反映一個人的情感及它被處遇的方式。那條較垂直的曲線則被用來評估憤怒（Reichenberg & Raphael, 1992）。性別差異在此並不明顯（Suczek & Klopfer, 1952; Weissman & Roth, 1965）。

通常八至十歲的孩子能正確地仿畫圖 6（Bender, 1938; Weissman & Roth, 1965; Woltmann, 1950），雖然六歲的孩子能完成類似仿畫並不稀奇（Pascal & Suttell, 1951）。

仿畫此圖有困難，與病人表面上可以維持適當的活動，但其情感面的行為一般說來卻非自發性的有關（Hutt & Briskin, 1960）。接觸點的處理可能反映一個人人際互動的模式（Lerner, 1972）。

圖 6 與高度的情感特質有關。大部分的人將它視為「自由的、積極的、振奮人心的及快速的」，而其反應則象徵地反映這個人的人際關係（Goldfried & Ingling, 1964）。

與圖 6 有關的情感上的聯想包括：營造出退縮反映的不悅及敬畏感（Suczek & Klopfer, 1952）。

其他的聯想包括：大的、強的、貪婪的、清楚的、積極的、粗糙的、快的、辛苦的、壞的、醜的、難吃的、殘忍的及不悅的（Tolor, 1960）。

有時圖 6 的正弦波線會穿過圖 5 的空間。此情況可能反映攻擊的傾向及／或象徵有想回到子宮的欲求。兩圖一起評估，這些動機暗示有自殺的可能性（DeCato & Wicks, 1976; Eisenthal, 1974; Sternberg & Levine, 1965）。

B. 不尋常處理：

1. 有角度、直線，或釘型的波浪與攻擊性及行動化的傾向有關（Brown, 1965; DeCato & Wicks, 1976）；有學習困擾的兒童，和患有腦傷的成人及兒童（Bruhn & Reed, 1975a, 1975b; Koppitz 1958, 1962; Mark & Morrow, 1955; Reichenberg & Raphael, 1992）。
2. 輪廓不對稱與犯罪（Zolik, 1958），及器質性的情形（Guertin, 1954c）有關。
3. 交叉點的位置錯誤暗示散亂的思考過程及不穩定性，與青春型精神分裂症的人有關（Guertin, 1954b）。
4. 交叉點上方大都是向上的線條暗示否定及壓抑（Lerner, 1972; Weissman & Roth, 1965）。
5. 交叉點下方大都是向上的線條暗示憂鬱、退化及否定（Reichenberg & Raphael, 1992; Weissman & Roth, 1965）。
6. 交叉點右方大都是水平線條暗示行動化的傾向（Lerner, 1972），尤其當大部分向上的線條是在交叉點上方時，也可能有殺人或自殺的傾向（Reichenberg & Raphael, 1992）。
7. 寬闊度降低或波浪形變扁與下列有關：
   (1)神經性的焦慮情形（Bilingslea, 1948; Gobetz, 1953; Hutt, 1977）；
   (2)情感平淡（Lerner, 1972）；
   (3)憂鬱（Perticone, 1998）。
8. 滑落或輕率往下畫的水平線條暗示抑鬱、憂鬱，及有自殺的可能（Lerner, 1972; Reichenberg & Raphael, 1992）；敏銳往上畫的水平線條暗示行動化的情形（Reichenberg & Raphael, 1992）。
9. 對圖 6 加以詳細描述且其反應與為水方面的聯想，可能與口腔固著及酒精中毒相關（Story, 1960）。
10. 對波浪形加以描畫成人臉或加畫點當作眼睛暗示妄想的特質（Hutt, 1977; Hutt & Briskin, 1960）。
11. 過度擦拭、無法完成交叉且向上延伸的線條，只有部分超出水平向的線，可能反映性心理方面的不安全感（Hammer, 1954c）；擦拭水平向的線暗示情感上的煎熬，擦拭垂直向的線則暗示有極度的敵意（Reichenberg & Raphael, 1992）。

12. 過多的波浪形與情緒控制力貧乏有關，曾見於精神官能症患者及僵直型精神分裂症患者（Gobetz, 1953; Guertin, 1952），而一個向上的圈環似或有彈力似的線條暗示攻擊性及行動化的傾向（Brown, 1965）。
13. 誇張地將波浪形放大暗示極度情緒化，易衝動性及／或歇斯底里和自戀型人格異常（Perticone, 1998; Weissman & Roth, 1965）。
14. 線條延伸到紙邊暗示情緒化、不穩定及行動化傾向（Brown, 1965; Gilbert, 1969）；可能是精神病（Reichenberg & Raphael, 1992）。
15. 稍微順時針方向旋轉且波形線條很輕暗示憂鬱傾向（Hutt, 1977; Hutt & Briskin, 1960; Perticone, 1998）。

124 16. 線條沒有交集可能與下列情形有關：
(1)腦傷的病人（Bruhn & Reed, 1975a, 1975b; Feldman, 1953）；
(2)酒癮（Story, 1960）；
(3)不安全感（Hammer, 1954c）；
(4)智能不足（Baroff, 1957; Bender, 1938）。

17. 七歲以上的孩子畫面上仍有反覆的現象暗示腦傷，成人尤其是如此（Koppitz, 1962）；在幼兒代表不成熟（Koppitz, 1958）：或可能在躁症的狀態（DeCato & Wicks, 1976）。
18. 尺寸或波形幅度減小及使用打稿的線條或點，暗示有過度控制、孤立、將個人的直覺本能理性化的傾向，是一種「不投入」的人格（Suczek & Klopfer, 1952;Weissman & Roth, 1965）；
19. 看起來大概像兩個正切的「U」形波浪取代交叉，暗示對人際關係充滿畏懼（Hutt, 1977; Hutt & Briskin, 1960）。
20. 在女性，波形傾向一系列的直線，像是長方形的三邊，暗示有女性氣質方面的困難（Lerner, 1972）。
21. 在兒童，少有無法統整部分者，但有如此的情況發生時，暗示腦部的傷害（Koppitz, 1962）；無能去畫正弦曲線似的線可能與學習困擾有關（Koppitz, 1958, 1962）。

圖 7

A. 一般考量：

此圖對有腦傷的人而言是如此困難，因此若能正確地仿畫此圖，則暗示沒有器質性的情形（Bruhn & Reed, 1975b; Reichenberg & Raphael, 1992; Weissman & Roth, 1965）。圖 7 兩個交錯的六角形有長的尖端看起來似乎代表一個矢量或方向，因而也暗示加長。在此圖往反時針方向的旋轉是較容易的（Bender, 1938）。

此圖可能象徵性地與小心翼翼地尊敬甚至是害怕有關。它可能象徵生活中理智部分的複雜；對有些人，它是永遠不變的力量；對有些人，它可能代表攻擊和毀滅（Suczek & Klopfer, 1952）。同時，也可能象徵與父親或男性權威角色的關係（Brown, 1965; Perticone, 1998; Weissman & Roth, 1965）。對角度的處理可能反映一個人的攻擊動機，和他是如何看待這個動機（Reichenberg & Raphael, 1992）。

圖 7 陽具性的特質，讓它很容易以精神分析的方式來詮釋畫者對陽具的態度及性方面可能的問題（Canter, 1996; Goldfried & Ingling, 1964; Hutt & Briskin, 1960; Reichenberg & Raphael, 1992）。Perticone（1998）認為，在交叉點上加以描繪，暗示與父性角色間的緊張或衝突，或是有其他的關係困難。

圖 7 最常被視為一個高度複雜、結構完整，及帶有耀眼特質、在視覺上安定的整體。此圖形可能可以反映一個人的能力感，「它去面對及處理複雜生活情況的能力」（Suczek & Klopfer, 1952）。

雖然圖 7 及圖 8 均由類似形狀的單位所組成，它們卻很少被視為如此。通常垂直的那個圖形會先被畫下來，接著是傾斜的，最後才是有交集的部分，但次序顛倒也頗為常見（Woltmann, 1950）。

通常十至十一歲才能正確的仿畫圖 7（Bender, 1938; Woltmann, 1950），雖然圖 7、圖 3 與圖 4 看起來是最難被仿畫的三個圖形。可能除了圖 7 以外，一般十歲的兒童均能恰當地仿畫所有的圖形（Bender, 1938）。

有時這個圖形被視為一個人工做的可驅動的物體，有時像是一個圖形裂成兩半（Suczek & Klopfer, 1952）。能夠將部分整合成一個有意義整體的病人通常能達到較高的抽象層次（Tolor, 1957）。圖 7 的聯想包括：強壯的、乾淨的和清晰的（Tolor, 1960）。

在畫班達的圖 7 和圖 8 時有明顯的困難，加深了智能不足的印象（Hutt, 1953）。

B. 不尋常處理：

1. 在兒童，畫角度困難與下列情形有關：

⑴由於器質性的異常導致多方面的視覺—動覺困難（Halpern, 1951; Hutt, 1977）；

⑵由於不成熟及／或退化所產生的學習困擾（Koppitz, 1958）；

⑶閱讀障礙（Lachmann, 1960）；

⑷罪犯在畫圖 7 時可能會畫很多的角度（Zolik, 1958）。

註解：成人在畫此圖時喪失角度暗示器質性的情形（Halpern, 1951; Reichenberg & Raphael, 1992），尤其是「狗耳朵」似的角度（Bruhn & Reed, 1975b）。

2. 結束及交叉困難，線條品質不一，畫角度及旋轉困難暗示人際關係困難（Hutt & Briskin, 1960; Perticone, 1998），也許包括性創傷方面的歷史（Reichenberg & Raphael, 1992）。結束圖 7 與圖 8 時有問題，也可能與晚發型同性戀傾向有關（Hutt, 1968）。

3. 七歲以上的兒童畫的不成比例暗示可能有腦傷（Koppitz, 1962）。

4. 無論男或女，強調擦拭均暗示有「插入」的焦慮（Reichenberg & Raphael, 1992）。

5. 用輕淡的線條畫圖 7 暗示性方面的迴避或不適（Reichenberg & Raphael, 1992）。

6. 無論男或女，重疊時困難均可能與性方面的困擾有關（Reichenberg & Raphael, 1992），包括對同性戀本能的恐懼（Billingslea, 1948; Hutt,

1968）、智能不足（Baroff, 1957; Goldberg, 1957），及常見於酒癮患者在面對人際要求時的心理封閉（Story, 1960）。

7. 和圖 A 一樣，將圖 7 視為兩個獨立的個體而非一個完形，暗示人格有分裂的傾向，可能與器質性及精神分裂的疾病有關（Halpern, 1951）。

8. 尖角變長及彎曲或扭曲，或末端變方給人像是尖角掉了的印象，可能與閹割威脅有關（Hammer, 1954c）。將尖角變長也可能暗示同性戀的困擾（Halpern, 1951; Hutt, 1953; Hutt & Briskin, 1960）。

9. 尖角的線交叉形成「X」形暗示全力以赴去維持心理的控制（Lerner, 125
1972）；或與父性的角色明顯失和（Perticone, 1998）。

10. 用很重的力道去畫加長的尖角及撇的線條，暗示敵視及行動化的傾向，有時伴隨屬於性的、攻擊的和虐待性變態似的動機（Lerner, 1972; Reichenberg & Raphael, 1992）。

11. 劣質而不適的角度可能與與世隔離、順從的精神分裂症患者有關（Guertin, 1954b）。

12. 向左旋轉五至二十度與酒癮（Curnutt, 1953; Hutt & Briskin, 1960; Story, 1960）；及酒精中毒前有關（Curnutt, 1953）。

13. 六歲以上兒童畫此圖旋轉四十五度暗示可能有腦傷（Koppitz, 1962）。

14. 尖銳的角度代表對情緒控制、盡力而失敗及對異性有敵意（Halpern, 1951; Reichenberg & Raphael, 1992）；但較圓滑的角度暗示易衝動性（Halpern, 1951），或否定或對敵意衝動的抑制（Perticone, 1998）。

15. 輕率地畫、再畫或簡化重疊的部分暗示無能感（Suczek & Klopfer, 1952）。

16. 扁平化暗示壓力感（Perticone, 1998）。

17. 圓化，「子彈型」的圖暗示詐病（Bruhn & Reed, 1975a, 1975b）。

18. 兩個六角形完全分開或兩個尖端幾乎不相連可能與下列有關：

(1)在成人及大於六歲的兒童是器質性的情形（Bruhn & Reed, 1976a, 1976b; Feldman, 1953; Hutt & Briskin, 1960; Koppitz, 1958, 1962）；在成人是前額葉受損（Reichenberg & Raphael, 1992）；

⑵酒癮（Hutt & Briskin, 1960）；

⑶在男性及女性分別是閹割焦慮及插入焦慮（Reichenberg & Raphael, 1992）。

圖 8

A. 一般考量：

通常七歲的孩子能正確地仿畫圖 8，雖然很多孩子在六歲時也可以仿畫的出來（Bender, 1938; Pascal & Suttell, 1951; Woltmann, 1950）。一般情況下這個加長的六角形會先被畫出來，然後是中間的鑽石形（Woltmann, 1950）。

此圖似乎象徵性地反映對陽具性及性行為的態度。大的六角形是陽具，而鑽石形則是陰道的象徵。男性傾向將圖 8 視為一種想望的、裝飾的東西，稍稍帶點愉悅感。女性則將它視為一種侵略的、有力之物，通常稍具不悅感。如此一來，強化了陽具性方面的詮釋（Hutt & Briskin, 1960; Reichenberg & Raphael, 1992; Suczek & Klopfer, 1952）。另一種可能是圖 8 可反映一個人的自我概念，位於中央的鑽石形代表自我，而六角形則代表一個人的環境（Perticone, 1998）。一個小的鑽石可能暗示不適或自卑感。

圓形及鑽石形兩者均可被視為陰道的象徵，而因此可能反應男性的閹割及女性化的感受；此點在圖 8 及圖 A 尤其明顯（Hammer, 1954c）。如同圖 7，對於尖角的處理可反映一個人的侵略動機，及它是如何被看待的。

一般人對此圖的聯想包括：好的、漂亮的、強壯的、乾淨的、好吃的、有價值的、愉悅的、清晰的、祥和的及柔順的（Tolor, 1960），精神病患則傾向有好的、乾淨的及祥和的聯想（Schulberg & Tolor, 1962）。

B. 不尋常處理：

1. 角度變形暗示：

⑴在成人及大於六歲的兒童可能是器質性的情形（Bender, 1938; Halpern, 1951; Koppitz, 1962）；

⑵在男性，可能有男子氣概的考量（Lerner, 1972）。

2. 鑽石形的不尋常處理：

⑴當是一個小的鑽石形而並未碰觸到六角形時，可以有孤立或退縮感的假設（Perticone, 1998）；

⑵當只有鑽石形的頂端碰觸到六角形時，此人可能認為幻想是重要的（Perticone, 1998）；

⑶當只有鑽石形的底部碰觸到六角形時，暗示不適及依賴感（Perticone, 1998）；

⑷鑽石形至放靠右邊暗示有與環境互動的傾向（Lerner, 1972）；或有性蕾期或性器期的特質（Weissman & Roth, 1965）；

⑸鑽石形至放靠左邊暗示退縮及從事幻想性的活動（Lerner, 1972）；或可能有肛門期或其他前性器期的特質（Weissman & Roth, 1965）；

⑹女性畫的鑽石形超過六角形的邊線，暗示對異性戀行為或對性方面苦樂感缺失的恐懼（Hutt, 1977; Reichenberg & Raphael, 1992）。

3. 仿畫角度有困難與兒童的學習困擾（Koppitz, 1958），及智能不足有關（Hutt, 1953）。

4. 加長、彎折、不恰當、平坦化或圓弧化的角度暗示閹割威脅（Hammer, 1954c）。加長暗示可能有同性戀的困擾（Halpern, 1951），或對性功能有攻擊性的幻想（Reichenberg & Raphael, 1992）。

5. 成人無法仿畫鑽石形，代表在視覺、動覺的協調上有嚴重的困擾（Halpern, 1951）。當男性畫鑽石形的困難在於將它縮小、錯置或結束時，可能暗示與女性有衝突或對性交有所恐懼（Hutt & Briskin, 1960）（見以上第二項）。

6. 六角形左邊的角度相對地比右邊大，可能與精神官能的情形有關（Billingslea, 1948）。

7. 外邊的六角形畫的比原圖小暗示： 126

⑴在女性，在意識上即不喜歡性活動，或有性別認同的困擾；

⑵在男性，不恰當的關注或性功能不張（Reichenberg & Raphael, 1992）。

8. 強調右側的尖角暗示有陽具方面的掙扎，也許是過度手淫，若強調左側的尖角則暗示可能有肛交（Weissman & Roth, 1965）。
9. 右側的尖角開放暗示有尿道方面的問題，有可能是無效的異性戀關係，而當左側的尖角開放則暗示能有肛門方面的困難，或許是肛門的性慾（Weissman & Roth, 1965）。
10. 在兒童及成人旋轉四十五度暗示腦傷（Hutt, 1977; Koppitz, 1962）。
11. 草率地畫、再度描繪、擦拭、不斷地描繪、輕淡或重力道的線條，代表針對陽具方面的性議題有壓力及混亂的感受（Perticone, 1998; Reichenberg & Raphael, 1992; Suczek & Klopfer, 1952）。

結語

班達認為一個人身體意象本身即是個視覺動覺的完形，能被反映在所有的視覺動覺的經驗中，包括那些被班達完形測驗所誘發的經驗。研究慢慢地累積來支持這樣的觀點。此領域終於有一些批判透徹的回顧性文獻（Lacks, 1999; Murstein, 1965; Suinn & Oskamp, 1969; Tolor & Brannigan, 1980; Tolor & Schulberg, 1963）。讀者若需更進一步的指引，可參考班達的原始文章及上述的文獻資料。

目前在區別不同診斷時面臨困擾的，即是區辨在一個混亂狀態下的長期嗑藥者及精神分裂症患者。在班達的仿畫中，這兩個族群在許多面向上彼此均十分類似。診斷上的區別是重要的，因為這兩個族群的治療方式明顯不同，前者的預後較佳。Lerner（1972）認為，嗑藥者的仿畫可能「畫的較依據一些與內在一致，但與班達本身無關的原則」。觀察這兩個族群的仿畫在那些即興的描繪、美化、變形及在現實感上沒什麼兩樣，令本書作者遲疑用班達是否總能區辨兩者。除非這位精神分裂症患者的機能減退或惡化，否則這兩個族群在班達測驗的功能是相似的。通常我們對病況惡化者在診斷上較沒問題。

班達施測時有一些行為上的線索，讓心理師能區辨其中表達性及感受性反應困難的不同，尤其是對兒童。當一個孩子苦於描繪圖形，用力地握著鉛筆，不斷地擦拭和修正時，可以說是表達困難（Palmer, 1970）。當一個圖形很快且輕易地便畫下，但畫的並不恰當且無法察覺到不正確之處，代表可能有知覺感受方面的障礙。

壓倒性的證據不斷累積證實班達的表現，無論在成人或兒童，均能成功地區辨出正常人或是許多有器質性障礙的群體，包括許多患有機能性失語症及梅毒性麻痺者，及有器質性情形的年長者、大腦局部切除及外因性智能不足的病人。而這些均能由訓練有素的次博士級臨床工作者所完成（Bruhn & Reed, 1975b; Wagner & Murray, 1969）。班達測驗雖有套計分系統來輔助詮釋，但對大多數的使用目的而言，這些看起來似乎沒什麼必要（Bowland & Deabler, 1956; Dana et al., 1983; Nadler, Fink, Shontz, & Brink, 1959）。為何班達對腦傷如此敏銳至今尚無明確解答。但要能正常地知覺空間關係，在非強勢半腦之太陽穴骨（顳骨）、顱頂骨，及後頭骨三腦葉交接的部位必須保持完整，是一般的共識（Bender, 1956; Benton, 1959; Penfield & Roberts, 1959）。

最後，若作者忽略班達完形一直是識別詐病的主要工具則是一大疏失。在這個好訴訟的社會對區辨詐病有愈來愈多的需求，讓我們必須擔保一些事情。在診斷的文獻──《心理符號、症狀和徵候群：指導者手冊》（*Psychological Signs, Symptoms and Syndromes: A Hand book*）（Ogdon, 1985）一書中整理了不同人格和性格困擾、類精神官能情形、精神病和器質性異常的識別方式，但並未含括詐病的章節。由於班達是用來鑑別此問題的主要技術，以下的結語將補充此部分之不足。

期待使用一套符號便能標示或鑑別患有器質性情形者、精神病患、妄想症者、想要裝成有精神疾病模樣的人，以及那些盡可能想隱瞞自己的人是不切實際的事。然而，將本章節所提供的索引及以上所提及的文獻（Ogdon, 1985）一併使用，以下的識別方式會是有用的。首先，我們呈現所蒐集到的關於詐病的主要標示，然後再論述被議論到的相關的及有助於區辨不同診斷的其他行政程序。

詐病的識別方式

1. 詐病者的仿畫通常較複雜，而有器質性情況者傾向簡化他們的班達圖形（Hutt, 1977; Lacks, 1999; Tolor & Schulberg, 1963）。

註解：詐病者也可能會簡化，但那些有器質性情況者並不會像詐病者一樣將圖形畫的更複雜（Bruhn & Reed, 1975a, 1975b; Lezek, 1983; Tolor & Schulberg, 1963）。

2. 不對等或不一致的表現，困難的圖形畫的很好但簡單的圖形卻會變形（Bruhn & Reed, 1975a, 1975b; Hutt & Briskin, 1960; Lacks, 1999; Lazak, 1983; Reichenberg & Raphael, 1992; Tolor & Schulberg, 1963）。

註解：那些有器質性情況者很少會如此不相稱，且傾向在他們所簡化的圖形要素中呈現一致的狀況（Bruhn & Reed, 1975b）。

3. 小的、拘謹的、抑制的反應（Bender, 1938; Lacks, 1999; Tolor & Schulberg, 1963）。

4. 圖形畫在左下角及右下角的位置與詐病、精神病、精神分裂症、妄想症及高度焦慮的精神官能症患者有關。

註解：一般正常人及有腦傷的病人不會在這些位置構圖（Hutt, 1977）。

127 5. 在有其他變形的使用時獨不見旋轉的呈現。

註解：有器質性情況者傾向去旋轉圖形（Bruhn & Reed, 1975a, 1975b）。

6. 整齊地安排，未使用重疊或沒有碰撞的問題但圖形卻是變形的（Reichenberg & Raphael, 1992）。

7. 在使用其他的變形方法時獨不見使用重複（Bender, 1938）。

8. 在畫圖 6 的交叉線時沒有困難。

註解：對許多有器質性情況者這是困難的（Bruhn & Reed, 1975b）。

9. 不可能的，甚至是怪誕的仿畫（Bender, 1938; Lacks, 1999）。

10. 圖 4、圖 7 和圖 8 的交角圓弧化（有器質性情況者通常會將角度變形但很少將它們變圓弧狀；Bruhn & Reed, 1975b）。

11. 可能會以一個幾何圖形來取代（Tolor & Schulberg, 1963）。
12. 圓形和點都一直畫的很好（許多有器質性情況者無法做到此點；Bruhn & Reed, 1975b）。
13. 未呈現細節（Bender, 1938）。
14. 改變細部的關係（Bender, 1938）。
15. 隨意、波浪似的線條品質（Bender, 1938）。
16. 不尋常的仿畫但仍能把握完形的原則（Bender, 1938）。

詐病者傾向表現出不一致的發展階段，然而在整個班達施測超過十五分鐘的過程中，若受試者表現出一致性的發展階段，則暗示可能有腦傷現象。

Reichenberg 及 Raphael（1992）注意到，圖 3、圖 7 和圖 8 的變形可能同樣發生在詐病者和腦傷病人的紀錄上。然而，詐病者傾向使用較有次序性的安排而非重疊或碰撞式的手法。

施測流程的變動

Hutt (1977)、Hutt 及 Briskin (1960) 和 Reichenberg 及 Raphael (1992) 建議，當懷疑某人有詐騙之可能時，可以變更施測的流程。在一段時間之後再測一次（至少幾小時，最好能有幾天的時間），詐病者可能會忘記那些蓄意的變形手法，讓臨床工作者能區辨出來哪些人是裝病，哪些人真正有腦傷。此外，Hutt（1977）也提出了兩個主張。

班達卡片能以與原本相反的方向呈現（旋轉一百八十度）。如此能讓詐病者忘記，同時也可以提供較不同的視覺—動覺方面的挑戰。進一步在再測時程序變動的可能有效方式是從圖 4 或圖 5 著手，然後接著讓受試者畫圖 3（Hutt & Briskin, 1960）。

我們也可以企圖測試他的極限。請受試者描述自己的仿畫，看看它們與原圖如何不同。如此一來便是一個新的嘗試。腦傷的病人很少像詐病者那樣會有如此進步的能力。

Reichenberg 及 Raphael（1992）有時用圖 3、圖 7 和圖 8 來做小型的測

試。同樣地，有器質性情形者的仿畫，特別是和一般非詐病者的一樣，是較有一致性的。但詐病者的並非如此。在 Rogers（1997）的書中對關於詐病一事有更詳盡的討論。

表 1-5　劉同雪　譯
表 6-7　陸雅青　譯

附　錄

表 1　智能不足者的魏氏智力測驗智商外推值

129

測驗	量表分數																								
	25	24	23	22	21	20	19	18	17	16	15	14	13	12	11	10	9	8	7	6	5	4	3	2	1
WAIS-III[a]IQs															**	43	42	42	41	41	40	40	39	39	38
WISC-III[b]IQs																**	40	39	38	38	37	37	36	35	35
WISC-R IQs											**	39	39	38	37	36	#								
WISC IQs	46	45	44	43	43	42	41	40	40	39	38	38	37	36	35	35	34	33	32	32	31	30	30	29	28
WPPSI IQs			**	44	43	43	42	41	40	40	39	38	38	37	36	35	##								
WPPSI-R IQs																**	40	40	39	38	38	37	36	36	35

* WISC 或 WISC-R 的資料來自 Ogdon（1960, 1975a）及 Sliverstein（1963）。WISC-III 及 WPPSI-R 的資料從未發表過。

** 魏氏智力測驗手冊中所標示的分數較高。

#依據魏氏的指示，WISC-R 的這項分測驗的得分不可能低於 10 分。

##在 WPPSI-R IQs 中，除非在至少兩個語文分測驗和兩個作業分測驗中取得高於 0 的原始分數，否則魏氏不建議計算 WPPSI-R 的智商分數。在 WPPSI-R 中，除非在至少三個語文分測驗和三個作業分測驗中取得高於 0 的原始分數，否則魏氏不建議計算 WPPSI-R 的智商分數。智商外推值顯然高於驗證值。在解釋未經外部驗證的分數時須格外謹慎（見 Ogdon，1960 & 1975 的討論）。

[a]WAIS-III、WISC-III 及 WPPSI-R 的資料係藉由先前描述過的方法取得（Ogdon, 1960）。取得的迴歸公式如下：WAIS-III 智商=量表分數的總和（.5185）+34.376；WISC-III 智商=量表分數的總和（.65）+35.91，但部分改變請見註腳 b。WPPSI-R 智商=量表分數的總和（.642）+34.376。

在 WAIS-III 智商範圍靠近底端的部分，魏氏表格中六個不同的量表分數總和（11-16）皆為同一個智商分數（45）。區辨力的缺乏可能反映了數個因素，其中之一便是將物形配置變更為選擇性施測。在魏氏智力測驗的前幾個版本中，不少家族遺傳型的智能不足者在此分測驗中得到最多分數。

[b]WISC-III 有另一個問題。量表分數若為 35，智商分數為 60，量表分數若為 12，智商分數為 44。如同預期的一般，運用上述迴歸公式所得到的分數和手冊中所標示的相同。兩者間的相關高於.99，屬線性關係。但是，在 WISC-III 的手冊中，當量表分數是 10 時，便不再是線性關係，手冊中所標示的智商分數為 40。當量表分數是 11 時，是智商分數為 42。若迴歸公式未經修改，則量表分數是 9 的智商分數（42）便會高於量表分數=10 的智商分數（40）。為解決此差異並維持迴歸線的斜率，我們保留了乘法常數（.65），並修正了加法常數，將其扣 2（變成 33.91）。此程序使智商外推值和 WISC-III 手冊中較低的分數一致。在某些情況下，施測另一份智力量表可能會是更加正確的選擇。

130 表 2　發展、教育及職業預期指南[1]

	發展	訓練及教育	社交及職業技巧[3]
智能不足程度	0-5 歲	6-21 歲	大於 21 歲
層級一 臨界 魏氏智商分數 70-84 －1 至－2 標準差	可發展正常的早期社交及心理技巧。 通常不會這麼早便被診斷出來。	可學習約至國二或國三的學業技巧。高中通常會太過於困難。可以教育，但在大約六年級時可能需要特殊教育。注意作業智商的重要性。[2]	經過適當的訓練及教育，可以有恰當的社會及職業適應。面臨龐大的社會或經濟壓力時，需要導引及監督。能勝任較容易的工作，例如：加油站、守衛、存放物品、簡單的木工、烹飪、裝罐頭、縫紉、護貝等。 注意作業智商及運動技巧的重要性。
層級二 輕度智能不足 魏氏智商分數 55-69 －2 至－3 標準差	可能會發展正常的社交及說話技巧。 感覺—運動技巧輕微的遲緩可能尚無法診斷得出來。	可學習約至國小五年級的學業技巧，或許在青少年後期可達國小六年級。可以教育。會有些許社交順從性。	有足夠的社交及職業技巧，以供最低限度的自我支持。在特殊社會或經濟壓力下，或許需要協助。能勝任非常容易的工作，例如：廚房的工作、將玩具上色、簡單的傢俱修理、農場工作、協助有技巧的工作者、製作掃帚、枕頭、簡單的縫紉、照料草坪等。
層級三 中度智能不足 魏氏智商分數 40-54 －3 至－4 標準差	說話能力是恰當的，但社交覺察力差。能藉由自助型訓練獲得幫助。至少需要中等程度的監督。	可自社交及職業訓練中獲益。 可以訓練。也許可學習約至國小二年級或三年級的學業技巧。 可學習獨自沿著熟悉的路線行動。	在住院的情況下，也許可以自我維持部分非技巧性或半技巧性工作。也許在面臨輕微的社會或經濟壓力時即需協助及引導。在監督下能完成涉及非常單純、日常的生活技能，例如：雜貨店裝袋工、木工的助手、農場中的助手、家庭工作者、簡單的生產線工人、手推車操作人員、收割工人、衣料整熨工、餐廳雜役等。

表 2　發展、教育及職業預期指南（續）

	發展	訓練及教育	社交及職業技巧[3]
智能不足程度	0-5 歲	6-21 歲	大於 21 歲
層級四 嚴重智能不足 魏氏智商分數 25-39 －4 至－5 標準差	社會及運動發展不佳，僅有極少的溝通技巧。尚無法藉由自助型訓練獲得幫助。	可發展恰當的溝通技巧。系統性習慣訓練是有用的。可以有良好的基本衛生習慣。可以訓練，但無法教育。	在全面監督下，高功能者能夠自我維持。自我保護技巧對於住院者是恰當的，但對於獨立生活者則不足。在全面監督下，能夠完成例行性工作如：掃地、拖地、將髒衣物分類、洗碗、整理床單、除塵、倒垃圾等。
層級五 極度智能不足 魏氏智商分數 低於 25 超過－5 標準差[4]	極少感覺—運動技巧。心理發展的各層面皆遲緩。可能需要看護照顧。	運動發展不佳。不一定可以藉由自助型訓練得到幫助，但仍需要全面或接近全面的照顧。	非常有限的運動及言語發展。非常有限的自我照顧。通常一輩子都需要看護照顧。

1 部分編修自 Beckham（1930）、Gregory（1999）、Matarazzo（1972）、Robinson 和 Robinson（1965）、Sloan & Birch（1955），以及 Wallin（1955）。

2 注意語文智商對教育及訓練的重要性，以及作業智商對職業技巧訓練的重要性。

3 特殊能力、性向、興趣、社交技巧、動機、氣質、個性及人格等因素須加以考量。

4 在此層級或以下，魏氏智商分數必須外推（請見附錄表 1）。

131

表 3　羅氏墨跡測驗主要變項總指南：2 歲至 17 歲*

符號	年齡															
	2	3	4	5	6	7	8	9	10	11	12	13	14	15	16	17
R	10-11	12-13	11-14	14-17	15-17	16-20	17-21	17-21	17-23	18-25	18-24	17-24	19-25	16-22	20-24	22-32
W%	46-64	50-60	52-72	51-60	48-54	45-56	43-54	40-50	37-53	33-54	32-48	29-59	27-46	24-46	21-45	13-36
D%	31-50	39-50	25-50	33-50	40-50	41-50	40-50	45-52	40-50	39-50	43-50	38-51	42-54	41-54	41-55	47-56
Dd%	4-6	5-7	4-10	1-8	6-9	2-6	4-8	5-8	6-9	6-18	6-16	3-19	10-22	8-18	9-17	7-17
F%	77-90	75-85	65-75	50-70	45-55	50-62	50-17	43-60	44-63	48-62	49-62	43-61	45-64	45-63	50-61	50-60
F+%	38-58	55-65	60-76	59-79	60-80	61-93	65-91	65-84	65-93	70-95	70-85	75-84	58-82	75-90	75-90	70-85
M	0-1	0-1	0-1	0-2	0-2	0-3	1-3	1-3	1-3	1-3	1-3	1-3	1-3	1-3	2-4	2-4
FM	0-1	0-1	1-2	1-3	1-3	0-4	1-4	1-4	2-4	2-4	2-4	2-4	2-4	2-4	2-5	2-5
m	0-1	0-1	0-1	0-1	0-1	0-2	0-1	0-1	0-1	0-2	0-1	0-2	0-2	0-2	0-2	0-2
FC	0-1	0-1	0-1	0-1	0-2	0-2	0-2	0-2	0-2	0-2	0-3	0-2	0-2	0-2	0-3	1-2
CF	0-1	0-1	0-1	0-3	0-3	0-3	0-4	0-2	0-3	0-3	0-3	0-3	0-3	0-2	0-2	1-3
C	0-1	0-1	0-1	0-2	0-1	0-1	0-1	0-1	0-1	0-1	0-1	0-1	0-1	0-1	0-1	0-1
SumC	0-1	0-1	0-2	0-3	0-3	0-3	0-4	0-4	0-4	0-3	0-4	0-4	0-4	0-3	0-4	1-4
A%	24-57	24-47	30-56	44-55	46-57	45-55	48-57	47-52	48-58	46-48	48-53	43-54	47-53	42-53	45-53	47-51
H%	3-5	5-10	9-14	9-12	11-14	11-18	11-20	13-18	14-21	16-21	14-20	14-22	15-22	12-22	14-22	8-21
P	0-2	0-2	1-3	2-4	2-5	2-5	3-5	3-5	4-6	4-7	4-7	4-7	4-6	4-7	4-7	5-7

*編修自 Ames（1996）、Ames 等人（1964）、Beck 等人（1961）、Exner（1986）、Ledwith（1959）、Levitt 和 Truumaa（1972）。

表 4　羅氏墨跡測驗主要變項總指南：18 歲至 64 歲*

反應部位	指引	決定因子	指引	反應內容	指引
反應總數（R）	15-40	人類運動（M）	1-6	人的整體（H）	1-6
整體反應部位（W）	5-12	動物運動（FM）	1-7	人的部分（Hd）	0-5
整體反應部位百分比（W%）	25-55	非動物運動（m）	0-3	人的整體百分比（H%）	8-22
常見的反應部位（D）	6-18	形狀—色彩（FC）	0-5	動物的整體（A）	5-15
常見的反應部位百分比（D%）	35-60	色彩—形狀（CF）	0-3	動物的部分（Ad）	0-4
不常見的反應部位百分比（Dd%）	0-5	彩色（C）	0-1	動物整體百分比（A%）	45-55
		形狀（F）	3-16	反應內容類別數量（#of categories）	5-7
大空白反應部位（S）	0-3	形狀百分比（F%）	20-55		
不常見的反應部位＋小空白反應部位（Dd＋S）	0-8	精緻形狀百分比（F＋%）	79-95	從眾反應（P）	5-8
		形狀—色彩濃度（F Shading）	0-2		
		色彩濃度—形狀（Shading F）	0-2		
		形狀—質感（F Texture）	0-5		
		質感—形狀（Texture F）	0-1		
		形狀—黑灰白（FC'）＋黑灰白—形狀（C'F）	0-3		
		彩色加總值（Sum C）	2-6		
		三度空間（Vista）	0-2		

*編修自 Ames（1966）、Beck 等人（1961）、Cass 和 McReynolds（1951）、Exner（1986），以及 Klopfer 和 Davison（1962）。

132

表 5　羅氏墨跡測驗主要變項總指南：65 歲以上[1,2]

反應部位	指引	決定因子	指引	反應內容[4]	指引
反應總數（R）	15-27	人類運動（M）	1-4	動物的整體（A）＋動物的部分（Ad）	5-19
整體反應部位百分比（W%）	34-55	動物運動（FM）	2-6	動物整體百分比（A%）	41-52
常見的反應部位百分比（D%）	35-55	非動物運動（m）	0-2	人的整體（H）＋人的部分（Hd）	2-6
不常見的反應部位百分比（Dd%）	5-17	形狀（F）	5-15	人的整體百分比（H%）	8-23
		形狀百分比（F%）	25-55	從眾反應（P）	4-8
		精緻形狀百分比（F +%）	90-96		
		形狀—色彩（FC）	0-2		
		色彩—形狀（CF）	0-2		
		彩色（C）	0-1		
		質感（Texture）	0-2		
		其他色彩濃度（Other Shading）[3]			

1 編修自 Ames 等人（1973）；Gross、Newton 和 Brooks（1990）；Klopfer（1946, 1956）；Light 和 Amick（1956）；以及 Prados 和 Fried（1947）。
2 依據 Gross 等人（1990）及 Peterson（1991）的研究結果，獨立生活老年人的羅氏墨跡分數和其他成年人的分數無顯著差異。
3 其他色彩濃度（非質感）反應可以較無關緊要（Ames et al., 1973; Klopfer, 1956; Light & Amick, 1956; Prados & Fried, 1947）。
4 僅用到少數反應內容（Light & Amick, 1956）。

表 6　診斷團體第一張人物畫的性別 133

團體	性別	先畫自己的性別	人數	資料來源
常人：8-10 歲	女	97	80	Weider & Noller（1950）
常人：8-12 歲	女	94	228	Weider & Noller（1950）
常人	男	92	309	Zaback & Waehler（1994）
常人	男與女	87	5000	Levy（1958）
常人	男	85,90	100	Gravitz（1968, 1969b）
綜合的精神科病患	男	84.5	71	Laird（1962）
綜合的精神科病患	男	82.3	164	Mainord（1953）
約旦的一般學生	男	82	50	Daoud（1976）
酒癮患者	男	81	100	Laird（1962）
常人：3.25-5.5 歲	男	75	71	Vroegh（1970）
常人：8-10 歲	男	74	73	Weider & Noller（1950）
酒癮患者	男	73.9	490	Wisotsky（1959）
常人：8-12 歲	男	70	210	Weider & Noller（1953）
常人	女	67	100	Gravitz（1968）
常人	女	64	447	Zaback & Waehler（1994）
綜合的精神科病患	女	60.9	105	Mainord（1953）
罪犯	男	59.5	1000	G. Fisher（1968）
常人：3.25-5.5 歲	女	58	80	Vroegh（1970）
女性化的男孩	男	57	30	Green et al.（1972）
同志	女	53	30	Armon（1960）
約旦的一般學生	女	52	50	Daoud（1976）
鴉片成癮者	男	47.5	59	Kurtzberg et al.（1966）
同志	男與女	18.5	16	Levy（1958）

134 表 7 班達完形測驗依年齡反應之摘要圖表

	圖 A	圖 1	圖 2	圖 3	圖 4	圖 5	圖 6	圖 7	圖 8
成人	100%	25%	100%	100%	100%	100%	100%	100%	100%
11 歲	95%	95%	65%	60%	95%	90%	70%	75%	90%
10 歲	90%	90%	60%	60%	80%	80%	60%	60%	90%
9 歲	80%	75%	60%	70%	80%	70%	80%	65%	70%
8 歲	75%	75%	75%	60%	80%	65%	70%	65%	65%
7 歲	75%	75%	70%	60%	75%	65%	60%	65%	60%
6 歲	75%	75%	60%	80%	75%	60%	60%	60%	75%
5 歲	85%	85%	60%	80%	70%	60%	60%	60%	75%
4 歲	90%	85%	75%	80%	70%	60%	65%	60%	60%
3 歲	——	塗鴉	——						

摘自 Bender, L. (1938). *A Visual Motor Gestalt Test and its Clinical Use*. New York: American Orthopsychiatric Association.

參考文獻 References

Abrams, E. (1955). Prediction of intelligence from certain Rorschach factors. *Journal of Clinical Psychology, 11,* 81-83.

Acker, C. W. (1963). Personality concomitants of autonomic balance: I. Rorschach measures. *Journal of Projective Techniques, 27,* 12-19.

Acklin, M. W. (1990). Personality dimensions of two types of learning-disabled children: A Rorschach study. *Journal of Personality Assessment, 54,* 67-77.

Acklin, M. W. (1993). Psychodiagnosis of personality structure: II. Borderline personality organization. *Journal of Personality Assessment, 61,* 329-341.

Acklin, M. W. (1994). Psychodiagnosis of personality structure: III. Neurotic personality organization. *Journal of Personality Assessment, 63,* 1-9.

Adams, H., Cooper, G., & Carrera, R. (1963). The Rorschach and the MMPI: A concurrent validity study. *Journal of Projective Techniques, 27,* 23-24.

Adler, P. T. (1970). Evaluation of the figure drawing technique: Reliability, factorial structure, and diagnostic usefulness. *Journal of Consulting and Clinical Psychology, 35,* 52-57.

Affleck, D. C., & Mednick, S. A. (1959). The use of the Rorschach test in the prediction of the abrupt terminator in individual psychotherapy. *Journal of Consulting Psychology, 23,* 125-128.

Aita, J. A., Armitage, S. G., Reitan, R. M., & Rabinowitz, A. (1947). The use of certain psychological tests in the evaluation of brain injury. *Journal of General Psychology, 37,* 25-44.

Aita, J. A., Reitan, R. M., & Ruth, J. M. (1947). Rorschach's test as a diagnostic aid in brain injury. *American Journal of Psychiatry, 103,* 770-779.

Albee, G. W., & Hamlin, R. M. (1949). An investigation of the reliability and validity of judgments of adjustment inferred from drawings. *Journal of Clinical Psychology, 5,* 389-392.

Alcock, T. (1963). *The Rorschach in practice.* Philadelphia, PA: Lippincott.

Alexander, F., Crutchlow, E., & Hoffmann, M. (1947). A selective survey of the Wechsler-Bellevue section of Rapaport's Diagnostic Psychological Testing. *Canadian Journal of Psychology, 1,* 111-115.

Allen, R. M. (1947). The test performance of the brain injured. *Journal of Clinical Psychology, 3,* 225-230.

Allen, R. M. (1948a). A note on the use of the Bellevue-Wechsler scale mental deterioration index with brain injured patients. *Journal of Clinical Psychology, 4,* 88-89.

Allen, R. M. (1948b). II. The test performance of the brain diseased. *Journal of Clinical Psychology, 4,* 281-284.

Allen, R. M. (1954). *Elements of Rorschach interpretation.* New York: International University Press.

Allen, R. M. (1958). *Personality assessment procedures.* New York: Harper.

Allison, J. (1978). Clinical contributions of the Wechsler Adult Intelligence Scale. In B. J. Wolman (Ed.), *Clinical diagnosis of mental disorders* (pp. 355-392). New York: Plenum.

Allison, J., Blatt, S. J., & Zimet, C. N. (1968). *The interpretation of psychological tests.* New York: Harper & Row.

Allison, J., & Blatt, S. N. (1964). The relationship of Rorschach whole responses to intelligence. *Journal of Projective Techniques, 28,* 255-260.

Alschuler, A., & Hattwick, W. (1947). *Painting and personality.* Chicago: University of Chicago Press.

Altus, W. D., & Altus, G. (1952). Rorschach movement variables and verbal intelligence. *Journal of Abnormal and Social Psychology, 47,* 531-533.

Altus, W. D., & Clark, J. H. (1949). Subtest variation on the Wechsler-Bellevue for two institutionalized behavior problem groups. *Journal of Consulting Psychology, 13,* 444-447.

Altus, W. D., & Thompson, G. (1949). The Rorschach as a measure of intelligence. *Journal of Consulting Psychology, 13,* 341-347.

Ames, L. (1959). Further check on the diagnostic validity of the Ames danger signals. *Journal of Projective Techniques, 23,* 291-298.

Ames, L., Learned, J., Metraux, R., & Walker, R. N. (1952). *Child Rorschach responses.* New York: Hoeber.

Ames, L., Learned, J., Metraux, R., & Walker, R. N. (1954). *Rorschach responses in old age.* New York: Hoeber.

Ames, L., Metraux, R., Rodell, J., & Walker, R. N. (1974). *Child Rorschach responses.* New York: Brunner/Mazel.

Ames, L., Metraux, R., & Walker, R. N. (1959). *Adolescent Rorschach responses.* New York: Hoeber.

Ames, L. B. (1966). Changes in Rorschach responses throughout the human life span. *Genetic Psychology Monographs, 74,* 89-125.

Ames, L. B., & Gillespie, C. (1973). Significance of Rorschach modified by responses to other projective tests. *Journal of Personality Assessment, 37,* 316-327.

Ames, L. B., Metraux, R., & Walker, R. N. (1971). *Adolescent Rorschach responses* (Rev. ed.). New York: Brunner/Mazel.

Ames, L. B., Metraux, R. W., Rodell, J. L., & Walker, R. N. (1973). *Rorschach responses in old age.* New York: Brunner/Mazel.

Ames, L. B., & Walker, R. N. (1964). Prediction of later reading ability from kindergarten Rorschach and IQ scores. *Journal of Educational Psychology, 55,* 309-313.

Andersen, A. L. (1951). The effect of laterality localization of focal brain lesions on the Wechsler-Bellevue subtests. *Journal of Clinical Psychology, 7,* 149-153.

Andersen, D. O., & Seitz, F. C. (1969). Rorschach diagnosis of homosexuality: Schafer's content analysis. *Journal of Projective Techniques and Personality Assessment, 33,* 406-408.

Anthony, W. Z., Heaton, R. K., & Lehman, R. A. W. (1980). An attempt to cross-validate two actuarial systems for neuropsychological test interpretation. *Journal of Consulting and Clinical Psychology, 48,* 317-326.

Appelbaum, S., & Colson, D. (1968). A reexamination of the color-shading Rorschach test response and suicide attempts. *Journal of Projective Techniques and Personality Assessment, 32,* 160-164.

Appelbaum, S., & Holzman, P. S. (1962). The color-shading response and suicide. *Journal of Projective Techniques, 26,* 155-161.

Archer, R. P., Maruish, M., Imhof, E. A., & Piotrowski, C. (1991). Psychological test usage with adolescent clients: 1990 survey findings. *Professional Psychology, 22,* 247-252.

Arffa, S. (1982). Predicting adolescent suicidal behavior and the order of Rorschach measurement. *Journal of Personality Assessment, 46,* 563-568.

Armon, V. (1960). Some personality variables in overt female homosexuality. *Journal of Projective Techniques, 24,* 292-309.

Arnaud, S. (1959). A system for deriving quantitative Rorschach measures of certain psychological variables, for group comparisons. *Journal of Projective Techniques, 23,* 403-411.

Aron, L. (1982). Stressful life events and Rorschach content. *Journal of Personality Assessment, 46,* 582-585.

Aronoff, J. (1972). Sex differences in the orientation of body image. *Journal of Personality Assessment, 36,* 19-22.

Aronow, E., & Reznikoff, M. (1976). *Rorschach content interpretation.* New York: Grune & Stratton.

Aronow, E., Reznikoff, M., & Moreland, K. (1994). *The Rorschach technique.* Boston: Allyn & Bacon.

Aronson, M. L. (1952). A study of the Freudian theory of paranoia by means of the Rorschach test. *Journal of Projective Techniques, 16,* 397-411.

Athey, G. I., Jr., & Horowitz, L. (1980). Effects of non-exploratory psychotherapy with a borderline patient. In J. S. Kwawer, H. D. Lerner, P. M. Lerner, & A. Sugarman (Eds.), *Borderline phenomena and the Rorschach test* (pp. 203-226). New York: International University Press.

Atkinson, L., Bowman, T. G., Dickens, S., Blackwell, J., Vasarhelyi, J., Szep, P., Dunleavy, B., MacIntyre, R., & Bury, A. (1990). Stability of Wechsler Adult Intelligence Scale—Revised factor scores across time. *Psychological Assessment: A Journal of Consulting and Clinical Psychology, 2,* 447-450.

Atkinson, L., & Cyr, J. J. (1984). Factor analysis of the WAIS-R: Psychiatric and standardization samples. *Journal of Consulting and Clinical Psychology, 52,* 714-716.

Auerbach, S. M., & Spielberger, C. D. (1972). The assessment of state and trait anxiety. *Journal of Personality Assessment, 36,* 314-335.

Baker, G. (1956). Diagnosis of organic brain damage in the adult. In B. Klopfer (Ed.), *Developments in the Rorschach technique: Fields of application* (Vol. 2, pp. 318-375). Yonkers: World Book.

Baker, L. M., & Harris, J. (1949). The validation of Rorschach test results against laboratory behavior. *Journal of Clinical Psychology, 5,* 161-164.

Baldwin, I. T. (1964). The head-body ratio in human figure drawings of schizophrenic and normal adults. *Journal of Projective Techniques and Personality Assessment, 28,* 393-396.

Balthazar, E. E. (1963). Cerebral unilateralization in chronic epileptic cases: The Wechsler Object Assembly subtest. *Journal of Clinical Psychology, 19,* 169-171.

Balthazar, E. E., & Morrison, D. H. (1961). The use of Wechsler intelligence scales as diagnostic indicators of predominant left-right and indeterminate unilateral brain damage. *Journal of Clinical Psychology, 17,* 161-165.

Balthazar, E. E., Todd, R. E., Morrison, D. H., & Ziebell, P. W. (1961). Visuoconstructive and verbal responses in chronic brain-damaged patients and familial retardates. *Journal of Clinical Psychology, 17,* 293-296.

Barnouw, V. (1969). Cross-cultural research with the House-Tree-Person test. In J. N. Buck & E. F. Hammer (Eds.), *Advances in the House-Tree-Person technique: Variations and applications.* Los Angeles: Western Psychological Services.

Baroff, G. S. (1957). Bender-Gestalt visuo-motor function in mental deficiency. *American Journal of Mental Deficiency, 61,* 753-760.

Baroff, G. S. (1959-60). WISC patterning in endogenous mental deficiency. *American Journal of Mental Deficiency, 64,* 482-485.

Barrell, R. P. (1953). Subcategories of Rorschach human movement responses: A classification system and some experimental results. *Journal of Consulting Psychology, 17,* 254-260.

Barron, F. (1955). Threshold for the perception of human movement in inkblots. *Journal of Consulting Psychology, 19,* 33-38.

Baumeister, A. A. (1964-65). Use of the WISC with mental retardates: A review. *American Journal of Mental Deficiency, 69,* 183-194.

Beck, H. S. (1955). A study of the applicability of the H-T-P to children with respect to the drawn house. *Journal of Clinical Psychology, 11,* 60-63.

Beck, H. S. (1959). A comparison of convulsive organics, non-convulsive organics, and non-organic public school children. *American Journal of Mental Deficiency, 63,* 866-875.

Beck, H. S., & Lam, R. L. (1955). Use of the WISC in predicting organicity. *Journal of Clinical Psychology, 11,* 154-158.

Beck, N., & Herron, W. G. (1969). The meaning of the Rorschach cards for children. *Journal of Projective Techniques and Personality Assessment, 33,* 150-153.

Beck, N., Horwitz, E., Seidenberg, M., Parker, J., & Frank, R. (1985). WAIS-R factor structure in psychiatric and general patients. *Journal of Consulting and Clinical Psychology, 52,* 402-405.

Beck, N. C., Tucker, D., Frank, R., Parker, J., Lake, R., Thomas, S., Lichty, W., Horwitz, E., Horwitz, B., & Merritt, F. (1989). The latent factor structure of the WAIS-R: A factor analysis of individual item responses. *Journal of Clinical Psychology, 45,* 281-293.

Beck, S. J. (1944). *Rorschach's Test: I. Basic processes.* New York: Grune & Stratton.

Beck, S. J. (1945). *Rorschach's test: A variety of personality pictures* (Vol. 2). New York: Grune & Stratton.

Beck, S. J. (1951). The Rorschach test: A multi-dimensional test of personality. In H. H. Anderson & G. Anderson (Eds.), *An introduction to projective techniques* (pp. 101-122). Englewood Cliffs, NJ: Prentice-Hall.

Beck, S. J. (1952). *Rorschach's test: Advances in interpretation* (Vol. 3). New York: Grune & Stratton.

Beck, S. J. (1960). *The Rorschach experiment.* New York: Grune & Stratton.

Beck, S. J. (1968). Reality, Rorschach and perceptual theory. In A. I. Rabin (Ed.), *Projective techniques in personality assessment.* New York: Springer.

Beck, S. J. (1978). *Rorschach's test: II. Gradients in mental disorder* (3rd ed.). New York: Grune & Stratton.

Beck, S. J., Beck, A. G., Levitt, E. E., & Molish, H. B. (1961). *Rorschach's test: I. Basic processes* (3rd ed.). New York: Grune & Stratton.

Beck, S. J., & Molish, H. B. (1967). *Rorschach's test II: A variety of personality pictures.* New York: Grune & Stratton.

Beckham, A. S. (1930). Minimum intelligence levels for several occupations. *Personnel Journal, 9,* 309-313.

Bell, J. E. (1948). *Projective techniques.* New York: Logmans, Green.

Belmont, L., & Birch, H. G. (1966). The intellectual profile of retarded readers. *Perceptual and Motor Skills, 22,* 787-816.

Bender, L. (1938). *A Visual Motor Gestalt Test and its clinical use.* New York: American Orthopsychiatric Association.

Bender, L. (1940). The drawing of a man in chronic encephalitis in children. *Journal of Nervous and Mental Disease, 41,* 277-286.

Bender, L. (1946). *Instructions for the use of Visual Motor Gestalt Test.* New York: American Orthopsychiatric Association.

Bender, L. (1956). *Psychopathology of children with organic brain disorders.* Springfield, IL: C. C. Thomas.

Bendian, J. (1957). Validatie-onderzoek va de Rail-Walking Test (A validation study of the Rail-Walking test.) *Nederlands Tijdschrift voor de Psychologie, 12,* 424-455. (*Psychological Abstracts,* 33:3815).

Bendick, M., & Klopfer, W. G. (1964). The effects of sensory deprivation and motor inhibition on Rorschach movement responses. *Journal of Projective Techniques, 28,* 261-264.

Bensberg, G. (1952). Performance of brain-injured and familial mental defectives on the Bender-Gestalt Test. *Journal of Consulting Psychology, 16,* 61-64.

Benton, A. L. (1945). Rorschach performance of suspected malingerers. *Journal of Abnormal and Social Psychology, 40,* 94-96.

Benton, A. L. (1959). *Right-left discrimination and finger localization.* New York: Harper & Bros.

Benton, A. L., & Howell, I. L. (1941). The use of psychological tests in the evaluation of intellectual function following head injury: Report of a case of post-traumatic personality disorder. *Psychosomatic Medicine, 3,* 138-151.

Berg, M. (1983). Borderline psychopathology as displayed on psychological tests. *Journal of Personality Assessment, 47,* 120-133.

Berkowitz, M., & Levine, J. (1953). Rorschach scoring categories as diagnostic "signs." *Journal of Consulting Psychology, 17,* 110-112.

Berman, S., & Laffal, J. (1953). Body type and figure drawing. *Journal of Clinical Psychology, 9,* 368-370.

Bernstein, R., & Corsini, R. J. (1953). Wechsler-Bellevue patterns of female delinquents. *Journal of Clinical Psychology, 9,* 176-179.

Bieliauskas, V. J. (1960). Sexual identification in children's drawings of human figure. *Journal of Clinical Psychology, 16,* 42-44.

Bigler, E. D. & Ehrfurth, J. W. (1981). The continued inappropriate singular use of the Bender Visual Motor Gestalt Test. *Professional Psychology, 12,* 562-569.

Billingslea, F. Y. (1948). The Bender-Gestalt: An objective scoring method and validating data. *Journal of Clinical Psychology, 4,* 1-27.

Birch, H. G., & Diller, L. (1959). Rorschach signs of "organicity": A physiological basis for perceptual disturbances. *Journal of Projective Techniques, 23,* 184-197.

Black, F. W. (1976). Cognitive deficits in patients with unilateral war-related frontal lobe lesions. *Journal of Clinical Psychology, 32,* 366-376.

Blaha, J., & Mandes, E. (1993). The hierarchical factor structure of the WAIS-R for alcoholic adults. *Journal of Clinical Psychology, 49,* 740-745.

Blaha, J., Mandes, E., & Swisher, C. W. (1987). The hierarchical factor structure of the WAIS-R for learning-disabled adults. *Journal of Clinical Psychology, 43,* 280-286.

Blaha, J., & Wallbrown, F. H. (1991). Hierarchical factor structure of the Wechsler Preschool and Primary Scale of Intelligence-Revised. *Psychological Assessment, 3,* 455-463.

Blain, G. H., Bergner, R. M., Lewis, M. L., & Goldstein, M. A. (1981). The use of objective scorable house-tree-person indicators to establish child abuse. *Journal of Clinical Psychology, 37,* 667-673.

Blais, M. A., Hilsenroth, M. J., & Fowler, J. C. (1998). Rorschach correlates of the DSM-IV histrionic personality disorder. *Journal of Personality Assessment, 70,* 355-364.

Blank, L. (1958). The intellectual functioning of delinquents. *Journal of Social Psychology, 47,* 9-14.

Blatt, S. J. (1965). The Wechsler scales and acting out. In L. Abt & S. Weissman (Eds.), *Acting-out* (pp. 242-251). New York: Grune & Stratton.

Blatt, S. J., & Allison, J. (1963). Methodological considerations in Rorschach research: The W response as an expression of abstractive and integrative strivings. *Journal of Projective Techniques, 27,* 269-278.

Blatt, S. J., & Allison, J. (1968). The intelligence test in personality assessment. In A. I. Rabin (Ed.), *Projective techniques in personality assessment.* New York: Springer.

Blatt, S. J., Allison, J., & Baker, B. L. (1965). The Wechsler Object Assembly subtest and bodily concerns. *Journal of Consulting Psychology, 29,* 223-230.

Blatt, S. J., Brenneis, C. B., Shimek, J. G., & Glick, M. (1976). Normal development and psychopathological impairment on the concept of the object on the Rorschach. *Journal of Abnormal Psychology, 85,* 364-373.

Blatt, S. J., & Lerner, H. (1983). The psychological assessment of object representation. *Journal of Personality Assessment, 47,* 7-28.

Blatt, S. J., & Quinlan, P. (1967). Punctual and procrastinating students: A study of temporal parameters. *Journal of Consulting Psychology, 31,* 169-174.

Blatt, S. J., & Ritzler, B. A. (1974). Suicide and the representation of transparency and cross-sections on the Rorschach. *Journal of Consulting and Clinical Psychology, 42,* 280-287.

Blatt, S. J., Tuber, S. B., & Auerbach, J. A. (1990). Representation of interpersonal interactions on the Rorschach and level of psychopathology. *Journal of Personality Assessment, 54,* 711-728.

Bloom, B. L. (1962). The Rorschach popular response among Hawaiian schizophrenics. *Journal of Projective Techniques, 26,* 173-181.

Bochner, R., & Halpern, F. (1945). *The clinical application of the Rorschach test* (2nd ed.). New York: Grune & Stratton.

Bodoin, J. J., & Pikunas, J. (1983). A Rorschach form-color percentage and reality testing in adult patients and non-patients. *Journal of Personality Assessment, 47,* 583-587.

Bodwin, R. F., & Bruck, M. (1960). The adaptation and validation of the Draw-A-Person test as a measure of self-concept. *Journal of Clinical Psychology, 16,* 427-429.

Bohm, E. (1958). *A textbook in Rorschach test diagnosis.* New York: Grune & Stratton.

Bohm, E. (1960). The Binder chiaroscuro system and its theoretical basis. In M. Rickers-Ovsiankina (Ed.) & M. Felix (Trans.), *Rorschach psychology* (pp. 202-222). New York: Wiley.

Bohm, E. (1977). The Binder chiaroscuro system and its theoretical basis. In M. Rickers-Ovsiankina (Ed.), *Rorschach psychology* (2nd ed., pp. 303-324). New York: Krieger.

Boll, T. J. (1978). Diagnosing brain impairment. In B. J. Wolman (Ed.), *Clinical diagnosis in mental disorders* (pp. 601-675). New York: Plenum.

Bonifacio, P. P., & Schaefer, C. E. (1969). Creativity and the projection of movement responses. *Journal of Projective Techniques and Personality Assessment, 33,* 380-384.

Bornstein, R. A. (1984). Unilateral lesions and the Wechsler Adult Intelligence Scale-Revised: No sex differences. *Journal of Consulting and Clinical Psychology, 52,* 604-608.

Bornstein, R. A., & Share, D. (1990). Prevalence of the Fuld profile in temporal lobe epilepsy. *Journal of Clinical and Experimental Neuropsychology, 12,* 265-269.

Bornstein, R. A., Termeer, J., Longbrake, K., Heger, M., & North, R. (1989). WAIS-R cholinergic deficit profile in depression. *Psychological Assessment, 1,* 342-344.

Bornstein, R. F., Manning, K. A., Krukonis, A. B., Rossner, S. C., & Mastrosimone, C. C. (1993). Sex differences in dependency: A comparison of objective and projective measures. *Journal of Personality Assessment, 61,* 169-181.

Bowland, J. A., & Deabler, H. L. (1956). A Bender-Gestalt diagnostic validity study. *Journal of Clinical Psychology, 12,* 82-84.

Bradfield, R. H. (1964). The predictive validity of children's drawings. *California Journal of Educational Research, 15,* 166-174.

Bradway, K., & Benson, S. (1955). The application of the method of extreme deviations to Rapaport's Wechsler-Bellevue data. *Journal of Clinical Psychology, 11,* 285-291.

Bradway, K., & Heisler, V. (1953). The relation between diagnoses and certain types of extreme deviations and content on the Rorschach. *Journal of Projective Techniques, 17,* 70-74.

Brannigan, G. G., Ash, T., & Margolis, H. (1980). Impulsivity-reflectivity and children's intellectual performance. *Journal of Personality Assessment, 44,* 41-43.

Brannigan, G. G., Barone, R. J., & Margolis, H. (1978). Bender Gestalt signs as indicants of conceptual impulsivity. *Journal of Personality Assessment, 42,* 233-236.

Brannigan, G. G., & Benowitz, M. L. (1975). Bender-Gestalt signs and antisocial acting out tendencies in adolescents. *Psychology in the Schools, 12,* 15-17.

Brar, H. S. (1970). Rorschach content responses of East Indian psychiatric patients. *Journal of Projective Techniques and Personality Assessment, 34,* 88-94.

Brems, C., & Johnson, M. E. (1990). Further exploration of the egocentricity index in an inpatient psychiatric population. *Journal of Clinical Psychology, 46,* 675-679.

Brick, M. (1944). Mental hygiene value of children's art work. *American Journal of Orthopsychiatry, 14,* 136-146.

Brickman, A. S., & Lerner, H. D. (1992). Barren Rorschachs: A conceptual approach. *Journal of Personality Assessment, 59,* 176-184.

Brinkman, S. D., & Braun, P. (1984). Classification of dementia patients by a WAIS profile related to central cholinergic deficiencies. *Journal of Clinical Neuropsychology, 6,* 393-400.

Britain, S. D. (1970). Effect of manipulation of children's affect on their family-drawings. *Journal of Projective Techniques and Personality Assessment, 34,* 234-237.

Broida, D. C. (1954). An investigation of certain psychodiagnostic indications of suicidal tendencies and depression in mental hospital patients. *Psychiatric Quarterly, 28,* 453-464.

Brown, E. (1979). Sexual self-identification as reflected in children's drawings when asked to "draw-a-person." *Perceptual & Motor Skills, 49,* 35-38.

Brown, F. (1953). An exploratory study of dynamic factors in the content of the Rorschach protocol. *Journal of Projective Techniques, 17,* 251-279.

Brown, F. (1958). Adult case study: Clinical validation of the House-Tree-Person drawings of an adult case (Chronic ulcerative colitis with ileostomy). In E. F. Hammer (Ed.), *The clinical application of projective drawings* (pp. 261-275). Springfield, IL: Thomas.

Brown, F. (1965). The Bender-Gestalt and acting out. In L. Abt & S. Weissman (Eds.), *Acting Out* (pp. 320-331). New York: Grune & Stratton.

Brown, F., Chase, J., & Winson, J. (1961). Studies in infant feeding choices of primiparae. *Journal of Projective Techniques, 25,* 412-421.

Brown, S. W., Hwang, M. T., Baron, M., & Yakimowski, M. E. (1991). Factor analysis of responses to the WISC-R for gifted children. *Psychological Reports, 69,* 99-107.

Brown, W. R., & McGuire, J. M. (1976). Current psychological assessment practices. *Professional Psychology, 7,* 475-484.

Browning, D. L., & Quinlan, D. M. (1985). Ego development and intelligence in a psychiatric population: Wechsler subtest scores. *Journal of Personality Assessment, 49,* 260-263.

Bruell, J. H., & Albee, G. W. (1962). Higher intellectual functions in a patient with hemispherectomy for tumors. *Journal of Consulting Psychology, 26,* 90-98.

Bruhn, A. R., & Reed, M. R. (1975a). Simulation of brain damage on the Bender-Gestalt test by college subjects. *Journal of Personality Assessment, 39,* 244-255.

Bruhn, A. R., & Reed, M. R. (1975b). *Distinguishing malingerers from organics on the Bender-Gestalt Test: Differentiating criteria and self-training package.* Portland State University: Author.

Buck, J. N. (1948). The H-T-P technique, a qualitative and quantitative scoring manual. *Journal of Clinical Psychology, 4,* 317-396.

Buck, J. N. (1950a). *Administration and interpretation of the H-T-P test: Proceedings of the H-T-P workshop held at Veterans Administration Hospital, Richmond 19, Virginia, March 31, April 1, 2, 1950.* Beverly Hills, CA: Western Psychological Services.

Buck, J. N. (1950b). The use of the House-Tree-Person Test in a case of marital discord. *Journal of Projective Techniques, 14,* 405-434.

Buck, J. N. (1966). *The House-Tree-Person technique: Revised manual.* Beverly Hills: Western Psychological Services.

Buck, J. N. (1969). The use of the H-T-P in the investigation of intrafamilial conflict. In J. N. Buck & E. F. Hammer (Eds.), *Advances in the House-Tree-Person technique: Variations and applications.* Los Angeles: Western Psychological Services.

Buck, J. N., & Hammer, E. F. (Eds.). (1969). *Advances in the House-Tree-Person technique: Variations and applications.* Los Angeles: Western Psychological Services.

Buck, J. N., & Warren, W. L. (1992). *House-Tree-Person projective technique manual.* Los Angeles: Western Psychological Services.

Burgemeister, B. B. (1962). *Psychological techniques in neurological diagnosis.* New York: Hoeber-Harper.

Burik, T. E. (1950). Relative roles of the learning and motor factors involved in the digit symbol test. *Journal of Psychology, 30,* 33-42.

Burley, T., & Handler, L. (1997). Personality factors in the accurate interpretation of projective tests. In E. F. Hammer (Ed.), *Advances in projective drawing interpretation* (pp. 359-377). Springfield, IL: Thomas.

Burton, A., & Sjoberg, B. (1964). The diagnostic validity of human figure drawings in schizophrenia. *Journal of Psychology, 57,* 3-18.

Butler, R. L., & Marcuse, F. L. (1959). Sex identification at different ages using the Draw-a-Person test. *Journal of Projective Techniques, 23,* 299-302.

Byrd, E. (1956). The clinical validity of the Bender Gestalt Test with children: A developmental comparison of children in need of psychotherapy and children judged well-adjusted. *Journal of Projective Techniques, 20,* 127-136.

Campo, V. (1993). The two poles of C´: Depression and persecution. *British Journal of Projective Psychology, 38,* 9-19.

Canter, A. (1985). The Bender-Gestalt Test. In C. S. Newmark (Ed.), *Major psychological assessment instruments.* Boston: Allyn & Bacon.

Canter, A. (1996). The Bender-Gestalt Test (BGT). In C. S. Newmark (Ed.), *Major psychological assessment instruments.* Boston: Allyn & Bacon.

Caputo-Sacco, L., & Lewis, R. J. (1991). MMPI correlates of Exner's Egocentricity Index in an adolescent psychiatric population. *Journal of Personality Assessment, 56,* 29-34.

Carlson, K., Quinlan, D., Tucker, G., & Harrow, M. (1973). Body disturbance and sexual elaboration factors in figure drawings of schizophrenic patients. *Journal of Personality Assessment, 37,* 56-63.

Carnes, G. D., & Bates, R. (1971). Rorschach anatomy response correlates in rehabilitation failure subjects. *Journal of Personality Assessment, 35,* 527-537.

Cartwright, R. D. (1958). Predicting response to client-centered therapy with the Rorschach PR scale. *Journal of Counseling Psychology, 5,* 11-15.

Cass, W. A., Jr., & McReynolds, P. (1951). A contribution to Rorschach norms. *Journal of Consulting Psychology, 15,* 178-184.

Cassel, R. H., Johnson, A. P., & Burns, W. H. (1958). Examiner, ego defense, and the H-T-P test. *Journal of Clinical Psychology, 14,* 157-160.

Cerbus, G., & Nichols, R. C. (1963). Personality variables and response to color. *Psychological Bulletin, 60,* 566-575.

Chaplin, J. P. (1968). *Dictionary of psychology.* New York: Dell.

Chappell, P. A. (1993). Young children's human figure drawings and cognitive development. *Perceptual & Motor Skills, 76,* 611-617.

Charney, I. W. (1959). A normative study of Rorschach "sex populars" for males. *Journal of Projective Techniques, 23,* 12-23.

Chase, J. M. (1941). A study of the drawings of a male figure made by schizophrenic patients and normal subjects. *Character and Personality, 9,* 208-217.

Chorost, S., Spivack, G., & Levine, M. (1959). Bender-Gestalt rotations and EEG abnormalities in children. *Journal of Consulting Psychology, 23,* 559.

Clarizio, H. F., & Higgins, M. M. (1989). Assessment of severe emotional impairment: Practices and problems. *Psychology in the Schools, 26,* 154-162.

Clark, J. H. (1948). Intelligence test results obtained from a specific type of army A.W.O.L. *Educational and Psychological Measurement, 8,* 677-682.

Clawson, A. (1959). The Bender Visual Motor Gestalt Test as an index of emotional disturbance in children. *Journal of Projective Techniques, 23,* 198-206.

Clawson, A. (1962). *The Bender Visual Motor Gestalt Test for children.* Beverly Hills: Western Psychological Services.

Clemes, S., Tanous, J. C., & Kantor, R. E. (1963). Level of perceptual development and psychosomatic illness. *Journal of Projective Techniques, 27,* 279-287.

Coates, S. (1962). Homosexuality and the Rorschach Test. *British Journal of Medical Psychology, 35,* 177-190.

Cocking, R. R., Dana, J. M., & Dana, R. H. (1969). Six constructs to define Rorschach M: A response. *Journal of Projective Techniques and Personality Assessment, 33,* 322-323.

Cohen, J. (1952a). A factor-analytically based rationale for the Wechsler-Bellevue. *Journal of Consulting Psychology, 16,* 272-277.

Cohen, J. (1952b). Factors underlying Wechsler-Bellevue performance of three neuropsychiatric groups. *Journal of Abnormal and Social Psychology, 47,* 359-365.

Cohen, J. (1957a). A factor-analytically based rationale for the Wechsler Adult Intelligence Scale. *Journal of Consulting Psychology, 21,* 451-457.

Cohen, J. (1957b). The factorial structure of the WAIS between early adulthood and old age. *Journal of Consulting Psychology, 21,* 283-290.

Cohen, J. (1959). The factorial structure of the WISC at ages 7-6, 10-6, and 13-6. *Journal of Consulting Psychology, 23,* 285-299.

Coleman, J. C., & Rasof, B. (1963). Intellectual factors in learning disorders. *Perceptual and Motor Skills, 16,* 139-152.

Colson, D. B., & Hurwitz, B. A. (1973). A new experimental approach to the relationship between color-shading and suicide attempts. *Journal of Personality Assessment, 37,* 237-241.

Consalvi, C., & Canter, A. (1957). Rorschach scores as a function of four factors. *Journal of Consulting Psychology, 21,* 47-51.

Cook, M. (1951). A preliminary study of the relationship of differential treatment of male and female headsize in figure drawing to the degree of attribution of the social function of the female. *Psychology Newsletter, 34,* 1-5.

Cooper, L. (1969). Motility and fantasy in hospitalized patients. *Perceptual and Motor Skills, 28,* 525-526.

Cooper, L., & Caston, J. (1970). Physical activity and increase in M response. *Journal of Projective Techniques and Personality Assessment, 34,* 295-301.

Coopersmith, S., Sakai, D., Beardsley, B., & Coopersmith, A. (1976). Figure drawings as an expression of self-esteem. *Journal of Personality Assessment, 40,* 370-375.

Correll, R. E. (1985). Relationship of anxiety and depression scores to WAIS performance of psychiatric patients. *Psychological Reports, 57,* 295-301.

Costello, C. G. (1958). The Rorschach records of suicidal patients. *Journal of Projective Techniques, 22,* 272-275.

Cotzin, M., & Gallagher, J. J. (1949). Validity of short forms of the Wechsler-Bellevue Scale for mental defectives. *Journal of Consulting Psychology, 49,* 375-377.

Cox, R. N., & Sarason, S. B. (1954). Test anxiety and Rorschach performance. *Journal of Abnormal and Social Psychology, 49,* 371-377.

Craddick, R. A. (1963). The self-image in the Draw-A-Person Test and self-portrait drawings. *Journal of Projective Techniques, 27,* 288-291.

Craddick, R. A. (1964). Size of drawings-of-a-person as a function of stimulating "psychosis." *Perceptual and Motor Skills, 18,* 308.

Craddick, R. A., & Leipold, W. D. (1968). Note on the height of Draw-A-Person figures by male alcoholics. *Journal of Projective Techniques and Personality Assessment, 32,* 486.

Craig, R. J. (1969). An illustration of the Wechsler Picture Arrangement subtest as a thematic technique. *Journal of Projective Techniques and Personality Assessment, 33,* 286-289.

Crawford, J. R., Jack, A. M., Morrison, F. M., Allan, K. M., & Nelson, H. E. (1990). The U.K. factor structure of the WAIS-R is robust and highly congruent with the U.S.A. standardization sample. *Personality and Individual Differences, 11,* 643-644.

Crenshaw, D. A., Bohn, S., Hoffman, M., Matheus, J. M., & Offenbach, S. G. (1968). The use of projective methods in research: 1947-1965. *Journal of Projective Techniques and Personality Assessment, 32,* 3-9.

Crookes, T. G. (1984). A cognitive peculiarity specific to schizophrenia. *Journal of Clinical Psychology, 40,* 893-896.

Culbert, J. P., Hamer, R., & Klinge, V. (1989). Factor structure of the Wechsler Intelligence Scale for Children–Revised, Peabody Picture Vocabulary Test, and Peabody Individual Achievement Test in a psychiatric sample. *Psychology in the Schools, 26,* 331-336.

Culberton, F. M., Feral, C. H., & Gabby, S. (1989). Pattern analysis of Wechsler Intelligence Scale for Children–Revised profiles of delinquent boys. *Journal of Clinical Psychology, 45,* 651-660.

Cull, J. G., & Hardy, R. E. (1971). Concurrent validation information on the Machover draw-a-person test. *Journal of Genetic Psychology, 188,* 211-215.

Curnutt, R. H. (1953). The use of the Bender-Gestalt with an alcoholic and non-alcoholic population. *Journal of Clinical Psychology, 9,* 287-290.

Curran, V., & Marengo, J. T. (1990). Psychological assessment of catatonic schizophrenia. *Journal of Personality Assessment, 55,* 432-444.

Cutter, F., Jorgenson, M., & Farberow, N. L. (1968). Replicability of Rorschach signs with known degrees of suicidal intent. *Journal of Projective Techniques and Personality Assessment, 32,* 428-434.

Dana, R. H. (1968). Six constructs to define Rorschach M. *Journal of Projective Techniques and Personality Assessment, 32,* 138-145.

Dana, R. H., & Cocking, R. R. (1968). Cue parameters, cue probabilities, and clinical judgment. *Journal of Clinical Psychology, 24,* 475-480.

Dana, R. H., Field, K., & Bolton, B. (1983). Variations of the Bender-Gestalt Test: Implications for training and practice. *Journal of Personality Assessment, 47,* 76-84.

Daoud, F. S. (1976). First drawn pictures: A cross-cultural investigation. *Journal of Personality Assessment, 40,* 376-377.

Daston, P. G., & Sakheim, G. A. (1960). Prediction of successful suicide from the Rorschach test, using a sign approach. *Journal of Projective Techniques, 24,* 355-361.

Datta, L., & Drake, A. (1968). Examiner sex and sexual differentiation in preschool children's figure drawings. *Journal of Projective Techniques and Personality Assessment, 32,* 397-399.

Daum, J. M. (1983). Emotional indicators in drawings of aggressive and withdrawn male delinquents. *Journal of Personality Assessment, 47,* 243-249.

Davids, A., Joelson, M., & McArthur, C. (1956). Rorschach and TAT indices of homosexuality in overt homosexuals, neurotics, and normal males. *Journal of Abnormal and Social Psychology, 53,* 161-172.

Davids, A. & Talmadge, M. (1964). Utility of the Rorschach in predicting movement in psychiatric case work. *Journal of Consulting Psychology, 28,* 311-316.

Davidson, H. (1950). A measure of adjustment obtained from the Rorschach protocol. *Journal of Projective Techniques, 14,* 31-38.

Davis, W. E., Becker, B. C., & DeWolfe, A. S. (1971). Categorization of patients with personality disorders and acute brain trauma through WAIS subtest variations. *Journal of Clinical Psychology, 27,* 358-360.

Davis, W. E., DeWolfe, A. S., & Gustafson, R. C. (1972). Intellectual deficit in process and reactive schizophrenia and brain injury. *Journal of Consulting and Clinical Psychology, 38,* 146.

Davison, L. A. (1974). Current status of clinical neurology. In R. M. Reitan & L. A. Davison (Eds.), *Clinical neuropsychology: Current status and applications.* Washington, DC: Hemisphere Publishing.

Deabler, H. L. (1969). The H-T-P in group testing and as a screening device. In J. N. Buck & E. F. Hammer (Eds.), *Advances in the House-Tree-Person technique: Variations and applications.* Los Angeles: Western Psychological Services.

DeCato, C. M. (1993). On the Rorschach M response and monotheism. *Journal of Personality Assessment, 60,* 362-378.

DeCato, C. M., & Wicks, R. J. (1976). *Case studies of the clinical interpretation of the Bender-Gestalt Test.* Springfield, IL: Thomas.

DeCourcy, P. (1971). The hazard of short-term psychotherapy without assessment: A case history. *Journal of Personality Assessment, 35,* 285-288.

DeKoninck, J. M., & Crabbe-Decleve, G. (1971). Field dependence and Rorschach white-space figure-ground reversal responses. *Perceptual and Motor Skills, 33,* 1191-1194.

Delatte, J. G., & Hendrickson, N. J. (1982). Human figure drawing size as a measure of self-esteem. *Journal of Personality Assessment, 46,* 603-606.

DeLuca, J. N. (1966). The structure of homosexuality. *Journal of Projective Techniques & Personality Assessment, 30,* 187-191.

DeMartino, M. F. (1954). Human figure drawings by mentally retarded males. *Journal of Clinical Psychology, 10,* 241-244.

Dennerll, R. D. (1964). Prediction of unilateral brain dysfunction using Wechsler test scores. *Journal of Consulting Psychology, 28,* 278-284.

Dennerll, R. D., Broeder, J., & Sokolov, S. L. (1964). WISC and WAIS factors in children and adults with epilepsy. *Journal of Clinical Psychology, 20,* 236-237.

de Ruiter, C., & Cohen, L. (1992). Personality in panic disorder with agoraphobia: A Rorschach study. *Journal of Personality Assessment, 59,* 304-316.

DeVos, G. (1952). A quantitative approach to affective symbolism in Rorschach responses. *Journal of Projective Techniques, 16,* 133-150.

DeWolfe, A. S. (1971). Differentiation of schizophrenia and brain damage with the WAIS. *Journal of Clinical Psychology, 27,* 208-211.

DeWolfe, A. S., Barrell, R. P., Becker, B. C., & Spaner, F. E. (1971). Intellectual deficit in chronic schizophrenia and brain damage. *Journal of Consulting and Clinical Psychology, 36,* 197-204.

Dickson, J. M, Saylor, C. F., & Finch, A. J. (1990). Personality factors, family structure, and sex of drawn figure on the Draw-A-Person Test. *Journal of Personality Assessment, 55,* 362-366.

DiLeo, J. H. (1970). *Young children and their drawings.* New York: Brunner/Mazel.

DiLeo, J. H. (1973). *Children's drawings as diagnostic aids.* New York: Brunner/Mazel.

Diller, L. (1952). A comparison of the test performances of delinquent and non-delinquent girls. *Journal of Genetic Psychology, 81,* 167-183.

Dobbins, C., & Russell, E. W. (1990). Left temporal lobe brain damage pattern on the Wechsler Adult Intelligence Scale. *Journal of Clinical Psychology, 46,* 863-868.

Donahue, P. J., & Tuber, S. B. (1993). Rorschach adaptive fantasy images and coping in children under severe environmental stress. *Journal of Personality Assessment, 60,* 421-434.

Donders, J. (1993). Factor structure of the WISC-R in children with traumatic brain injury. *Journal of Clinical Psychology, 49,* 255-260.

Doris, J., Sarason, S. B., & Berkowitz, L. (1963). Test anxiety and performance on projective tests. *Child Development, 34,* 751-766.

Dorken, H., & Kral, V. A. (1952). The psychological differentiation of organic brain lesions and their localization by means of the Rorschach test. *American Journal of Psychiatry, 108,* 764-770.

Dougan, C., & Welch, L. (1948). A study of elation, making use of the Rorschach test and an association test. *Journal of Psychology, 26,* 363-366.

Duberstein, P. R., & Talbot, N. L. (1993). Rorschach oral imagery, attachment style, and interpersonal relatedness. *Journal of Personality Assessment, 61,* 294-310.

DuBrin, A. J. (1962). The Rorschach "eyes" hypothesis and paranoid schizophrenia. *Journal of Clinical Psychology, 18,* 468-471.

Dudek, S. Z. (1968). M and active energy system correlating Rorschach M with ease of creative expression. *Journal of Projective Techniques and Personality Assessment, 32,* 453-461.

Dudek, S. Z. (1969). Intelligence, psychopathology and primary thinking disorders in early schizophrenia. *Journal of Nervous and Mental Disease, 148,* 515-527.

Dudek, S. Z. (1972). A longitudinal study of Piaget's developmental stages and the concept of regression. *Journal of Personality Assessment, 36,* 468-478.

Due, F. O., & Wright, M. E. (1945). The use of content analysis in Rorschach interpretation: 1. Differential characteristics of male homosexuals. *Rorschach Research Exchange, 9,* 169-177.

Durand, V. M., Blanchard, E. G., & Mindell, J. A. (1988). Training in projective testing: Survey of clinical training directors and internship directors. *Professional Psychology: Research and Practice, 19,* 236-238.

Edinger, J. D. (1976). WAIS Picture Arrangement and premorbid social competence among process schizophrenics. *Journal of Personality Assessment, 40,* 52-53.

Eichler, R. M. (1951). Experimental stress and alleged Rorschach indices of anxiety. *Journal of Abnormal and Social Psychology, 46,* 344-355.

Eisdorfer, C., Busse, E. W., & Cohen, L. D. (1959). The WAIS performance of an aged sample: The relationship between verbal and performance IQs. *Journal of Gerontology, 14,* 197-201.

Eisenthal, S. (1974). Assessment of suicide risk using selected tests. In C. Neuringer (Ed.), *Psychological assessment of suicidal risk.* Springfield, IL: Thomas.

Elizur, A. (1949). Content analysis of the Rorschach with regard to anxiety and hostility. *Journal of Projective Techniques, 13,* 247-284.

Elkins, E. (1958). The diagnostic validity of the Ames danger signals. *Journal of Consulting Psychology, 22,* 281-287.

Elstein, A. S. (1965). Behavioral correlates of the Rorschach shading determinant. *Journal of Consulting Psychology, 29,* 231-236.

Endicott, N. A., & Jortner, S. (1966). Objective measures of depression. *Archives of General Psychiatry, 15,* 249-255.

Endicott, N. A., Jortner, S., & Abramoff, E. (1969). Objective measures of suspiciousness. *Journal of Abnormal Psychology, 74,* 26-32.

Epstein, A. M., & Lane, R. C. (1996). The use of the Bender Visual Motor Gestalt Test with depressed patients. *Clinical Psychology Review, 16,* 17-50.

Erickson, R. C., Calsyn, D. A., & Scheupbach, C. S. (1978). Abbreviating the Halstead-Reitan neuropsychological test battery. *Journal of Clinical Psychology, 34,* 922-926.

Evans, R. B., & Marmorston, J. (1963). Psychological test signs of brain damage in cerebral thrombosis. *Psychological Reports, 12,* 915-930.

Evans, R. B., & Marmorston, J. (1964). Rorschach signs of brain damage in cerebral thrombosis. *Perceptual and Motor Skills, 18,* 977-988.

Exner, J. E. (1962). A comparison of the human figure drawings of psychoneurotics, character disturbances, normals, and subjects experiencing experimentally-induced fear. *Journal of Projective Techniques, 26,* 392-397.

Exner, J. E. (1974). *The Rorschach: A comprehensive system.* New York: Wiley.

Exner, J. E. (1978). *The Rorschach: A comprehensive system: Vol. 2. Current research and advanced interpretation.* New York: Wiley.

Exner, J. E. (1986). *The Rorschach: A comprehensive system: Vol. 1. Basic foundations* (2nd ed.). New York: Wiley.

Exner, J. E. (1993). *The Rorschach: A comprehensive system: Vol. 1. Basic foundations* (3rd ed.). New York: Wiley.

Exner, J. E., Jr. (1969a). Rorschach responses as an index of narcissism. *Journal of Projective Techniques and Personality Assessment, 33,* 324-330.

Exner, J. E., Jr. (1969b). *The Rorschach systems.* New York: Grune & Stratton.

Exner, J. E., & Murillo, L. G. (1973). Effectiveness of regressive ECT with process schizophrenia. *Diseases of the Nervous System, 34,* 44-48.

Exner, J. E., & Weiner, I. B. (1982). *The Rorschach: A comprehensive system: Vol. 3. Assessment of children and adolescents.* New York: Wiley.

Exner, J. E., Weiner, I. B., & Schuyler, W. (1976). *A Rorschach workbook for the comprehensive system.* Bayville, NY: Rorschach Workshops.

Exner, J. E., & Wylie, J. (1977). Some Rorschach data concerning suicide. *Journal of Personality Assessment, 41,* 339-348.

Exner, J. E., Wylie, J. R., Leura, A. V., & Parrill, T. (1977). Some psychological characteristics of prostitutes. *Journal of Personality Assessment, 41,* 474-485.

Fabian, A. A. (1945). Vertical rotation in visual-motor performance: Its relationship to reading reversals. *Journal of Educational Psychology, 36,* 129-154.

Fals-Stewart, W., & Schafer, J. (1992). The relationship between length of stay in drug-free therapeutic community and neurocognitive functioning. *Journal of Clinical Psychology, 48,* 539-543.

Fein, L. G. (1950). Rorschach signs of homosexuality in male college students. *Journal of Clinical Psychology, 6,* 248-253.

Feldman, I. (1953). Psychological differences among moron and borderline mental defectives as a function of etiology: I. Visual-motor functioning. *American Journal of Mental Deficiency, 57,* 484-494.

Fellows, R., & Cerbus, G. (1969). HTP and DCT indicators of sexual identification in children. *Journal of Projective Techniques and Personality Assessment, 33,* 376-379.

Ferguson, L. W. (1952). *Personality measurement.* New York: McGraw-Hill.

Ferracuti, S., Sacco, R., & Lazzari, R. (1996). Dissociative trance disorder: Clinical and Rorschach findings in ten persons reporting demon possession and treated by exorcism. *Journal of Personality Assessment, 66,* 525-539.

Fiedler, F. E., & Siegel, S. M. (1949). The Free Drawing Test as a predictor of non-improvement in psychotherapy. *Journal of Clinical Psychology, 5,* 386-389.

Field, J. G. (1960). Two types of tables for use with Wechsler's intelligence scales. *Journal of Clinical Psychology, 16,* 3-7.

Fields, F. R. J., & Whitmyre, J. W. (1969). Verbal and performance relationships with respect to laterality of cerebral involvement. *Diseases of the Nervous System, 30,* 177-179.

Filley, C. M., Kobayashi, J., & Heaton, R. K. (1987). Wechsler intelligence scale profiles, the colinergic system, and Alzheimer's disease. *Journal of Clinical and Experimental Neuropsychology, 9,* 180-186.

Finch, A. J., Imm, P. S., & Belter, R. W. (1990) Brief Rorschach records with children and adolescents. *Journal of Personality Assessment, 55,* 640-646.

Finger, D. R. (1997). Child case study: Alan, before and during therapy. In E. F. Hammer (Ed.), *Advances in projective drawing interpretation* (pp. 263-287). Springfield, IL: Thomas.

Finn, J., & Neuringer, C. (1968). Left-handedness: A study of its relation to opposition. *Journal of Projective Techniques and Personality Assessment, 32,* 49-52.

Finney, B. (1955). Rorschach test correlates of assaultive behavior. *Journal of Projective Techniques, 19,* 6-16.

Fisher, G. (1958). Selective and differentially accelerated intellectual dysfunction in specific brain damage. *Journal of Clinical Psychology, 14,* 395-398.

Fisher, G. M. (1960). Differences in WAIS Verbal and Performance IQs in various diagnostic groups of mental retardates. *American Journal of Mental Deficiency, 65,* 256-260.

Fisher, G. M. (1961). Nudity in human figure drawings. *Journal of Clinical Psychology, 17,* 307-308.

Fisher, S. (1950). Patterns of personality rigidity and some of their determinants. *Psychological Monographs, 64,* No. 307.

Fisher, S. (1951). Rorschach patterns in conversion hysteria. *Journal of Projective Techniques, 15,* 98-108.

Fisher, S. (1962). Relationship of Rorschach human percepts to projective descriptions with self-reference. *Journal of Projective Techniques, 26,* 231-233.

Fisher, S., & Cleveland, S. E. (1955). The role of body image in psychosomatic symptom choice. *Psychological Monographs, 69,* No. 402.

Fisher, S., & Sunukjian, H. (1950). Intellectual disparities in a normal group and their relationship to emotional disturbance. *Journal of Clinical Psychology, 6,* 288-290.

Fitzhugh, K. B., & Fitzhugh, L. C. (1964). WAIS results for Ss with longstanding, chronic, lateralized and diffuse cerebral dysfunction. *Perceptual and Motor Skills, 19,* 735-739.

Fitzhugh, K., Fitzhugh, L. C., & Reitan, R. M. (1962). Wechsler-Bellevue comparisons in groups with "chronic" and "current" lateralized and diffuse brain lesions. *Journal of Consulting Psychology, 26,* 306-310.

Fitzhugh, L. C., & Fitzhugh, K. (1964). Relationships between Wechsler-Bellevue Form I and WAIS performances of subjects with longstanding cerebral dysfunction. *Perceptual and Motor Skills, 19,* 539-543.

Fonda, C. P. (1951). The nature and meaning of the white space response. *Journal of Abnormal and Social Psychology, 46,* 367-377.

Fonda, C. P. (1960). The white-space response. In M. Rickers-Ovsiankina (Ed.), *Rorschach psychology* (pp. 80-105). New York: Wiley.

Fonda, C. P. (1977). The white-space response. In M. Rickers-Ovsiankina (Ed.), *Rorschach psychology* (2nd ed., pp. 303-324). New York: Krieger.

Foster, A. L. (1959). A note concerning the intelligence of delinquents. *Journal of Clinical Psychology, 15,* 78-79.

Fowler, C., Hilsenroth, M. J., & Handler, L. (1996). A multimethod approach to assessing dependency: The early memory dependency probe. *Journal of Personality Assessment, 67,* 399-413.

Fowler, P. C., Zillmer, E. A., & Newman, A. C. (1988). WAIS factor pattern for neuropsychiatric inpatients. *Journal of Clinical Psychology, 44,* 398-402.

Fraboni, M., Saltstone, R., Baines, G. R., & Cooper, D. (1988). WAIS-R factor structure in a vocational rehabilitation sample: Additional support for a third factor in special populations. *Psychological Reports, 63,* 819-822.

Frank, G. (1981). On validity of hypotheses derived from the Rorschach: II. Interpretation of Card IV as "Father" card and card VII as "Mother" card. *Perceptual & Motor Skills, 45,* 991-998.

Frank, G. H. (1964). The validity of retention of Digits as a measure of attention. *Journal of General Psychology, 71,* 329-336.

Franklin, J. C. (1945). Discriminative value and patterns of the Wechsler-Bellevue scales in the examination of delinquent Negro boys. *Educational and Psychological Measurement, 5,* 71-85.

Friedman, H. (1952). Perceptual regression in schizophrenia: An hypothesis suggested by the use of the Rorschach test. *Journal of Genetic Psychology, 81,* 63-98.

Friedman, H. (1953). Perceptual regression in schizophrenia: An hypothesis suggested by the use of the Rorschach test. *Journal of Projective Techniques, 17,* 171-185.

Frieswyk, S., & Colson, D. (1980). Prognostic considerations in the hospital treatment of borderline states: The perspective of object relations theory and the Rorschach. In J. S. Kwawer, H. D. Lerner, P. M. Lerner, & A. Sugarman (Eds.), *Borderline phenomena and the Rorschach test* (pp. 229-255). New York: International University Press.

Frueh, B. C., & Kinder, B. N. (1994). The susceptibility of the Rorschach inkblot test to malingering of combat-related P.T.S.D. *Journal of Personality Assessment, 62,* 280-298.

Frueh, B. C., & Leverett, J. P. (1995). Interrelationship between MMPI-2 and Rorschach variables in a sample of Vietnam veterans with PTSD. *Journal of Personality Assessment, 64,* 312-318.

Fuerst, D. R., Fisk, J. L., & Rourke, B. P. (1990). Psychosocial functioning of learning-disabled children: Relations between WISC Verbal IQ-Performance IQ discrepancies and personality subtypes. *Journal of Consulting and Clinical Psychology, 58,* 657-660.

Fukada, N. (1969). Japanese children's tree drawings. In J. N. Buck & E. F. Hammer (Eds.), *Advances in the House-Tree-Person technique: Variations and applications.* Los Angeles: Western Psychological Services.

Fuld, P. A. (1984). Test profile of cholinergic dysfunction and of Alzheimer-type dementia. *Journal of Clinical Neuropsychology, 6,* 380-392.

Fuller, G. B., & Laird, J. T. (1963). Comments and findings about rotations. *Perceptual & Motor Skills, 16,* 673-679.

Fuller, J. B., & Chagnon, G. (1962). Factors influencing rotation in the Bender-Gestalt performance of children. *Journal of Projective Techniques, 26,* 36-46.

Furrer, A. (1960). The meaning of M in the Rorschach test (J. Blauner, Trans.). In M. Sherman (Ed.), *A Rorschach reader* (pp. 309-317). New York: International University Press.

Gacono, C. B., & Meloy, J. R. (1992). The Rorschach and the DSM-III antisocial personality: A tribute to Robert Lindner. *Journal of Clinical Psychology, 48,* 393-406.

Gacono, C. B., & Meloy, J. R. (1994). *The Rorschach assessment of aggressive and psychopathic personalities.* Hillsdale, NJ: Erlbaum.

Gacono, C. B., Meloy, J. R., & Heaven, T. R. (1990). A Rorschach investigation of narcissism and hysteria in antisocial personality. *Journal of Personality Assessment, 55,* 270-279.

Ganellen, R. J. (1994). Attempting to conceal psychological disturbance: MMPI defensive response sets and the Rorschach. *Journal of Personality Assessment, 63,* 423-437.

Ganellen, R. J., Wasyliw, O. E., Haywood, T. W., & Grossman, L. S. (1996). Can psychosis be malingered on the Rorschach? An empirical study. *Journal of Personality Assessment, 66,* 65-80.

Garfield, S. L. (1949). An evaluation of Wechsler-Bellevue patterns in schizophrenia. *Journal of Consulting Psychology, 13,* 279-287.

Gartner, J., Hurt, S. W., & Gartner, A. (1989). Psychological test signs of borderline personality disorder: A review of the empirical literature. *Journal of Personality Assessment, 53,* 423-441.

Gass, C. S., & Russell, E. W. (1986). Differential impact of brain damage and depression on memory test performance. *Journal of Consulting and Clinical Psychology, 54,* 261-263.

Gavales, D., & Millon, T. (1960). Comparison of reproduction and recall size deviations in the Bender-Gestalt as measures of anxiety. *Journal of Clinical Psychology, 16,* 278-280.

Geertsma, R. H. (1962). Factor analysis of Rorschach scoring categories for a population of normal subjects. *Journal of Consulting Psychology, 26,* 20-25.

Geil, G. A. (1944). The use of the Goodenough test for revealing male homosexuality. *Journal of Criminal Psychopathology, 6,* 307-321.

Gfeller, J. D., & Margolis, R. B. (1990). WAIS-R performance in dementia with and without depression. *Psychological Reports, 67,* 1389-1390.

Gfeller, J. D., & Rankin, E. J. (1991). The WAIS-R profile as a cognitive marker of Alzheimer's disease: A misguided venture? *Journal of Clinical and Experimental Neuropsychology, 13,* 629-636.

Gilbert, J. (1969). *Clinical psychological tests in psychiatric and medical practice.* Springfield, IL: Thomas.

Gillespie, J. (1997). Projective mother-and-child drawings. In E. F. Hammer (Ed.), *Advances in projective drawing interpretation* (pp. 137-151). Springfield, IL: Thomas.

Giordani, B., Rourke, D., Berent, S., Sackellares, J. C., Seidenberg, M., Butterbaugh, G., Boll, T. J., O'Leary, D. S., & Dreifuss, F. E. (1993). Comparison of WAIS subtest performance on patients with complex partial (temporal lobe) and generalized seizures. *Psychological Assessment, 5,* 159-163.

Glasser, A. J., & Zimmerman, I. L. (1967). *Clinical interpretation of the Wechsler Intelligence Scale for Children.* New York: Grune & Stratton.

Glueck, S., & Glueck, E. T. (1964). *Ventures in criminology.* Cambridge, MA: Harvard University Press.

Gobetz, W. (1953). A quantification, standardization, and validation of the Bender-Gestalt Test on normal and neurotic adults. *Psychological Monographs, 67,* No. 356.

Goldberg, F. H. (1956-1957). The performance of schizophrenic, retarded, and normal children on the Bender-Gestalt Test. *American Journal of Mental Deficiency, 61,* 548-555.

Golden, C. J. (1976). The identification of brain damage by an abbreviated form of the Halstead-Reitan neuropsychological battery. *Journal of Clinical Psychology, 32,* 821-826.

Goldfarb, W. (1943). A definition and validation of obsessional trends in the Rorschach examination of adolescents. *Rorschach Research Exchange, 7,* 81-108.

Goldfarb, W. (1961). *Childhood schizophrenia.* Cambridge, MA: Harvard University Press.

Goldfried, M. (1966). On the diagnosis of homosexuality from the Rorschach. *Journal of Consulting Psychology, 30,* 338-349.

Goldfried, M. R., & Ingling, J. (1964). The connotative and symbolic meaning of the Bender Gestalt. *Journal of Projective Techniques, 28,* 185-191.

Goldfried, M. R., Stricker, G., & Weiner, I. B. (1971). *Rorschach handbook of clinical and research applications.* Englewood Cliffs, NJ: Prentice-Hall.

Goldman, R. (1960). Changes in Rorschach performance and clinical improvement in schizophrenia. *Journal of Consulting Psychology, 24,* 403-407.

Goldstein, A. P., & Rawn, M. L. (1957). The validity of interpretive signs of aggression in the drawing of the human figure. *Journal of Clinical Psychology, 13,* 169-171.

Goldstein, H. S., & Faterson, H. F. (1969). Shading as an index of anxiety in figure drawings. *Journal of Projective Techniques and Personality Assessment, 33,* 454-456.

Gomez, F. C., Piedmont, R. L., & Fleming, M. Z. (1992). Factor analysis of the Spanish version of the WAIS: The Escala de Inteligencia Wechsler para Adultos (EIWA). *Psychological Assessment, 4,* 317-321.

Gonen, J. Y. (1970). The use of Wechsler's deterioration quotient in cases of diffuse and symmetrical cerebral atrophy. *Journal of Clinical Psychology, 26,* 174-177.

Goodenough, F. (1926). *Measurement of intelligence by drawings.* New York: World Book.

Goodman, M., & Kotkov, B. (1953). Prediction of trait ranks from Draw-a-Person measurements of obese and non-obese women. *Journal of Clinical Psychology, 9,* 365-367.

Goodstein, L. D., & Goldberger, L. (1955). Manifest anxiety and Rorschach performance in a chronic patient population. *Journal of Consulting Psychology, 19,* 339-344.

Goodstein, L. D., Spielberger, C. D., Williams, J. E., & Dahlstrom, W. G. (1955). The effects of serial position and design difficulty on recall of the Bender-Gestalt test designs. *Journal of Consulting Psychology, 19,* 230-234.

Gordon, L. B. (1980). Preferential drug abuse: Defenses and behavioral correlates. *Journal of Personality Assessment, 44,* 345-350.

Gottlieb, A., & Parsons, O. (1960). A coaction compass evaluation of Rorschach determinants in brain damaged individuals. *Journal of Consulting Psychology, 24,* 54-60.

Graham, E. E., & Kamano, D. (1958). Reading failure as a factor in the WAIS subtest patterns of youthful offenders. *Journal of Clinical Psychology, 14,* 302-305.

Graham, J. (1994). The art of emotionally disturbed adolescents: Designing a drawing program to address violent imagery. *American Journal of Art Therapy, 20,* 115-121.

Graham, S. R. (1956). A study of reliability in human figure drawings. *Journal of Projective Techniques, 20,* 385-386.

Granick, S., & Smith, L. J. (1953). Sex sequence in the Draw-a-Person Test and its relation to the MMPI Masculinity-Femininity Scale. *Journal of Consulting Psychology, 17,* 71-73.

Gravitz, M. A. (1966). Normal adult differentiation patterns on the figure drawing test. *Journal of Projective Techniques and Personality Assessment, 30,* 471-473.

Gravitz, M. A. (1967). Marital status and figure drawing choice in normal adults. *Journal of Projective Techniques and Personality Assessment, 31,* 86-87.

Gravitz, M. A. (1968). The height of normal adult figure drawings. *Journal of Clinical Psychology, 24,* 75.

Gravitz, M. A. (1969a). Direction of psychosexual interest and figure drawing choice. *Journal of Clinical Psychology, 25,* 311.

Gravitz, M. A. (1969b). Marital status and figure drawing choice in normal older Americans. *Journal of Social Psychology, 77,* 143-144.

Gravitz, M. A. (1971). Nudity and amount of clothing on the figure drawings of normal adults. *Journal of Genetic Psychology, 118,* 141-145.

Gray, D. M., & Pepitone, A. (1964). Effect of self-esteem on drawings of the human figure. *Journal of Consulting Psychology, 28,* 452-455.

Greco, C. M., & Cornell, D. G. (1992). Rorschach object relations of adolescents who committed homicide. *Journal of Personality Assessment, 59,* 574-583.

Green, R., Fuller, M., & Rutley, B. (1972). It-scale for children and Draw-a-Person test: 30 feminine vs. 25 masculine boys. *Journal of Personality Assessment, 36,* 349-352.

Greenberg, R. P., & Fisher, S. (1973). A muscle awareness model for changes in Rorschach human movement responses. *Journal of Personality Assessment, 37,* 512-518.

Greenblatt, M., Goldman, R., & Coon, G. (1946). Clinical implications of the Wechsler-Bellevue test, with particular reference to cases of injury to the brain. *Archives of Neurology and Psychiatry, 56,* 714-717.

Greenwald, D. F. (1990). An external construct validity study of Rorschach personality variables. *Journal of Personality Assessment, 55,* 768-780.

Greenwald, D. F. (1991). Personality dimensions reflected by the Rorschach and the 16PF. *Journal of Clinical Psychology, 47,* 708-715.

Gregory, R. J. (1999). *Foundations of intellectual assessment.* Needham Heights, MA: Allyn & Bacon.

Griffith, A. V., & Peyman, D. A. R. (1959). Eye-ear emphasis in the DAP as indicating ideas of reference. *Journal of Consulting Psychology, 23,* 560.

Griffith, R. M., & Taylor, V. H. (1960). Incidence of Bender-Gestalt figure rotations. *Journal of Consulting Psychology, 24,* 189-190.

Griffith, R. M., & Taylor, V. H. (1961). Bender-Gestalt figure rotations: A simulus factor. *Journal of Consulting Psychology, 25,* 89-90.

Gross, A., Newton, R. R., & Brooks, R. B (1990). Rorschach responses in healthy, community dwelling older adults. *Journal of Personality Assessment, 55,* 335-343.

Guertin, W. (1952). A factor analysis of the Bender-Gestalt tests of mental patients. *Journal of Clinical Psychology, 8,* 362-367.

Guertin, W. (1954a). A factor analysis of curvilinear distortions on the Bender-Gestalt. *Journal of Clinical Psychology, 10,* 12-17.

Guertin, W. (1954b). A transposed factor analysis of schizophrenic performance on the Bender-Gestalt. *Journal of Clinical Psychology, 10,* 225-228.

Guertin, W. (1954c). A transposed analysis of the Bender-Gestalts of brain disease cases. *Journal of Clinical Psychology, 10,* 366-369.

Guertin, W. (1955). A transposed analysis of the Bender-Gestalts of paranoid schizophrenics. *Journal of Clinical Psychology, 11,* 73-76.

Guertin, W. H., Frank, G. H., & Rabin, A. I. (1956). Research with the Wechsler-Bellevue Intelligence Scale: 1950-1955. *Psychological Bulletin, 53,* 235-237.

Guertin, W. H., Ladd, C. E., Frank, G. H., Rabin, A. I., & Hiester, D. S. (1966). Research with the Wechsler intelligence scales for adults: 1960-1965. *Psychological Bulletin, 66,* 385-409.

Guertin, W. H., Rabin, A. I., Frank, G. H., & Ladd, C. E. (1962). Research with the Wechsler intelligence scales for adults: 1955-1960. *Psychological Bulletin, 59,* 1-26.

Gurvitz, M. (1951). *The dynamics of psychological testing.* New York: Grune & Stratton.

Gustafson, J. L., & Waehler, C. A. (1992). Assessing concrete and abstract thinking with the Draw-a-Person technique. *Journal of Personality Assessment, 59,* 439-447.

Haaga, D. A. F., Dyck, M. J., & Ernst, D. (1991). Empirical status of cognitive theory of depression. *Psychological Bulletin, 110,* 215-236.

Hafner, A. J., & Rosen, E. (1964). The meaning of Rorschach inkblots, responses, and determinants as perceived by children. *Journal of Projective Techniques, 28,* 192-200.

Hain, J. D. (1964). The Bender-Gestalt Test: A scoring method for identifying brain damage. *Journal of Consulting Psychology, 2,* 34-40.

Hall, M. M., Hall, G. C., & Lavoie, P. (1968). Ideation in patients with unilateral or bilateral midline brain lesions. *Journal of Abnormal Psychology, 73,* 526-531.

Halpern, F. (1951). The Bender Visual Motor Gestalt Test. In H. H. Anderson & G. Anderson (Eds.), *An introduction to projective techniques* (pp. 324-341). Englewood Cliffs, NJ: Prentice-Hall.

Halpern, F. (1953). *A clinical approach to children's Rorschachs.* New York: Grune & Stratton.

Halpern, F. (1958). Child case study. In E. F. Hammer (Ed.), *The clinical application of projective drawings* (pp. 113-129). Springfield, IL: Thomas.

Halpern, F. (1960). The Rorschach test with children. In A. I. Rabin & M. R. Haworth (Eds.), *Projective techniques with children.* New York: Grune & Stratton.

Halpern, F. (1965). Diagnostic methods in childhood disorders. In B. B. Wolman (Ed.), *Handbook of clinical psychology* (pp. 381-408). New York: McGraw-Hill.

Halpin, V. (1955). Rotation errors made by brain injured and familial children on two visual motor tests. *American Journal of Mental Deficiency, 59,* 485-489.

Hammer, E. F. (1953). An investigation of sexual symbolism: A study of H-T-P's of eugenically sterilized subjects. *Journal of Projective Techniques, 17,* 401-413.

Hammer, E. F. (1954a). A comparison of H-T-P's of rapists and pedophiles. *Journal of Projective Techniques, 18,* 346-354.

Hammer, E. F. (1954b). Guide for qualitative research with the H-T-P. *Journal of General Psychology, 51,* 41-60.

Hammer, E. F. (1954c). An experimental study of symbolism on the Bender Gestalt. *Journal of Projective Techniques, 18,* 335-345.

Hammer, E. F. (1955). A comparison of H-T-P's of rapists and pedophiles: III. The "dead" tree as an index of psychopathology. *Journal of Clinical Psychology, 11,* 67-69.

Hammer, E. F. (1958). *The clinical application of projective drawings.* Springfield, IL: Thomas.

Hammer, E. F. (1960). The House-Tree-Person (H-T-P) drawings as a projective technique with children. In A. I. Rabin & M. R. Haworth (Eds.), *Projective techniques with children.* New York: Grune & Stratton.

Hammer, E. F. (1965). Acting out and its prediction by projective drawing assessment. In L. Abt & S. Weissman (Eds.), *Acting out* (pp. 288-319). New York: Grune & Stratton.

Hammer, E. F. (1968). Projective drawings. In A. I. Rabin (Ed.), *Projective techniques in personality assessment* (pp. 366-393). New York: Springer.

Hammer, E. F. (1969a). Hierarchical organization of personality and the H-T-P, achromatic and chromatic. In J. N. Buck & E. F. Hammer (Eds.), *Advances in the House-Tree-Person technique: Variations and applications.* Los Angeles: Western Psychological Services.

Hammer, E. F. (1969b). The use of the H-T-P in a criminal court: Predicting acting out. In J. N. Buck & E. F. Hammer (Eds.), *Advances in the House-Tree-Person technique: Variations and applications.* Los Angeles: Western Psychological Services.

Hammer, E. F. (1981). Projective drawings. In A. I. Rabin (Ed.), *Assessment with projective techniques* (pp. 151-185). New York: Springer.

Hammer, E. F. (1985). The House-Tree-Person Test. In C. S. Newmark (Ed.), *Major psychological instruments.* Newton, MA: Allyn & Bacon.

Hammer, E. F. (1997). *Advances in projective drawing interpretation.* Springfield, IL: Thomas.

Hammes, J. A., & Osborne, R. T. (1962). Discrimination of manifest anxiety by the structural-objective Rorschach test. *Perceptual and Motor Skills, 15,* 59-62.

Handler, L. (1985). The clinical use of the Draw-A-Person Test (DAP). In C. S. Newmark (Ed.), *Major psychological assessment instruments* (pp. 165-216). Newton, MA: Allyn & Bacon.

Handler, L. (1996). The clinical use of drawings. In C. S. Newmark (Ed.), *Major psychological assessment instruments* (pp. 206-293). Boston: Allyn & Bacon.

Handler, L., & McIntosh, J. (1971). Predicting aggression and withdrawal in children with the Draw-a-Person and Bender-Gestalt. *Journal of Personality Assessment, 35,* 331-337.

Handler, L., & Reyher, J. (1964). The effects of stress on the Draw-a-Person Test. *Journal of Consulting Psychology, 28,* 259-264.

Handler, L., & Reyher, J. (1965). Figure drawing anxiety indices: A review of the literature. *Journal of Projective Techniques, 29,* 305-313.

Handler, L., & Reyher, J. (1966). Relationship between GSR and anxiety in projective drawings. *Journal of Consulting Psychology, 30,* 60-67.

Hanvik, L. J. (1953). A note on rotations in the Bender Gestalt test as predictors of EEG abnormalities in children. *Journal of Clinical Psychology, 9,* 399.

Hanvik, L. J., & Andersen, A. L. (1950). The effect of focal brain lesions on recall and on the production of rotations in the Bender-Gestalt Test. *Journal of Consulting Psychology, 14,* 197-198.

Harder, D. W., & Ritzler, B. A. (1979). A comparison of Rorschach developmental level and form-level systems as indicators of psychosis. *Journal of Personality Assessment, 43,* 347-354.

Hardison, J., & Purcell, K. (1959). The effects of psychological stress as a function of need and cognitive control. *Journal of Personality, 27,* 250-258.

Harris, D. B. (1963). *Children's drawings as measures of intellectual maturity.* New York: Harcourt, Brace & World.

Harris, J. G., Jr. (1960). Validity: The search for a constant in a universe of variables. In M. Rickers-Ovsiankina (Ed.), *Rorschach psychology* (pp. 380-439). New York: Wiley.

Harris, R. (1957). A comparative study of two groups of boys, delinquent and non-delinquent, on the basis of their Wechsler and Rorschach test performances. *Maritime Psychological Association Bulletin, 6,* 21-28.

Harrow, M., Quinlan, D., Wallington, S., & Pickett, L. (1976). Primitive drive dominated thinking: Relationship to acute schizophrenia and sociopathy. *Journal of Personality Assessment, 40,* 31-41.

Harrower, M. (1956). The measurement of psychological factors in marital maladjustment. In V. W. Eisenstein (Ed.), *Neurotic interaction in marriage* (pp. 169-191). New York: Basic Books.

Harrower-Erickson, M. (1941). Personality changes accompanying organic brain lesions: III. A study of preadolescent children. *Journal of Genetic Psychology, 58,* 391-445.

Hartman, W. L., Clark, M. E., Morgan, M. K., Dunn, V. K., Fine, A. D., Perry, G. G., & Winsch, D. L. (1990). Rorschach structure of a hospitalized sample of Vietnam veterans with PTSD. *Journal of Personality Assessment, 54,* 149-159.

Hartung, J. R., McKenna, S., & Baxter, J. C. (1969). Test-taking attitudes and Rorschach pathognomic verbalization. *Journal of Projective Techniques and Personality Assessment, 33,* 146-149.

Haskell, R. J., Jr. (1961). Relationship between aggressive behavior and psychological tests. *Journal of Projective Techniques, 25,* 431-440.

Hassell, J., & Smith, E. W. L. (1975). Female homosexuals' concepts of self, men, and women. *Journal of Personality Assessment, 39,* 154-159.

Hathaway, A. P. (1982). Intelligence and non-intelligence factors contributing to scores on the Rorschach Prognostic Rating Scale. *Journal of Personality Assessment, 46,* 8-11.

Haworth, M. (1962). Responses of children to a group projective film and to the Rorschach, CAT, Despert Fables and D-A-P. *Journal of Projective Techniques, 26,* 47-60.

Haworth, M., & Rabin, A. I. (1960). Miscellaneous techniques. In A. I. Rabin & Mary Haworth (Eds.), *Projective techniques with children.* New York: Grune & Stratton.

Hayden, B. C. (1981). Rorschach cards IV and VII revisited. *Journal of Personality Assessment, 45,* 226-229.

Hayes, J. R., & Hallman, J. L. (1976). Performance under health-endangering and health-depressing conditions. *Journal of Psychology, 93,* 261-268.

Hays, J. R., Solway, K. S., & Schreiner, D. (1978). Intellectual characteristics of juvenile murderers versus status offenders. *Psychological Reports, 43,* 80-82.

Heaton, R. K., Smith, H. H., Lehman, R. A. W., & Vogt, A. T. (1978). Prospects for faking believable deficits on neuropsychological testing. *Journal of Consulting and Clinical Psychology, 46,* 892-900.

Heaton, R. K., Vogt, A. T., Hoehn, M. M., Lewis, J. A., Crowley, T. J., & Stallings, M. A. (1979). Neuropsychological impairment with schizophrenia vs. acute and chronic cerebral lesions. *Journal of Clinical Psychology, 35,* 46-53.

Heberlein, M., & Marcuse, F. L. (1963). Personality variables in the DAP. *Journal of Consulting Psychology, 27,* 461.

Heilbrun, A. B. (1956). Psychological test performance as a function of lateral localization of cerebral lesion. *Journal of Comparative and Physiological Psychology, 49,* 10-14.

Heilbrun, A. B., Jr. (1958). The digit span test and the prediction of cerebral pathology. *Archives of Neurology and Psychiatry, 80,* 228-231.

Heilbrun, A. B., Jr. (1959). Lateralization of cerebral lesion and performance on spatial-temporal tasks. *Archives of Neurology, 1,* 282-287.

Heinicke, C. M. (1972). Learning disturbance in childhood. In B. B. Wolman (Ed.), *Manual of child psychopathology* (pp. 662-705). New York: McGraw-Hill.

Heinrich, P., & Triebe, J. K. (1972). Sex preferences in children's human figure drawings. *Journal of Personality Assessment, 36,* 263-267.

Heinrichs, R. W., & Celinski, M. J. (1987). Frequency of occurrence of a WAIS dementia profile in male head trauma patients. *Journal of Clinical and Experimental Neuropsychology, 9,* 187-190.

Henderson, N. B., Butler, B. V., Goffeney, B., Saito, C. H., & Clarkson, Q. D. (1971). Sex of person drawn by Japanese, Navajo, American White, and Negro seven-year-olds. *Journal of Personality Assessment, 35,* 261-264.

Henley, D. R. (1994). Art of annihilation: Early onset schizophrenia and related disorders of childhood. *American Journal of Art Therapy, 32,* 99-107.

Henrichs, R. F., & Amolsch, T. J. (1978). A note on the actuarial interpretation of WAIS profile patterns. *Journal of Personality Assessment, 42,* 418-420.

Herring, S., & Reitan, R. M. (1986). Sex similarities in Verbal and Performance IQ deficits following unilateral cerebral lesions. *Journal of Consulting and Clinical Psychology, 54,* 537-541.

Hersch, C. (1962). The cognitive functioning of the creative person: A development analysis. *Journal of Projective Techniques, 26,* 193-200.

Hertz, M. (1948). Suicidal configurations in Rorschach records. *Rorschach Research Exchange and Journal of Projective Techniques, 12*(1), 3-58.

Hertz, M. (1949). Further study of "suicidal" configurations in Rorschach records. *Rorschach Research Exchange and Journal of Projective Techniques, 13*(1), 44-73.

Hertz, M. (1960a). The organization activity. In M. Rickers-Ovsiankina (Ed.), *Rorschach psychology* (pp. 25-57). New York: Wiley.

Hertz, M. (1960b). The Rorschach in adolescence. In A. I. Rabin & M. R. Haworth (Eds.), *Projective techniques with children.* New York: Grune & Stratton.

Hertz, M. (1965). Detection of suicidal risks with the Rorschach. In L. Abt & S. Weissman (Eds.), *Acting out* (pp. 257-270). New York: Grune & Stratton.

Hertz, M., & Loehrke, L. M. (1954). The application of the Piotrowski and Hughes signs of organic defect to a group of patients suffering from post-traumatic encephalopathy. *Journal of Projective Techniques, 18,* 183-196.

Hertz, M., & Paolino, A. (1960). Rorschach indices of perceptual and conceptual disorganization. *Journal of Projective Techniques, 24,* 370-388.

Hertz, M. R. (1970). *Frequency tables for scoring Rorschach responses* (5th ed.). Cleveland: Press of Case Western University.

Hetherington, R. (1952). The effects of E.C.T. on the drawings of depressed patients. *Journal of Mental Science, 98,* 450-453.

Hewson, L. R. (1949). The Wechsler-Bellevue Scale and the substitution test as aids in neuropsychiatric diagnosis. *Journal of Nervous and Mental Disease, 109,* 158-183, 246-266.

Hibbard, R. A., & Hartman, G. A. (1990). Emotional indications in human figure drawings of sexually victimized and non-abused children. *Journal of Clinical Psychology, 46,* 211-219.

Hiler, E. W. (1958). Wechsler-Bellevue intelligence as a predictor of continuation in psychotherapy. *Journal of Clinical Psychology, 14,* 192-194.

Hiler, E. W., & Nesvig, D. (1965). An evaluation of criteria used by clinicians to infer pathology from figure drawings. *Journal of Consulting Psychology, 29,* 520-529.

Hill, T. D., Reddon, J. R., & Jackson, D. N. (1985). The factor structure of the Wechsler scales: A brief review. *Clinical Psychology Review, 5,* 287-306.

Hilsenroth, M. J., Fowler, J. C., & Padawer, J. R. (1998). Rorschach schizophrenic index (SCZI): An examination of reliability, validity and diagnostic efficiency. *Journal of Personality Assessment, 70,* 514-534.

Hilsenroth, M. J., & Handler, L. (1995). A survey of graduate students' experiences, interests, and attitudes about learning the Rorschach. *Journal of Personality Assessment, 64,* 243-257.

Hirschstein, T., & Rabin, A. I. (1955). Reaction to Rorschach cards IV & VII as a function of parental availability in childhood. *Journal of Consulting Psychology, 19,* 473-474.

Hirt, M. L., & Cook, R. A. (1962). Use of a multiple regression equation to estimate organic impairment from Wechsler scale scores. *Journal of Clinical Psychology, 18,* 80-81.

Holaday, M., & Whittenberg, T. (1994). Rorschach responding in children and adolescents who have been severely burned. *Journal of Personality Assessment, 62,* 269-279.

Holland, T. R., Levi, M., & Watson, C. G. (1979). Multivariate structure of associations between verbal and non-verbal intelligence among brain-damaged, schizophrenic, neurotic, and alcoholic patients. *Journal of Abnormal Psychology, 88,* 354-360.

Holland, T. R., & Watson, C. G. (1980). Multivariate analysis of WAIS-MMPI relationships among brain-damaged, schizophrenic, neurotic, and alcoholic patients. *Journal of Clinical Psychology, 36,* 352-359.

Holt, R. R. (Ed.). (1968). *Diagnostic psychological testing* by D. Rapaport, M. Gill, & R. Schafer. New York: International University Press. (Original work published 1946)

Holt, R. R. (1977). A method for assessing primary process manifestations and their control in Rorschach responses. In M. A. Rickers-Ovsiankina (Ed.), *Rorschach Psychology.* New York: Wiley.

Holzberg, J. D., & Belmont, L. (1952). The relationship between factors on the Wechsler-Bellevue and Rorschach having common psychological rationale. *Journal of Consulting Psychology, 16,* 23-29.

Holzberg, J. D., & Wexler, M. (1950). The validity of human form drawings as a measure of personality deviation. *Journal of Projective Techniques, 14,* 343-361.

Hooker, E. (1958). Male homosexuality in the Rorschach. *Journal of Projective Techniques, 22,* 33-54.

Hopkins, K. S. (1964). An empirical analysis of the efficacy of the WISC in the diagnosis of organicity in children of normal intelligence. *Journal of Genetic Psychology, 105,* 163-172.

Houston, A. N., & Terwilliger, R. (1995). Sex, sex roles, and sexual attitudes: Figure gender in the Draw-A-Person Test revisited. *Journal of Personality Assessment, 65,* 343-357.

Hovsepian, W., Slaymaker, F., & Johnson, J. E. (1980). Handedness as a determinant of left-right placement in human figure drawings. *Journal of Personality Assessment, 44,* 470-473.

Hoyt, T. E., & Baron, M. R. (1959). Anxiety indices in same-sex drawings of psychiatric patients with high and low MAS scores. *Journal of Consulting Psychology, 23,* 448-452.

Hozier, A. (1959). On the breakdown of the sense of reality: A study of spatial perception in schizophrenia. *Journal of Consulting Psychology, 23,* 185-194.

Hughes, R. M. (1948). Rorschach signs for the diagnosis of organic pathology. *Rorschach Research Exchange, 12,* 165-167.

Hughes, R. M. (1950). A factor analysis of Rorschach diagnostic signs. *Journal of General Psychology, 43,* 85-103.

Hutt, M. L. (1945). The use of the projective methods of personality measurement in army medical installations. *Journal of Clinical Psychology, 1,* 134-140.

Hutt, M. L. (1953). Revised Bender Visual-Motor Gestalt Test. In A. Weider (Ed.), *Contributions toward medical psychology: Theory and psychodiagnostic methods* (Vol. 2, pp. 660-687). New York: Ronald.

Hutt, M. L. (1968). The projective use of the Bender-Gestalt test. In A. I. Rabin (Ed.), *Projective techniques in personality assessment* (pp. 397-420). New York: Springer.

Hutt, M. L. (1977). *The Hutt adaptation of the Bender-Gestalt Test* (3rd ed.). New York: Grune & Stratton.

Hutt, M. L. (1978). The Hutt adaptation of the Bender-Gestalt Test: Diagnostic and therapeutic implications. In B. J. Wolman (Ed.), *Clinical diagnosis of mental disorders* (pp. 333-353). New York: Plenum.

Hutt, M. L., & Briskin, G. J. (1960). *The clinical use of the Revised Bender-Gestalt Test.* New York: Grune & Stratton.

Hutt, M. L., & Dates, B. G. (1977). Reliabilities and interventions of two HABGT scales in a male delinquent population. *Journal of Personality Assessment, 41,* 353-357.

Hutt, M. L., Dates, B. G., & Reid, D. M. (1977). The predictive ability of HABGT scales for a male delinquent population. *Journal of Personality Assessment, 41,* 492-496.

Hutt, M. L., & Gibby, R. G. (1970). *An atlas for the Hutt adaptation of the Bender-Gestalt Test.* New York: Grune & Stratton.

Hutt, M. L., & Miller, L. J. (1976). Interrelationships of psychopathology and adience-abience of the HABGT. *Journal of Personality Assessment, 40,* 135-139.

Imre, P. D. (1963). A correlation study of Verbal IQ and grade achievement. *Journal of Clinical Psychology, 19,* 218-219.

Ingram, W. (1954). Prediction of aggression from the Rorschach. *Journal of Consulting Psychology, 18,* 23-28.

Jacks, I. (1969). The clinical application of the H-T-P in criminological settings. In J. N. Buck & E. F. Hammer (Eds.), *Advances in the House-Tree-Person technique: Variations and applications.* Los Angeles: Western Psychological Services.

Jackson, C. V. (1955). Estimating impairment on Wechsler Bellevue subtests. *Journal of Clinical Psychology, 11,* 137-143.

Jernigan, A. J. (1967). Rotation style on the Bender-Gestalt Test. *Journal of Clinical Psychology, 23,* 176-179.

Johnson, J. H. (1971). Upper left hand placement of human figure drawings as an indicator of anxiety. *Journal of Personality Assessment, 35,* 336-337.

Johnson, J. H. (1973). Bender-Gestalt constriction as an indicator of depression in psychotic patients. *Journal of Personality Assessment, 37,* 53-55.

Johnston, M. H., & Holzman, P. S. (1979). *Assessing schizophrenic thinking.* San Francisco: Josey-Bass.

Jolles, I. (1952a). *A catalogue for the qualitative interpretation of the H-T-P.* Beverly Hills, CA: Western Psychological Services.

Jolles, I. (1952b). A study of the validity of some hypotheses for the qualitative interpretation of the H-T-P for children of elementary school age: I. Sexual identification. *Journal of Clinical Psychology, 8,* 113-118.

Jolles, I. (1958). Child case study: The projection of a child's personality in drawings. In E. F. Hammer (Ed.), *The clinical application of projective drawings* (pp. 236-248). Springfield, IL: Thomas.

Jolles, I. (1964). *A catalogue for the qualitative interpretation of the H-T-P* (Revised). Beverly Hills, CA: Western Psychological Services.

Jolles, I. (1969). The use of the H-T-P in a school setting. In J. N. Buck & E. F. Hammer (Eds.), *Advances in the House-Tree-Person technique: Variations and applications* (pp. 223-241). Beverly Hills, CA: Western Psychological Services.

Jolles, I. (1971). *A catalog for the qualitative interpretation of the House-Tree-Person (H-T-P)* (Rev. ed.). Los Angeles: Western Psychological Services.

Jolles, I., & Beck, H. S. (1953a). A study of the validity of some hypotheses for the qualitative interpretation of the H-T-P for children of elementary school age: III. Horizontal placement. *Journal of Clinical Psychology, 9,* 161-164.

Jolles, I., & Beck, H. S. (1953b). A study of the validity of some hypotheses for the qualitative interpretation of the H-T-P for children of elementary school age: IV. Vertical placement. *Journal of Clinical Psychology, 9,* 164-167.

Jordan, S. (1970). Projective drawings in a cerebellar disorder due to chicken pox encephalitis. *Journal of Projective Techniques and Personality Assessment, 34,* 256-258.

Jortner, S. (1966). An investigation of certain cognitive aspects of schizophrenia. *Journal of Projective Techniques and Personality Assessment, 30,* 559-568.

Jortner, S. (1970). Overinclusion responses to WAIS similarities as suggestive of schizophrenia. *Journal of Clinical Psychology, 26,* 346-348.

Judson, A. J., & MacCasland, B. (1960). A note on the influence of the season on tree drawings. *Journal of Clinical Psychology, 16,* 171-173.

Kaden, S. E., & Lipton, H. (1960). Rorschach developmental scores and post hospital adjustment of married male schizophrenics. *Journal of Projective Techniques, 24,* 144-147.

Kadis, A. (1950). Finger painting as a projective technique. In L. E. Abt & L. Bellak (Eds.), *Projective psychology* (pp. 403-431). New York: Knopf.

Kagan, J. (1960). The long term stability of selected Rorschach responses. *Journal of Consulting Psychology, 24,* 67-73.

Kahn, P. (1967). Time span and Rorschach human movement responses. *Journal of Consulting Psychology, 31*, 92-93.

Kahn, T. C., & Giffen, M. B. (1960). *Psychological techniques in diagnosis and evaluation.* New York: Pergamon.

Kaldegg, A. (1956). Psychological observations in a group of alcoholic patients with analysis of Rorschach Wechsler-Bellevue and Bender-Gestalt Test results. *Quarterly Journal of Studies on Alcoholism, 17*, 608-628.

Kalinowsky, L. B., & Hoch, P. H. (1961). *Somatic treatments in psychiatry.* New York: Grune & Stratton.

Kamano, D. K. (1960a). An investigation on the meaning of human figure drawing. *Journal of Clinical Psychology, 16*, 429-430.

Kamano, D. K. (1960b). Symbolic significance of Rorschach cards IV and VII. *Journal of Clinical Psychology, 16*, 50-52.

Kamphaus, R. W., & Platt, L. O. (1992). Subtest specificities for the WISC-III. *Psychological Reports, 70*, 899-902.

Karlin, I. W., Eisenson, J., Hirschenfang, S., & Miller, M. (1959). A multi-evaluational study of aphasic and non-aphasic right hemiplegic patients. *Journal of Speech and Hearing Disorders, 24*, 369-379.

Kaser-Boyd, N. (1993). Rorschachs of women who commit homicide. *Journal of Personality Assessment, 60*, 458-470.

Kaspar, J. C., & Schulman, J. L. (1972). Organic mental disorders: Brain damages. In B. B. Wolman (Ed.), *Manual of child psychopathology* (pp. 207-229). New York: McGraw-Hill.

Kaswan, J., Wasman, M., & Freedman, L. Z. (1960). Aggression and the picture-frustration study. *Journal of Consulting Psychology, 24*, 446-452.

Kataguchi, Y. (1959). Rorschach schizophrenic score (RSS). *Journal of Projective Techniques, 23*, 214-222.

Kates, S. L. (1950). Objective Rorschach response patterns differentiating anxiety reactions from obsessive compulsive reactions. *Journal of Consulting Psychology, 14*, 226-229.

Kates, S. L., & Schwartz, F. (1958). Stress, anxiety and response complexity on the Rorschach test. *Journal of Projective Techniques, 22*, 64-69.

Kaufman, A. S. (1972). A short form of the Wechsler Preschool and Primary Scale of Intelligence. *Journal of Consulting and Clinical Psychology, 39*, 361-369.

Kaufman, A. S. (1979). *Intelligent testing with the WISC-R.* New York: Wiley.

Kaufman, A. S. (1994). *Intelligent testing with the WISC-III.* New York: Wiley.

Kaufman, A. S., Kaufman-Packer, J. L., McLean, J. E., & Reynolds, C. R. (1991). Is the pattern of intellectual growth and decline across the adult life span different for men and women? *Journal of Clinical Psychology, 47*, 801-812.

Kaufman, A. S., McLean, J. E., & Reynolds, C. R. (1991). Analysis of WAIS-R factor patterns by sex and race. *Journal of Clinical Psychology, 47*, 548-557.

Keiser, T. W. (1975). Schizotype and the Wechsler Digit Span Test. *Journal of Clinical Psychology, 31*, 303-306.

Keller, J. E. (1955). The use of Bender-Gestalt maturation level scoring system with mentally handicapped children. *American Journal of Orthopsychiatry, 25*, 563-573.

Kelley, D., & Klopfer, B. (1939). Application of the Rorschach method to research in schizophrenia. *Rorschach Research Exchange, 3*, 55-66.

Keltikangas-Jarvinen, L. (1982). Alexthymia in violent offenders. *Journal of Personality Assessment, 46*, 462-467.

Kendra, J. M. (1979). Predicting suicide using the Rorschach inkblot test. *Journal of Personality Assessment, 43*, 452-456.

Kerns, K., & Decker, S. N. (1985). Multifactorial assessment of reading disability: Identifying the best predictors. *Perceptual & Motor Skills, 60*, 747-753.

Kikuchi, T. (1961). Rorschach response and epileptic personality. *Tohoku Psychologica Folia, 19*, 93-102.

Kikuchi, T. (1964). A scoring method of Rorschach Test and Levy Movement Test for discrimination of accident proneness in motor driver. *Tohoku Psychologica Folia, 23*, 26-38.

Kikuchi, T., Kitamura, S., & Oyama, M. (1961). Rorschach performance in alcoholic intoxication. *Tohoku Psychologica Folia, 20*, 45-71.

Kikuchi, T., Kitamura, S., Sato, I., & Oyama, M. (1962). Rorschach performance in alcoholic intoxication: II. *Tohoku Psychologica Folia, 21*, 19-46.

King, F. W. (1954). The use of drawings of the human figure as an adjunct in psychotherapy. *Journal of Clinical Psychology, 10*, 65-69.

King, G. F. (1958). A theoretical and experimental consideration of Rorschach human movement response. *Psychological Monographs, 72*, No. 5.

King, G. F. (1960). An interpersonal conception of Rorschach human movement and delusional content. *Journal of Projective Techniques, 24*, 161-163.

Kinsbourne, M., & Warrington, E. K. (1966). The developmental Gerstmann syndrome. In J. Money (Ed.), *The disabled reader* (pp. 59-71). Baltimore: Johns Hopkins.

Kisker, G. W. (1944). The Rorschach analysis of psychotics subjected to neurosurgical interruption of the thalamocortical projections. *Psychiatric Quarterly, 18*, 43-52.

Kitay, J. I. (1950). The Bender-Gestalt Test as a projective technique. *Journal of Clinical Psychology, 6*, 170-174.

Klatskin, E. H. (1952). An analysis of the effect of the test situation upon the Rorschach record: Formal scoring characteristics. *Journal of Projective Techniques, 16*, 193-199.

Kleinman, R. A., & Higgins, J. (1966). Sex of respondent and Rorschach M production. *Journal of Projective Techniques and Personality Assessment, 20*, 439-440.

Klopfer, B., Ainsworth, M., Klopfer, W., & Holt, R. (1954). *Developments in the Rorschach technique: Vol. 1. Technique and theory.* New York: World Book.

Klopfer, B., and others (1956). *Developments in Rorschach technique: Vol. 2. Fields of application.* New York: World Book.

Klopfer, B., & Davidson, H. (1962). *The Rorschach technique: An introductory manual.* New York: Harcourt.

Klopfer, B., & Kelley, D. (1942). *The Rorschach technique.* New York: World Book.

Klopfer, W. G. (1946). Personality patterns of old age. *Rorschach Research Exchange, 10,* 145-166.

Klopfer, W. G. (1956). The application of the Rorschach to geriatrics. In B. Klopfer et al. (Eds.), *Developments in the Rorschach technique* (pp. 195-212). New York: World Book.

Klopfer, W. G., & Taulbee, E. S. (1976). Projective tests. *Annual Review of Psychology, 27,* 543-567.

Klove, H. (1959). Relationship of differential electroencephalographic patterns to distribution of Wechsler-Bellevue scores. *Neurology, 9,* 871-876.

Klove, H. (1974). Validation studies in adult clinical neuropsychology. In R. M. Reitan & L. A. Davison (Eds.), *Clinical neuropsychology: Current status and applications.* Washington, DC: Hemisphere Publishing.

Klove, H., & Fitzhugh, K. B. (1962). The relationship of differential EEG patterns to the distribution of Wechsler-Bellevue scores in a chronic epileptic population. *Journal of Clinical Psychology, 18,* 334-337.

Klove, H., & Reitan, R. M. (1958). Effect of dysphasia and spatial distortion on Wechsler-Bellevue results. *Archives of Neurology and Psychiatry, 80,* 708-713.

Knopf, I. J. (1956). Rorschach summary scores in differential diagnosis. *Journal of Consulting Psychology, 20,* 99-104.

Knopf, I. J. (1965). Rorschach summary scores in differential diagnosis. In B. I. Murstein (Ed.), *Handbook of projective techniques* (pp. 307-316). New York: Basic Books.

Kocan, M. (1991). Changes in self- and object representation as revealed by reflection response. *Journal of Personality Assessment, 56,* 35-44.

Koch, C. (1952). *The Tree Test.* New York: Grune & Stratton.

Kodman, F. J., & Waters, J. (1961). Rorschach responses of children exhibiting psychogenic auditory symptoms. *Journal of Clinical Psychology, 17,* 305-306.

Kohn, B., & Dennis, M. (1974). Patterns of hemispheric specialization after hemidecortication for infantile hemiplegia. In M. Kinsbourne & W. L. Smith (Eds.), *Hemispheric disconnection and cerebral function* (pp. 34-47). Springfield, IL: Thomas.

Koida, R., & Fujihara, K. (1992). A study on HTP organic signs. *Japanese Journal of Psychology, 63,* 277-280.

Kokonis, N. D. (1972). Body image disturbance in schizophrenia: A study of arms and feet. *Journal of Personality Assessment, 36,* 573-575.

Koppitz, E. M. (1958). The Bender-Gestalt Test and learning disturbances in young children. *Journal of Clinical Psychology, 14,* 292-295.

Koppitz, E. M. (1960). The Bender-Gestalt Test for children: A normative study. *Journal of Clinical Psychology, 16,* 432-435.

Koppitz, E. M. (1962). Diagnosing brain damage in young children with the Bender-Gestalt test. *Journal of Consulting Psychology, 26,* 541-545.

Koppitz, E. M. (1964). *The Bender-Gestalt Test for young children.* New York: Grune & Stratton.

Koppitz, E. M. (1966a). Emotional indicators on human figure drawings of children: A validation study. *Journal of Clinical Psychology, 22,* 313-315.

Koppitz, E. M. (1966b). Emotional indicators on human figure drawings of shy and aggressive children. *Journal of Clinical Psychology, 22,* 466-469.

Koppitz, E. M. (1968). *Psychological evaluation of children's human figure drawings.* New York: Grune & Stratton.

Koppitz, E. M. (1975). *The Bender Gestalt Test for young children* (Vol. 2). New York: Grune & Stratton.

Koppitz, E. M. (1984). *Psychological evaluation of human figure drawings by middle school pupils.* New York: Grune & Stratton.

Korchin, S. J. (1960). Form perception and ego functioning. In M. Rickers-Ovsiankina (Ed.), *Rorschach psychology* (pp. 109-129). New York: Wiley.

Korchin, S. J., & Larson, D. G. (1977). Form perception and ego functioning. In M. Rickers-Ovsiankina (Ed.), *Rorschach psychology* (2nd ed., pp. 159-187). New York: Krieger.

Korim, H. (1974). Comparison of psychometric measures in psychiatric patients using heroin and other drugs. *Journal of Abnormal Psychology, 83,* 208-212.

Kotkov, V., & Goodman, M. (1953). Draw-A-Person tests of obese women. *Journal of Clinical Psychology, 9,* 362-364.

Kral, V. A., & Dorken, H. (1953). Deterioration in dementia paralytica. *American Journal of Psychiatry, 109,* 684-692.

Kramer, J. H. (1990). Guidelines for interpreting WAIS-R subtest scores. *Psychological assessment, 2,* 202-205.

Kramer, J. H. (1993a). Interpretation of individual subtest scores on the WISC-III. *Psychological Assessment, 2,* 193-196.

Kramer, J. H. (1993b) Interpretation of individual subtest scores on the WISC-III. *Psychological Assessment, 3,* 455-463.

Krippner, S. (1964). WISC comprehension and picture arrangement subtests as measures of social competence. *Journal of Clinical Psychology, 20,* 366-367.

Krout, J. (1950). Symbol elaboration test. *Psychological Monographs, 64,* No. 310.

Kuhn, R. (1960). Some problems concerning the psychological implications of Rorschach's form interpretation test (J. Huttner, Trans.). In M. Rickers-Ovsiankina (Ed.), *Rorschach psychology* (pp. 319-340). New York: Wiley.

Kunce, J. T., Ryan, J. J., & Eckelman, C. C. (1976). Violent behavior and differential WAIS characteristics. *Journal of Consulting and Clinical Psychology, 44,* 42-45.

Kunce, J. T., & Tamkin, A. S. (1981). Rorschach movement and color responses and MMPI social extraversion and thinking introversion personality types. *Journal of Personality Assessment, 45,* 5-10.

Kuntz, K. J. (1964). Mass and shading effects on Masculine-Feminine judgments on the Rorschach. *Journal of Projective Techniques, 28,* 201-205.

Kurtzberg, R., Cavior, N., & Lipton, D. (1966). Sex drawn first and sex drawn larger by opiate addict and non-addict inmates on the Draw-A-Person Test. *Journal of Projective Techniques and Personality Assessment, 30,* 55-58.

Kurz, R. B. (1963). Relationship between time imagery and Rorschach human movement responses. *Journal of Consulting Psychology, 27,* 273-276.

Kurz, R. B., Cohen, R., & Starzynski, S. (1965). Rorschach correlates of time estimation. *Journal of Consulting Psychology, 29,* 379-382.

Kwawer, J. S. (1977). Male homosexual psychodynamics and the Rorschach test. *Journal of Personality Assessment, 41,* 10-18.

Lachmann, F. M. (1960). Perceptual-motor development in children retarded in reading ability. *Journal of Consulting Psychology, 24,* 427-431.

Lacks, P. (1999). *Bender Gestalt screening for brain dysfunctioning* (2nd ed.). New York: Wiley.

Lacks, P. R., Harrow, M., Colbert, J., & Levine, J. (1970). Further evidence concerning the diagnostic accuracy of the Halstead organic test battery. *Journal of Clinical Psychology, 26,* 480-481.

Ladd, C. E. (1964). WAIS performances of brain damaged and neurotic patients. *Journal of Clinical Psychology, 20,* 114-117.

Laird, J. (1962). A comparison of male normals, psychiatric patients and alcoholics for sex drawn first. *Journal of Clinical Psychology, 18,* 302.

Lakin, M. (1956). Certain formal characteristics of human figure drawings by institutionalized aged and by normal children. *Journal of Consulting Psychology, 20,* 471-474.

Lambley, P. (1973). Rorschach scores and schizophrenia: An evaluation of Weiner's signs in clinical practice. *Journal of Personality Assessment, 37,* 420-423.

Landisberg, S. (1953). Relationship of the Rorschach to the H-T-P. *Journal of Clinical Psychology, 9,* 179-183.

Landisberg, S. (1958). Relationship of the Rorschach to projective drawings. In E. F. Hammer (Ed.), *The clinical application of projective drawings* (pp. 613-619). Springfield, IL: Thomas.

Landisberg, S. (1969). The use of the H-T-P in a mental hygiene clinic for children. In J. N. Buck & E. F. Hammer (Eds.), *Advances in the House-Tree-Person technique: Variations and applications.* Los Angeles: Western Psychological Services.

Lanfeld, E. S., & Saunders, D. R. (1961). Anxiety as "effect of uncertainty": An experiment illuminating the OA subtest of the WAIS. *Journal of Clinical Psychology, 17,* 238-241.

Larrabee, G. J., Largen, J. W., & Levin, H. S. (1985). Sensitivity of age-decline resistant ("hold") WAIS subtests to Alzheimer's disease. *Journal of Clinical and Experimental Neuropsychology, 7,* 497-504.

Last, U., & Weiss, A. A. (1976). Evaluation of ego strength based on certain Rorschach variables. *Journal of Personality Assessment, 40,* 57-66.

Lebo, D., Toal, R., & Brick, H. (1960). Rorschach performance in the amelioration and continuation of observable anxiety. *Journal of General Psychology, 63,* 75-80.

Ledwith, N. (1959). *Rorschach responses of elementary school children.* Pittsburgh: University of Pittsburgh Press.

Lees-Haley, P. R. (1992). Psychodiagnostic test usage by forensic psychologists. *American Journal of Forensic Psychology, 10,* 25-30.

Lehner, G. F., & Gunderson, E. K. (1948). Height relationships in DAP test. *Journal of Personality, 17,* 199-209.

Lehner, G. F. J., & Silver, H. (1948). Age relationships on the Draw-A-Person Test. *Journal of Personality, 17,* 199-209.

Leichtman, M., & Shapiro, S. (1980). An introduction to the psychological assessment of borderline conditions in children: Manifestations of borderline phenomena on psychological testing. In J. S. Kwawer, H. D. Lerner, P. M. Lerner, & A. Sugarman (Eds.), *Borderline phenomena and the Rorschach test* (pp. 367-394). New York: International University Press.

Leichtman, S. R., Burnett, J. W., & Robinson, H. M. (1981). Body image concerns of psoriasis patients as reflected in human figure drawings. *Journal of Personality Assessment, 45,* 478-484.

Leon-Carrion, J. (1990). Mental performance in long-term heavy cannabis use: A preliminary report. *Psychological Reports, 67,* 947-952.

Lerner, B. (1966). Rorschach movement and dreams: A validation study using drug-induced dream deprivation. *Journal of Abnormal Psychology, 71,* 75-86.

Lerner, E. A. (1972). *The projective use of the Bender-Gestalt.* Springfield, IL: Thomas.

Lerner, H., & St. Peter, S. (1984). The Rorschach H response and object relations. *Journal of Personality Assessment, 48,* 345-350.

Lerner, H., Sugarman, A., & Barbour, C. (1985). Patterns of ego boundary disturbances in neurotic, borderline and schizophrenic patients. *Psychoanalytic Psychology, 2,* 47-66.

Lerner, J., & Shanan, J. (1972). Coping style of psychiatric patients with somatic complaints. *Journal of Personality Assessment, 36,* 28-32.

Lerner, P. M. (1991). *Psychoanalytic theory and the Rorschach.* Hillsdale, NJ: Analytic Press.

Lester, D., Kendra, J. M., Thisted, R. A., & Perdue, W. C. (1975). Prediction of homicide with the Rorschach. *Journal of Clinical Psychology, 31,* 752.

Lester, D., & Perdue, W. C. (1972). Suicide, homicide and color-shading response on the Rorschach. *Perceptual and Motor Skills, 35,* 562.

Levenson, M. (1974). Cognitive correlates of suicidal risk. In C. Neuringer (Ed.), *Psychological assessment of suicide risk.* Springfield, IL: Thomas.

Levenson, M., & Neuringer, C. (1971). Problem-solving behavior in suicidal adolescents. *Journal of Consulting and Clinical Psychology, 37,* 433-436.

Leventhal, T., Gluck, M., Slepian, H., & Rosenblatt, B. (1962). The utilization of the psychologist-patient relationship in diagnostic testing. *Journal of Projective Techniques, 26,* 66-79.

Levi, J. (1951). Rorschach patterns predicting success or failure in rehabilitation of the physically handicapped. *Journal of Abnormal and Social Psychology, 46,* 240-244.

Levi, J. (1965). Acting out indicators on the Rorschach. In L. Abt & S. Weissman (Eds.), *Acting out* (pp. 252-256). New York: Grune & Stratton.

Levi, J., Oppenheim, S., & Wechsler, D. (1945). Clinical use of the Mental Deterioration Index of the Bellevue-Wechsler Scale. *Journal of Abnormal and Social Psychology, 40,* 405-407.

Levine, A., & Sapolsky, A. (1969). The use of the H-T-P as an aid in the screening of hospitalized patients. In J. N. Buck & E. F. Hammer (Eds.), *Advances in the House-Tree-Person technique: Variations and applications.* Los Angeles: Western Psychological Services.

Levine, J., & Feirstein, A. (1972). Differences in test performance between brain-damaged, schizophrenic, and medical patients. *Journal of Consulting and Clinical Psychology, 39,* 508-511.

Levine, M., & Galanter, E. H. (1953). A note on the "tree and trauma" interpretation in the H-T-P. *Journal of Consulting Psychology, 17,* 74-75.

Levine, M., Glass H., & Meltzoff, J. (1957). The inhibition process, Rorschach movement responses, and intelligence. *Journal of Consulting Psychology, 21,* 41-45.

Levine, M., & Meltzoff, J. (1956). Cognitive inhibition and Rorschach human movement responses. *Journal of Consulting psychology, 20,* 119-122.

Levine, M., & Spivack, G. (1962). Human movement responses and verbal expression in the Rorschach test. *Journal of Projective Techniques, 25,* 299-304.

Levine, M., & Spivack, G. (1964). *The Rorschach index of repressive style.* Springfield, IL: Thomas.

Levine, M., Spivack, G., & Wight, B. (1959). The inhibition process, Rorschach human movement responses, and intelligence: Some further data. *Journal of Consulting Psychology, 23,* 306-312.

Levinson, B. M. (1964). The "beat" phenomenon in Wechsler tests. *Journal of Clinical Psychology, 20,* 118-120.

Levitt, E. E. (1957). Alleged Rorschach anxiety indices in children. *Journal of Projective Techniques, 21,* 261-264.

Levitt, E. E. (1980). *Primer on the Rorschach technique.* Springfield, IL: Thomas.

Levitt, E., & Grosz, H. (1960). A comparison of quantifiable Rorschach anxiety indicators in hypnotically induced anxiety and normal states. *Journal of Consulting Psychology, 24,* 31-34.

Levitt, E., Lubin, B., & Zuckerman, M. (1962). A simplified method of scoring Rorschach content for dependency. *Journal of Projective Techniques, 26,* 234-236.

Levitt, E., & Truumaa, A. (1972). *The Rorschach technique with children and adolescents: Applications and norms.* New York: Grune & Stratton.

Levy, S. (1950). Figure drawing as a projective test. In L. E. Abt & L. Bellak (Eds.), *Projective psychology* (pp. 257-297). New York: Knopf.

Levy, S. (1958). Projective figure drawing. In E. Hammer (Ed.), *The clinical application of projective drawings* (pp. 83-112). Springfield, IL: Thomas.

Lewandowski, N. G., Saccuzzo, D. P., & Lewandowski, D. G. (1977). The WISC as a measure of personality types. *Journal of Clinical Psychology, 33,* 285-291.

Lewinski, R. J. (1945a). The psychometric pattern: I. Anxiety neurosis. *Journal of Clinical Psychology, 1,* 214-221.

Lewinski, R. J. (1945b). The psychometric pattern, II. Migraine. *Psychiatric Quarterly, 19,* 368-376.

Lewinski, R. J. (1947). The psychometric pattern, III. Epilepsy. *American Journal of Orthopsychiatry, 17,* 714-722.

Lewinsohn, P. M. (1964). Relationship between height of figure drawings and depression in psychiatric patients. *Journal of Consulting Psychology, 28,* 380-381.

Lezak, M. (1983). *Neuropsychological assessment* (2nd ed.). New York: Oxford University Press.

Lezak, M. (1995). *Neuropsychological assessment* (3rd ed.). New York: Oxford University Press.

Light, B. H., & Amick, J. H. (1956). Rorschach responses of normal aged. *Journal of Projective Techniques, 20,* 185-195.

Lindner, R. M. (1946). Content analysis in Rorschach work. *Rorschach Research Exchange, 10,* 121-129.

Lindner, R. M. (1947). Analysis of the Rorschach test by content. *Journal of Clinical Psychopathology, 8,* 707-719.

Lindner, R. M. (1950). The content analysis of the Rorschach protocol. In L. E. Abt & L. Bellak (Eds.), *Projective psychology* (pp. 75-90). New York: Knopf.

Lipgar, R. M., & Waehler, C. A. (1991). A Rorschach investigation of mothers of behaviorally disturbed infants. *Journal of Personality Assessment, 56,* 106-117.

Littell, W. M. (1960). The Wechsler Intelligence Scale for Children: Review of a decade of research. *Psychological Bulletin, 57,* 132-156.

Lobello, S. G. (1991a). Significant differences between individual subtest scaled scores and average scaled scores on the Wechsler preschool and Primary Scale of Intelligence-Revised. *Psychology in the Schools, 28,* 15-18.

Lobello, S. G. (1991b). A table for determining probability of obtaining verbal and performance scale discrepancies on the Wechsler Preschool and Primary Scale of Intelligence-Revised. *Psychology in the Schools, 28,* 93-94.

Lobello, S. G., & Gulgoz, S. (1991). Factor analysis of the Wechsler Preschool and Primary Scale of Intelligence-Revised. *Psychological Assessment, 3,* 130-132.

Logsdon, R. G., Teri, L., Williams, D. E., Vitiello, M. V., & Prinz, P. N. (1989). The WAIS-R profile: A diagnostic tool for Alzheimer's disease? *Journal of Clinical and Experimental Neuropsychology, 11,* 892-898.

Lord, E. (1950). Experimentally induced variations in Rorschach performance. *Psychological Monographs, 64,* No. 316.

Louttit, C. M. (1957). *Clinical psychology of exceptional children.* New York: Harper & Row.

Louttit, C. M., & Browne, C. G. (1947). The use of psychometric instruments in psychological clinics. *Journal of Consulting Psychology, 11,* 49-54.

Loveland, N. (1961). Epileptic personality and cognitive functioning. *Journal of Projective Techniques, 25,* 54-68.

Lovitt, R., & Lefkof, G. (1985). Understanding multiple personality with the comprehensive Rorschach system. *Journal of Personality Assessment, 49,* 289-294.

Lubin, B., Larsen, R. M., & Matarazzo, J. D. (1984). Patterns of psychological test usage in the United States: 1935-1982. *American Psychologist, 39,* 451-454.

Lubin, B., Wallis, R. R., & Paine, C. (1971). Patterns of psychological test usage in the United States: 1935-1969. *Professional Psychology, 2,* 70-74.

Lucas, W. (1961). The effects of frustration on the Rorschach responses of nine-year-old children. *Journal of Projective Techniques, 25,* 199-204.

Ludwig, D. J. (1969). Self-perception and the Draw-a-Person Test. *Journal of Projective Techniques and Personality Assessment, 33,* 257-261.

Lueger, R. J., Albott, W. L., Hilgendorf, W. A., & Gill, K. J. (1985). Neuropsychological and academic achievement correlates of abnormal WISC-R verbal-performance discrepancies. *Journal of Clinical Psychology, 41,* 801-805.

Lufi, D., & Cohen, A. (1985). Using the WISC-R to identify attentional deficit disorder. *Psychology in the Schools, 22,* 40-42.

Lufi, D., Cohen, A., & Parish-Plass, J. (1990). Identifying Attention Deficit Hyperactive Disorder with the WISC-R and the Stroop Color and Word Test. *Psychology in the Schools, 27,* 28-34.

Lusterberg, R. S., Motta, R., & Naccari, N. (1990). A modal using of the WISC-R to predict success in programs for gifted students. *Psychology in the Schools, 27,* 126-131.

Lyons, J. (1955). The scar on the H-T-P tree. *Journal of Clinical Psychology, 11,* 267-270.

Mabry, M. (1964). Serial projective drawings in a patient with a malignant brain tumor. *Journal of Projective Techniques, 28,* 206-209.

Machover, K. (1949). *Personality projection in the drawings of the human figure.* Springfield, IL: Thomas.

Machover, K. (1951). Drawings of the human figure: A method of personality investigation. In H. H. Anderson and G. Anderson (Eds.), *An introduction to projective techniques* (pp. 341-369). Englewood Cliffs, NJ: Prentice-Hall.

Machover, K. (1955). The body image in art communication as seen in William Steig's drawings. *Journal of Projective Techniques, 19,* 453-460.

Machover, K. (1958). Adolescent case study: A disturbed adolescent girl. In E. F. Hammer (Ed.), *The clinical application of projective drawings* (pp. 130-134). Springfield, IL: Thomas.

Machover, K. (1960). Sex differences in the developmental pattern of children seen in Human Figure Drawings. In A. I. Rabin & Mary Haworth (Eds.), *Projective techniques with children.* New York: Grune & Stratton.

Magaret, A. (1942). Parallels in the behavior of schizophrenics, paretics, and presenile non-psychotics. *Journal of Abnormal Social Psychology, 37,* 511-528.

Mainord, F. (1953). A note on the use of figure drawings in the diagnosis of sexual inversion. *Journal of Clinical Psychology, 9,* 188-189.

Maley, R. F. (1970). The relationship of premorbid social activity level of psychiatric patients to test performance on the WAIS and the MMPI. *Journal of Clinical Psychology, 26,* 75-76.

Maloney, M. P., & Ward, M. P. (1976). *Psychological assessment.* New York: Oxford University Press.

Mandler, G., & Sarason, S. B. (1951). Anxiety as a factor in test performance. *American Psychologist, 6,* 341.

Mann, L. (1956). The relation of Rorschach indices of extratension and introversion to a measure of responsiveness to the immediate environment. *Journal of Consulting Psychology, 20,* 114-118.

Manne, S. H., Kandel, A., & Rosenthal, D. (1962). Differences between Performance IQ and Verbal IQ in a severely sociopathic population. *Journal of Clinical Psychology, 18,* 73-77.

Manning, T. M. (1987). Aggression depicted in abused children's drawings. *The Arts in Psychotherapy, 14,* 15-24.

Mark, J., & Morrow, R. (1955). The use of the Bender-Gestalt Test in the study of brain damage [Abstract]. *American Psychologist, 10,* 323.

Marsden, G. (1970). Intelligence and the Rorschach whole response. *Journal of Projective Techniques and Personality Assessment, 34,* 470-476.

Marsh, A., & Viglione, D. J. (1992). A conceptual validation study of the texture response on the Rorschach. *Journal of Personality Assessment, 58,* 571-579.

Marsh, L. F. (1961). Parental attitudes as the basis for attributing meaning to Rorschach cards IV and VII. *Journal of Projective Techniques, 25,* 69-74.

Marzolf, S. S., & Kirchner, J. H. (1970). Characteristics of House-Tree-Person drawings by college men and women. *Journal of Projective Techniques and Personality Assessment, 34,* 138-145.

Marzolf, S. S., & Kirchner, J. H. (1972). House-Tree-Person drawings and personality traits. *Journal of Personality Assessment, 36,* 148-165.

Masling, J. M. (1997). On the nature and utility of projective tests and objective tests. *Journal of Personality Assessment, 69,* 257-270.

Masling, J., Rabie, L., & Blondheim, S. (1967). Obesity, level of aspiration, and Rorschach and TAT measures of oral dependence. *Journal of Consulting Psychology, 31,* 233-239.

Mason, B. J., Cohen, J. B., & Exner, J. E. (1985). Schizophrenic, depressive, and nonpatient personality organizations described by Rorschach factor structures. *Journal of Personality Assessment, 49,* 295-305.

Massman, P. J., Nussbaum, N. L., & Bigler, E. D. (1988). The mediative effect of age on the relationship between Child Behavior Checklist Hyperactivity Scores and neurological test performances. *Journal of Abnormal Child Psychology, 16,* 89-95.

Matarazzo, J. D. (1972). *Wechsler's measurement and appraisal of adult intelligence.* Baltimore: Williams & Wilkins.

Matthews, C. G., Shaw, D. J., & Klove, H. (1966). Psychological test performances in neurologic and "pseudo-neurologic" subjects. *Cortex, 2,* 244-253.

Mayman, M. (1970). Reality contact, defense effectiveness, and psychopathology in Rorschach form-level scores. In B. Klopfer et al., (Eds.), *Developments in the Rorschach technique* (Vol. 3, Ch. 1). Harcourt Brace Jovanovich.

Mayman, M. (1977). A multidimensional view of the Rorschach movement response. In M. Rickers-Ovsiankina (Ed.), *Rorschach Psychology* (2nd ed., pp. 229-250). New York: Krieger.

Mayman, M., Schafer, R., & Rapaport, D. (1951). Interpretation of the Wechsler-Bellevue Intelligence Scale in personality appraisal. In H. H. Anderson & G. Anderson (Eds.), *An introduction to projective techniques.* New York: Prentice-Hall.

McCown, W., Fink, A. D., Galina, H., & Johnson, J. (1992). Effects of laboratory-induced controllable and uncontrollable stress on Rorschach variables m and Y. *Journal of Personality Assessment, 59,* 564-573.

McCue, K., Rothenberg, D., Allen, R., & Jennings, T. (1963). Rorschach variables in two "Study of Values" types. *Journal of General Psychology, 68,* 169-172.

McCully, R. S. (1961). Human movement in the Rorschach materials of a group of pre-adolescent boys suffering from progressive muscular loss. *Journal of Projective Techniques, 25,* 205-211.

McCully, R. S. (1971). *Rorschach theory and symbolism.* Baltimore: Williams & Wilkins.

McCully, R. S., Glucksman, M. L., & Hirsch, J. (1968). Nutrition imagery in the Rorschach materials of food-deprived, obese patients. *Journal of Projective Techniques and Personality Assessment, 32,* 375-382.

McElhaney, M. (1969). *Clinical psychological assessment of the human figure drawing.* Springfield, IL: Thomas.

McFie, J. (1960). Psychological testing in clinical neurology. *Journal of Nervous and Mental Disease, 131,* 383-393.

McFie, J. (1975). *Assessment of organic impairment.* New York: Academic Press.

McFie, J., & Thompson, J. A. (1972). Picture Arrangement: A measure of frontal lobe function? *British Journal of Psychiatry, 121,* 547-552.

McFie, J., & Zangwill, O. L. (1960). Visual-constructive disabilities associated with lesions of the left cerebral hemisphere. *Brain, 83,* 243-260.

McHugh, A. (1963). Sexual identification, size, and associations in children's figure drawings. *Journal of Clinical Psychology, 19,* 381-382.

McHugh, A. (1966). Children's figure drawings in neurotic and conduct disturbances. *Journal of Clinical Psychology, 22,* 219-221.

McLachlan, J. F. C., & Head, V. B. (1974). An impairment rating scale for human figure drawings. *Journal of Clinical Psychology, 30,* 405-407.

McMullen, L. M., & Rogers, D. L. (1984). WAIS characteristics of nonpathological obsessive and hysteric styles. *Journal of Clinical Psychology, 40,* 577-579.

Meehl, P. E. (1987). Theory and practice: Reflections of an academic clinician. In E. F. Bourg, R. J. Bent, J. E. Callan, N. F. Jones, J. McHolland, & G. Stricker (Eds.). *Standards and evaluation in the education and training of professional psychologists: Knowledge, attitudes and skills* (pp. 7-23). Norman, OK: Transcript Press.

Meer, B., & Singer, J. L. (1950). A note on the "Father" and "Mother" cards in the Rorschach inkblots. *Journal of Consulting Psychology, 14,* 482-484.

Meier, M. J. (1974). Some challenges for clinical neuropsychology. In R. M. Reitan & L. A. Davison (Eds.), *Clinical neuropsychology: Current status and applications.* Washington, DC: Hemisphere Publishing.

Meier, M. J., & French, L. A. (1965). Lateralized deficits in complex visual discrimination and bilateral transfer of reminiscence following unilateral temporal lobectomy. *Neuropsychologia, 3,* 261-273.

Melikian, L. H., & Wahab, A. Z. (1969). First-drawn picture: A cross culture investigation of the DAP. *Journal of Projective Techniques and Personality Assessment, 33,* 539-541.

Meloy, J. R., & Gacono, C. B. (1992). A psychotic (sexual) psychopath: "I just had a thought...". *Journal of Personality Assessment, 58,* 480-493.

Meloy, J. R., & Singer, J. (1991). A psychoanalytic view of the Rorschach Comprehensive System "Special Scores." *Journal of Personality Assessment, 56,* 202-217.

Meltzoff, J., & Levine, M. (1954). The relationship between motor and cognitive inhibition. *Journal of Consulting Psychology, 18,* 355-358.

Meltzoff, J., & Litwin, D. (1956). Affective control and Rorschach human movement responses. *Journal of Consulting Psychology, 20,* 463-465.

Meltzoff, J., Singer, J., & Korchin, S. (1953). Motor inhibition and Rorschach human movement responses: A test of the sensory tonic theory. *Journal of Personality, 21,* 400-410.

Mermelstein, J. H. (1983). The relationship between rotations on the Bender-Gestalt Test and ratings of patient disorientation. *Journal of Personality Assessment, 47,* 490-491.

Merritt, R. D., & Kok, C. J. (1997). Implications of the people = male theory for the interpretation of the Draw-A-Person Test. *Journal of Personality Assessment, 68,* 211-218.

Meyer, B. C., Brown, F., Levine, A. (1955). Observations on the House-Tree-Person drawing test before and after surgery. *Psychosomatic Medicine, 17,* 428-454.

Meyer, M. M. (1961). The case of El: Blind analysis of the tests of an unknown patient. *Journal of Projective Techniques, 25,* 375-382.

Meyer, M. M., & Caruth, E. (1970). Rorschach indices of ego processes. In B. Klopfer et al. (Eds.), *Developments in the Rorschach Technique* (Vol. 3, Ch. 2). New York: Harcourt Brace Jovanovich.

Meyer, R. G., & Deitsch, S. M. (1995). The assessment of malingering in psychodiagnostic evaluations: Research-based concepts and methods for consultants. *Consulting Psychology Journal: Practice and Research, 47,* 234-245.

Meyer, V., & Jones, H. G. (1957). Patterns of cognitive test performance as functions of the lateral localization of cerebral abnormalities in the temporal lobe. *Journal of Mental Science, 103,* 758-772.

Miale, F. (1947). Rorschach sequence analysis in a case of paranoid schizophrenia. *Journal of Projective Techniques, 11,* 3-22.

Miale, F. R. (1977). Symbolic imagery in Rorschach material. In M. Rickers-Ovsiankina (Ed.), *Rorschach Psychology* (2nd ed., pp. 421-454). New York: Krieger.

Miale, F., & Harrower-Erickson, M. (1940). Personality structure in the psychoneuroses. *Rorschach Research Exchange, 4,* 71-74.

Michal-Smith, H. (1953). The identification of pathological cerebral function through the H-T-P technique. *Journal of Clinical Psychology, 9,* 293-295.

Michal-Smith, H., & Morgenstern, M. (1969). The use of the H-T-P with the mentally retarded child in a hospital clinic. In J. N. Buck & E. F. Hammer (Eds.), *Advances in the House-Tree-Person technique: Variations and applications.* Los Angeles: Western Psychological Services.

Milberg, W., Greiffenstein, M., Lewis, R., & Rourke, D. (1980). Differentiation of temporal lobe and generalized seizure patients with the WAIS. *Journal of Consulting and Clinical Psychology, 48,* 39-42.

Miller, M. J. (1997). Crisis assessment: The projective tree drawing before, during and after a storm. In E. F. Hammer (Ed.), *Advances in projective drawing interpretation* (pp. 153-193). Springfield, IL: Thomas.

Mira, E. (1943). *Psychiatry in war.* New York: Norton.

Mitchell, J., Trent, R., & McArthur, R. (1993). *Human figure drawing test (HFDT).* Los Angeles: Western Psychological Services.

Modell, A. H. (1951). Changes in human figure drawings by patients who recover from regressed states. *American Journal of Orthopsychiatry, 21,* 584-596.

Modell, A. H., & Potter, H. W. (1949). Human figure drawing of patients with arterial hypertension, peptic ulcer, and bronchial asthma. *Psychosomatic Medicine, 11,* 282-292.

Mogar, R. E. (1962). Anxiety indices in human figure drawings. *Journal of Consulting Psychology, 26,* 108.

Moldawsky, S., & Moldawsky, P. C. (1952). Digit span as an anxiety indicator. *Journal of Consulting Psychology, 16,* 115-118.

Molish, H. B. (1951). The popular response in Rorschach records of normals, neurotics, and schizophrenics. *American Journal of Orthopsychiatry, 21,* 523-531.

Molish, H. B. (1967). Critique and problems of research: A survey. In S. J. Beck & H. B. Molish, *Rorschach's Test II: A variety of personality pictures.* New York: Grune & Stratton.

Moll, R. P. (1962). Further evidence of seasonal influences on tree drawings. *Journal of Clinical Psychology, 18,* 109.

Mons, W. E. R. (1950). *Principles and practice of the Rorschach personality test.* London: Faber & Faber.

Montague, D. J., & Prytula, R. E. (1975). Human figure drawing characteristics related to juvenile delinquents. *Perceptual & Motor Skills, 40,* 623-630.

Morrow, R. S., & Mark, J. C. (1955). The correlation of intelligence and neurological findings of twenty-two patients autopsied for brain damage. *Journal of Consulting Psychology, 19,* 283-289.

Mosher, D. L., & Smith, J. P. (1965). The usefulness of two scoring systems for the Bender-Gestalt Test for identifying brain damage. *Journal of Consulting Psychology, 29,* 530-536.

Moylan, J. J., Shaw, J., & Appleman, W. (1960). Passive and aggressive responses to the Rorschach by passive-aggressive personalities and paranoid schizophrenics. *Journal of Projective Techniques, 24,* 17-20.

Mukerji, M. (1969). Rorschach indices of love, aggression and happiness. *Journal of Projective Techniques and Personality Assessment, 33,* 526-529.

Mundy, J. (1972). The use of projective techniques with children. In B. B. Wolman (Ed.), *Manual of child psychopathology* (pp. 791-819). New York: McGraw-Hill.

Munroe, R. (1945). Prediction of the adjustment and academic performance of college students by a modification of the Rorschach method. *Applied Psychology Monographs.* No. 7.

Munroe, R. (1946). Rorschach findings on college students showing different constellations of subscores on the A.C.E. *Journal of Consulting Psychology, 10,* 301-316.

Munroe, R. (1950). The inspection technique for the Rorschach protocol. In L. E. Abt & L. Bellak (Eds.), *Projective psychology* (pp. 91-145). New York: Knopf.

Murillo, L. G., & Exner, J. E. (1973). The effects of regressive ECT with process schizophrenics. *American Journal of Psychiatry, 130,* 269-273.

Murray, E., & Roberts, F. (1956). The Bender-Gestalt Test in a patient passing through a brief manic-depressive cycle. *U.S. Armed Forces Medical Journal, 7,* 1206-1208.

Murray, J. F. (1985). Borderline manifestations in the Rorschachs of male transsexuals. *Journal of Personality Assessment, 49,* 454-466.

Mursell, G. R. (1969). The use of the H-T-P with the mentally deficient. In J. N. Buck & E. F. Hammer (Eds.), *Advances in the House-Tree-Person technique: Variations and applications.* Los Angeles: Western Psychological Services.

Murstein, B. I. (1958). Personality and intellectual changes in leukemia: A case study. *Journal of Projective Techniques, 22*, 421-426.

Murstein, B. I. (1960). Factor analysis of the Rorschach. *Journal of Consulting Psychology, 24*, 262-275.

Murstein, B. I. (1965). *Handbook of projective techniques.* New York: Basic Books.

Murstein, B. I., & Leipold, W. D. (1961). The role of learning and motor abilities in the Wechsler-Bellevue digit symbol subtest. *Educational and Psychological Measurement, 21*, 103-112.

Nadler, E. B., Fink, S. L., Shontz, F. C., & Brink, R. W. (1959). Objective scoring vs. clinical evaluation of the Bender-Gestalt. *Journal of Clinical Psychology, 15*, 39-41.

Nathan, S. (1973). Body image in chronically obese children as reflected in figure drawings. *Journal of Personality Assessment, 37*, 456-463.

Neel, A. (1960). Inhibition and perception of movement on the Rorschach. *Journal of Consulting Psychology, 24*, 224-230.

Neiger, S., Slemon, A., & Quirk, D. (1962). The performance of chronic schizophrenic patients on Piotrowski's Rorschach sign list for organic CNS pathology. *Journal of Projective Techniques, 26*, 419-428.

Neuringer, C. (1962). Manifestations of anxiety on the Rorschach test. *Journal of Projective Techniques, 26*, 318-326.

Neuringer, C. (1974). *Psychological assessment of suicidal risk.* Springfield, IL: Thomas.

Newman, J. R., & Loos, F. M. (1955). Differences between Verbal and Performance IQs with mentally defective children on the Wechsler Intelligence Scale for Children. *Journal of Consulting Psychology, 19*, 16.

Nicholson, C. L., & Alcorn, C. L. (1994). *Educational applications of the WISC-III: A handbook of interpretive strategies and remedial recommendations.* Los Angeles: Western Psychological Services.

Nickerson, E. T. (1969). Some correlates of M. *Journal of Projective Techniques and Personality Assessment, 33*, 203-213.

Norman, R. P., & Wilensky, H. (1961). Item difficulty of the WAIS Information subtest for a chronic schizophrenic sample. *Journal of Clinical Psychology, 17*, 56-57.

Oas, P. (1984). Validity of the Draw-A-Person and Bender-Gestalt tests as measures of impulsivity with adolescents. *Journal of Consulting and Clinical Psychology, 52*, 1011-1019.

Oberholzer, E. (1931). Zur Differentialdiagnose Psychischer Folgezustande nach Schadeltraumen mittels des Rorschachschen Formdeutversuchs. Z *Neurol Psychiat., 136*, 596-629. (Cited in Kisker, G. W., 1944)

Ogdon, D. P. (1959). On the extension of Coghill's developmental principles. *American Psychologist, 14*, 301-302.

Ogdon, D. P. (1960). WISC IQs for the mentally retarded. *Journal of Consulting Psychology, 24*, 187-188.

Ogdon, D. P. (1967). *Psychodiagnostics and personality assessment: A handbook.* Los Angeles: Western Psychological Services.

Ogdon, D. P. (1975a). Extrapolated WISC-R IQs for gifted and mentally retarded children. *Journal of Consulting and Clinical Psychology, 43*, 216.

Ogdon, D. P. (1975b). *Psychodiagnostics and personality assessment: A handbook* (2nd ed.). Los Angeles: Western Psychological Services.

Ogdon, D. P. (1981). *Handbook of psychological signs, symptoms, and syndromes.* Los Angeles: Western Psychological Services.

Ogdon, D. P., & Allee, R. (1959). Rorschach relationships with intelligence among familial mental defectives. *American Journal of Mental Deficiency, 63*, 889-896.

Ogdon, D. P., Bass, C., Thomas, E. R., & Lordi, W. (1968). Parents of autistic children. *American Journal of Orthopsychiatry, 38*, 653-658.

Olch, D. (1971). Personality characteristics of hemophiliacs. *Journal of Personality Assessment, 35*, 72-79.

Olch, D. R. (1948). Psychometric patterns of schizophrenics on the Wechsler-Bellevue Intelligence Test. *Journal of Consulting Psychology, 12*, 127-136.

O'Leary, M. R., Donovan, D. M., Chaney, E. F., Walker, R. D., & Shau, E. J. (1979). Application of discriminant analysis to level of performance of alcoholics and nonalcoholics on Wechsler-Bellevue and Halstead-Reitan subtests. *Journal of Clinical Psychology, 35*, 204-208.

O'Neill, P., O'Neill, P. C., & Quinlan, D. M. (1976). Perceptual development on the Rorschach. *Journal of Personality Assessment, 40*, 115-121.

Orme, J. E. (1962). The Rorschach sex response in a psychiatric population. *Journal of Clinical Psychology, 18*, 303.

Orme, J. E. (1963). Rorschach alphabetical and geometrical responses. *Journal of Clinical Psychology, 19*, 459-460.

Orme, J. E. (1964). A study of Weiner's Rorschach schizophrenic indicators. *Journal of Clinical Psychology, 20*, 531-532.

Orme, J. E. (1966). A further comment on Weiner's Rorschach color indicators. *Journal of Clinical Psychology, 22*, 223.

Ottenbacher, K. (1981). An investigation of self-concept and body image in the mentally retarded. *Journal of Clinical Psychology, 37*, 415-418.

Overall, J. E., & Gorham, D. R. (1972). Organicity versus old age in objective and projective test performance. *Journal of Consulting and Clinical Psychology, 39*, 98-105.

Overall, J. E., Hoffmann, N. G., & Levin, H. (1978). Effects of aging, organicity, alcoholism, and functional psychopathology on WAIS subtest profiles. *Journal of Consulting and Clinical Psychology, 46*, 1315-1322.

Ownby, R. L., & Matthews, C. G. (1985). On the meaning of the WISC-R third factor: Relations to selected neuropsychological measures. *Journal of Consulting and Clinical Psychology, 53*, 531-534.

Page, H. A. (1957). Studies in fantasy-day dreaming frequency and Rorschach scoring categories. *Journal of Consulting Psychology, 21*, 111-114.

Palmer, J. O. (1970). *The psychological assessment of children.* New York: Wiley.

Palmer, J. O., & Lustgarten, B. J. (1962). The prediction of TAT structure as a test of Rorschach's experience-balance. *Journal of Projective Techniques, 26,* 212-220.

Pantle, M. L., Ebner, D. L., & Hynan, L. S. (1994). The Rorschach and the assessment of impulsivity. *Journal of Clinical Psychology, 50,* 633-638.

Panton, J. H. (1960). Beta-WAIS comparison and WAIS subtest configurations within a state prison population. *Journal of Clinical Psychology, 16,* 312-317.

Parker, J. W. (1957). The validity of some current tests for organicity. *Journal of Consulting Psychology, 21,* 425-428.

Parsons, O. A., Morris, F., & Denny, J. P. (1963). Agitation, anxiety, brain damage and perceptual-motor deficit. *Journal of Clinical Psychology, 19,* 267-271.

Parsons, O. A., Vega, A., & Burn, J. (1969). Different psychological effects of lateralized brain-damage. *Journal of Consulting and Clinical Psychology, 33,* 551-557.

Pascal, G. R., Ruesch, H. A., Devine, C. A., & Suttell, B. (1950). A study of genital symbols on the Rorschach test. *Journal of Abnormal and Social Psychology, 45,* 286-295.

Pascal, G. R., & Suttell, B. (1951). *The Bender-Gestalt Test.* New York: Grune & Stratton.

Patel, S., & Bharucha, E. P. (1972). The Bender Gestalt Test as a measure of perceptual and visuo-motor defects in cerebral palsied children. *Developmental Medicine and Child Neurology, 14,* 156-160.

Patterson, C. H. (1953). *The Wechsler-Bellevue Scales: A guide for counselors.* Springfield, IL: Thomas.

Pauker, J. D. (1963). Relationship of Rorschach content categories to intelligence. *Journal of Projective Techniques, 27,* 220-221.

Payne, J. J. (1948). Comments on the analysis of chromatic drawings [Monograph]. *Journal of Clinical Psychology, 5,* 119-120.

Peek, R. M. (1953). Directionality of lines in the Bender-Gestalt Test. *Journal of Consulting Psychology, 17,* 213-216.

Penfield, W., & Roberts, L. (1959). *Speech and brain mechanisms.* Princeton, NJ: Princeton University Press.

Perdue, W. C. (1964). Rorschach responses of 100 murderers. *Corrective Psychiatry and Journal of Social Therapy, 10*(6).

Pernicano, K. M. (1986). Score differences in WAIS-R scatter for schizophrenics, depressives, and personality disorders: A preliminary analysis. *Psychological reports, 59,* 539-543.

Perry, W., Sprock, J., Schaible, D., McDougall, A., Minassian, A., Jenkins, M., & Braff, D. (1995). Amphetamine on Rorschach measures in normal subjects. *Journal of Personality Assessment, 64,* 456-465.

Perticone, E. X. (1998). *The clinical and projective use of the Bender-Gestalt test.* Springfield, IL: Thomas.

Petee, T. A., & Walsh, A. (1987). Violent delinquency, race, and the Wechsler performance-verbal discrepancy. *Journal of Social Psychology, 127,* 353-354.

Peterson, C. A. (1991). Reminiscence, retirement, and Rorschach responses in old age. *Journal of Personality Assessment, 57,* 531-536.

Peterson, C. A. (1992). A psychotic gynemimetic: I just had a pregnant thought. *Journal of Personality Assessment, 58,* 464-479.

Peterson, C. A. (1993). A borderline policeman: AKA, a cop with no COP. *Journal of Personality Assessment, 61,* 374-393.

Peterson, C. A., & Horowitz, M. (1990). Perceptual robustness of the nonrelationship between psychopathology and popular responses on the Hand Test and the Rorschach. *Journal of Personality Assessment, 54,* 415-418.

Philippus, M. J. (1969). Atypical diagnostic conditions. In W. L. Smith & M. J. Philippus (Eds.), *Neuropsychological testing in organic brain dysfunction.* Springfield, IL: Thomas.

Phillips, L., & Smith, J. (1953). *Rorschach interpretation: Advanced technique.* New York: Grune & Stratton.

Piedmont, R. L., Sokolove, R. L., & Fleming, M. Z. (1989). Discriminating psychotic and affective disorders using the WAIS-R. *Journal of Personality Assessment, 53,* 739-748.

Pierce, D., Cooke, G., & Frahm, P. (1973). Sort-score correlates of schizophrenia. *Journal of Personality Assessment, 37,* 508-511.

Pinkerman, J. E., Haynes, J. P., & Keiser, T. (1993). Characteristics of psychological practice in juvenile court clinics. *American Journal of Forensic Psychology, 11,* 3-12.

Piotrowski, C. (1995). A review of the clinical and research use of the Bender-Gestalt Test. *Perceptual & Motor Skills, 81*(3, Pt. 2), 1272-1274.

Piotrowski, C., & Keller, J. W. (1984). Psychodiagnostic testing in APA-approved clinical psychology programs. *Professional psychology: Research and practice, 3,* 450-456.

Piotrowski, C., Sherry, D., & Keller, J. W. (1985). Psychodiagnostic test usage: A survey of the society for personality assessment. *Journal of Personality Assessment, 49,* 115-119.

Piotrowski, Z. (1937a). The M, FM, and m responses as indicators of changes in personality. *Rorschach Research Exchange, 1,* 148-156.

Piotrowski, Z. (1937b). The Rorschach inkblot method in organic disturbances of the central nervous system. *Journal of Nervous and Mental Disease, 86,* 525-537.

Piotrowski, Z. (1957). *Perceptanalysis.* New York: Macmillan.

Piotrowski, Z. (1960). The movement score. In M. Rickers-Ovsiankina (Ed.), *Rorschach psychology* (pp. 130-153). New York: Wiley.

Piotrowski, Z., & Abrahamsen, D. (1952). Sexual crime and the Rorschach Test. *Psychiatric Quarterly Supplement, 26,* 248-260.

Piotrowski, Z., & Bricklin, B. (1961). A second validation of a long-term Rorschach prognostic index for schizophrenic patients. *Journal of Consulting Psychology, 25,* 123-128.

Piotrowski, Z., & Dudek, S. (1956). Research on human movement response in the Rorschach examinations of marital partners. In V. W. Eisenstein (Ed.), *Neurotic interaction in marriage* (pp. 192-207). New York: Basic Books.

Piotrowski, Z., & Levine, D. (1959). A case illustrating the concept of the alpha schizophrenic. *Journal of Projective Techniques, 23,* 223-236.

Piotrowski, Z., & Lewis, N. D. C. (1950). An experimental Rorschach diagnostic aid for some forms of schizophrenia. *American Journal of Psychiatry, 107,* 360-366.

Piotrowski, Z. A. (1969). Long-term prognosis in schizophrenia based on Rorschach findings: The LTPTI. In D. V. Siva Sankar (Ed.), *Schizophrenia, current concepts and research* (pp. 84-103). Hicksville, NY: PJD Publications.

Piotrowski, Z. A. (1977). The movement responses. In M. Rickers-Ovsiankina (Ed.), *Rorschach psychology* (2nd ed., pp. 189-227). New York: Krieger.

Piotrowski, Z. A., & Berg, D. A. (1955). Verification of the Rorschach Alpha diagnostic formula for underactive schizophrenics. *American Journal of Psychiatry, 112,* 443-450.

Plumeau, F., Machover, S., & Puzzo, F. (1960). Wechsler-Bellevue performances of remitted and unremitted alcoholics, and their normal controls. *Journal of Consulting Psychology, 24,* 240-242.

Pollitt, E., Hirsch, S., & Money, J. (1964). Priapism, impotence and human figure drawing. *Journal of Nervous and Mental Disease, 139,* 161-168.

Pope, B., & Scott, W. H. (1967). *Psychological diagnosis in clinical practice.* New York: Oxford University Press.

Popplestone, J. A. (1956). Variability of the Bender-Gestalt designs. *Perceptual & Motor Skills, 6,* 269-271.

Porteus, S. D. (1950). *The Porteus Maze Test and intelligence.* Palo Alto: Pacific Books.

Porteus, S. D. (1965). *The Maze Test and clinical psychology.* Palo Alto: Pacific Books.

Potkay, C. R. (1971). *The Rorschach clinician.* New York: Grune & Stratton.

Powers, W. T., & Hamlin, R. M. (1955). Relationship between diagnostic category and deviant verbalizations on the Rorschach. *Journal of Consulting Psychology, 19,* 120-124.

Prados, M., & Fried, E. (1947). Personality structure in the older age groups. *Journal of Clinical Psychology, 3,* 113-120.

Prandoni, J. R., Jensen, D. E., Matranga, J. T., & Waison, M. O. S. (1973). Selected Rorschach response characteristics of sex offenders. *Journal of Personality Assessment, 37,* 334-336.

Prandoni, J. R., & Swartz, C. D. (1978). Rorschach protocols for three diagnostic categories of adult offenders: Normative data. *Journal of Personality Assessment, 42,* 115-120.

Precker, J. A. (1950). Painting and drawing in personality assessment. *Journal of Projective Techniques, 14,* 262-286.

Prentice, N. M., & Kelley, F. J. (1963). Intelligence and delinquency: A reconsideration. *Journal of Social Psychology, 60,* 327-337.

Quast, W. (1961). The Bender-Gestalt: A clinical study of children's records. *Journal of Consulting Psychology, 25,* 405-408.

Quinlan, D. M., & Harrow, M. (1974). Boundary disturbances in schizophrenia. *Journal of Abnormal Psychology, 83,* 533-541.

Quinlan, D. M., Harrow, M., Tucker, G., & Carlson, K. (1972). Varieties of disordered thinking on the Rorschach: Findings in schizophrenic and nonschizophrenic patients. *Journal of Abnormal Psychology, 79,* 47-53.

Quirk, D., Quarrington, M., Neiger, S., & Slemon, A. (1962). The performance of acute psychotic patients on the Index of Pathological Thinking and on selected signs of idiosyncrasy on the Rorschach. *Journal of Projective Techniques, 26,* 431-441.

Rabin, A. I. (1941). Test score patterns in schizophrenia and non-psychotic states. *Journal of Psychology, 12,* 91-100.

Rabin, A. I. (1942). Differentiating psychometric patterns in schizophrenia and manic-depressive psychosis. *Journal of Abnormal and Social Psychology, 37,* 270-272.

Rabin, A. I. (1946). Homicide and attempted suicide: A Rorschach study. *American Journal of Orthopsychiatry, 16,* 516-524.

Rabin, A. I. (1968). *Projective techniques in personality assessment: A modern introduction.* New York: Springer.

Rabin, A. I., & Beck, S. J. (1950). Genetic aspects of some Rorschach factors. *American Journal of Orthopsychiatry, 20,* 595-599.

Rabin, A. I., & McKinney, J. P. (1972). Intelligence tests and childhood psychopathology. In B. B. Wolman (Ed.), *Manual of child psychopathology* (pp. 767-790). New York: McGraw-Hill.

Rader, G. E. (1957). The prediction of overt aggressive verbal behavior from Rorschach content. *Journal of Projective Techniques, 21,* 294-306.

Raifman, I. (1957). Rorschach findings in a group of peptic ulcer patients and two control groups. *Journal of Projective Techniques, 21,* 307-312.

Rapaport, D., Gill, M., & Schafer, R. (1945). *Diagnostic psychological testing* (Vol. 1). Chicago: Year Book Publishers.

Rapaport, D., Gill, M., & Schafer, R. (1946). *Diagnostic psychological testing* (Vol. 2). Chicago: Year Book Publishers.

Rappaport, S. R. (1953). Intellectual deficit in organics and schizophrenics. *Journal of Consulting Psychology, 17,* 389-395.

Rashkis, H. A., & Welsh, G. S. (1946). Detection of anxiety by use of the Wechsler scale. *Journal of Clinical Psychology, 2,* 354-357.

Rav, J. (1951). Anatomy responses in the Rorschach test. *Journal of Projective Techniques, 15,* 433-443.

Rawls, J. R., & Slack, G. K. (1968). Artists versus non-artists: Rorschach determinants and artistic creativity. *Journal of Projective Techniques and Personality Assessment, 32,* 233-237.

Ray, J. B. (1963). The meaning of Rorschach white space responses. *Journal of Projective Techniques, 27,* 315-323.

Raychaudhuri, M. (1971). Relation of creativity and sex to Rorschach M responses. *Journal of Personality Assessment, 35,* 27-31.

Reed, H. B. C., Jr., & Reitan, R. M. (1963). Intelligence test performances of brain damaged subjects with lateralized motor deficits. *Journal of Consulting Psychology, 27,* 102-106.

Reichenberg, N., & Raphael, A. J. (1992). *Advanced psychodiagnostic interpretation of the Bender Gestalt Test.* New York: Praeger.

Reid, A. C. (1938). *Elements of psychology: An introduction.* NY: Prentice-Hall.

Reisman, J. M. (1961). An interpretation of m. *Journal of Consulting Psychology, 25,* 367.

Reitan, R. M. (1955a). Certain differential effects of left and right cerebral lesions in human adults. *Journal of Comparative and Physiological Psychology, 48,* 474-477.

Reitan, R. M. (1955b). Discussion: Symposium on the temporal lobe. *Archives of Neurology and Psychiatry, 74,* 569-570.

Reitan, R. M. (1955c). Validity of Rorschach test and measure of psychological effects of brain damage. *Archives of Neurology and Psychiatry, 73,* 445-451.

Reitan, R. M. (1964). Psychological deficits resulting from cerebral lesions in man. In J. M. Warren & K. Akert (Eds.), *Prefrontal granular cortex and behavior.* New York: McGraw-Hill.

Reitan, R. M. (1974). Methodological problems in clinical neuropsychology. In R. M. Reitan & L. A. Davison (Eds.), *Clinical neuropsychology: Current status and applications.* Washington, DC: Hemisphere Publishing.

Reitan, R. M. (1985). Relationships between measures of brain function and general intelligence. *Journal of Clinical Psychology, 41,* 245-253.

Reitan, R. M., Hom, J., & Wolfson, D. (1988). Verbal processing by the brain. *Journal of Clinical and Experimental Neuropsychology, 10,* 400-408.

Reitan, R. M., & Reed, H. B. C., Jr. (1962). Consistencies in Wechsler-Bellevue mean values in brain damaged groups. *Perceptual and Motor Skills, 15,* 119-121.

Reitzell, J. M. (1949). A comparative study of hysterics, homosexuals and alcoholics using content analysis of Rorschach responses. *Rorschach Research Exchange and Journal of Projective Techniques, 13,* 127-141.

Reynolds, C. R. (1978). A quick scoring guide to the interpretation of children's kinetic family drawings. *Psychology in the Schools, 15,* 489-492.

Reynolds, W. M., & Sundberg, N. D. (1976). Recent research trends in testing. *Journal of Personality Assessment, 40,* 228-229.

Reznikoff, M., & Nicholas, A. (1958). An evaluation of human-figure drawing indicators of paranoid pathology. *Journal of Consulting Psychology, 22,* 395-397.

Reznikoff, M., & Tomblen, D. (1956). The use of human figure drawings in the diagnosis of organic pathology. *Journal of Consulting Psychology, 20,* 467-470.

Rickers-Ovsiankina, M. (1954). Longitudinal approach to schizophrenia through the Rorschach method. *Journal of Clinical and Experimental Psychopathology, 15,* 107-118.

Rickers-Ovsiankina, M. (1960). Synopsis of psychological premises underlying the Rorschach. In M. Rickers-Ovsiankina (Ed.), *Rorschach psychology* (pp. 3-22). New York: Wiley.

Rickers-Ovsiankina, M. (Ed.). (1977). *Rorschach psychology* (2nd ed.). New York: Krieger.

Rierdan, J., & Koff, E. (1981). Sexual ambiguity in children's human figure drawings. *Journal of Personality Assessment, 45,* 256-257.

Rierdan, J., Koff, E., & Heller, H. (1982). Gender, anxiety, and human figure drawings. *Journal of Personality Assessment, 46,* 594-596.

Rierdan, J., Lang, E., & Eddy, S. (1978). Suicide and transparency responses on the Rorschach: A replication. *Journal of Consulting and Clinical Psychology, 46,* 1162-1163.

Ries, H. A., Johnson, M. H., Armstrong, H., & Holmes, D. S. (1966). The Draw-A-Person test and process reactive schizophrenia. *Journal of Projective Techniques and Personality Assessment, 30,* 184-186.

Riessman, F., & Miller, S. M. (1958). Social class and projective tests. *Journal of Projective Techniques, 22,* 432-439.

Riethmiller, R. J., & Handler, L. (1997). Problematic methods and unwarranted conclusions in DAP research: Suggestions for improved research procedures. *Journal of Personality Assessment, 69,* 459-475.

Riklan, M., Zahn, T., & Diller, L. (1962). Human figure drawings before and after chemosurgery of the basal ganglia in Parkinsonism. *Journal of Nervous and Mental Disease, 135,* 500-506.

Ritzler, B. A., & Del Gaudio, A. C. (1976). A survey of Rorschach teaching in APA-approved clinical graduate programs. *Journal of Personality Assessment, 40,* 451-453.

Ritzler, B., Zambianco, D., Harder, D., & Kaskey, M. (1980). Psychotic patterns of the concept of the object on the Rorschach test. *Journal of Abnormal Psychology, 89,* 46-55.

Roback, H. (1968). Human figure drawings: Their utility in the clinical psychologist's armamentarium for personality assessment. *Psychological Bulletin, 70,* 1-19.

Roback, H., & Webersinn, A. (1966). Size of figure drawings of depressed psychiatric patients. *Journal of Abnormal Psychology, 71,* 416.

Robins, C. E., Blatt, S. J., & Ford, R. Q. (1991). Changes in human figure drawings during intensive treatment. *Journal of Personality Assessment, 57,* 477-497.

Robinson, H. B., & Robinson, N. M. (1965). *The mentally retarded child.* New York: McGraw-Hill.

Rogers, R. (1997). *Clinical assessment of malingering and deception* (2nd ed.). New York: Guilford Press.

Rorschach, H. (1921/1951). *Psychodiagnostik.* Bern, Switzerland: Huber.

Rorschach, H. (1951). *Psychodiagnostics* (P. Lemkau & B. Kronenberg, Trans.). Bern, Switzerland: Huber. (Original work published 1921)

Rose, D., & Bitter, E. J. (1980). The Palo Alto Content Scale as a predictor of physical assaultiveness in men. *Journal of Personality Assessment, 44,* 228-229.

Rosegrant, J. (1984). Rorschach object relations and fantasy themes incorrectly scored as determinants. *Journal of Personality Assessment, 48,* 467-475.

Rosen, A., & Boe, E. E. (1968). Frequency of nude figure drawings. *Journal of Projective Techniques and Personality Assessment, 32,* 483-485.

Rosen, E. (1951). Symbolic meanings in the Rorschach cards: A statistical study. *Journal of Clinical Psychology, 7,* 239-244.

Rosen, E. (1952). MMPI and Rorschach correlates of the Rorschach white space response. *Journal of Clinical Psychology, 8,* 283-288.

Rosenthal, M. (1962). Some behavior correlates of the Rorschach experience-balance. *Journal of Projective Techniques, 26,* 442-446.

Rosenzweig, S., & Kogan, K. (1949). *Psychodiagnosis.* New York: Grune & Stratton.

Ross, W. D. (1940). Anatomical perseveration in Rorschach records. *Rorschach Research Exchange, 4,* 138-145.

Ross, W. D., & Ross, S. (1944). Some Rorschach ratings of clinical value. *Rorschach Research Exchange, 8,* 1-9.

Rossi, A., & Neuman, G. (1961). A comparative study of Rorschach norms: Medical students. *Journal of Projective Techniques, 25,* 334-338.

Rossini, E. D., & Kaspar, J. C. (1987). The validity of the Bender-Gestalt emotional indicators. *Journal of Personality Assessment, 51,* 254-261.

Roy, S., Herrera, J., Parent, M., & Costa, J. (1987). Violent and nonviolent schizophrenic patients: Clinical and developmental characteristics. *Psychological Reports, 61,* 855-861.

Russ, S. (1978). Teaching psychological assessment: Training issues and teaching approaches. *Journal of Personality Assessment, 42,* 452-456.

Russell, E. W. (1972). WAIS factor analysis with brain damaged subjects using criterion measures. *Journal of Consulting Psychology, 39,* 133-139.

Russell, E. W. (1979). Three patterns of brain damage on the WAIS. *Journal of Clinical Psychology, 35,* 611-620.

Russell, E. W., Neuringer, C., & Goldstein, G. (1970). *Assessment of brain damage.* New York: Wiley.

Russell, E. W., & Russell, S. L. K. (1993). Left temporal lobe brain damage pattern on the WAIS, addendum. *Journal of Clinical Psychology, 49,* 241-244.

Ryan, J. J., Paolo, A. M., & Brungardt, T. M. (1989). Order item difficulty on picture arrangement: Data from a normal elderly sample. *Perceptual & Motor Skills, 69,* 1217-1218.

Rychlak, J. F. (1959). Forced associations, symbolism, and Rorschach constructs. *Journal of Consulting Psychology, 23,* 455-460.

Rychlak, J. F., & Guinouard, D. E. (1961). Symbolic interpretation of Rorschach content. *Journal of Consulting Psychology, 25,* 370-380.

Saarni, C., & Azara, V. (1977). Developmental analysis of Human Figure Drawings in adolescence, young adulthood, and middle age. *Journal of Personality Assessment, 41,* 31-38.

Saccuzzo, D. P., & Lewandowski, D. G. (1976). The WISC as a diagnostic tool. *Journal of Clinical Psychology, 32,* 115-124.

Sackheim, H. A., Freeman, J., McElhiney, M., Coleman, E., Prudic, J., & Devanand, D. P. (1992). Effects of major depression on estimates of intelligence. *Journal of Clinical and Experimental Neuropsychology, 14,* 268-288.

Sakheim, G. A. (1955). Suicidal responses on the Rorschach test: A validation study: Protocols of suicidal mental hospital patients compared with those of non-suicidal patients. *Journal of Nervous and Mental Disease, 122,* 332-344.

Salmon, P., Arnold, J. M., & Collyer, Y. M. (1972). What do the determinants determine: The internal validity of the Rorschach. *Journal of Personality Assessment, 36,* 33-38.

Sanders, D., DeCato, C. M., & Smolen, W. (1984). Sweet sorrow: The color-shading response in an adult cystic fibrosis population. *Journal of Personality Assessment, 48,* 476-477.

Sanders, R., & Cleveland, S. E. (1965). The relationship between certain examiner personality variables and subjects' Rorschach scores. In B. I. Murstein (Ed.), *Handbook of projective techniques* (pp. 333-335). New York: Basic Books.

Sanderson, H. (1951). "Norms for shock" in the Rorschach. *Journal of Consulting Psychology, 15,* 127-129.

Sandler, J., & Ackner, B. (1951). Rorschach content analysis: An experimental investigation. *British Journal of Medical Psychology, 24,* 180-201.

Sandoval, J., Sassenrath, J., & Penaloza, M. (1988). Similarity of WISC-R and WAIS-R scores at age 16. *Psychology in the Schools, 25,* 373-379.

Santostefano, S., & Baker, A. H. (1972). The contribution to developmental psychology. In B. B. Wolman (Ed.), *Manual of child psychopathology* (pp. 1113-1153). New York: McGraw-Hill.

Sapolsky, A. (1963). An indicator of suicidal ideation on the Rorschach test. *Journal of Projective Techniques, 27,* 332-335.

Sapolsky, A. (1964). An effort at studying Rorschach content symbolism. *Journal of Consulting Psychology, 28,* 469-470.

Sappenfield, B. R. (1961). Perception of masculinity-femininity in Rorschach blots and responses. *Journal of Clinical Psychology, 17,* 373-376.

Sarason, S. B. (1954). *The clinical interaction.* New York: Harper.

Sattler, J. M. (1982). *Assessment of children's intelligence and special abilities* (2nd ed.). Boston: Allyn & Bacon.

Sattler, J. M. (1992). *Assessment of children: WISC-III and WPPSI-R supplement* (3rd rev. ed.). San Diego, CA: Author.

Sattler, J. M., & Atkinson, L. (1993). Item equivalence across scales: The WPPSI-R and WISC-III. *Psychological Assessment, 5,* 203-206.

Sattler, J. M., & Ryan, J. J. (1999). *Assessment of children: WAIS-III supplement* (3rd ed.). San Diego: Author.

Satz, P. (1966). Specific and nonspecific effects of brain lesions in man. *Journal of Abnormal Psychology, 71,* 65-70.

Satz, P., Hynd, G. W., D'Elia, L., Daniel, M. H., Van Gorp, W., & Conner, R. (1990). A WAIS-R marker for accelerated aging and dementia, Alzheimer's type?: Base rates of the Fuld formula in the WAIS-R standardization sample. *Journal of Clinical and Experimental Neuropsychology, 12,* 759-765.

Satz, P., Richard, W., & Daniels, A. (1967). The alteration of intellectual performance after lateralized brain injury in man. *Psychonomic Science, 7*(10), 369-370.

Satz, P., Van Gorp, W. G., Soper, H. V., & Mitrushina, M. (1987). WAIS-R marker for dementia of the Alzheimer type? An empirical and statistical induction test. *Journal of Clinical and Experimental Neuropsychology, 9,* 767-774.

Saunders, D. R. (1960). A factor analysis of the Picture Completion items of the WAIS. *Journal of Clinical Psychology, 16,* 146-149.

Schachtel, E. G. (1943). On color and affect. *Psychiatry, 6,* 393-409.

Schachtel, E. G. (1950). Projection and its relation to character attitudes and creativity in the kinesthetic responses. *Psychiatry, 13,* 69-100.

Schachtel, E. G. (1966). *Experiential foundations of Rorschach's test.* New York: Basic Books.

Schaeffer, D. S. (1977). Scores on neuroticism pathology, mood, and Rorschach and diagnosis of affective disorder. *Psychological Reports, 40,* 1135-1141.

Schafer, R. (1948). *The clinical application of psychological tests.* New York: International University Press.

Schafer, R. (1954). *Psychoanalytic interpretation in Rorschach testing.* New York: Grune & Stratton.

Schafer, R. (1956). Test review: Wechsler, D., Wechsler Adult Intelligence Scale (WAIS). *Journal of Consulting Psychology, 20,* 157-159.

Schafer, R. (1960). Bodies in schizophrenic Rorschach responses. *Journal of Projective Techniques, 24,* 267-281.

Schildkrout, M. S., Shenker, I. R., & Sonnenblick, M. (1972). *Human figure drawings in adolescence.* New York: Brunner/Mazel.

Schlesinger, L. B. (1978). Rorschach human movement responses of acting-out and withdrawn adolescents. *Perceptual & Motor Skills, 47,* 68-70.

Schneider, M. A., & Spivack, G. (1979). An investigative study of the Bender-Gestalt: Clinical validation of its use with a reading disabled population. *Journal of Clinical Psychology, 35,* 346-351.

Schoenthaler, S. J., Amos, S. P., Eysenck, H. J., Perity, E., & Yudkins, J. (1991). Controlled trial of vitamin-mineral supplementation: Effects on intelligence and performance. *Personality and Individual Differences, 12,* 351-362.

Schubert, D. S. P. (1969). Decrease of rated adjustment on repeat DAP tests apparently due to lower motivation. *Journal of Projective Techniques and Personality Assessment, 33,* 34.

Schulberg, H., & Tolor, A. (1962). The "meaning" of the Bender-Gestalt test designs to psychiatric patients. *Journal of Projective Techniques, 26,* 455-461.

Schumer, F. (1949). *Some behavioral correlates of Rorschach human movement responses.* Unpublished doctoral dissertation, Yale University. Cited in Sarason, S. B. (1954). *The clinical interaction.* New York: Harper.

Schwartz, F., & Kates, S. (1957). Rorschach performance, anxiety level, and stress. *Journal of Projective Techniques, 21,* 154-160.

Schwartz, S., & Giacoman, S. (1972). Convergent and discriminant validity of three measures of adjustment and three measures of social desirability. *Journal of Consulting and Clinical Psychology, 39,* 239-242.

Scribner, C. M., & Handler, L. (1987). The interpreter's style. *Journal of Personality Assessment, 51,* 112-122.

Seamons, D. T., Howell, R. J., Carlisle, A. L., & Roe, A. V. (1981). Rorschach simulation of mental illness and normality by psychotic and nonpsychotic legal offenders. *Journal of Personality Assessment, 45,* 130-135.

Segal, H. G., Westen, D., Lohr, N. E., & Silk, K. R. (1993). Clinical assessment of object relations and social cognition using stories told to the Picture Arrangement subtest of the WAIS-R. *Journal of Personality Assessment, 61,* 58-80.

Setze, L., Setze, K., Baldwin, J., Doyle, C., Kobler, F., & Kobler, S. J. (1957). A Rorschach experiment with 6-, 7-, and 8-year-old children. *Journal of Projective Techniques, 21,* 166-171.

Shapiro, D. (1960). A perceptual understanding of color response. In M. Rickers-Ovsiankina (Ed.), *Rorschach psychology* (pp. 154-199). New York: Wiley.

Shapiro, D. (1977). A perceptual understanding of color responses. In M. Rickers-Ovsiankina (Ed.), *Rorschach Psychology* (2nd ed., pp. 251-301). New York: Krieger.

Shapiro, M. B., Field, J., & Post, F. (1957). An enquiry into the determinants of a differentiation between elderly "organic" and "non-organic" psychiatric patients on the Bender-Gestalt Test. *Journal of Mental Science, 103,* 364-374.

Shatin, L. (1952). Psychoneurosis and psychosomatic reactions: A Rorschach contrast. *Journal of Consulting Psychology, 16,* 220-223.

Shaw, M. C., & Cruickshank, W. (1957). The Rorschach performance of epileptic children. *Journal of Consulting Psychology, 21,* 422-424.

Sheehan, J. G., & Tanaka, J. S. (1983). Prognostic validity of the Rorschach. *Journal of Personality Assessment, 47,* 462-465.

Shemberg, K. M., & Leventhal, D. B. (1981). Attitudes of internship directors toward preinternship training and clinical training models. *Professional Psychology, 12,* 639-646.

Shereshevski-Shere, E., Lasser, L., & Gottesfeld, B. (1953). An evaluation of anatomy content and F+ percentage in the Rorschachs of alcoholics, schizophrenics and normals. *Journal of Projective Techniques, 17,* 229-233.

Sherman, M. (1955). The diagnostic significance and constriction-dilation on the Rorschach. *Journal of General Psychology, 53,* 11-19.

Sherman, M., Chinsky, J. M., & Maffeo, P. (1974). WPPSI Animal House as a measure of learning and motor abilities. *Journal of Consulting and Clinical Psychology, 42,* 470.

Shimonaka, Y., & Nakazato, K. (1991). Aging and terminal changes in Rorschach responses among the Japanese elderly. *Journal of Personality Assessment, 57,* 10-18.

Shneidman, E. S. (1958). Some relationships between thematic and drawing materials. In E. F. Hammer (Ed.), *The clinical application of projective drawings* (pp. 620-627). Springfield, IL: Thomas.

Siegal, R., Rosen, I., & Ehrenreich, G. (1962). The natural history of an outcome prediction. *Journal of Projective Techniques, 26,* 112-116.

Siegel, E. L. (1953). Genetic parallels of perceptual structuralization in paranoid schizophrenia: An analysis by means of the Rorschach technique. *Journal of Projective Techniques, 17,* 151-161.

Siegman, A. W. (1956). Cognitive, affective, and psychopathological correlates of the Taylor Manifest Anxiety Scale. *Journal of Consulting Psychology, 20,* 137-141.

Siipola, E. (1950). The influence of color on reactions to inkblots. *Journal of Personality, 18,* 358-382.

Silberg, J. L., & Armstrong, J. G. (1992). The Rorschach test for predicting suicide among depressed adolescent inpatients. *Journal of Personality Assessment, 59,* 290-303.

Silver, R. (1993). Assessing the emotional content of drawings by older adults: Research findings and implications. *American Journal of Art Therapy, 32,* 46-52.

Silverstein, A. B. (1963). WISC and WAIS IQs for the mentally retarded. *American Journal of Mental Deficiency, 67,* 617-618.

Silverstein, M. L. (1996). Teaching the Rorschach and learning psychodiagnostic testing: A commentary on Hilsenroth and Handler (1995). *Journal of Personality Assessment, 66,* 355-362.

Simpson, C. D., & Vega, A. (1971). Unilateral brain damage and patterns of age-corrected WAIS subtest scores. *Journal of Clinical Psychology, 27,* 204-208.

Sines, J. O. (1960). An approach to the study of the stimulus significance of the Rorschach inkblots. *Journal of Projective Techniques, 24,* 64-66.

Singer, H. K., & Brabender, V. (1993). The use of the Rorschach to differentiate unipolar and bipolar disorders. *Journal of Personality Assessment, 60,* 333-345.

Singer, J. L. (1955). Delayed gratification and ego development: Implications for clinical and experimental research. *Journal of Consulting Psychology, 19,* 259-266.

Singer, J. L. (1960). The experience type: Some behavioral correlates and theoretical implications. In M. Rickers-Ovsiankina (Ed.), *Rorschach psychology* (pp. 223-259). New York: Wiley.

Singer, J. L., & Herman, J. (1954). Motor and fantasy correlates of Rorschach human movement responses. *Journal of Consulting Psychology, 18,* 325-331.

Singer, J. L., Meltzoff, J., & Goldman, G. D. (1952). Rorschach movement responses following motor inhibition and hyperactivity. *Journal of Consulting Psychology, 16,* 359-364.

Singer, J. L., & Spohn, H. E. (1954). Some behavioral correlates of Rorschach's experience type. *Journal of Consulting Psychology, 18,* 1-9.

Singer, J. L., & Sugarman, D. (1955). A note on some projected familial attitudes associated with Rorschach movement responses. *Journal of Consulting Psychology, 19,* 117-119.

Singer, J. L., Wilensky, H., & McCraven, V. (1956). Delaying capacity, fantasy, and planning ability: A factorial study of some basic ego functions. *Journal of Consulting Psychology, 20,* 375-383.

Sinnett, K., & Mayman, M. (1960). The Wechsler Adult Intelligence Scale as a clinical diagnostic tool: A review. *Bulletin of the Menninger Clinic, 24,* 80-84.

Sipps, G. J., Berry, G. W., & Lynch, E. M. (1987). WAIS-R and social intelligence: A test of established assumptions that uses the CPI. *Journal of Clinical Psychology, 43,* 499-504.

Sloan, P. (1970). The Ink Blot test: Psychodiagnostics and Hermann Rorschach's aesthetic views. *Journal of Aesthetics and Art Criticism, 29,* 106-119.

Sloan, P., Arsenault, L., Hilsenroth, M., Handler, L., & Harvill, L. (1996). Rorschach measures of posttraumatic stress in Persian Gulf war veterans: A three-year follow-up study. *Journal of Personality Assessment, 66,* 56-64.

Sloan, P., Arsenault, L., Hilsenroth, M., Harvill, L., & Handler, L. (1995). Rorschach measures of posttraumatic stress in Persian Gulf war veterans. *Journal of Personality Assessment, 64,* 397-414.

Sloan, W., & Birch, J. W. (1955). A rationale for degrees of retardation. *American Journal of Mental Deficiency, 60,* 258-264.

Sloan, W., & Cutts, R. A. (1945). Test patterns of defective delinquents on the Wechsler-Bellevue test. *American Journal of Mental Deficiency, 50,* 95-97.

Small, L. (1973). *Neuropsychodiagnosis in psychotherapy.* New York: Brunner/Mazel.

Small, L. (1980). *Neuropsychodiagnosis in psychotherapy* (Rev. ed.). New York: Brunner/Mazel.

Smith, A. (1962). Ambiguities in concepts and studies of "brain damage" and "organicity." *Journal of Nervous and Mental Disease, 135,* 311-326.

Smith, A. (1966). Intellectual functions in patients with lateralized frontal tumors. *Journal of Neurology, Neurosurgery, and Psychiatry, 29,* 52-59.

Smith, A. (1974). Dominant and nondominant hemispherectomy. In M. Kinsbourne & W. L. Smith (Eds.), *Hemispheric disconnection and cerebral function* (pp. 5-33). Springfield, IL: Thomas.

Smith, H. H., & Smith, L. S. (1977). WAIS functioning of cirrhotic and non-cirrhotic alcoholics. *Journal of Clinical Psychology, 33,* 309-313.

Smith, J. E., Hillard, M. C., Walsh, R. A., Kuback, S. R., & Morgan, C. D. (1991). Rorschach assessment of purging and nonpurging bulimics. *Journal of Personality Assessment, 56,* 277-278.

Smith, K. (1980). Object relations concepts as applied to the borderline level of ego functioning. In J. S. Kwawer, H. D. Lerner, P. M. Lerner, & A. Sugarman (Eds.), *Borderline phenomena and the Rorschach test* (pp. 59-87). New York: International University Press.

Smith, W. L. (1969). Dynamics of cortical function assessment. In W. L. Smith & M. J. Philippus (Eds.), *Neuropsychological testing in organic brain dysfunction* (pp. 250-256). Springfield, IL: Thomas.

Smith, W. L., & Philippus, M. J. (Eds.). (1969). *Neuropsychological testing in organic brain dysfunction.* Springfield, IL: Thomas.

Snow, W. G., & Sheese, S. (1985). Lateralized brain damage, intelligence, and memory: A failure to find sex differences. *Journal of Consulting and Clinical Psychology, 53,* 940-941.

Sobel, H., & Sobel, W. (1976). Discriminating adolescent male delinquents through the use of Kinetic Family Drawings. *Journal of Personality Assessment, 40,* 91-94.

Soccolich, C., & Wysocki, B. A. (1967). Draw-a-person protocols of male and female college students. *Perceptual & Motor Skills, 25,* 873-879.

Sokolove, R. L., & Fleming, M. Z. (1992). An evaluation of various WAIS-R factor structures in a psychiatric sample. *Journal of Clinical Psychology, 48,* 658-666.

Solkoff, N. (1964). Frustration and WISC coding performance among brain-injured children. *Perceptual and Motor Skills, 18,* 54.

Solkoff, N., & Chrisien, G. (1963). Frustration and perceptual-motor performance. *Perceptual and Motor Skills, 17,* 282.

Sommer, R. (1957). Rorschach animal responses and intelligence. *Journal of Consulting Psychology, 21,* 358.

Sommer, R. (1958). Rorschach M responses and intelligence. *Journal of Clinical Psychology, 14,* 58-61.

Sommer, R., & Sommer D. (1958). Assaultiveness and two types of Rorschach color responses. *Journal of Consulting Psychology, 22,* 57-62.

Sopchak, A. (1958). Prediction of college performance by commonly used tests. *Journal of Clinical Psychology, 14,* 194-197.

Spafford, C. S. (1989). Wechsler Digit Span Subtest: Diagnostic usefulness with dyslexic children. *Perceptual & Motor Skills, 69,* 115-125.

Spence, J. T. (1963). Patterns of performance on WAIS similarities in schizophrenic, brain damaged and normal subjects. *Psychological Reports, 13,* 431-436.

Spiegelman, M. (1956). Rorschach form-level, intellectual functioning and potential. *Journal of Projective Techniques, 20,* 335-343.

Spiro, R. H., & Spiro, T. W. (1980). Transitional phenomena and developmental issues in borderline Rorschachs. In J. S. Kwawer, H. D. Lerner, P. M. Lerner, & A. Sugarman (Eds.), *Borderline phenomena and the Rorschach test* (pp. 189-202). New York: International University Press.

Spivack, G., Levine, M., Fuschillo, J., & Tavernier, A. (1959). Rorschach movement responses and inhibition processes in adolescents. *Journal of Projective Techniques, 23,* 462-466.

Spivack, G., Levine, M., & Sprigle, H. (1959). Intelligence test performance and the delay function of the ego. *Journal of Consulting Psychology, 23,* 428-431.

Spring, D. (1985). Symbolic language of sexually abused, chemically dependent women. *American Journal of Art Therapy, 24,* 13-21.

Stavrianos, B. K. (1971). Can projective test measures aid in the detection and differential diagnosis of reading deficit? *Journal of Personality Assessment, 35,* 80-91.

Stein, H. (1958). Age, physical disability and responsivity in relation to spontaneous rotation of Rorschach cards. *Journal of Projective Techniques, 22,* 450-452.

Sternberg, D., & Levine, A. (1965). An indicator of suicidal ideation on the Bender Visual-Motor Gestalt Test. *Journal of Projective Techniques and Personality Assessment, 29,* 377-379.

Stevens, D. A., Boydstun, J. A., Dykman, R. A., Peters, J. E., & Sinton, D. W. (1967). Presumed minimal brain dysfunction in children: Relationship to performance on selected behavioral tests. *Archives of General Psychiatry, 16,* 281-285.

Stone, N. M., & Schneider, R. E. (1975). Concurrent validity of the Wheeler signs of homosexuality in the Rorschach: P(Ci/Rj). *Journal of Personality Assessment, 39,* 573-579.

Story, R. I. (1960). The Revised Bender-Gestalt and male alcoholics. *Journal of Projective Techniques, 24,* 186-193.

Strother, C. R. (1944). The performance of psychopaths on the Wechsler-Bellevue test. *Proceedings Iowa Academy of Science, 51,* 297-400.

Strumpfer, D. J. W. (1963). The relation of Draw-a-Person test variables to age and chronicity in psychotic groups. *Journal of Clinical Psychology, 19,* 208-211.

Suczek, R. F., & Klopfer, W. G. (1952). Interpretation of the Bender-Gestalt Test: The associative value of the figures. *American Journal of Orthopsychiatry, 22,* 62-75.

Sugarman, A. (1980). The borderline personality organization as manifest on psychological tests. In J. S. Kwawer, H. D. Lerner, P. M. Lerner, & A. Sugarman (Eds.), *Borderline phenomena and the Rorschach test,* (pp. 39-57). New York: International University Press.

Sugarman, A., Bloom-Feshbach, S., & Bloom-Feshbach, J. (1980). The psychological dimensions of borderline adolescents. In J. S. Kwawer, H. D. Lerner, P. M. Lerner, & A. Sugarman (Eds.), *Borderline phenomena and the Rorschach test,* (pp. 469-494). New York: International University Press.

Sugarman, A., Quinlan, D. M., & Devenis, L. (1982). Ego boundary disturbance in anorexia nervosa: Preliminary findings. *Journal of Personality Assessment, 46,* 455-461.

Suinn, R. M., & Oskamp, S. (1969). *The predictive validity of projective measures.* Springfield, IL: Thomas.

Sullivan, E. V., Sagar, H. J., Gabrieli, J. D. E., Corkin, S., & Growdon, J. H. (1989). Different cognitive profiles on standard behavioral tests in Parkinson's Disease and Alzheimer's Disease. *Journal of Clinical and Experimental Neuropsychology, 11,* 799-820.

Sundberg, N. D. (1961). The practice of psychological testing in clinical services in the United States. *American Psychologist, 16,* 79-83.

Sundet, K. (1986). Sex differences in cognitive impairment following unilateral brain damage. *Journal of Clinical and Experimental Neuropsychology, 8,* 51-61.

Swanson, G. S., Blount, J., & Bruno, R. (1990). Comprehensive system Rorschach data on Vietnam combat veterans. *Journal of Personality Assessment, 54,* 160-169.

Swensen, C. H. (1968). Empirical evaluations of human figure drawings: 1957-1966. *Psychological Bulletin, 70,* 20-44.

Swift, C. R., Seidman, F., & Stein, H. (1967). Adjustment problems in juvenile diabetics. *Psychosomatic Medicine, 29,* 555-571.

Symmes, J., & Rapaport, J. (1972). Unexpected reading failure. *American Journal of Orthopsychiatry, 42,* 82-91.

Talkington, L., & Reed, K. (1969). An evaluation of Rorschach indicators of psychosis in mentally retarded. *Journal of Projective Techniques and Personality Assessment, 33,* 474-475.

Tamkin, A. S., & Dolenz, J. J. (1990). Cognitive impairment in alcoholics. *Perceptual & Motor Skills, 70,* 816-818.

Taulbee, E. S. (1955). The use of the Rorschach test in evaluating the intellectual levels of functioning in schizophrenics. *Journal of Projective Techniques, 19,* 163-169.

Taulbee, E. S., & Sisson, B. D. (1954). Rorschach pattern analysis in schizophrenia: A cross-validation study. *Journal of Clinical Psychology, 10,* 80-82.

Taulbee, E. S. (1961). The relationship between Rorschach flexor and extensor M responses and the MMPI and psychotherapy. *Journal of Projective Techniques, 25,* 477-479.

Tharinger, D., & Stark, K. (1990). A qualitative versus quantitative approach to evaluating the Draw-A-Person and Kinetic Family Drawing: Study of mood- and anxiety-disorder children. *Psychological Assessment, 2,* 365-375.

Thiesen, J. W. (1952). A pattern analysis of structural characteristics of the Rorschach test in schizophrenia. *Journal of Consulting Psychology, 16,* 365-370.

Thompson, D. W. (1965). *Psychology in clinical practice.* New York: World Book.

Tipton, R. M. (1983). Clinical and counseling psychology: A study of roles and functions. *Professional Psychology: Research and Practice, 14,* 837-846.

Tolor, A. (1956). A comparison of the Bender-Gestalt Test and the Digit-Span test as measures of recall. *Journal of Consulting Psychology, 20,* 305-309.

Tolor, A. (1957). Structural properties of Bender-Gestalt Test associations. *Journal of Clinical Psychology, 13,* 176-178.

Tolor, A. (1958). Further studies on the Bender-Gestalt Test and the Digit-Span test as measures of recall. *Journal of Clinical Psychology, 14,* 14-18.

Tolor, A. (1960). The "meaning" of the Bender-Gestalt Test designs: A study in the use of the semantic differential. *Journal of Projective Techniques, 24,* 433-438.

Tolor, A. (1968). The graphomotor techniques. *Journal of Projective Techniques and Personality Assessment, 32,* 222-228.

Tolor, A., & Brannigan, G. G. (1980). *Research and clinical applications of the Bender-Gestalt test.* Springfield, IL: Thomas.

Tolor, A., & DiGrazia, P. V. (1977). The body image of pregnant women as reflected in their human figure drawings. *Journal of Clinical Psychology, 33,* 566-571.

Tolor, A., & Schulberg, H. (1963). *An evaluation of the Bender-Gestalt test.* Springfield, IL: Thomas.

Torem, M., Gilbertson, A., & Light, V. (1990). Indications of physical, sexual, and verbal victimization in projective tree drawings. Journal of *Clinical Psychology, 46,* 900-906.

Towbin, A. P. (1959). Hostility in Rorschach content and overt aggressive behavior. *Journal of Abnormal and Social Psychology, 58,* 312-316.

Tucker, J. E. (1950). Rorschach human and other movement responses in relation to intelligence. *Journal of Consulting Psychology, 14,* 283-286.

Tucker, J. E., & Spielberg, M. (1958). Bender-Gestalt Test correlates of emotional depression [Abstract]. *Journal of Consulting Psychology, 22,* 56.

Tuokko, H., & Crockett, D. (1987). Central cholinergic deficiency WAIS profiles in nondemented aged samples. *Journal of Clinical and Experimental Neuropsychology, 9,* 225-227.

Ulett, G. (1994). *Rorschach introductory guide.* Los Angeles: Western Psychological Services.

Urban, W. H. (1963). *The Draw-A-Person catalogue for interpretive analysis.* Los Angeles: Western Psychological Services.

Van Gorp, W. G., Tulin, S. J., Evans, G., & Satz, P. (1990). Incidence of the WAIS-R Fuld profile in HIV-1 infection. *Journal of Clinical and Experimental Neuropsychology, 12,* 807-811.

Vane, J., & Eisen, V. (1962). The Goodenough Draw-A-Man Test and signs of maladjustment in kindergarten children. *Journal of Clinical Psychology, 18,* 276-279.

Viglione, D. J., Brager, R. C., & Haller, N. (1988). Usefulness of structural Rorschach data in identifying inpatients with depressive symptoms: A preliminary study. *Journal of Personality Assessment, 52,* 524-529.

Vincent, K. R., & Harman, M. J. (1991). The Exner Rorschach: An analysis of its clinical validity. *Journal of Clinical Psychology, 47,* 596-599.

Viney, L. L., Aitkin, M., & Floyd, J. (1974). Self-regard and size of human figure drawings: An interactional analysis. *Journal of Clinical Psychology, 30,* 581-586.

Vinson, D. B. (1960). Responses to the Rorschach test that identify schizophrenic thinking, feelings, and behavior. *Journal of Clinical and Experimental Psychopathology, 21,* 34-40.

Vroegh, K. (1970). Lack of sex-role differentiation in preschoolers' figure drawings. *Journal of Projective Techniques and Personality Assessment, 34,* 38-40.

Wade, T. C., & Baker, T. B. (1977). Opinions and use of psychological tests: A survey of clinical psychologists. *American Psychologist, 32,* 874-882.

Wade, T. C., Baker, T. B., Morton, T. L., & Baker, L. J. (1978). The status of psychological testing in clinical psychology: Relationships between test use and professional activities and orientations. *Journal of Personality Assessment, 42,* 3-10.

Waehner, T. S. (1946). Interpretation of spontaneous drawings and paints. *Genetic Psychology Monographs, 33,* 3-70.

Wagner, E. E. (1961). The interaction of aggressive movement responses and anatomy responses on the Rorschach in producing anxiety. *Journal of Projective Techniques, 25,* 212-215.

Wagner, E. E. (1965). Exhibitionistic human movement responses of strippers: An attempt to validate the Rorschach M. *Journal of Projective Techniques & Personality Assessment, 29*, 522-524.

Wagner, E. E. (1971). Structural analysis: A theory of personality based on projective techniques. *Journal of Personality Assessment, 35*, 422-435.

Wagner, E. E. (1973). Diagnosis of conversion hysteria: An interpretation based on structural analysis. *Journal of Personality Assessment, 37*, 5-15.

Wagner, E. E. (1978). Personality correlates of Rorschach scoring determinants: Hypotheses derived from structural analysis. *Journal of Personality Assessment, 42*, 466-473.

Wagner, E. E., Allison, R. B., & Wagner, C. F. (1983). Diagnosing multiple personalities with the Rorschach: A confirmation. *Journal of Personality Assessment, 47*, 143-149.

Wagner, E. E., & Frye, D. (1990). Diagnostic and intellectual implications of the fragmented Rorschach W:D ratio. *Perceptual & Motor Skills, 71*, 887-890.

Wagner, E. E., & Heise, M. (1974). A comparison of Rorschach records of three multiple personalities. *Journal of Personality Assessment, 38*, 308-331.

Wagner, E. E., & Heise, M. R. (1981). Rorschach and Hand test data comparing bipolar patients in manic and depressive phases. *Journal of Personality Assessment, 45*, 240-249.

Wagner, E. E., & Hoover, T. O. (1970). Intra-protocol plate failures: An investigation of Rorschach card meaning. *Journal of Projective Technique and Personality Assessment, 34*, 484-486.

Wagner, E. E., & Hoover, T. O. (1971). Exhibitionistic M in drama majors: A validation. *Perceptual & Motor Skills, 32*, 125-126.

Wagner, E. E., & Hoover, T. O. (1972). Behavioral implications of Rorschach's human movement response: Further validation based on exhibitionistic Ms. *Perceptual & Motor Skills, 35*, 27-30.

Wagner, E. E., & Murray, A. Y. (1969). Bender-Gestalts of organic children: Accuracy of clinical judgment. *Journal of Projective Techniques and Personality Assessment, 33*, 240-242.

Wagner, E. E., & Slemboski, C. A. (1969). Construct validation of Piotrowski's interpretation of the Rorschach shading response. *Journal of Projective Techniques and Personality Assessment, 33*, 343-344.

Wagner, E. E., & Wagner, C. F. (1978). Similar Rorschach patterning in three cases of anorexia nervosa. *Journal of Personality Assessment, 42*, 426-432.

Wagner, E. E., Wagner, C. F., Hilsenroth, E. E., & Fowler, C. (1995). A taxonomy of Rorschach autisms with implications for differential diagnosis among thinking disordered patients. *Journal of Clinical Psychology, 51*, 290-293.

Wagner, E. E., & Young, G. R. (1994). A commentary on De Cato's "On the Rorschach M response and monotheism." (1993). *Journal of Personality Assessment, 62*, 578-584.

Waite, R. R. (1961). Intelligence test as a psychodiagnostic instrument. *Journal of Projective Techniques, 25*, 90-102.

Wakefield, J. F. (1985). Towards creativity: Problem finding in a divergent-thinking exercise. *Child Study Journal, 15*, 265-270.

Wald, B. K., Archer, R. P., & Winstead, B. A. (1990). Rorschach characteristics of mothers of incest victims. *Journal of Personality Assessment, 55*, 417-425.

Walker, R. E., & Spence, J. T. (1964). Relationship between Digit Span and anxiety. *Journal of Consulting Psychology, 28*, 220-223.

Wallen, R. (1948). The nature of color shock. *Journal of Abnormal and Social Psychology, 43*, 346-356.

Waller, N. G., & Irwin, W. D. (1990). A reexamination of the WAIS-R factor structure. *Psychological Assessment: A Journal of Consulting and Clinical Psychology, 2*, 139-144.

Waller, P. (1960a). A comparison of shading responses obtained with two Rorschach methodologies from psychiatric and nonpsychiatric subjects. *Journal of Consulting Psychology, 24*, 43-45.

Waller, P. (1960b). The relationship between the Rorschach shading response and other indices of anxiety. *Journal of Projective Techniques, 24*, 211-217.

Wallin, J. E. W. (1955). *Education of mentally handicapped children.* New York: Harper & Brothers.

Walsh, A., Petee, T. A., & Beyer, J. A. (1987). Intellectual imbalance and delinquency: Comparing high performance IQ delinquents. *Criminal Justice and Behavior, 14*, 370-379.

Warren, H. C. (1934). *Dictionary of psychology.* Boston: Houghton Mifflin.

Warren, S. A., & Kraus, M. J., Jr. (1961). WAIS Verbal minus Performance IQ comparisons in mental retardates. *Journal of Clinical Psychology, 17*, 57-59.

Warshaw, L., Leiser, R., Izner, S. M., & Sterne, S. B. (1954). The clinical significance and theory of sodium amytal Rorschach Testing. *Journal of Projective Techniques, 18*, 248-251.

Watkins, C. E. (1991). What have surveys taught us about the teaching and practice of psychological assessment? *Journal of Personality Assessment, 56*, 426-437.

Watkins, C. E. (1994). Do projective techniques get a "bum rap" from clinical psychology training directors? *Journal of Personality Assessment, 63*, 387-389.

Watkins, J. G., & Stauffacher, J. C. (1952). An index of pathological thinking in the Rorschach. *Journal of Projective Techniques, 16*, 276-286.

Watson, C. G. (1965). WAIS profile patterns of hospitalized brain-damaged and schizophrenic patients. *Journal of Clinical Psychology, 21*, 294-295.

Watson, C. G., Thomas, R. W., Andersen, D., & Felling, J. (1968). Differentiation of organics from schizophrenics at two chronicity levels by use of the Reitan-Halstead organics test battery. *Journal of Consulting and Clinical Psychology, 32*, 679-684.

Waugh, K. W., & Bush, W. J. (1971). *Diagnosing learning disorders.* Columbus, OH: Merrill.

Weber, C. A., Meloy, J. R., & Gacono, C. B. (1992). A Rorschach study of attachment and anxiety in inpatient conduct-disordered and dysthymic adolescents. *Journal of Personality Assessment, 58,* 10–26.

Webster's new universal unabridged dictionary (Deluxe 2nd ed.). (1983). Cleveland, OH: Dorset & Baber.

Wechsler, D. (1939). *The measurement of adult intelligence.* Baltimore: Williams & Wilkins.

Wechsler, D. (1949). *Wechsler Intelligence Scale for Children.* New York: Psychological Corporation.

Wechsler, D. (1958). *The measurement and appraisal of adult intelligence.* Baltimore: Williams and Wilkins.

Wechsler, D. (1967). *Manual for the Wechsler Preschool and Primary Scale of Intelligence.* New York: Psychological Corporation.

Wechsler, D. (1989). *Wechsler Preschool and Primary Scale of Intelligence* (Rev. ed.). San Antonio: Psychological Corporation.

Wechsler, D. (1991). *Manual for the Wechsler scale for children* (3rd ed.). San Antonio: Psychological Corporation.

Wechsler, D. (1997). *WAIS-III administration and scoring manual.* San Antonio: Psychological Corporation.

Wechsler, D., & Jaros, E. (1965). Schizophrenic patterns on the WISC. *Journal of Clinical Psychology, 21,* 288–291.

Weider, A. (1943). Effects of age on the Bellevue Intelligence Scales in schizophrenic patients. *Psychiatric Quarterly, 17,* 337–346.

Weider, A., & Noller, P. (1950). Objective studies of children's drawings of human figures: I. Sex awareness and socio-economic level. *Journal of Clinical Psychology, 6,* 319–325.

Weider, A., & Noller, P. (1953). Objective studies of children's drawings of human figures: II. Sex, age, intelligence. *Journal of Clinical Psychology, 9,* 20–23.

Weiner, I. B. (1961a). Cross-validation of a Rorschach checklist associated with suicidal tendencies. *Journal of Consulting Psychology, 25,* 312–315.

Weiner, I. B. (1961b). Three Rorschach scores indicative of schizophrenia. *Journal of Consulting Psychology, 25,* 436–439.

Weiner, I. B. (1962). Rorschach tempo as a schizophrenic indicator. *Perceptual and Motor Skills, 15,* 139–141.

Weiner, I. B. (1964). Pure C and color stress as Rorschach indicators of schizophrenia. *Perceptual and Motor Skills, 18,* 484.

Weiner, I. B. (1966). *Psychodiagnosis in schizophrenia.* New York: Wiley.

Weiner, I. B. (1977). Approaches to Rorschach validation. In M. Rickers-Ovsiankina (Ed.), *Rorschach psychology* (2nd ed., pp. 575–608). New York: Krieger.

Weiner, I. B. (1983). The future of psychodiagnosis revisited. *Journal of Personality Assessment, 47,* 451–459.

Weiner, I. B. (1991). Conceptual issues in the Rorschach assessment of criminality and antisocial personality. *Rorschachiana, XVII,* 31–38.

Weiner, I. B., & Exner, J. E. (1978). Rorschach indices of disordered thinking in patient and nonpatient adolescents and adults. *Journal of Personality Assessment, 42,* 339–343.

Weiner, I. B., & Exner, J. E. (1991). Rorschach changes in long-term and short-term psychotherapy. *Journal of Clinical Psychology, 56,* 453–465.

Weiss, W. U., & Katz, M. (1977). Rorschach form level and the process-reactive dimension in schizophrenia. *Journal of Clinical Psychology, 33,* 875–878.

Weissman, S. L., & Roth, A. (1965). *Psychodynamic aspects of the Bender-Gestalt Visual Motor Test.* Postgraduate Center of Mental Health, White Plains, NY: Mimeographed.

Weltman, R., & Wolfson, W. (1964). Rorschach S: Oppositional tendencies of mastery strivings. *Perceptual and Motor Skills, 18,* 821–824.

Wenck, L. S. (1977). *House-Tree-Person drawings: An illustrated diagnostic handbook.* Los Angeles: Western Psychological Services.

Wenck, L. S., & Rait, D. (1992). Child and adult H-T-P drawings: Some issues and comparisons. In J. N. Buck & W. L. Warren (Eds.), *House-Tree-Person projective drawing technique manual* (pp. 111–127). Los Angeles: Western Psychological Services.

Werner, H. (1945). Perceptual behavior of brain-injured, mentally defective children: An experimental study by means of the Rorschach technique. *Genetic Psychology Monographs, 31,* 51–110.

Wheeler, W. M. (1949). An analysis of Rorschach indices of male homosexuality. *Journal of Projective Techniques, 13,* 97–126.

White, M. A., & Schreiber, H. (1952). Diagnosing "suicidal risks" on the Rorschach. *Psychiatric Quarterly Supplement, 26,* 161–189.

White, R. B. (1976). Variations of Bender-Gestalt constriction and depression in adult psychiatric patients. *Perceptual & Motor Skills, 42,* 221–222.

Wielkiewicz, R. M. (1990). Interpreting low scores on the WISC-R third factor: It's more than distractibility. *Psychological Assessment, 2,* 91–97.

Wiener, G. (1956). Neurotic depressives' and alcoholics' oral Rorschach percepts. *Journal of Projective Techniques, 20,* 453–455.

Wiener, G. (1966). The Bender-Gestalt Test as a predictor of minimal neurologic deficit in children eight to ten years of age. *Journal of Nervous and Mental Disease, 143,* 275–280.

Wiener-Levy, D., & Exner, J. E. (1981). The Rorschach EA-ep variable is related to persistence in a task frustration situation under feedback conditions. *Journal of Personality Assessment, 45,* 118–124.

Wiens, A. N., Matarazzo, J. D., & Gaver, K. D. (1959). Performance and verbal IQ in a group of sociopaths. *Journal of Clinical Psychology, 15,* 191–193.

Wiese, M. J., Lamb, C., & Piersel, W. C. (1988). WISC-R factor scores and student self-ratings of behavior as predictors of academic achievement. *Psychology in the Schools, 25,* 35–41.

Wildman, R. W. (1963). The relationship between knee and arm joints on human figure drawings and paranoid trends. *Journal of Clinical Psychology, 19,* 460–461.

Williams, H. L., & Lawrence, J. F. (1953). Further investigation of Rorschach determinants subjected to factor analysis. *Journal of Consulting Psychology, 17,* 261-264.

Williams, J., Zolten, A. J., Rickert, V. I., Spence, G. T., & Ashcraft, E. W. (1993). Use of nonverbal tests to screen for writing dysfluency in school age children. *Perceptual & Motor Skills, 76,* 803-809.

Williams, M. (1947). An experimental study of intellectual control under stress and associated Rorschach factors. *Journal of Consulting Psychology, 11,* 21-29.

Wilson, A. (1985). Boundary disturbance in borderline and psychotic states. *Journal of Personality Assessment, 49,* 346-355.

Wilson, M. S., & Reschly, D. J. (1996). Assessment in school psychology training and practice. *School Psychology Review, 25,* 9-23.

Wilson, S. (1994). *The interpretive guide to the comprehensive Rorschach system.* Laguna Beach, CA: Author.

Windle, C. (1952). Psychological tests in psychopathological prognosis. *Psychological Bulletin, 49,* 451-482.

Wishner, J. (1948). Rorschach intellectual indicators in neurotics. *American Journal of Orthopsychiatry, 18,* 265-279.

Wisotsky, M. (1959). A note on the order of figure drawing among incarcerated alcoholics. *Journal of Clinical Psychology, 15,* 65.

Wittenborn, J. R., & Holzberg, J. D. (1951). The Wechsler-Bellevue and descriptive diagnosis. *Journal of Consulting Psychology, 15,* 325-329.

Wolff, W. (1946). *Personality of the pre-school child.* New York: Grune & Stratton.

Wolk, R. L. (1969). Projective drawings (H-T-P) of aged people. In J. N. Buck & E. F. Hammer (Eds.), *Advances in the House-Tree-Person technique: Variations and applications.* Los Angeles: Western Psychological Services.

Wolman, B. B. (1970). *Children without childhood: A study in childhood schizophrenia.* New York: Grune & Stratton.

Wolman, B. B. (1972). Schizophrenia in childhood. In B. B. Wolman (Ed.), *Manual of child psychopathology* (pp. 446-496). New York: McGraw-Hill.

Woltmann, A. G. (1950). The Bender Visual-Motor Gestalt Test. In L. Abt & L. Bellak (Eds.), *Projective psychology* (pp. 322-356). New York: Knopf.

Woods, W. A., & Cook, W. E. (1954). Proficiency in drawing and placement of hands in drawings of the human figure. *Journal of Consulting Psychology, 18,* 119-121.

Wysocki, A. C., & Wysocki, B. A. (1977). Human figure drawings of sex offenders. *Journal of Clinical Psychology, 33,* 278-284.

Wysocki, B. A., & Whitney, E. (1965). Body image of crippled children as seen in Draw-a-Person test behavior. *Perceptual and Motor Skills, 21,* 499-504.

Yama, M. F. (1990). The usefulness of human figure drawings as an index of overall adjustment. *Journal of Personality Assessment, 54,* 78-86.

Yamahiro, R. S., & Griffith, R. M. (1960). Validity of two indices of sexual deviancy. *Journal of Clinical Psychology, 16,* 21-24.

Yates, A. J. (1956). The use of vocabulary in the measurement of intellectual deterioration—a review. *Journal of Mental Science, 102,* 409-440.

Young, G. R., Wagner, E. E., & Finn, R. F. (1994). A comparison of three Rorschach diagnostic systems and use of the Hand Test for detecting multiple personality disorder in outpatients. *Journal of Personality Assessment, 62,* 485-497.

Zaback, T. P., & Waehler, C. A. (1994). Sex of human figure drawings and sex role orientation. *Journal of Personality Assessment, 62,* 552-558.

Zelen, S. L. (1970). Rorschach patterns in three generations of a family. In B. Klopfer et al. (Eds.), *Developments in the Rorschach technique.* New York: Harcourt Brace Jovanovich.

Zelin, M., & Sechrest, L. (1963). The validity of the "Mother" and "Father" cards of the Rorschach. *Journal of Projective Techniques, 27,* 114-121.

Zimmerman, J., & Garfinkle, L. (1942). Preliminary study of the art productions of adult psychotic. *Psychiatric Quarterly, 16,* 313-318.

Zimmerman, S. F., Whitmyre, J. W., & Fields, F. R. J. (1970). Factor analytic structure of the WAIS in patients with diffuse and lateralized cerebral dysfunction. *Journal of Clinical Psychology, 26,* 462-465.

Zolik, E. S. (1958). A comparison of the Bender-Gestalt reproductions of delinquents and non-delinquents. *Journal of Clinical Psychology, 14,* 24-26.

索引 Index

（正文頁邊數字係原文書旁碼，供索引檢索之用）

A

B

C

D

E

F

G

H

I

J

K

L

M

N

O

P

R

S

T

U

V

W

國家圖書館出版品預行編目資料

心理診斷與人格測驗手冊／Donald P. Ogdon 著；
陸雅青, 劉同雪譯.--初版.--臺北市：心理, 2008. 01
面； 公分. --（心理學系列；11030）
參考書目：面
含索引
譯自：Psychodiagnostics and personality assessment:
a handbook, 3rd ed.

ISBN 978-986-191-109-0（平裝）

1. 心理診斷

178.3　　97000374

心理學系列 11030

心理診斷與人格測驗手冊

作　　者：Donald P. Ogdon
譯　　者：陸雅青、劉同雪
執行編輯：林怡倩
總 編 輯：林敬堯
發 行 人：洪有義
出 版 者：心理出版社股份有限公司
地　　址：231 新北市新店區光明街 288 號 7 樓
電　　話：(02)29150566
傳　　真：(02)29152928
郵撥帳號：19293172　心理出版社股份有限公司
網　　址：http://www.psy.com.tw
電子信箱：psychoco@ms15.hinet.net
駐美代表：Lisa Wu（lisawu99@optonline.net）
排 版 者：辰皓國際出版製作有限公司
印 刷 者：辰皓國際出版製作有限公司
初版一刷：2008 年 1 月
初版四刷：2019 年 12 月
I S B N：978-986-191-109-0
定　　價：新台幣 450 元